Coleção
FILOSOFIA ATUAL

Impresso no Brasil, novembro de 2009

Copyright © 2009 by Inês Ferreira da Silva Bianchi e
   Luiz Vicente Ribeiro Ferreira da Silva

Publicado originalmente no Brasil, em 1964, pelo
Instituto Brasileiro de Filosofia, sob o título *Obras completas*.

Os direitos desta edição pertencem a
É Realizações Editora, Livraria e Distribuidora Ltda.
Caixa Postal: 45321 · 04010 970 · São Paulo SP
Telefax: (11) 5572 5363
e@erealizacoes.com.br · www.erealizacoes.com.br

Editor
Edson Manoel de Oliveira Filho

Tradução das citações
Alemão e Francês: Érico Nogueira

Revisão
Jessé de Almeida Primo

Capa e projeto gráfico
Mauricio Nisi Gonçalves / Estúdio É

Pré-impressão e impressão
HRosa Gráfica e Editora

Reservados todos os direitos desta obra.
Proibida toda e qualquer reprodução desta edição
por qualquer meio ou forma, seja ela eletrônica ou mecânica,
fotocópia, gravação ou qualquer outro meio de reprodução,
sem permissão expressa do editor.

Coleção
FILOSOFIA
ATUAL

DIALÉTICA DAS CONSCIÊNCIAS
OBRAS COMPLETAS

VICENTE FERREIRA DA SILVA

ORGANIZAÇÃO E PREPARAÇÃO DE ORIGINAIS
RODRIGO PETRONIO

INTRODUÇÃO
MIGUEL REALE

POSFÁCIOS
LUIGI BAGOLINI E VILÉM FLUSSER

REALIZAÇÕES

OBRAS COMPLETAS
DE VICENTE FERREIRA DA SILVA

Lógica Simbólica
Dialética das Consciências
Transcendência do Mundo

Sumário

Nota do organizador 9

Dialética das consciências 13

Introdução – *por Miguel Reale* 15

PARTE I – ENSAIOS FILOSÓFICOS

O Andróptero 25
Meditação sobre a morte 31
Reflexões sobre a ocultação do ser 39
Diagnosis 51
Novalis 55
Nota sobre Heráclito 71
Utopia e liberdade 75
Sobre a natureza da arte 81
O existencialismo de Sartre 85
História e criação 109
A filosofia de Francisco Romero 113

PARTE II – EXEGESE DA AÇÃO

Uma interpretação do sensível 125
Prelúdio de metamorfoses 131
O conceito da arte na filosofia atual 137
A estética de Platão 149
Para uma moral lúdica 159

PARTE III – DIALÉTICA DAS CONSCIÊNCIAS

Introdução à problemática das consciências 167
O outro como problema teórico e como problema prático ... 179
O processo do reconhecimento 191
Formas do reconhecimento 201
A dialética da solidão e do encontro 211
Sentido da dialética intersubjetiva 229
Considerações finais 247

PARTE IV – IDEIAS PARA UM NOVO CONCEITO DO HOMEM

Introdução 265
A contribuição de Jacob Böhme 271
A contribuição de Schelling 279
O ponto de vista hegeliano 287
A intuição hölderliniana do mundo 291
A contribuição de Nietzsche 295
A concepção do homem segundo Heidegger 299
Conclusão 309

PARTE V – TEOLOGIA E ANTI-HUMANISMO

Introdução 321
O *Das Ding* de Heidegger e outras considerações 325
Cristianismo e humanismo 331

PARTE VI – SOBRE A EDUCAÇÃO, A SOCIOLOGIA E A POLÍTICA

A crise do direito no mundo atual 349

O crepúsculo da nacionalidade 353
O sofisma da democracia 363
Sociedade e transcendência 367
Ócio *versus* trabalho 369
Educação e filosofia 373
O indivíduo e a sociedade 385
Marxismo e imanência 393
Der Marxismus (Walter Theimer) 403
O conceito marxista do homem (Erich Fromm) 407

POSFÁCIOS

Antropocentrismo e Cristianismo: Anotações sobre a
    perspectiva de Vicente Ferreira da Silva
    por Luigi Bagolini 413
Vicente Ferreira da Silva
    por Vilém Flusser 421

Nota biográfica do autor 427
Nota biográfica do organizador 431

NOTA DO ORGANIZADOR

Obras Completas de Vicente Ferreira da Silva

A obra de Vicente Ferreira da Silva é de longe um dos maiores legados filosóficos e ensaísticos da língua portuguesa. E para demonstrar essa asserção não é necessário arrolar as opiniões que alguns pensadores e artistas de primeira grandeza emitiram sobre ela; basta que o leitor atento e honesto com sua própria consciência passeie pelas suas páginas. Morto prematuramente em um acidente automobilístico em 1963, o destino trágico obstruiu os desdobramentos insondáveis a que o pensamento de Vicente certamente teria chegado, bem como comprometeu a recepção ulterior de sua obra. Some-se essa causa à malícia intelectual que ainda em vida do Autor tentou criar subterfúgios para isolá-lo ideologicamente, sem contudo oferecer argumentos sequer superficiais para minimizar o seu valor, e começaremos a entender as razões que levaram uma obra dessa altitude a estar há praticamente quarenta anos soterrada e esquecida.

Em razão dessas contingências históricas, em vida Vicente publicou apenas sete livros: *Elementos de lógica matemática* (1940), *Ensaios filosóficos* (1948), *Exegese da ação* (1949 e 1954), *Dialética das consciências* (1950), *Ideias para um novo conceito de homem* (1951), *Teologia e anti-humanismo* (1953) e *Instrumentos, coisas e cultura* (1958). Porém, grande parte da sua produção ensaística é esparsa, tendo sido publicada, em vida e postumamente, em revistas de filosofia e cultura, notadamente nas revistas *Diálogo*, fundada e dirigida por ele mesmo, *Convivium, Revista Brasileira de Filosofia* e *Cavalo Azul*, esta última fundada por sua esposa, a poeta e tradutora Dora Ferreira da Silva. Além dessas, também publicou em revistas estrangeiras. Dessa forma, ao organizar a sua obra, é forçoso reportarmo-nos à primeira edição de suas Obras Completas, levada a cabo pelo Instituto Brasileiro de Filosofia[1], mas também às primeiras edições em que cada texto circulou, seja em formato de revista ou de livro.

Para a presente edição das Obras Completas de Vicente Ferreira da Silva, atitude de coragem e pioneirismo da É Realizações, adotei a divisão temática criada pelo IBF, por sinal bastante criteriosa. Introduzi, entretanto, algumas alterações, distribuindo o material em três volumes, de acordo com as três grandes frentes do pensamento do Autor, apontadas por diversos estudiosos: *Lógica simbólica, Dialética das consciências* e *Transcendência do mundo*. O primeiro recolhe os trabalhos que o Autor desenvolveu na área da lógica matemática, da qual foi um dos pioneiros no Brasil. No segundo, que ora o leitor tem em mãos, a ênfase recai sobre as vertentes existencial e fenomenológica de sua investigação, e tem em seu centro a obra homônima, publicada em 1950. Já o terceiro, cujo título tomei a liberdade de criar, seguindo à risca a essência do pensamento do Autor, reúne primordialmente seus estudos sobre filosofia da mitologia e da religião, ou seja, o que didaticamente pode ser chamada de terceira fase de seu pensamento, a fase mítico-aórgica. Há que se deixar claro, no entanto, que esses títulos são genéricos. O conteúdo de cada um dos volumes extrapola o seu escopo descritivo, com ensaios que versam também sobre outros assuntos, tais como acontecimentos de

---

[1] Vicente Ferreira da Silva. *Obras completas*. Prefácio de Miguel Reale. São Paulo, Instituto Brasileiro de Filosofia, 1964-1966. Dois Tomos.

época, arte e cultura, mito e rito, filósofos específicos, filosofia da história e a própria história da filosofia.

No que diz respeito à fixação do texto desta nova edição, tomei algumas decisões diferentes das tomadas pela edição do IBF. No caso da reunião dos ensaios que não foram publicados em livro, reproduzi, em linhas gerais, os títulos e os agrupamentos da edição do IBF. Porém, como a presente edição é temática, redistribuí algumas dessas disposições pelos três volumes. Em primeiro lugar, reservei um volume específico para os trabalhos de lógica matemática, que tinham sido publicados no segundo tomo da edição do IBF. Por outro lado, desloquei o conjunto de ensaios intitulado "Sobre a Educação, a Sociologia e a Política" (segundo tomo do IBF) para a obra *Dialética das consciências*, em virtude do conteúdo desses ensaios se coadunar mais com as temáticas gnosiológica, humanista, anti-humanista e existencial deste volume. Por seu turno, o conjunto de ensaios "Filosofia da Mitologia e da Religião" (primeiro tomo do IBF) foi incorporado ao volume *Transcendência do mundo*, por estar no cerne da reflexão mítico-aórgica do Autor. Por meio de pesquisa, coletei também os inéditos e dispersos de VFS que não constam na edição do IBF por terem sido publicados posteriormente, em revistas como *Convivium* e *Cavalo Azul*, entre outras. De modo que, excetuando-se poucos manuscritos e cartas do espólio do Autor, a presente edição da É Realizações contempla toda a produção édita e inédita de VFS. Também elaborei uma lista exaustiva de todas as publicações de VFS, com data, local de publicação, número, página, bem como uma bibliografia exaustiva de teses, livros, artigos, ensaios e capítulos, direta e indiretamente referentes a seu pensamento. Tal Bibliografia consta no volume *Transcendência do mundo*, junto com a Introdução Geral às Obras Completas.

Dialética das Consciências

Este volume das Obras Completas de Vicente Ferreira da Silva, intitulado *Dialética das Consciências*, contempla cinco livros do Autor: *Ensaios filosóficos* (São Paulo: I.P.E., 1948, 153 p.), *Exegese da ação* (São Paulo: Martins, 1949, 41 p.; São Paulo: Martins, 1954, 77 p., Coleção Natureza e Espírito), *Ideias para um novo conceito do homem* (São Paulo: Edição do Autor, 1951), *Teologia e anti-humanismo* (São Paulo: Revista dos Tribunais, 1953, 40 p.), e a obra homônima, que dá título a este volume, *Dialética das consciências* (São Paulo: Edição do Autor, 1950, 143 p.).

Neste volume, portanto, concentra-se a quase totalidade dos trabalhos que Vicente Ferreira da Silva publicou em livro. Entretanto, a seção intitulada "Sobre a Educação, a Sociologia e a Política" reúne ensaios do Autor publicados em revistas. Reproduzi-os aqui em razão da proximidade temática que estabelecem com as obras deste volume. Em linhas gerais, todos os ensaios pertencem à fase do pensamento de Vicente Ferreira da Silva que apresenta nítidas marcas da filosofia da existência e da fenomenologia das consciências. Estas correntes, por sua vez, são atravessadas pelo tema do humanismo e do anti-humanismo, que marca profundamente o debate da primeira metade do século XX, do qual o Autor foi um dos protagonistas e ao qual deu contribuições originais e agudas.

Introdução[1]

por Miguel Reale

Arredio e avesso mesmo às convenções sociais, era Vicente do tipo dos homens que não compreendem a amizade como encontro extrínseco e ocasional, mas sim como forma de identidade e de comunicação, própria de quem sabe que "o amor amplia e abre espaço para a existência da pessoa amada", por ser "o desejo da onipresença do ser amado".

Em ninguém encontrei tão forte o senso da intersubjetividade como nesse estudioso que sabia se ensimesmar no silêncio criador da solidão, ávido de ouvir e de trocar ideias, sempre com agudo e penetrante discernimento, sempre atormentado pela ideia de que, com a acabrunhadora e massificante uniformização da civilização técnica, "a vida está perdendo assunto".

O desaparecimento prematuro do autor de *Exegese da ação* faz-me pensar quão distintos podem ser os significados de uma "obra completa". Pode esta representar o balanço de uma

---

[1] Este texto foi publicado originalmente como prefácio à edição das Obras Completas levada a cabo pelo Instituto Brasileiro de Filosofia: Miguel Reale. "Prefácio". In: Vicente Ferreira da Silva. *Obras completas*. Dois Tomos. São Paulo, Instituto Brasileiro de Filosofia, 1964-1966. p. 7-17. Por motivos óbvios, fiz ligeiras alterações e adaptações do texto para a presente edição, apenas quando se mencionava a edição do IBF. (N. O.)

cultura ou a parábola de uma existência conclusa, assim como ser equivalente a um esboço que, embora válido em si e por si mesmo, valha também como meio para permitir-nos intuir a projeção de uma trajetória interceptada. As páginas reunidas do Autor dão-me a impressão de uma árvore derrubada pelo raio, com os seus ramos já delineados, prestes a proporcionar a sua densa forma à força desveladora das raízes.

Essa imagem das raízes que ocultam poderes projetantes casa-se bem, a meu ver, com o espírito do filósofo, cujas meditações se vão meditar, pois o seu pensamento, a partir de sua primeira obra fundamental (*Elementos de lógica matemática*, 1940, o primeiro livro de logística escrito no Brasil) assinala uma preocupação crescente com as raízes do homem e das coisas, com as forças que se escondem na infraestrutura da personalidade ou condicionam misteriosamente os entes projetados nos limites insuperáveis de sua liberdade possível.

Daí planar a sua inteligência na linha de especulação que dos pré-socráticos se estende até Heidegger, passando pelos neoplatônicos, os místicos medievais, o mestre Eckhart, Böhme, Novalis, Schelling, Kierkegaard, Nietzsche, Hölderlin, Rilke etc., a intuição filosófica e a poética em permanente e fecunda unidade, sem, no entanto, serem olvidados os horizontes da unidade racional concreta, tão frequentes as referências a Hegel, o interlocutor oculto de tantos diálogos filosóficos de nossa época, mesmo daqueles que aparentemente dele mais se distanciam.

Ao desaparecer, em 1963, aos 47 anos incompletos, vitimado por brutal acidente rodoviário, seu pensamento já anunciava todo o peso de seu significado, como a mais original e poderosa contribuição brasileira à crítica da "filosofia da subjetividade", a começar pelas matrizes cristãs do Ocidente.

No pensamento ferreiriano não encontramos o *eu* como o *eu abstrato* dos idealistas, ou seja, abstraído de seus atos espirituais e de suas circunstâncias; e nem mesmo apenas o *eu* concebido à maneira de Husserl, como plenitude do ser pessoal, o *eu* que concretamente toma posição, pensa, quer, age, realiza, sem jamais se desligar do substrato condicionante de sua sensibilidade intransferível; porque o *eu* para Vicente Ferreira da Silva é isso tudo, mas na linha de uma projeção emergente do mundo original das significações objetivamente válidas, na "dimensão dos poderes projetivos desvelantes" que constituem o domínio do Ser: "o eu", escreve ele, "depois de escolher um cenário de desenvolvimento, passa a ser função e parte desse mundo criado e a se compreender a partir desse complexo de objetividade", sendo, porém, tanto o eu como as suas objetividades tributários de uma "instauração meta-histórica", de "um campo de realidades que sobrepujam e esmagam as decisões da criatura finita".

As objetivações que implicam um divórcio entre o pensamento e a existência humana, eis o que há de mais alheio às teorias de nosso autor, para quem, por exemplo, "o traço eminentemente transcendente e transensorial do pensamento platônico, o realismo das ideias, formou uma barreira muito séria a uma exata conceituação do fazer artístico". Crítico impenitente de toda posição filosófica fundada no pressuposto da díade "sujeito-objeto", repele ele tanto a subjetividade que se verticaliza em si mesma, como a objetividade que se desliga das tensões existenciais, rompido o elo com as fontes originais do Ser. É essa a crítica acerba que ele faz à cultura do Ocidente que, a seu ver, quanto mais desenvolve os impulsos da subjetividade pretensamente ordenadora do real, mais estende sobre a realidade viva e autêntica a capa espessa de uma objetividade postiça, fruto de esquemas operacionais e de formalizações técnicas uniformizantes e deformantes, com perda irremediável de verdade e de beleza.

Segundo Vicente, sob "as instâncias opacas e contingentes do real, do fato bruto, de um mundo objetivo, impermeável à iluminação espiritual" – mundo esse captável apenas exteriormente mediante "uma linguagem cifrada" –, oculta-se o absoluto, pois "o ente nada mais é do que o *sugerido* pela magia projetiva do Ser". Basta folhear estas páginas para se perceber como Vicente é um pensador telúrico e noturno, com aptidão especial para penetrar na fluidez dos momentos germinais, forjando os termos que lhe parecem mais adequados à interpretação da vida e do cosmo, não por ostentação verbal, mas por imperiosa necessidade de fundir a realidade e a palavra, na fusão cálida e irradiante dos mitos mais do que na estática cristalização dos conceitos. Isto, não obstante, apesar de sua resistência ao conceitual, ver-se-á que a sua linguagem filosófica é de uma plasticidade rigorosa, tendo ele sabido enriquecer o nosso pobre instrumental linguístico de palavras e de problemas, que vieram alterar o nosso hábito de filosofar, inclusive pelo propósito de pensar a partir de si mesmo e da própria experiência originária, como a única via do pensar autêntico.

Ninguém menos acadêmico, menos jungido à filosofia como puro remoer de textos, e, no entanto, bem poucos no Brasil terão sabido viver as ideias alheias na intimidade de seus sentidos e na compreensividade indeformável de seu todo, como algo recebido jovialmente como momento indispensável a seu autorrevelar-se. Caberia aqui repetir a afirmação de Novalis por ele mesmo lembrada: "Um sistema estranho é um estímulo para o sistema próprio".

Nada foi indiferente, com efeito, à sua curiosidade perquiridora, e é nisso que o seu pensamento se mostra aliciante, ainda mesmo quando dele divergimos, recusando acompanhá-lo em sua análise desconsolada e trágica das estruturas do mundo contemporâneo, em sua condenação veemente das formas de cultura a que pertencemos. O seu anti-historicismo radical, que, no fundo, se resolve num anseio de proto-história, aguça e desafia, mais do que dissolve, o nosso sentido de historicidade.

Seria errôneo, contudo, julgar que quando o pensador paulista condena as implicações pré-formadas da mentalidade técnico-científica está ele pensando em fugir da realidade. O que lhe parece, ao contrário, é que a realidade captada pelos esquemas "categoriais" das ciências é uma realidade incompleta, como incompleta é toda a esfera da "mundanidade" ou do vivido quotidiano, da *Lebenswelt* "pré-categorial", impondo-se transcendê-las para atingir-se a Fonte projetante que dá sentido e plenitude às formas de pensar e de querer, de contemplar e de fazer. Longe, pois, do homem perder o mundo mediante a *epoqué* fenomenológica, para conquistá-lo graças à captação universal de si mesmo, como quer Husserl em suas *Meditações cartesianas,* o que Ferreira da Silva afirma, superando o âmbito da filosofia da subjetividade, é a primazia do Mito sobre o Logos, do cognoscível sobre o conhecer, pois "os desempenhos profanos ou utilitários promanam de formas rituais e propriamente criadoras e procuram adequar-se aos cânones revelados pelos poderes transcendentes".

Há outro ponto da obra de Vicente que não desejo fique sem alusão nestas breves notas introdutórias: refiro-me ao seu humanismo, como interesse compreensivo e desvelado amor pelo significado pleno da existência humana, do que é exemplo magnífico o seu belo livro *Dialética das consciências,* o mais perfeito ensaio em língua portuguesa sobre os problemas da intersubjetividade e da alienação, onde demonstra que a atuação do espírito se dá na forma do encontro e da comunicação existencial, remontando às fontes primordiais da socialidade como concreção e concreação: "Em todo comércio do espírito que se propõe um alcance existencial", esclarece ele, "está implícito, ao mesmo tempo, um respeito fundamental pela índole e peculiaridade do outro, um incitamento à sua autorrealização".

Daí Vicente, que já atingira o plano existencial, após ter superado o fascínio das formalizações linguístico-matemáticas, parte para atingir a terceira e derradeira fase de sua atividade especulativa, a qual se pode datar 1951, quando se torna definitivo o seu surto a uma compreensão poético-religiosa da história e do cosmo.

"A vida humana", escreve ele, "é um *minus* em relação ao *plus* do prodigiosa vida dos deuses. Essa vida transcendente e em si nos foi confiscada pela perspectiva ocludente do atual período histórico. Devemos voltar a encontrar na existência transcendente e meta-humana dos poderes e das figuras numinosas o ponto de partida para uma compreensão exaustiva dos processos históricos".

Eis aí traçado o programa de meditação a que se manteve fiel nos últimos doze anos de sua vida, ofertando-nos ensaios esparsos, como intuições poderosas, numa linguagem que se tornou cada vez mais apurada e pessoal, e às vezes enigmática, que lembra a do último Heidegger, mas que com ela não se confunde.

O humanismo deixa de ter como base a subjetividade, para ser visto como derivação da Fonte primeira da realidade, oculta à filosofia tradicional, pois "o saber da Fonte não é um saber feito-pelo-homem, não é um querer-saber da criatura finita, não é a filosofia".

Ao contrário do que se mostra no âmbito da filosofia "intramundana", que se subdivide em múltiplas perspectivas, distintas ou contrapostas, como as do idealismo, realismo, materialismo etc., poder-se-ia dizer que, do ponto de vista radical aceito por Vicente, só há duas direções filosóficas fundamentais: uma que se propõe o problema do homem e das coisas a partir do homem mesmo; outra que pensa o homem e as coisas a partir de Deus, pondo-se o pensador ousadamente na perspectiva original do divino. É nesta segunda posição que se situa o mestre paulista, sobretudo a começar por dois trabalhos intencionalmente incisivos, como a *Carta sobre o humanismo* de Heidegger: refiro-me a *Ideias para um novo conceito do homem*, de 1951, e a *Teologia e anti-humanismo*, de 1953.

Com esses dois estudos Vicente supera, sem a eliminar, como já observei, a "dialética das consciências" (a cujo estudo dedicara, em 1950, a sua obra mais sistemática, aquela que assinala o apogeu de seu pensamento na fase intermediária, ainda inspirada por motivos da metafísica da subjetividade), para elevar-se às fontes projetantes e condicionadoras da intersubjetividade, concluindo que, na base da liberdade individual do eu e do tu, em seu jogo dialético condicionado, está o Ser como liberdade que funda e institui o espaço de manifestações do homem e de suas possibilidades históricas contingentes. O segundo Heidegger, cujas obras ninguém soube interpretar melhor que ele no Brasil, propicia-lhe o encontro de suas perspectivas originais, o que, diga-se de uma vez por todas, para prevenir críticas superficiais, nunca o impediu de viver intensamente os problemas brasileiros, como o demonstrarão os seus penetrantes estudos sobre política, educação ou sociologia.

O certo é que Vicente Ferreira da Silva concebe, na derradeira fase de seu pensamento, a filosofia "intramundana" como momento da filosofia "transmundana" ou Filosofia da Religião e da Mitologia, ou, para sermos mais precisos, da Filosofia da Religião como Mitologia, à qual corresponde um novo humanismo, não apenas teocêntrico (referido a Deus), mas teogônico (como projeção do divino), pois, consoante com a diretriz essencial de Heidegger por ele aceita, "o homem não é senhor do Ente, mas o pastor do Ser", que "arrasta e determina cada condição ou situação humana". Poderíamos dizer, nós que aceitamos o processo histórico como a realidade humana única e irreversível, que, a essa altura, a filosofia já se converteu em poesia, mas Vicente retrucaria, mais uma vez com uma advertência de Novalis: "quanto mais poético, mais verdadeiro".

O seu anti-historicismo leva-o, como se vê, a uma nova concepção da história e da gênese do processo gnoseológico, valendo a sua crítica do Ocidente menos como repúdio do que como forma de interpretá-lo, no desespero de salvá-lo, salvando-o paradoxalmente de si mesmo, o que não poderá ser aceito por quem permaneça adstrito a pressupostos lógicos que excluem *a priori* que se possa falar em "possibilidade" de uma outra história que não seja atual, com todos os seus descaminhos e deficiências, tão certo como a categoria da "possibilidade" implica necessariamente a da "realidade".

Sua preocupação pelas origens e o valor do infraestrutural, quer na raiz da personalidade, como o demonstra o ensaio intitulado "Uma interpretação do sensível", quer no evolver das ideias, como o revela a sua nota sobre Heráclito ou o estudo sobre a origem religiosa da cultura, tem, com efeito, o alcance de uma "historicidade transcendente", de uma volta às origens, para dar começo a um diverso ciclo da história, diferente desse em que o homem estaria divorciado da natureza e das fontes do divino; para um retorno, em suma, ao ponto original donde emergem todas as possibilidades naturais espontâneas, libertas das crostas opacas do experimentalismo tecnológico assim como das objetivações extrínsecas platônico-cristãs.

Até que ponto esse pensamento, que se abebera nas matrizes mais puras da filosofia ocidental, é um reflexo de nosso modo de ser no mundo, de um Brasil aberto às instâncias da magia e da poesia instauradora da história, como já se quis interpretar, eis um problema inquietante a assinalar a presença inamovível de um pensador definitivamente inserido no processo da autoconsciência filosófica nacional, que é tanto capaz de cultivar os valores da Filosofia das Ciências, como de penetrar nos domínios da Metafísica.

Foi a essa altura, porém, que repentinamente nos vimos privados de sua poderosa força perquiridora, e ficamos nós, os seus companheiros, vinculados à magia de um diálogo jamais maculado pela polêmica estéril, sob a decisiva impressão de um pensamento cuja virtualidade é estímulo e desafio ao ainda minguado grupo dos que em nossa pátria não se limitam a repetir o pensado alhures.

Quantas perguntas, no entanto, ficaram em suspenso! A que ficou reduzido o significado de seus estudos de lógica matemática no contexto de sua compreensão mítico-existencial? Como superar essa ruptura entre o conceito e a vida; a razão, a crença e a arte? Perseveraria ele em sua tese, certa vez exposta, sobre a logística como simples jogo do intelecto entregue às certezas que constitui, dotadas de validade extrínseca e instrumental, não para a compreensão da existência, mas para a reformulação das coisa? Ou tentaria, ao contrário, a grande síntese postulada pela unidade do espírito, ainda que síntese aberta, vislumbrando antes nas virtualidades do futuro a "fonte" instituidora da história, ao invés de situá-la no preâmbulo da história? Como admitir, por outro lado, a possibilidade de outro processo histórico se o que estamos vivendo só é projeção do homem enquanto simples trânsito de um querer divino que o transcende? À desconsolada traição dos homens juntar-se-ia a "diabólica" traição dos deuses?

PARTE I
ENSAIOS FILOSÓFICOS*

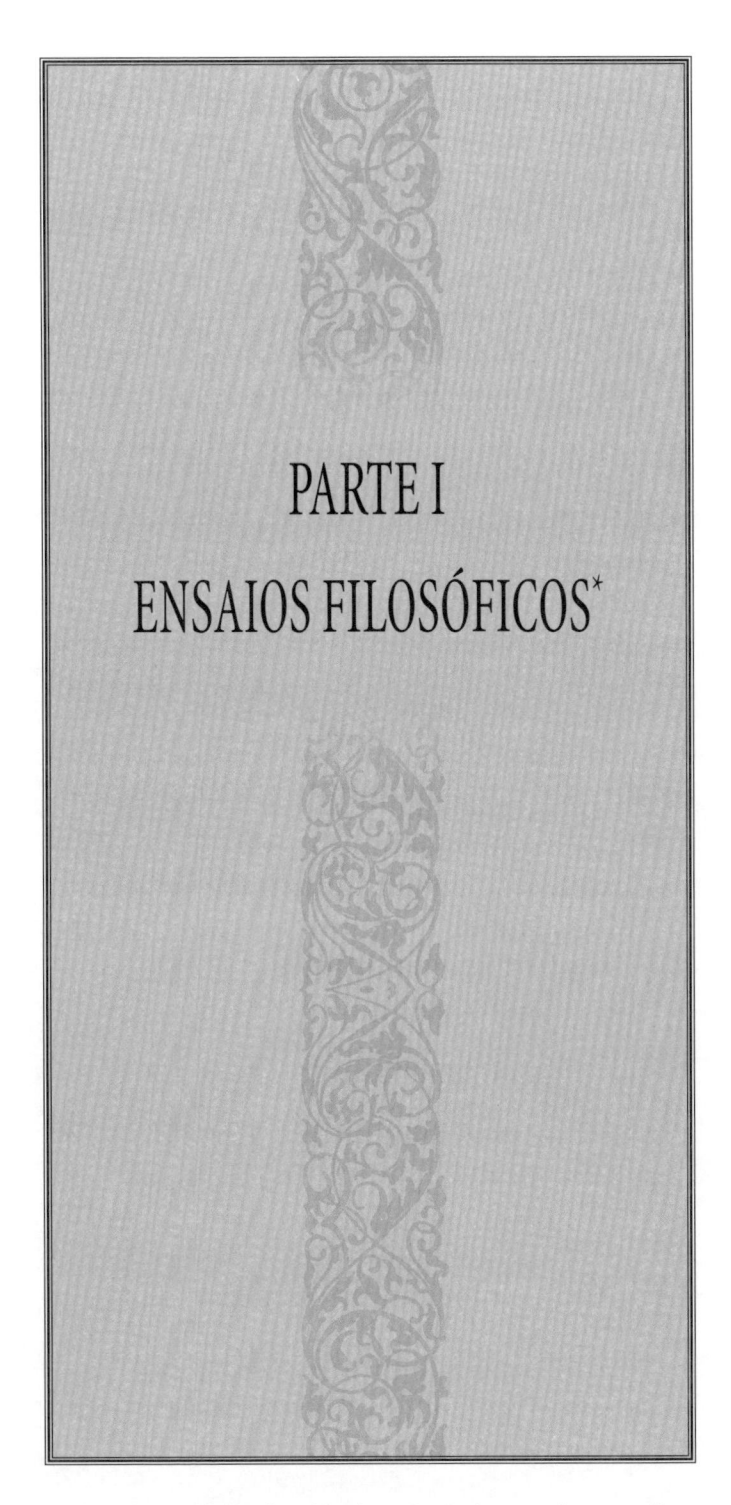

* O livro *Ensaios filosóficos* foi publicado em São Paulo, em 1948, numa edição da I.P.E., com 153 páginas. (N. O.)

O ANDRÓPTERO

Qual seria nossa surpresa se encontrássemos, ao abrir uma obra de filosofia, um capítulo dedicado não às formas puras, mas às formas ctônicas da Geografia! É certo que não acharíamos, de golpe, senso algum nessa aproximação, pois que concordâncias estabelecer entre as descrições objetivas e isentas da Geografia e o vulcanismo da alma, entre os cenários milenares dos rios e montanhas e o desenvolvimento rápido e trêmulo de nossa vida? Essas explorações parecem chocar-se e contradizer-se como direções verticais. Entretanto, tal "incongruência" encontramo-la num dos diálogos do divino Platão. No *Fédon*, depois de afirmar que essa terra não corresponde à imagem que dela fazem os que costumam redatar descrições de sua superfície, Platão nos diz ser a terra incomensuravelmente grande, possuindo uma infinidade de lugares maravilhosos que desconhecemos por habitarmos entre "Farsis e as colunas e Hércules". Fechados nesse exíguo círculo, entre vales e escarpas confinantes, não temos muitas vezes sequer o pressentimento das paragens divinas que nos envolvem, dessa "terra pura" que domina a nossa terra. Tendo fixado nossa residência nesse solo pedregoso e estéril, aqui vivemos disseminados pelas praias e costas, como "formigas e rãs em redor de um pântano." Este provincialismo geográfico desastroso e fatal, que se nos adere, termina por nos cegar, e deixamos então de perceber que a "terra que pisamos, estas pedras e todos os lugares que habitamos estão inteiramente corrompidos e arruinados como aquilo que jaz no mar o está, pela acritude dos sais." Em toda parte, as infiltrações arenosas e salobras sustam o crescimento de toda forma bela e plena, "assim como no mar nada cresce de perfeito e de valioso." Não conhecendo outra perfeição além da paisagem dessa região inferior, imaginamos viver em opulência entre as folhagens enfermas que nos cercam. Por que então não procurar algures o que nos falta aqui? Por que, como os flagelados das inclemências, não emigrar para outros céus? E aqui essa geografia transfigurada de Platão se desdobra em toda a sua riqueza simbólica. Se vivemos tolhidos em nosso Liliput é porque, para onde quer que nos voltemos, a terra se cava em fundos abismos ou ergue montanhas pétreas e intransponíveis, em sinclinais e anticlinais que transformam sua superfície em tortuoso caminho. A sombra desses descomunais limites se esbate, violenta, sobre as rugosidades e depressões em que habitamos. A topografia acidentada e sinuosa destas regiões, esse silo atormentado e revolto é que confere aos nossos dias o caráter angustiante e limitado e todo o ressaibo de penúria e carência. Há sempre um mais que anuncia nesse menos, um além que nos envolve e nos escapa, reverberando no alto dos cimos infinitos. A ilusão é, pois, a nossa arma contra essas opressões abusivas e constantes; assim é que "sumidos nestas cavernas sem darmos por isso, acreditamos habitar no alto da terra como alguém que, constituindo sua morada nas profundidades do Oceano, imaginasse habitar acima do mar, e vendo, através da água, o sol e outros astros, tomasse o mar pelo céu". Escapamos ao nosso cativeiro pelo expediente da má-fé e da falsificação, apagando em nossa consciência todos os sintomas da sujeição e do abatimento do nosso estado e compondo um vigor de aparências. Sentimo-nos senhores das alturas, quando em verdade vivemos como "formigas e rãs em redor de um pântano."

No diálogo citado, uma aula de topografia se transmuta numa meditação sobre as coordenadas da existência, numa experiência e sondagem da finitude humana. A quem acusa Platão explicitamente por esse enclausuramento de nossas possibilidades? Não, como era de se esperar, à asperidade do nosso *habitat*, mas sim ao nosso peso e à nossa debilidade que impedem nossa ascensão às alturas. Somos nós que aderimos à terra por uma propensão ou gravidade próprias, por um geotropismo que a destaca em toda a sua substantividade. Essas luxuriosas formações "geológicas" que constituem ao mesmo tempo o anfiteatro e a cela do nosso existir seriam o reflexo de uma inflexão ou inércia internas, de uma projeção da nossa impotência. Por não possuirmos asas, existe uma terra árdua onde devemos vicejar e uma coisa é o contragolpe da outra. No *Fedro*, Platão já nos havia dito que, quando a alma perde suas asas, roda pelos espaços infinitos até aderir a alguma coisa sólida, fixando aí sua morada. Essa "coisa sólida" é constituída pelo sistema de nossos limites, de tudo quanto é externo, de todo o domínio da materialidade. A nossa existência, em lugar de se erguer ágil e leve como um ser alado para uma residência superior, precipita-se na materialidade e "se extravia, se turva, e, ao vacilar, é tomada de vertigem, como se estivesse embriagada". Portanto ao delírio alado e transcendente, ao impulso aerostático de que se fala no *Fedro*, contrapõe-se a embriaguez sensorial e finitizante, esse destino de tudo quanto cai e que também se afirma em nossa alma com não menos força. Enquanto esse último impulso nos reveste dum corpo terrestre, o primeiro afã aponta para a separação de todo o corpóreo, de tudo o que impede a ascensão divina do andróptero. "A virtude das asas consiste em levar o que é pesado para as regiões superiores."

Encontramos aqui uma verdadeira doutrina da liberdade e da libertação para a alma oprimida do homem. É a doutrina das Ideias que desempenha essa função desopressiva e arejante, comovendo as muralhas da finitude e dilatando o espaço de nosso exercício espiritual. Essas Ideias, historicamente tão famosas, não devem ser compreendidas como noções abstraídas das realidades sensíveis, da maneira pela qual entendemos comumente as nossas noções e conceitos, pois dessa forma não seriam "originais", mas sim "cópias"; seriam realidades mais singelas, por esquemáticas, e não mais ricas que as coisas sensíveis como o são as "Ideias" platônicas. O conceito é sempre mais deficiente e pobre do que a coisa que conceitua, pois reproduz uma forma sensível, sendo portanto uma simples cópia ou imitação, enquanto as Ideias não são naturezas derivadas, mas sim Ser original, matrizes absolutas. A Ideia é justamente o contrário de um conceito, que está sempre aquém do sensível, tendo virtudes e propriedades completamente distintas. Enquanto o conceito nos encerra no determinado e no finito, pondo-nos em relação com um dado insuperável, as Ideias nos lançam num processo infinito de perfeição e de plenitude, fazendo-nos ultrapassar todo o imediato. A presença das Ideias é assinalada pela irrupção da possibilidade. Como diz Füller: "No sentido mais profundo da palavra, todas as Formas continuam a ser princípios morais e a revestir o halo socrático. As Ideias platônicas são ideais e sendo ideais são objetos de adoração. Nada têm de uma produção friamente científica e *post mortem* da natureza e do conteúdo da beleza, da santidade e da verdade. Não são um *mapa*, mas sim um panorama idealizado do universo, pintado com todas as cores dos desejos da alma."

As Ideias se comportam como uma realidade completa em relação à realidade incompleta do mundo, como algo expressado em relação ao infuso e embrionário, como o infinito em relação ao finito. Exercem, portanto, um papel distensivo e libertador, pois nos facultam a evasão da pura constatação fática e do confinamento dos sentidos e dos conceitos. Apesar de realizadas, imóveis e estáticas, são o princípio de todo o movimento no mundo sensível, estando esse em constante radiação para esses paradigmas insuperáveis do Ser. É essa tensão, essa marcha rumo às constelações infinitas do mundo eidético, esse Eros cosmogônico, que mantém o universo em existência.

Salvando-nos do extravio dos dados sensíveis, as Ideias nos elevam a um outro domínio já dado e completo. Se o pensamento imediato nos paralisava pela sua insuficiência e incompletude, o pensamento eidético inflige também ao nosso ser um duro sacrifício: o da entrega a uma perfeição que não solicita o nosso consentimento para a sua constituição, exigindo a genuflexão de nossa vontade. O "ser-para-si" das Ideias desdenha qualquer adição do nosso esforço criador e em sua magnificência não necessita de nada ulterior para a sua existência e plenitude. Quando entramos em cena, o drama do ser já se cumpriu, pois está realizado desde todo o sempre e o nosso único papel seria o de reconhecer, ou não, a legitimidade de sua soberania. O real é uma declaração taxativa, um verbo eterno, do qual o nosso verbo transitório só poderia ser um eco ocioso e inessencial. Fora de sua complexão íntima, tudo é mimese, cópia, mera reprodução. Nessa linha de considerações, o processo criador da história é inteiramente estranho e desconhecido, e a liberdade conferida de início ao homem lhe é sorrateiramente sonegada. A liberdade colide assim com uma nova necessidade, tão imperiosa como a anterior; se a primeira nos alienava, atando-nos à multiplicidade, essa nos põe sob a tutela inexorável de um *fatum* legal. O real se nos apresenta, dessa maneira, como uma pressuposto e não como uma posição de Ser, como uma instância a ser reconhecida e não como autoposição de sua realidade, como pensamento pensado e não como pensamento pensante. Dessa concepção metafísica derivam as dificuldades que enleiam Platão, quando esse se defronta na *República* com o problema de explicar por que *devem* voltar a esse mundo, para desempenhar o seu papel de mentores e governantes, aqueles que fixaram sua morada no templo das Ideias. Compreende-se, pois, perfeitamente a pergunta de Glaucon a Sócrates: "Por que condená-los a uma vida miserável, se eles podem desfrutar de uma vida mais feliz?". Se a felicidade e o objetivo da vida estão além da história, se o tempo e o curso das coisas humanas não constituem um fator substancial da realidade, por que exigir de quem se elevou a uma ordem superior de existência que se ocupe e se responsabilize pela gestão das sombras? Por que condenar novamente ao cativeiro do solo uma alma que possui asas e que deseja voar? Nesse ponto a argumentação da *República* não é nada convincente e não pode sê-lo dentro das premissas do platonismo. Toynbee, em seu livro *Civilization on trial*, classifica o platonismo entre aquelas concepções filosóficas que destituem a história de todo valor próprio, colocando toda tarefa da alma além do mundo fenomênico: *On this view, this world is wholly meaningless and evil. The task of the soul in this world is to endure it, to detach itself from it, to get out of it.*

Há diversos planos e residências para o espírito, diversas formas de ser que ele pode revestir, mas todos esses invólucros ontológicos se impõem à sua consideração e não fluem de seu poder formativo interno. A alma, nessa peregrinação pelo mundo, apesar de sempre surpresa e arrebatada, nunca sentiria em si o poderoso apelo de suas faculdades de plasmação e livre criação.

Meditação sobre a morte

Cada tema de meditação oferece seus riscos próprios; tem em sua trajetória uma rede de ramificações onde o espírito se pode perder, sem atinar mais com o objetivo principal. O campo das questões últimas da vida é, sem dúvida, o que está mais exposto a esses extravios; os afeiçoados às leituras filosóficas não desconhecem, por certo, esses manuais em que o autor, usando alguns princípios formais e áridos, procura extrair daí toda riqueza e particularidade do real, mediante uma dialética artificiosa e falaz. Nenhum tema, entretanto, está mais exposto a esse destino irrisório do que o tema da morte, da confluência com o desconhecido, pois diante dessa presença muda e inquietante os mais sábios se igualam muitas vezes aos mais néscios e todo o afã de saber pode naufragar em fraseologia e ociosidade. Diante da morte pode surgir a eloquência, mas não o saber, o arrebatamento, mas não o conceito. Entretanto, a consequência mais própria do evento da morte é compelir-nos ao silêncio, cortando a palavra, pois sentimos anulada a nossa lógica e ultrapassado o mundo de significações que fundamentam os nossos juízos e conceitos. As palavras desmaiam em sons, "pois o resto é silêncio". Como nessas representações do fim da Idade Média, as danças macabras, em que vemos circular numa lúgubre sarabanda reis e mendigos, fidalgos e servos, todos igualados num mesmo destino, assim no que diz respeito ao conhecimento, a morte é a grande niveladora. Diante da morte não existem reis ou mendigos do conhecimento e todos submergem nas trevas finais na mesma expectativa desarmada e ansiosa.

A atual terminologia existencialista inclui a morte entre as situações-limite, isto é, entre as situações que constituem uma determinação insuperável da vida, que não podem ser contornadas ou transformadas pela ação, erigindo-se como barreira à nossa liberdade. Toda situação é urgência e exige determinados comportamentos e reações e, uma vez consciente, faz apelo a uma atitude; esse é o traço que dá à vida o sentido de uma tarefa ininterrupta e à morte o sentido de um perene descanso. Tendo em vista estas ideias, vemos que somente podemos estabelecer hierarquias de proficiência e conhecimento quando se trata de situações e limites dilatáveis pelo homem, de dificuldades ao nível do engenho humano e que são afrontadas com mais ou menos capacidade. Assim é que falamos nos artistas da vida, nos gênios, nos heróis e em toda a gama de personalidades que encarnam esses ou aqueles valores vitais. No entanto, em face da morte, nada podemos fazer; não há um conhecimento, uma técnica da morte, nada que vença a sua opacidade e a sua lei se abate inexorável sobre a humanidade desarmada. Entendamos bem estas palavras, pois falamos comumente, e com razão, de atitudes diante da morte, e Rilke pedia a Deus que desse a cada um sua morte própria. Vemos que o que se pretende aqui é um adensamento da condição humana e não uma excepcionalidade de quem conferisse uma compreensão mais diáfana da morte. Assumir a morte, tê-la presente em todo percurso da vida, inscrevê-la como a nossa mais próxima e iminente possibilidade não é desvendar o seu mistério; significa, pelo contrário, transportar o seu incitamento para a vida, nimbar a existência com seus raios graves. Tocamos aqui o ponto mais importante, no concernente a uma meditação sobre a morte: na sofreguidão de conhecer queremos reduzir tudo a termos e módulos do conhecimento, pretendendo alcançar uma imagem ou esquema da morte, objetivando-a. Dessa incursão voltamos entretanto desalentados, só nos resta a percepção do enrijecimento e decomposição da forma corporal. Sentimos, porém, que não foi apenas isso que perdemos, que o laço desfeito não diz respeito somente a esse despojo corporal, mas implica uma solidão e uma ruptura, que tinha nesse corpo unicamente a base de sua presença. O que entendemos por morte, no sentido humano, é o desaparecimento de uma pessoa amada, o sentimento de que "esse ser, na singularidade de sua pessoa, já não está aí e não pode voltar a esse corpo" (Landsberg). É, portanto, um sucesso que transcende a pura fenomenalidade perspectiva e que não se esgota em nenhum processo biológico ou físico-químico. É uma proximidade, um vínculo intersubjetivo, um convívio entre duas almas que termina com o processo da morte e é justamente essa solidão e ausentamento que o homem procura interpretar quando se alça a uma visão da morte e da sobrevivência. Todas as visões objetivantes da morte que a consideram como um simples fato intramundano, como a corrupção de um corpo, ou o desmoronamento de uma estrutura biofísica, desprezando a relação pessoal interrompida, não respeitam a totalidade de sua natureza. Se na experiência da morte do outro, do próximo, nós devemos contar, muito além do fenômeno biológico, com o misterioso ausentamento da pessoa, na experiência imaginativa da morte própria, da *minha* morte, o fato material é também unicamente um dos aspectos do evento. "Todas as interpretações da morte que se referem ao meu corpo ou à minha vida psíquica são radicalmente insuficientes, pois do que se trata é de mim mesmo, da realidade de minha própria vida; não de seus ingredientes, dispositivos ou estruturas, de tudo aquilo com o qual a faço, mas de mim, de quem a faz" (Julián Marías).

Essa coexistência ou convivência que a morte destrói se realiza no mundo e através do mundo como uma conivência de interesses e paixões num mesmo setor de realidade. É assim que, no cristianismo primitivo, a palavra *mundo* significa um modo de ser da realidade humana, um lugar de extravio e perdição, implicando uma determinação existencial no seu conceito. O mundo estaria em nós, surgindo na linha de nossa própria concupiscência, de nossa concupiscência geradora de mundo. O que é de interesse para a nossa elucidação é lembrar que a nossa relação com a circunstância mundanal e com os outros homens se perfaz através do nosso corpo e é ele que, como uma determinada situação, nos situa no complexo da realidade empírica. A encarnação se propaga a partir do nosso próprio corpo e a nossa participação no jogo da vida exige a *licença* da nossa corporalidade, que descerra para nós um mundo de corporalidades. Nossa presença no mundo exigindo a *licença* da corporalidade, o ser corporal é o órgão de nossa atenção ao mundo. Ele nos fixa, nos compromete e nos lança no tropel de incidentes do mundo terrestre, dando-nos o gosto da temática humana. Isso tudo, visto de uma perspectiva algo realista. Existe outra versão muito mais profunda e inquietante e que se apresenta ao julgarmos a questão em outra base. O realismo supõe uma certa anterioridade do objeto do desejo ao desejo, e uma atração do objeto sobre o sujeito. Não seria o nosso amor pelo mundo que o instauraria em sua determinação fundamental, mas sim o mundo, pelos seus valores objetivos, que nos prenderia à terra. A verdade, porém, de acordo com uma visão mais profunda, é muito outra. É o amor que gera o objeto amado. "O objeto do amor, qualquer que seja, não preexiste ao amor, mas é por ele criado" (Gentile). Nessa ordem de ideias, portanto, o mundo apareceria como o correlato projetivo de nosso amor natural, do nosso sistema de impulsos que dilataria diante de nós o *continuum* empírico. *Nichts ist, das dich bewegt, du selber bist das Rad, das aus sich selbsten läuft und keine Ruhe hat* (Angelus Silesius)[1]. A doutrina platônica do corcel indócil que, pesando sobre o carro da alma, o arrasta para a terra, relaciona-se a essa mesma tese que vê em nossa constituição apetitiva a instância responsável pelo nosso nascimento na carne. Nosso corpo e o complexo de seus órgãos tais como se manifestam no espaço seriam a exteriorização dos nossos impulsos, uma espécie de transposição espacial de nossa concupiscência ontológica. Isso já nos disse Schopenhauer: "O corpo com todas as suas mudanças e atos

---

[1] "Não há nada que te mova, tu mesmo és a roda que corre por si mesma e não tem repouso."

não é mais do que a Vontade objetivada, isto é, transposta em representação". O corpo como símbolo de nossa devoção, de nossa militância, é um documento vivo de nosso assentimento ao jogo da vida; a presença corporal já é um índice dessa escolha metafísica que nos põe como *dilectores mundi*[2]. Na menor parcela de tecido vivo, enquanto a vida se alça como um ramo para o céu, subsiste esse profundo e radical assentimento. O reino dos vivos se definiria, portanto, como a assembleia daqueles que, pela determinação do seu amor e do seu zelo, pelo sentido prospectivo de seu cuidado, gerariam sempre mundo ao seu redor. É justamente essa comunidade de libido e de cuidado que o evento da morte vem interromper, destruindo o vínculo exteriorizado dessa coparticipação. Eis por que a morte foi tida por tantos como uma traição e deslealdade e como uma deserção a um empenho comum e secreto. "Na experiência decisiva da morte do próximo há algo como o sentimento de uma *infidelidade trágica* de sua parte..." (Landsberg). A deterioração do corpo é a expressão dessa atrofia e involução do complexo de nossas ligações com o mundo e o símbolo dessa derrocada ontológica. É evidente que o corpo, não sendo unicamente um sistema natural, pois serve de veículo para atividades de índole superior, para a exteriorização da realidade pessoal, e sendo já em si mesmo transformado e plasmado pela força dessa realidade, o seu fim envolve ao mesmo tempo a interrupção da relação entersubjetiva.

A experiência de que os mortos caem, enquanto nós continuamos a evoluir no tempo que para nós continua, é, no fundo, um sentimento da propulsividade de nossa vontade e desejo vital, que vai projetando novos tempos e novos horizontes para o nosso comportamento vital. O tempo é uma forma ativa. Como já havia notado Guyau, "temos que desejar, temos que querer, temos que estender a mão e caminhar, para criar o futuro. O porvir não é o que vem ao nosso encontro, mas aquilo para o qual vamos". O abandono dos mortos é o reflexo

---

[2] *dilectores mundi*: O conceito é de Santo Agostinho e significa literalmente *amantes do mundo*. Diz respeito à dimensão amorosa da criação e ao movimento do livre-arbítrio, que visa a Deus como sumo Bem. (N. O.)

dessa ininterrupta transcendência de nossa órbita vital, que vai deixando tudo para trás, numa volubilidade inexorável e numa impaciência de se atardar em alguma configuração particular. Tanto assim, que qualquer solidariedade com os mortos se traduz numa negação da vida e do mundo, tal como se manifesta no crepe negro do luto e nesse anseio de alguns ao conservarem a habitação e os objetos do morto tal com ele os deixou, e que acabam por ser envolvidos por essa atmosfera de morte. Quando seguimos, desolados, o morrer de uma pessoa amada, depois da crise, da solidão e da ruptura, sentimos que o mundo clama outra vez por nós e somos impelidos outra vez para o seu círculo. A luta que então se trava em nosso íntimo entre a lembrança do nosso passado e os novos apelos da vida expressa essa dualidade trágica entre a morte e a vida, o que passou e o que virá. A nossa natureza está no movimento, é em si atividade e superação; eis por que, em suas próprias raízes, se revolta contra qualquer confinamento e determinação, contra qualquer ensimesmamento definitivo com os mortos ou com a morte. Essa luta trágica entre fidelidade ao passado e a pessoa do morto e os novos anseios da vida é uma ocorrência constante na experiência da morte.

No complexo fato da morte devemos distinguir a morte para o outro, a morte do próximo, evento a que podemos assistir muitas vezes, da morte própria, fato único e definitivo (e que dá muito caráter de definitivo à nossa vida) e ponto culminante de nossa estância na terra. A morte do próximo é o acontecimento que nos deixa nas mãos os despojos do que foi uma vida, uma pessoa: é um fato que se dá no mundo e fica assinalado no mundo. A morte própria, pelo contrário, é uma experiência intransmissível da qual nada sabemos antes de dar-se e que, uma vez ocorrida, obviamente não podemos relatar. A morte objetiva, para o outro, é superada pelo mundo em sua inquietante volubilidade e pode suscitar em nós determinados comportamentos e atitudes em relação à figura do morto. Pelo contrário, ao sobrevir minha morte, não haverá para mim mais mundo que possa superar-me, pois desfazendo-se a existência das coisas presentes, volatiza-se e dilui-se a minha circunstância mundanal pelo desmoronamento da base de minha encarnação. Dessa forma, o sucesso objetivo da morte e o sucesso subjetivo não se correspondem e era essa não correspondência que fazia dizer os epicúreos que a morte não existia, pois quando vivos ela ainda não existe e quando mortos não estamos presentes para atestá-la. Não podemos, portanto, pensar uma em termos da outra. Isso não implica que o finar-se de uma pessoa não nos arroje emocionalmente no abismo da morte, fazendo refletir em nosso espírito todo o vácuo do aniquilamento; entretanto, mesmo essa participação não equivale à misteriosa metamorfose ocasionada pela libertação da esfera fenomênica. Essa libertação e não o sucesso objetivo da morte é que constitui para cada um de nós o muro intransponível, o mistério que não pode ser analisado por nenhuma ciência, pois foge às nossas categorias, transpondo os limites do cognoscível. Adotando a terminologia de Gabriel Marcel, podemos afirmar que a morte não é um problema, no sentido de um fato objetivável e analisável pelo nosso intelecto, mas como um fato íntimo e pessoal, como uma instância não-objetiva, constitui-se num mistério. Devemos compreender que para o que morre a morte não é só a destruição de sua forma somática, mas complexivamente é uma ocorrência que diz respeito à sua experiência global, ao seu ser no mundo, do qual o seu corpo é apenas um dos ingredientes. Essa experiência íntima e subjetiva, por não poder ser traduzida em conceitos, por não pertencer ao campo dos objetos, não pode ser por princípio explicitada em uma forma de conhecimento. Para nós que continuamos nos quadros da vida, o morrer soa como uma interrupção da resposta ao mundo; para o que morre, entretanto, não podemos sequer imaginar o sentido interno do fato. Não existe, pois, uma sabedoria da morte. O que pode existir, sim, é uma confiança no mistério, um sentimento efusivo que o inteligível não é tudo e que podemos abandonar-nos mesmo àquilo que não pode ser vertido nos diagramas do conhecimento. Essa confiança é contrária ao desafio do conhecimento, é o sentimento esperançoso e tranquilo que, como o núcleo do nosso ser, se opõe ao terror do aniquilamento.

Reflexões sobre a ocultação do ser

A situação natural e imediata da realidade humana não parece ser um estado de vigília ontológica, um viver na verdade e pela verdade, um desenvolvimento triunfante de suas possibilidades mais íntimas. No início, encontramos o homem perdido entre determinações estranhas e desmerecedoras do seu ser, compreendendo o mundo e a si mesmo com categorias e com conceitos exteriores e adventícios. Esse existir fora de si do existir tem, portanto, como consequência uma compreensão e interpretação falsas de todos os momentos de nossa realidade e um traçado frustro de nosso próprio destino.

Sendo a lei capital de nosso ser a liberdade, sendo o homem liberdade, tudo quanto de uma forma ou de outra possa ofuscar ou empobrecer a experiência e o sentido dessa lei íntima, deve ser considerado como falseamento e ocultação do ser, como escravidão e heteronomia. Tudo quanto, por outro lado, estimula em nós essa força criadora, educando-nos e formando-nos na liberdade, fazendo-nos ver o mundo como cenário de nosso viver criador, deve ser tido como uma confidência da verdade e uma revelação do ser.

Como liberdade, o homem não pode ter um ser fixo e terminado, e, como diz Hegel, "o espírito não é uma coisa natural como o animal. Este é como é, imediatamente. O espírito, porém, se produz, se faz o que é". Portanto, toda compreensão do real que o reduz a uma coisa já dada ou produzida, é uma infidelidade e uma ocultação do ser. Um exemplo marcante desse fato é a redução do ser ao existente, ao imanente, ao dado. O imanente é a coisa, a realidade já sem esperança que só pode contar com o que já é seu, é a realidade plenamente cerrada e encerrada em si, que já não se abre para um amanhã e não anuncia senão a si mesma. É a monotonia da repetição e do determinismo. Tudo quanto existe de fatal, irremediável e prostrado no mundo, pertence ao seu campo. Ao vestir-se a consciência com a roupagem do imanente, é tolhida em sua espontaneidade e não encontra mais recuo para a sua liberdade e agilidade anteriores. Antes, o mundo abria-se diante dela como um campo de manobras de sua subjetividade, como o puro determinável. Agora, impõe-se como um destino sem escolha e como uma determinação inexorável. O que estava antes em suas mãos, como coisa disponível, transforma-se agora em suas próprias mãos; o sujeito transforma-se em objeto e o objeto em sujeito. Nenhuma linha de desenvolvimento próprio irradia agora da consciência, para se formular no espaço objetivo, nada emana de dentro, tudo depende de instâncias exteriores. O imanente é o posto uma vez por todas, é um complexo de entes imutáveis. Se a realidade se confina no dado, seja esse dado de natureza ou ideal, de novo assistimos a uma compreensão do livre fluir da consciência nas formas opressoras da imanência. Nesse caso, as faculdades puramente reprodutivas passam a preponderar sobre os impulsos criadores do *eu* e a natureza vence o espírito. Tomemos o caso mais digno de menção, aquele no qual supomos uma realidade espiritual realizada e estática como paradigma do ser: é o caso do idealismo platônico. Essa concepção não pode resguardar o sujeito, no conhecimento e na ação, de um papel meramente passivo e reprodutivo, despido de liberdade. Conhecer é, para Platão, *copiar as ideias*, e amá-las é obedecê-las. Tudo aí é heteronomia e passividade. "O mundo dos antigos", dizia Xiráu, "é o reino das paixões. A única coisa ativa e poderosa é a eterna impassibilidade". O conhecimento, no platonismo, supondo algo já pronto e dado ao qual se referir, nada mais é do que a reprodução de um original. Na prática, a virtude nada mais seria do que a volta dos ideais estabelecidos desde o começo das coisas. Gentile observa agudamente: "E nas origens brilha uma luz que deveria ser a meta dos esforços humanos; a idade de ouro, a lei (em contraposição à *physis*) dos Sofistas, dos Cínicos, dos Estoicos, que está atrás de nós como o mundo ideal anterior à vida corpórea, no idealismo platônico". A teoria dos modelos estampa-se em todas as ordens de realidade e o processo do real é compreendido como adequação a um ser já prefixado, ou como devolução a uma essência eternamente dada. Esse desconhecimento da índole profunda da vida espiritual promana, sem dúvida, de uma sobreposição do teórico ao prático, da inteligência à vontade. Se a inteligência é compreendida como traço fundamental da realidade, o mundo se manifesta como espetáculo, como objeto de mera contemplação, e a ação passa a depender de uma lei já dada. O peculiar da inteligência é formar noções que representem exaustivamente quanto se queira a constelação do existente; pela sua própria natureza, a inteligência está voltada para o passado. O espírito é, entretanto, também a colonização do porvir; o original, no ser, é a capacidade de projetar-se além do existente, propor-se livremente um fim e encarná-lo depois na ordem das coisas. Essa autoplasmação livre de si mesmo, que o existencialismo volta a considerar como a prerrogativa primeira do espírito, é completamente sonegada pelo intelectualismo. Fichte concebeu claramente essa metafísica, podendo-se depreender isso dessa passagem do *Destino do homem*: "Devo ser por mim mesmo o que sou, esboçar ideias unicamente por mim, produzir absolutamente por mim um estado exterior à ideia. Estas noções, denominadas conceitos de fim, não devem ser como os conceitos do conhecimento, cópias de uma coisa dada, mas modelos de uma coisa a produzir".

O ser do homem não derivando de nada a não ser de si mesmo, nada podemos encontrar de teórico no círculo de sua ipseidade, ou melhor, todos os conceitos que ele propõe à sua vontade têm raiz em sua própria vontade.

O tipo mais perigoso de degradação do ser na imanência, encontramo-lo em todas as formas do naturalismo e do positivismo, pois a matéria é a forma excelsa do cerrado em si mesmo, do em si. Nessas formas, toda transcendência e criatividade são simplesmente negadas em favor de uma identidade asfixiante e estéril. O ser é sentido como limite, como coincidência e compromisso com a finitude. Sendo dado, de uma vez por todas, um certo fundo de energias, corpúsculos e movimento, tudo quanto vier a suceder depois poderá ser reconduzido a esse repertório de entidades.

Evidentemente estas formas de ocultação do ser manifestam-se na própria procura do ser, pois é a reflexão que, ao sondar o real, se desencaminha de diversas maneiras. A vontade metafísica do homem, valorizando os títulos e pretensões da multiplicidade dos entes que se lhe apresentam, escolhe esse ou aquele setor como constituindo a camada básica do ser: a história do pensamento filosófico é a história destas escolhas e desses extravios.

Levanta-se agora um problema que poderia ser classificado como um problema de psicologia da filosofia, se muitas vezes não se ligasse com camadas ainda mais profundas da personalidade do filósofo. É a questão de saber se nessa escolha do ser não intervêm fatores ou condições puramente materiais que orientam a escolha nessa ou naquela direção, ou, por outras palavras, se o homem não explica a sua filosofia. Platão já falava numa cegueira para as ideias e é da experiência vulgar a constatação de que os interesses e paixões comprometem a posse da verdade. Muitas vezes o sistema de crenças que sustentamos é uma justificação de nossa situação e uma legitimação de nossos erros. São muito significativas estas palavras de Berkeley em defesa de suas ideias: "É coisa muito natural que as pessoas ímpias e profanas admitam prazeirosamente os sistemas que favoreçam suas inclinações, denegrindo a 'substância imaterial' e supondo ser a alma divisível e sujeita à corrupção como o corpo". Sobre esse tema da condicionalidade do pensamento por fatores de ordem material, a especulação moderna teceu as mais variadas hipóteses, desde a negação de qualquer autonomia do espírito, até concepções que afirmam a condicionalidade relativa da mente.

Levantam-se, nesse campo dos obstáculos que impedem nosso acesso ao ser, os mais abismais problemas da natureza humana. Estamos muito longe do otimismo socrático que estabelece uma equação entre a virtude e o saber, pois somos mais propensos a acreditar que o conhecimento, e portanto a revelação da verdade das coisas, é muitas vezes o fruto de uma conversão da vontade e não de um puro ato intelectual. A ordem da razão dependeria em última instância da ordem do coração.

Nessa mesma linha de considerações, podemos situar todas essas formas de obliteração da consciência que Kierkegaard estudou em função dos fenômenos de angústia e desespero, e cujo tipo extremo é o demoníaco.

O demoníaco é a escravidão que se quer a si mesma, é o horror à liberdade, a crispação contra todas as potências que podem retirar o homem de seu abismo. O demoníaco é uma espécie de ontofobia que se expressa através dos mais variados sintomas, todos concordantes, entretanto, em impedir que se estabeleça outra vez o contato salvador com a possibilidade. Refugiando-se no limite de sua determinação e opondo a oclusão de sua finitude contra as potências distensivas da liberdade, o demoníaco é a liberdade que se conjura contra si mesma, e que se manifesta, aniquilando-se. "Sou assim, deixa-me em paz", é o argumento do endemoninhado.

De muitas formas pode o homem dissimular diante de si mesmo o sentido de sua existência, negligenciando o tema profundo de sua vida e rompendo todas as suas ligações com o real. Há formas mais espasmódicas e espantosas como o demoníaco, mas a doença pode invadir a alma de maneira mais sutil e insidiosa, produzindo seu mal, sem que nos apercebamos disso. É o caso, por exemplo, da invasão do hábito e do automatismo em nossa existência. "Há algo pior do que possuir uma alma perversa – diz Péguy – é possuir uma alma habituada. O que há de mais contrário à própria salvação não é o pecado, é o hábito." O hábito não é simples repetição, pois a recorrência de um determinado estado ou atitude pode significar uma fidelidade do espírito em relação a si mesmo, uma reincorporação consciente do passado no presente, que se revela como uma reafirmação e uma solidariedade através do tempo. Nesse caso, o passado não volta em ausência de um sentimento profundo, mas com a colaboração de nossas energias mais íntimas: a repetição é aqui um adensamento espiritual.

No caso do movimento habitual, do automatismo, pelo contrário, a ação ou estado se desencadeia por impulso próprio, e desenvolve arrastando e desprezando qualquer espontaneidade. Não há nenhuma colaboração íntima, nenhum calor objetivo em seu desenvolvimento; sentimos crescer em torno de nós uma *jungle* poderosa de gestos, atitudes e concepções que outrora nutríamos com nosso próprio sangue, mas que agora com vida própria nos envolve em seus tentáculos. Somos então vítimas de nossos hábitos que, à maneira de um despótico personagem, passa a viver nossa vida, usurpando nossa atuação pessoal. O hábito pode significar uma economia, mas é uma economia fatal e desmerecedora. Uma vida habituada é uma vida que não mais se esforça, não mais cria, uma vida que perdeu toda a audácia, liberdade e originalidade, processando-se como uma repetição mecânica das mesmas coisas. É justamente esse mecanismo que se interpõe entre a consciência e o ser.

Toda vida decai em hábito, e todo recobrar-se do hábito é uma esperança no caminho da verdade: aqui, centra-se o sentido da aventura que, despojando o homem de sua crosta habitual, o põe em condições de se propor novos caminhos e de alcançar novas alturas.

O hábito nos transforma em simples coisas. O futuro, que caracteriza o nosso ser e que germina no desejo e na pretensão do existir, fecha-se, no hábito, diante de nós, pois só assistimos à monotonia de um mesmo gesto ritual. Essa sensação de ausência e entorpecimento pessoal que o hábito produz, e que se expressa quando dizemos que podemos fazer algo "de olhos fechados", provém da própria estrutura do nosso ser. Apenas quando, lançados para o nosso porvir, vamos ao encontro de um destino escolhido e livremente aceito, é que somos presentes em plena agudeza e vigilância. Nesse sentido, diz Heidegger que o homem é um "ser da distância": somente transcendendo em direção às suas próprias possibilidades, é que o homem desperta para o que rodeia e transforma a sua circunstância em matéria do seu destino. O herói é, nesse sentido, o ser eminentemente vigilante e presente com toda a sua alma ao mundo.

Nesse capítulo dos hábitos, devemos incluir o que em sentido lato poderíamos dominar "hábitos sociais", conjunto de formas consuetudinárias de comportamento e compreensão humanas.

Em grande medida recebemos a vida *feita*, pois o nosso *eu* social é um princípio anônimo e objetivo, uma estrutura que independe de nós e que vestimos para nos enquadrar num dado grupo. Apreciamos o mundo não através de nossos próprios sentidos e de uma lógica individual, mas sim através de uma ótica do rebanho. Não há sociedade sem uma mentalidade comum, sem um modo coletivo de ver e de conjurar o real, pois nessa visão anônima e social, o mundo sempre se apresenta sob os seus ângulos mais favoráveis e tranquilizadores. A própria sociologia é hoje unânime em reconhecer que a "natureza" sempre se manifesta ao homem através de um *a priori* social e que é recortada dessa ou daquela maneira no plasma amorfo das sensações, segundo as intenções e objetivos míticos e religiosos do grupo.

Dessa forma, o critério máximo de certeza e de verossimilhança do pensamento individual é constituído pelo complexo de significações e representações próprias do grupo, por aquilo que poderíamos denominar, com Chestov, a "omnitude".

É justamente essa forma social de razão e de ter razão, essa evidência multitudinária das ruas que forra o mundo de significações de curso esforçado, que obscurece no homem a consciência para evidências mais profundas, para o *sensus sui*. Perdendo-se na alteridade social, o *eu* se reconhece no espelho deformante da consciência grupal e passa a transcrever todo o inefável de sua própria subjetividade, na linguagem grosseira da exterioridade social. "Com efeito – diz Chestov – enquanto nos mantemos dentro dos limites da razão, dentro dos limites em que se desenvolve aquilo que a consciência comum, a *omnitude*, chama de vida, a compreensão do que acontece diante de nós se reduz a uma explicação meramente mecânica."

Somente quando abandonamos a convivência com os estereótipos com que o social e a consciência comum revestem as coisas para o seu sossego, é que certos aspectos incalculáveis e tremendos da realidade se revelam, transfigurando o *habitat* inócuo da quotidianidade. Surge então o homem subterrâneo, o homem essencial para quem duas vezes dois *pode ser* cinco.

O mundo que recebemos em nossa experiência quotidiana e vulgar e com o qual mantemos comércio em nosa existência prática é um ente de consistência puramente diurna, secular, pragmática, despido de qualquer verdade superior. Há momentos, porém, em que se descerra o véu de Maia da consciência comum, e podemos então vislumbrar o prodigioso mistério da existência. "Nesse momento – diz Claude Magny – os conceitos sociais, as palavras, aparecem como simplesmente pousados na superfície das coisas; desde que abrimos um pouco mais os olhos, eles se desvanecem e nos abandonam face a face com coisas indefiníveis, ao seu arbítrio, sem qualquer defesa contra elas." Uma experiência desse tipo é a que nos descreve Rilke nos *Cadernos de Malte Laurids Brigge*, quando, através da solidão, vemos seu personagem distanciar-se cada vez mais dos limites da verossimilhança banal, atingindo o limiar do "tempo da *outra* explicação": "Sim, ele sabia que nesse momento se afastava de tudo; não somente dos homens. Um instante ainda, e tudo perderá seu sentido: essa mesa, esse corpo, essa cadeira à qual ele se agarra, todo o quotidiano e próximo se tornará incompreensível, estranho e inerte."

O que pretendemos frisar aqui é a medida em que essa trama de representações sociais e utilitárias das coisas, essa concepção objetivante do real, pode dissimular todo um campo de experiências e de realidade.

Ao examinar todas essas formas de vida fora da verdade e perdida entre as coisas, temos evidentemente um pressentimento do real obscurecido por essas alienações. A mesma dialética da aparência e da realidade, do movimento do não-ser para o ser, manifesta-se aqui na dialética da consciência comum e da consciência individual, e a consequente interpretação da primeira como uma degradação da segunda. Essa dialética, em oposição à dialética platônica que progride do particular para o geral, do concreto para o abstrato, seguiria o caminho inverso e, partindo do momento anônimo, abstrato e superficial da consciência comum, iria em busca de certos centros espirituais concretos, num movimento progressivo e de aprofundamento subjetivo. A evidência atingida e subjetivamente revelada não possuiria caráter teórico, não seria um conhecimento ou saber no sentido de algo meramente pensado. O pensado é ainda algo de abstrato e geral que pode ser destacado da vida e exposto à objetividade pública. Pelo contrário, nessa dialética procuraríamos atingir certos centros reais e concretos, algo que se é, e não algo que se pensa.

Até agora nos ocupamos apenas em mostrar as ciladas às quais se expõe um pensamento que pergunta pelo ser. De todas essas ciladas, a mais perigosa é aquela que, elevando critérios da ciência a normas supremas da verdade, transforma conceitos científicos em conceitos metafísicos, hipostasiando assim a imagem científica do mundo. Apesar dessa translação ilícita de conceitos, não continua sendo menos discrepante o tema da ciência e o tema da filosofia: a ciência investiga coisas, a filosofia revela um drama e uma liberdade, trazendo à luz não um objeto, mas uma presença ao objeto.

Quando inicia suas investigações, a ciência já encontra dado diante de si o objeto de seu estudo: a terra preexiste à geologia, os animais preexistem à zoologia etc. A ciência é uma atenção ao fato, uma exploração do passado. "O pássaro de Minerva só levanta voo ao cair da noite." Se a filosofia quiser invadir o terreno próprio da ciência ou ver seu território invadido pela ciência, não pode definir-se também como um conhecimento de coisas, como um saber ou teoria: seu objeto não é um objeto, mas algo transobjetivo ou inobjetivo; não é a exposição de um pensamento pensado, mas a captação de um ato, de uma liberdade. Seu assunto, não existindo pronto como existem os objetos de outras ciências, mas devendo de qualquer forma passar à consciência para ser formulado, deverá ser suscitado, provocado, para depois ser conhecido. Fichte já havia afirmado que a filosofia não começa com um axioma, com uma verdade sobre coisas, mas sim com um apelo, com a exigência de que o homem volva sobre si: "A consciência de si não se impõe, nem chega por si mesma: cada qual há de provocá-la por meio da liberdade em si mesmo. O *eu* que constrói a si mesmo é o seu próprio *eu*." A filosofia começa, pois, como uma exortação à liberdade, no sentido de que o *eu* manifeste sua autonomia, rompendo suas vinculações fáticas. Se a consciência fosse algo de objetivo, tal exigência seria completamente descabida, pois o que é não necessita ser livremente produzido. A subjetividade só pode manifestar-se em sua autoexecução, em seu fazer-se concreto. Este ato de autodeterminação, de autoprodução livre de si mesmo separa dois mundos, pois através dele o homem se aparta de todas as coisas, pondo-se como autor de sua própria realidade. Enquanto as coisas são plasmadas pelo impacto das circunstâncias, tendo sua razão de ser fora de si, o homem com esse gesto de autonomia interior chama a si a responsabilidade de sua natureza e põe-se como pura autoatividade, como liberdade. O homem é liberdade. Esse poder metafísico e íntimo não se apresenta como uma qualidade que o homem possui ao lado de outras qualidades, como um matiz exterior, mas sim como a categoria fundamental, o seu mais árduo destino. Dissemos atrás que, com esse ato de liberdade, o homem se punha além de todo o dado, transcendendo todo o existente. Qual a relação entre a liberdade e a transcendência? Manifestando-se como um simples poder-ser e, portanto, traçando-se além de todo o dado é que o homem pode plasmar-se a si mesmo, tornando-se o autor de sua realidade. Eis por que Novalis via nessa superação de si mesmo, nessa transcendência, o *Urpunkt*[1] da realidade: "O ato de superar-se a si mesmo é sempre o mais alto – o ponto original – a gênese da vida". Enquanto a coisa vive cerrada em si mesma numa compreensão infinita e limitante, o homem como subjetividade está envolto num horizonte de possibilidades, abre-se para o possível e somente através desse possível pode ser profundamente compreendido. O homem como não coincidência consigo mesmo é aquele ser que vive no possível; é, segundo nos diz Kierkegaard, aquele ser que deve "educar-se no possível".

Toda a realidade meramente fática e sensível do mundo só pode anunciar-se por contraposição a essa transcendência própria do sujeito, como uma corrente contrária à corrente ascendente da liberdade. Ao lançar-se em busca de si mesmo, o homem vê-se encerrado e envolto num mundo, exilado no sensível. Como muitos filósofos já pressentiram e procuraram extenuadamente demonstrar, um "mundo" só poderia delinear-se no círculo de uma ipseidade: o *não-eu* seria o contragolpe da façanha do *eu*, o relevo sensível de sua recusa infinita. Eis como Bacca procura esclarecer essa difícil e transcendente verdade: "Por ser o homem essencialmente transfinitivo e não infinitivo, 'pode' e 'tem' que possuir esses e aqueles limites a superar, um alimento para a sua transfinitude... É a transfinitude do homem que, por exigir limites a superar, torna possível que se lhe dê um corpo e uma matéria como delimitante superável".

Segundo essa ordem de evidências, o fundamento do real não deve ser buscado fora do âmbito de nossa consciência, pois a subjetividade abraça o mundo e o alimenta de sua própria interioridade.

Podemos propor-nos agora o problema de qual seja o caráter mais fundo dessa realidade, sua autêntica atividade.

---

[1] Ponto originário.

Como já notamos anteriormente, a capacidade mais própria e diferencial do homem é a faculdade de traçar livremente um projeto *ein Vorbild*[2] de si mesmo, de inventar um modo de ser do seu ser e depois encarná-lo no mundo corpóreo. – Essa *vis poetica*, esse poder de elaboração de si mesmo como base da subjetividade é o que existe de eminentemente *real* no universo. É um interesse infinito, uma paixão que deve subordinar a si todas as outras paixões. O processo de sua realização histórica apresenta-se como uma tendência dionisíaca de criação, como um dinamismo que, lançado no sensível, o vai pouco a pouco dissolvendo e absorvendo em sua própria interioridade.

Em seu momento sensível, o viver se apresenta como um flutuar instável e incoerente, como um caos fragmentário e descosido; numa evanescência contínua, o hoje contradiz o ontem e o amanhã é o inimigo do hoje; sensação segue sensação, impressão segue impressão, nada confirma nada, nada resiste e unifica. É nesse cenário de capricho e frivolidade que se dilata a tarefa colonizadora do *eu*. A vida alienada e extraviada nas dunas do sensível reflui para um centro e reconhece seu eixo original.

A façanha do *eu* confunde-se com essa expansão genial de seu próprio círculo, com essa existência cada vez mais ampla e vigilante de que nos fala Rainer Maria Rilke: – *Ich lebe mein Leben in wachsenden Ringen...*[3].

---

[2] "Um modelo".
[3] "Vivo minha vida em círculos crescentes...".

DIAGNOSIS

A ciência sempre se revestiu de uma serena atmosfera de insenção e de imparcialidade relativamente ao objeto de seu estudo. Dizia ela não pretender mais do que auscultar a linguagem forte e sincera das coisas, captando a sua confissão mais íntima. Apesar dessas demonstrações de equilíbrio e de objetividade, há muito tempo que a reflexão filosófica sobre os fundamentos da ciência revelou quão falsa é essa sua pretensão e quanto de imposição, escolha e elaboração existe no método da ciência. A ciência não aceita tudo, mas unicamente o que lhe convém: é uma construção e não um retrato fiel. Essas ideias já foram exaustivamente discutidas e divulgadas para que tivéssemos que voltar a elas. O que tencionamos entretanto estabelecer aqui é o fato, nem sempre advertido, de que no conhecimento científico, além dos métodos e recursos mais aparentes, além do afã diurno do saber, existe um elemento oculto que norteia todo o impulso explicativo. Esse elemento oculto é justamente a convicção fundamental, o pressentimento ou anelo último que regula todos os passos e trâmites da investigação. Como diz Fritz Medicus: "Cada hipótese pressupõe a legitimidade de seu fim de conhecimento (*Erkenntnisziel*)". Esse pressuposto fundamental antecede qualquer hipótese ou método da ciência e consiste no sentimento imediatamente vivido de uma determinada estrutura do real. Desse ponto de vista, poderíamos considerar cada disciplina científica não como um todo aberto e incondicionado, mas sim como um complexo teleológico que se desenvolveria em direções prefixadas. Não pretendemos desenvolver essa tese em toda a sua generalidade, mas unicamente precisar qual o seu sentido no que respeita às hodiernas ciências do homem.

Qual o ideal secreto e dissimulado de ciências tais como a antropologia, a etnologia, a sociologia ou a psicologia? Aproximar-se-iam elas de seu objeto sem nenhuma atitude, esquema ou imagem preconcebida ou pelo contrário perceberiam na realidade apenas o que antecipadamente se propunham a perceber, desfigurando os fatos? Essa questão suscita vários problemas e entre eles o problema epistemológico do conhecimento do passado, uma vez que as ciências mencionadas se referem ao já acontecido. A mutável perspectiva do presente não alteraria substancialmente a imagem do passado? A Grécia vista por um homem da Idade Média ou por um homem do século XIX apresentaria inalteravelmente a mesma figura? "É necessário – diz Eric Dardel em seu livro *L'histoire science du concret* – que o historiador se liberte da coerção que as coisas mesmas exercem sobre ele. Muitos pretensos objetos não são mais do que os reflexos devolvidos de nossa própria imagem." Assim, pois, o passado sofreria o efeito retroativo de todas as vicissitudes do presente, bem como dos projetos do futuro, mantendo-se sempre em suspenso, sempre equívoco em seu significado, esperando continuamente o veredicto da atualidade histórica.

A filosofia existencial, que mais se adentrou no estudo da estrutura temporal do homem, acentua de maneira decisiva o circuito vital entre as três dimensões do tempo. São os homens de hoje, imersos numa particular situação, circunscritos por um determinado horizonte, que contemplam o passado, vivem e fazem ciência. Ora, entre as componentes mais importantes da nossa situação cultural devemos contar essa atmosfera intelectual, esse *a priori* ao qual nos referimos antes e que determina o teor de todos os nossos conceitos, governando todas as nossas operações intelectuais.

Em particular nas ciências do homem, em que o homem ajuíza sobre o homem e procura compreendê-lo em todas as suas manifestações e atitudes, é que de um modo mais intenso se faz sentir o peso dessa autocompreensão antecipada de nosso modo de ser. Formamos uma certa representação de nossa natureza e estrutura e passamos logo a projetá-la através do tempo e do espaço, pensando assim adquirir um conhecimento pleno da esfera humana. Esse mítico *a priori* que fundamenta todas as explicações na moderna ciência do homem é o princípio que o filósofo Francisco Romero denomina a explicação *hacia abajo*. Segundo esse princípio interpretativo, conhecer uma coisa significa reduzi-la a outra, situada na escala dos seres em ordem ontológica inferior: o espírito se reduziria à psicologia, essa à fisiologia, a fisiologia à físico-química, e, observa Romero, se houvesse algum plano de ordem ainda inferior, os homens não titubeariam em rebater toda a realidade sobre ele. Conhecer, segundo essa linha de ideias, é materializar, transformar o fenômeno fluido e fugaz em mecanismo tangível. E não seria justamente esse o ideal secreto e dissimulado das ciências modernas do homem? Apesar de proclamarem a sua neutralidade e ausência de preconceitos em seu acesso aos fenômenos, não empunhariam elas, desde o início, a categoria fundamental do seu conhecimento?

Os pensamentos acabam sempre por revelar mais os homens que os concebem e defendem do que os objetos a que se referem. Não podemos, em geral, destacar os pensamentos da atividade pensante que os forma, de modo que cada concepção do mundo e das coisas denuncia o homem que a ratifica. Não seria essa imagem que o homem forma de si mesmo através da ciência contemporânea o contragolpe, no plano do conhecimento, dos valores materialistas que informam todo o desenvolvimento de nossa civilização?

Novalis

Neste estudo sobre Novalis, limitar-nos-emos a focalizar o aspecto propriamente filosófico, desatendendo o aspecto literário, político ou religioso de sua obra. Isso não implica que, desenvolvendo o pensamento do autor, não sejamos levados a fazer breves alusões às decorrências religiosas, políticas ou a qualquer outro reflexo de suas ideias; não obstante, a nossa análise visará exclusivamente revelar a cosmovisão dessa grande figura do romantismo germânico.

Qualquer estudo sobre Novalis conterá sempre uma grande dose de interpretação pessoal, de pressentimento e, em linhas gerais, nada mais será do que a desesperada tentativa de completar os traços dispersos de uma obra fragmentária. Pois Novalis não nos deixou mais do que fragmentos, *literarische Sämereien*[1], na sua expressão, algumas poesias e um romance inacabado. Somente através desses sinais desarticulados e de algumas referências piedosas de seus amigos é que podemos nos acercar de seu espírito e tentar reconstruir o mundo de seus pensamentos.

Tendo deixado tão escassas provas de sua linhagem intelectual, defrontamo-nos com o fenômeno enigmático de seu extraordinário renome, de sua fama quase legendária. Talvez

---

[1] "Sementes literárias".

possamos penetrar no mistério da irradiação do seu ser, acentuando, como o faz Dilthey no seu estudo sobre Novalis, o fato de que cativa mais pela força de sua personalidade do que por sua atividade literária. Uma de suas amigas, escrevendo ao filósofo Schleiermacher, assim se expressa: "É necessário que o vejais, porque se pudésseis ler trinta volumes de sua pena, não o compreenderíeis melhor do que bebendo uma taça de chá em sua companhia".

Estamos diante de um homem que não vivia para se derramar nas páginas dos livros e, como veremos a seguir, quando penetrarmos melhor o seu pensamento, do prisma pelo qual Novalis contemplava a existência, a um tal anseio intempestivo de ostentação literária, de exteriorização mundana, não poderia aparecer senão como insubstancialidade e frivolidade. Contamos com uma apreciação de seu próprio punho sobre o valor que assinalava ao ofício literário: "O escrever é para mim um acessório. Julgar-me-ão mais acertadamente pelo essencial – a vida concreta". Compreendemos facilmente que, quem demonstra tão alto sentido de responsabilidade intelectual, nada afirmando que não possa legitimar pela conduta e experiência vital, não legará ao mundo uma profusa bibliografia; pelo contrário, limitar-se-á a anotar dia a dia os estádios significativos de sua peregrinação espiritual.

Pensamos que a forma de esboço, de mera anotação que caracteriza sua obra não é um traço acidental; acreditamos que, mesmo que lhe fossem dados mais prolongados dias, não nos teria legado nada de fundamentalmente diferente. A vibração rápida e concentrada do seu existir, a riqueza pontual e instantânea do seu modo de ser, estampa-se fielmente nas linhas entrecortadas de sua obra; parece que para o seu "prestíssimo", as dilações morosas, o largo tempo, só poderiam significar dissolução de densidade. "Toda dispersão é um enfraquecimento" diz ele; "quanto mais curto o tempo, mais rico e múltiplo. O largo tempo debilita, o curto intensifica." As minuciosas construções do pensamento são possíveis apenas para os espíritos menos impetuosos, para aqueles que conseguem conservar, em meio dos Saturnais de Sophia, uma fria atitude de discriminação e análise.

Dispondo, em virtude dos fatos acima expostos, de tão poucos pontos de referência na própria obra de Novalis, torna-se necessário, para reconstruir o seu pensamento, esboçarmos a situação da problemática filosófica da época em que viveu. Uma vez postos em relevo os fatores que influíram decisivamente no seu pensar, será mais fácil compreender a sua posição, não nos deixando arrastar por opiniões apressadas e superficiais que o consideram um simples visionário, cuja fantasia mórbida arrastou para um mundo de fantásticas irrealidades. É um fato melancólico constatar que em boa parte dos manuais de História da Filosofia e da Literatura se encontram tais asserções sobre a obra novalisiana. Depois do importante trabalho de Dilthey publicado há quase um século (1865), onde é ressaltada toda a originalidade e profundeza do pensamento do poeta-filósofo, não se compreende a insistência de opiniões tão levianas e irrefletidas. Aqui, como em muitos outros casos, deparamos com a incapacidade nada rara entre os homens de formar juízos abandonando as pautas comuns.

Na década que vai de 1790 a 1800, toda uma plêiade de jovens espíritos pugnava na Alemanha, por desenvolver os riquíssimos gérmens implícitos naquilo que se chamou a "revolução copernicana" de Kant. Tracemos em linhas gerais o sentido fundamental dessa "revolução" extraordinária do pensamento, para habilitarmo-nos a ingressar na "atmosfera" filosófica da época. Eis o que havia demonstrado Kant: esse imenso Universo material, de massa incalculável, que se estende englobando tudo, e do qual nós, homens, nada mais somos do que uma parcela infinitesimal é, quando examinado à luz da nova gnoseologia, uma simples representação subjetiva projetada pelo aparato cognitivo humano. O Universo não existe em si, independentemente da nossa atividade cognitiva, mas pelo contrário, tem sua natureza determinada pela estrutura funcional da nossa mente; uma alteração na organização do nosso conhecimento seria o suficiente para derribar esse cenário ciclópico. Sendo as manifestações do mundo material meros fenômenos de índole subjetiva, meras representações para uma consciência, seria completamente vã a empresa de procurar entre os entes do mundo (como, por exemplo, sempre pretendeu o materialismo ou, mais geralmente, o naturalismo), os elementos últimos e irredutíveis da realidade. Por mais que torturemos e fragmentemos as "coisas" em minúsculas partículas, em busca do *substratum* derradeiro da realidade, por mais que avancemos no caminho do infinitamente pequeno ou do infinitamente grande, estaremos sempre enclausurados no reino aparencial de nossa consciência. Passaremos de "coisa" a "coisa", isto é, de fenômeno a fenômeno, num regresso *ad infinitum*, mas nunca conseguiremos ultrapassar a imanência da subjetividade. Não podemos construir a "coisa em si", segundo os moldes das formações representativas, cuja vigência é limitada ao âmbito da consciência: com os elementos conceituais hauridos no universo exterior, somente poderemos elaborar determinações cujo campo de aplicação é a nossa própria experiência exterior, isto é, o mundo do fenômeno. Schopenhauer, numa imagem feliz, descreve a situação do pensamento que procura o "ser" das coisas entre as realidades externas: "Por mais que se investigue, não se chegará senão a figuras e nomes. É a situação de um homem que rodasse um castelo procurando inutilmente uma entrada e, enquanto isso, fosse desenhando as fachadas". Kant, entretanto, não se detém aí, na sua crítica às metafísicas dogmáticas do passado. Sabemos que a metafísica racionalista admitia, ao lado da substância material (*res extensa*), a substância espiritual (*res cogitans*), refúgio dos que não encontravam a certeza na esfera material da realidade. Foi aí que Descartes encontrou o único ponto sólido na flutuação incerta e duvidosa de todas as outras realidades; foi aí que Berkeley baseou o seu sistema imaterialista. Kant, porém, demonstrou que essa pretensa substância espiritual era resultante da conversão indevida da pura unidade formal de nossa experiência numa unidade substancial, uma espécie de "coisificação" do processo do conhecimento.

A "alma" da psicologia racional, substância portadora dos fenômenos anímicos, através da qual a metafísica tradicional julgava pisar terreno firme, nada mais seria do que o fruto do paralogismo de converter uma *função* unificadora numa *res*, numa coisa. Seria mais uma consequência da incapacidade de pensar uma atividade, sem pressupor *atrás*, como sustentáculo, uma coisa que a produzisse.

Portanto, também no campo das manifestações da vida interior, conhecemos unicamente fenômenos, acontecimentos que absolutamente não revelam a nossa essência, como "coisa em si". Nós, que julgamos encontrar em nossa vida psíquica o nosso "eu" verdadeiro, presenciamos unicamente as vicissitudes de um "eu" secundário, submetido às categorias espaço-temporais. O cenário que se nos depara, tanto na realidade exterior, como na dimensão interior, é uma simples *mise-en-scène* subjetiva, que reflete apenas a peculiar arquitetônica da nossa razão. Conhecemos uma *versão* da realidade à linguagem dos nossos sentidos e da nossa razão, um eco longínquo da voz original das coisas. Esse edifício de coisas e de processos físicos não é nada de último e irredutível e não pode constituir, como pretendia a metafísica dogmática, tanto materialista como espiritualista, o plano de redução de todas as outras formações fenomênicas. Em resumo, o que possa ser a realidade em sua contextura genuína, está fora do alcance do nosso conhecimento teórico; em outras palavras, a metafísica é impossível como ciência teórica. Eis o resultado do cataclisma kantiano.

Havendo-se tornado impossível, pela crítica kantiana, a investigação e descoberta do fundamento último das coisas, quer entre os entes do mundo corpóreo, quer entre os pseudoentes do mundo espiritual, novas trilhas deveriam ser descobertas, se o homem não quisesse sucumbir num ceticismo desesperador. Vagando entre miragens e fantasmas elaborados por seus próprios sentidos, aprisionado em sua própria mente, separado definitivamente de qualquer realidade, o homem ansiava por volver ao paraíso perdido do Absoluto.

Como sabemos, o próprio Kant procurava resolver o impasse criado pela *Crítica da razão pura*, encontrando no mundo da ação moral uma manifestação idônea de uma ordem de realidades não fenomênicas. Não seria pelo conhecimento, mas sim pelo cumprimento denodado do nosso dever, que poderíamos lançar raízes no Absoluto. Agindo, procurando construir livremente a nossa existência, realizando heroicamente o nosso destino, aproximar-nos-íamos daquela realidade que se furtava de modo integral à contemplação teórica. E agora podemos compreender o malogro de qualquer especulação que procura na realidade um espetáculo, uma imagem a ser pesquisada teoricamente. Lembremo-nos daquele famoso verso de Goethe: "No princípio era a Ação". Eis a resposta da Esfinge: o Universo é unicamente o delineamento de uma tarefa, o estímulo sensível à autodeterminação, a proposição concreta e imediata de uma carreira ou, como formulou de maneira imortal o grande continuador de Kant, Fichte: "O mundo é o material sensível do nosso dever". Foi Fichte quem desenvolveu os temas capitais da filosofia kantiana, elaborando o sistema completo da forma particular de idealismo denominado o Idealismo da Liberdade.

A filosofia fichteana constituiu o fator decisivo no desenvolvimento espiritual do jovem Novalis. Leiamos nos seus *Fragmentos* as palavras entusiastas com que saúda o grande filósofo: "Fichte é o elaborador da crítica kantiana, o segundo Kant, o círculo mais amplo, enquanto Kant representa o círculo de menor âmbito. Kant desempenhou o papel de Copérnico, interpretando o eu empírico e seu mundo exterior como planetas e pondo o ponto central do sistema na lei moral ou no Eu ético; Fichte, comparável a Newton, tornou-se o legislador do sistema do mundo interno, o segundo Copérnico".

Não devemos, contudo, exagerar o alcance da influência fichteana e Novalis podia encontrar no próprio pensamento de Fichte, verdadeiro evangelho da liberdade, um profundo apelo no sentido da sua libertação interior. Encontramos explicitamente, entre os seus pensamentos, a opinião de que estudamos os sistemas estranhos mais para descobrir o nosso próprio sistema do que para vazar as nossas impressões em esquemas exteriores à nossa vida. "Um sistema estranho é um estímulo para o sistema próprio." Tais afirmações, que em outra boca poderiam significar um extravagante desejo de originalidade, em Novalis demonstram o profundo anseio de independência criadora, de autodeterminação, que permeia o seu pensamento. A causa da autonomia humana, que é o sentido último das duas críticas de Kant, encontra em Novalis um genial continuador e entusiástico defensor. Nenhum resquício de coação externa, de heteronomia, deve estacar a pujante expressão das misteriosas forças criadoras da humanidade; nenhuma articulação estranha e morta de representações ou conhecimentos, nenhuma concepção do mundo que não provenha do mais fundamental, deve pairar sobre a nossa mente, desfigurando sua autêntica mensagem. Porque, não devemos esquecer, existem conhecimentos, ou melhor, coisas que se fazem passar por conhecimentos, que sendo de sinal contrário ao sentido de nossa alma, neutralizam todas as energias do homem; há visões das coisas, que matam. Para nos capacitarmos dessa asserção, basta observar em nosso redor a espantosa devastação que o guante da civilização mecânica exerceu sobre os tenros brotos da fantasia criadora e da capacidade estética da humanidade, a deplorável contaminação que os ideogramas utilitários exerceram sobre todos os outros setores da cultura. Num pequeno conto, "O discípulo de Saís", infelizmente também inacabado, Novalis contrasta, com grande maestria, as duas posições extremas do espírito em relação à Natureza: a visão do poeta e a visão do homem de ciência, a visão que vivifica e a visão que mata. Ouçamos suas próprias palavras: "O que uns (os poetas) reúnem num todo, estabelecendo massas vastas e ordenadas, outros (os homens de ciência) elaboram para o alimento e para as necessidades quotidianas, dividindo e transformando essa Natureza ilimitada em elementos variados, agradáveis e mensuráveis. Enquanto uns se interessam sobretudo pelas coisas fluidas e fugitivas, os outros procuram, a golpes de machado, descobrir a estrutura interior e a relação das diversas partes. A natureza amiga perece em suas mãos, nada mais deixando que os restos palpitantes ou mortos; no caso do poeta, como que animada por um vinho generoso, transborda nos mais serenos e divinos cantos. Aquele que quer conhecer a alma da Natureza deve buscá-la em companhia do poeta, lá, onde ela se oferece, onde se prodiga seu coração maravilhoso. Aquele, porém, que não a ama profundamente, que não a admira e não a procura senão nos detalhes, deve visitar minuciosamente seus hospitais e ossuários".

O que Novalis pretendia era libertar o espírito humano de todas as instâncias opacas e contingentes do real, do fato bruto, de um mundo objetivo, impermeável à iluminação espiritual. As realidades fenomênicas seriam, em sua misteriosa urdidura, uma linguagem cifrada, um criptograma que o homem deveria laboriosamente decifrar. Mas decifrar o sentido do externo é compreender-se a si mesmo, sondar a infinita realidade do espírito; pois todo o externo não é mais do que uma expressão misteriosa do interno, uma eterna objetivação de um processo infinito. Para Novalis, como para Fichte, o mundo externo, o não-eu, reduz-se a uma fase dialética da autoexpressão do Eu, a um instrumento dúctil para a exposição infinita do seu Verbo. Ecoa no Idealismo Alemão a eterna advertência socrática: "Conhece-te a ti mesmo".

"Sonhamos com viagens através do universo; não estará o universo em nós mesmo? Desconhecemos as profundezas do nosso espírito. Para a interioridade conduz o misterioso caminho. Em nós, ou em parte alguma, está a Eternidade, com seus mundos, o Passado e o Futuro. O mundo exterior é sombra lançada sobre o reino da luz", adverte Novalis. E é devido à nossa inércia que sucumbimos ao império despótico desse "pensamento agrilhoado" que é o mundo, abdicando do nosso papel de criadores do nosso destino; por não vivermos no fundamental, debilitamos o nosso ser, tornamo-nos sombras arrastadas pela corrente impetuosa do mundo aparencial. "O *Fatum* que nos oprime – diz Novalis – é a própria inércia do nosso Espírito. Dilatando a nossa visão e educando a nossa inércia, transformar-nos-emos em Destino. Tudo parece precipitar-se sobre nós, porque não nos precipitamos. Somos negativos porque queremos; quanto mais positivos nos tornarmos, tanto mais negativo será o mundo que nos circunda, até que por fim não haverá mais negação: seremos tudo em tudo. – Deus quer deuses."

Eis, pois, o sentido do paradoxo novalisiano: "cada homem deve desenvolver sua filosofia a partir de si mesmo". Estendendo o princípio de Fichte de que nada, em filosofia, deve ser aceito como um "dado", como um fato externo ao "eu", mas que, pelo contrário, tudo deve ser estabelecido em seu *fieri*, em seu momento nascente e dinâmico – tudo devendo ser deduzido do drama do "Eu" como um momento de sua façanha – Novalis radicaliza o "Eu" que em Fichte ainda jazia escravo de certas tarefas exteriores, de um *Éthos*, ao papel de criador genial e absoluto de todo o seu processo. A fantasia do poeta, no jogo livre e demiúrgico de seu ímpeto criador, que tudo busca em si mesmo, aparece-lhe como o paradigma superior de todo o produzir-se. Kant e Fichte, com seu pragmatismo ético, já haviam posto a ênfase no aspecto prático e ativo do ser, no fazer-se e construir-se como realidades primeiras, em relação ao dado e ao feito. Entretanto, esse *criar-se* do Eu absoluto estava ainda ligado a um determinado programa exterior, à realização do *Éthos* (Dever), de uma legalidade; estava afetado, portanto, de uma radical rigidez. Com Novalis, desaparece todo sinal de coerção, abre-se um campo novo para a agilidade desmedida, para a absoluta fundação poética da existência. "A poesia é o real absoluto. Esse é o fundamento da minha filosofia. Quanto mais poético, mais verdadeiro."

Quem não penetrar no núcleo do pensamento de Novalis, tomará essas asserções por devaneios, por elocubrações destituídas de qualquer fundamento. Refletindo, porém, descobrirá a multiplicidade de elos que ligam a filosofia do poeta alemão a filosofias recentes (Dilthey, Bergson, Heidegger), advertindo claramente o grande significado desse pensador.

O moralismo de Fichte convertia o problema da evolução do mundo numa questão de ascetismo, numa estoica renúncia à variedade sensível, no domínio despótico da forma sobre a matéria. Não podia coincidir com essa perspectiva um pensador que era ao mesmo tempo um poeta; um poeta que via em todas as coisas vestígios de Deus, que simpatizava com a gama infinita dos ritmos criadores, deleitando-se com a fantasia cambiante do "vir-a-ser". A humanidade, como supremo agente moral, continuava a ser "o mais alto sentido do nosso planeta", o "instrumento superior da manifestação de Deus", a "educadora da terra"; não obstante, ouvem-se em seus fragmentos inconfundíveis acentos panteístas, quando todas as coisas são festejadas como "instrumentos da divindade, como mediadores". "Se Deus pôde tornar-se homem, pode também tornar-se pedra, planta, animal, elemento, e dessa maneira podemos pensar numa contínua redenção da Natureza." A separação entre os seres, as muralhas que dividem o Universo, seriam para ele aparentes, relativas, históricas, imorais. Evidentemente, Deus não se identificaria com o complexo de existências finitas e transitórias que constituem a Natureza real e presente, mas constituiria a sua meta, o Infinito para o qual está disparado todo o sistema do finito, "o fim da Natureza, aquilo com que ela se deve harmonizar." Em diversas passagens de seus fragmentos, Novalis declara que a missão do homem é educar, "formar", moralizar a Natureza, porquanto nós somos a sua *tangente,* aquilo que lhe dá estímulo, sentido e direção. A Natureza ainda não está concluída, ainda está escrita em prosa vulgar; é o gênio humano que deve elaborar, com esse material grosseiro, "o poema supremo de seu destino". Mas essa "moralização" da Natureza não deve significar, como no rigorismo kantiano, sacrifício, mortificação dos sentidos, desvitalização da existência. Novalis exorta o homem ao cumprimento da grande missão: "o mundo deve ser *romantizado.* Somente então reencontrará seu sentido primitivo. Romantizar nada mais é do que uma potenciação qualitativa. Nessa operação o Eu inferior é transfigurado no Eu superior. Dando ao vulgar um mais alto sentido, ao banal o aspecto do misterioso, ao conhecido a dignidade do desconhecido, ao finito a aparência do infinito, eu os romantizo."

Somos os protagonistas de um "romance colossal" que se inicia na profunda inconsciência e escravidão da pedra e ascende impetuosamente à tremenda lucidez e liberdade do gênio. O desfecho desse drama não deve consistir no pálido torpor do asceta, nem na pobre rotina do funcionário consciencioso. Pelo contrário, devemos medir a *altura* de uma vida pela variedade de estímulos, pela multiplicidade de atrativos, pelo repertório de assuntos e motivos que compõem o seu tema. Quanto mais rica é uma existência em *temas,* mais amplo será o seu campo de seleção e, portanto, maior a sua disponibilidade e liberdade; quanto mais fraco seu *teor,* menos móvel e mais agrilhoada. Da mesma forma, a comunicação da alma com as esferas superiores da espiritualidade, com o reino invisível, só pode ter lugar – segundo Novalis – aumentando em nós os liames e os estímulos que nos unem a esse mundo impalpável, despertando em nós a capacidade latente de *perceber* tudo aquilo que nos anuncia uma existência mais alta. "Pois existem muitas flores nesse mundo, de origem supraterrestre, que não poderiam florescer nessa atmosfera; são elas os verdadeiros arautos e mensageiros anunciadores de uma existência melhor."

Novalis insiste, em seus fragmentos, nesse tema da diversificação dos elementos de nossa vida, do polimorfismo interior; no romance *Heinrich von Ofterdingen,* seu herói, antes de recluir-se em sua esfera interior, percorre paragens ignotas, convive e combate com povos estranhos, experimenta a Natureza, a Vida, a Guerra, o Oriente, em resumo, luta, ama, sofre, completando assim os seus anos de formação. Devemos estender ao máximo a nossa experiência, viver diversas vidas, porque "o homem completo deve viver igualmente em muitos lugares e em muitos homens – deve mover-se constantemente em mais amplos contornos e em múltiplos sucessos". A própria essência do gênio cifra-se nessa pluridimensionalidade pessoal, nessa coexistência de muitas pessoas numa só pessoa, de muitas vidas numa só vida. Lembremo-nos do ávido anseio de Nietzsche ao querer contemplar a existência com múltiplos olhos, senti-la com múltiplos corações; criá-la com múltiplas mãos, o seu anseio de sentir um número infinito de vezes a sua grandeza e a sua miséria, num Eterno Retorno. Porque (e como negá-lo?) a nossa existência pessoal é o resultado de uma infinita renúncia, da decisão de sermos o que somos abdicando de todas as outras possibilidades do nosso ser; decidimo-nos pelo pão e água da nossa identidade, restringindo violentamente a nossa singularidade. Mas – diz Novalis –, "essa decisão custa-nos o livre sentimento de um mundo infinito, e exige a limitação a uma única manifestação". E termina Novalis perguntando, como o perguntará mais tarde Schopenhauer, diante do mistério inexcrutável: "não devemos atribuir a uma análoga decisão a nossa existência terrestre?".

Nesse ponto já podemos divisar qual a relação em que Novalis se colocou diante de Kant e de Fichte. As nossas considerações anteriores serviram como uma introdução à "atmosfera" própria dessa filosofia tipicamente romântica – tão diversa da aridez lógica dos sistemas de Kant e de Fichte. Nela tudo nos aparece transfigurado, num reino de possibilidades insuspeitadas, e o homem ousa avançar para o mistério e aí reconhecer sua pátria de origem. Nada mais contrário ao sentido fundamental do Romantismo que o agnosticismo predominante das épocas anteriores. A mocidade que se agrupou em torno da *Revista Ateneu* ardia num exacerbado desejo de descer às profundezas da realidade e aí encontrar o magnífico diamante do "ser", para deslumbrar o mundo com uma luz mais forte do que a luz aparencial. Friedrich Schlegel escolhera como lema os belos versos de Goethe:

> *O mundo dos espíritos não está cerrado;*
>
> *Teus sentidos o estão, teu coração está morto;*
>
> *Purifica-te, discípulo, e sem mácula,*
>
> *Ergue rumo à aurora teu peito terrestre.*

Um heroísmo metafísico até esse momento desconhecido abrasava esses corações destemidos que ousavam partir à aventura em busca da misteriosa "flor azul", símbolo de todo o Romantismo. No *Heinrich von Ofterdingen*, o poeta fala-nos dessa flor misteriosa: "Não, não são os tesouros que despertam em mim esse desejo inexprimível; a cupidez está bem longe do meu coração; mas suspiro pela descoberta da flor azul! Ela está sempre presente em meu espírito e eu não posso refletir ou sonhar com outra coisa. Nunca senti nada semelhante; é como se tivesse sonhado até agora ou como se durante o meu sono tivesse deslizado para um mundo novo; pois no mundo em que vivi até hoje quem jamais se afligiu por flores?". A flor azul é o símbolo do enigma das coisas, do pleno desenvolvimento e explicitação de tudo aquilo que nesse mundo só existe como possibilidade e gérmen, encapsulado na ganga amorfa da materialidade. Somos apenas a semente, o broto de uma floração maravilhosa que divisamos no amanhã, entre brumas, na região indefinida do sonho. "Longinquidade infinita do mundo das flores!", exclama angustiado Novalis.

O poeta é o anunciador da Flor Azul, o revelador da Substância, aquele que deve trazer à terra, que é transitoriedade, a imagem sublime da vida absoluta. Fundamentalmente, nada mais somos do que puras virtualidades, vagos prenúncios da flor misteriosa.

Irrompe, assim, no idealismo pós-kantiano, uma nova onda de pensamento apaixonado, que se distancia ainda mais do iluminismo racionalista. A Razão é sentida e vivida de uma nova forma, não mais como a faculdade do "claro e do distinto" como o *logos* discursivo, mas como um Infinito abismal, como um noturno e misterioso Espírito. A chama espiritual que Novalis alenta não é luz, clareza geométrica de contornos, capacidade de unir e dividir como nessa logologia da filosofia das luzes. Essa luz é sentida como uma pequena ilusão fosforescente nas trevas infinitas do verdadeiro espírito do Todo. Rilke exprime esse mesmo pensamento em nossos dias:

Prefiro-te, Obscuridade da qual provim,
Prefiro-te à chama que limita o mundo
Permitindo-lhe apenas brilhar
Num círculo restrito,
Fora do qual nenhum ser a conhece.
Mas a Obscuridade tudo contém!
Formas e Chamas, os animais e eu
Pois que tudo abrange,
Homens e potências.
E isto é possível: que uma grande força
Se agite bem perto de mim.
– Creio nas noites.

A antiga razão avançada separando a "parte" do "Todo" universal, quebrando os vínculos que a uniam como um órgão ao organismo divino, e procurando interrogá-la sobre o seu significado. Em vão perscrutava o que isoladamente nada é e nada pode resolver! "A Natureza morria em suas mãos." O Espírito havia sido reduzido a uma verdadeira máquina de dissociar e combinar coisas, a uma fria rajada que secava toda a vida.

Penetra agora, no mundo do pensamento, a antiga verdade de que o "indivíduo vive no Todo e o Todo no indivíduo." Tudo é um. Cada parte isolada abstratamente do Todo nada mais é do que um momento da vida universal, um aspecto de sua evolução infinita, um presságio da Flor Azul. O finito só existe em função do Infinito, é um meio para a sua expressão, e como dirá Hegel depois: "O não-ser do finito é o ser do Infinito." O aniquilar-se do finito, diz Novalis, "o que aqui chamamos Morte, é uma consequência da vida absoluta, do Céu – daí a inexorável destruição de toda a vida imperfeita... Tudo deve divinizar-se." Não será mais a razão iluminista a faculdade capaz de captar, ou melhor, de vislumbrar a essência, a natureza desse misterioso Todo. À antiga intuição racionalista e fragmentadora, Novalis e em geral os românticos opõem uma intuição emocional, artística da realidade. A poesia e a filosofia unem-se, duas expressões do mesmo sistema de fatos. Knittermeyer, esclarecendo a posição da poesia no pensamento de Novalis, escreve: "A poesia une cada parte, através de uma relação própria, com o Todo restante". Ela executa algo de muito superior à simples ordenação, não se limitando a apresentar tudo em séries e ordens, ou colocando cada parte numa determinada posição em relação ao Todo. Ela liberta o Todo em si mesmo, liberta a simpatia, destruindo a "coatividade", com o que o finito entra em mais íntimo contato com o Infinito. A poesia como *poiesis* (criação) retira a "parte" do seu vínculo banal e a coloca, de certa maneira, em *liberdade transcendental*.

Este Todo de que falamos é para Novalis, como idealista que era, Espírito. Porém a noção de Espírito tomou no Idealismo Alemão um sentido novo, o seu autêntico sentido, a partir de Fichte. Não devemos entender por Espírito uma realidade estática ou completa, uma plenitude imóvel que nada mais quer. O Espírito identifica-se com a noção de Vontade e é no fundo Criação, auto-Plasmação, execução, agilidade, genialidade, poesia, numa palavra, *Poiesis*. E tudo o que nos rodeia como coisa sólida e estática, como mundo, passou a ser encarado como um precipitado de criações anteriores, como detenção do elã criador, como espera. Novalis exprime esse fato de diversas maneiras: "O espaço é um precipitado do Tempo, uma consequência *necessária do Tempo*. O Espaço é um tempo exteriorizado". Ou ainda: "O mundo é um ato imaginativo perceptível pelos sentidos, convertido em máquina". Mas o sentido primordial do Espírito não é o de ser uma articulação estática, uma *coisa*, por mais etérea que a possamos pensar, mas sim um eterno transcender-se a si mesmo, um irremediável estar além do já criado, uma eterna ex-centricidade. O Espírito é o eterno apóstata. Novalis exprime esse pensamento com extraordinária beleza: "A vida é um processo ígneo; quanto mais puro o Espírito, mais rutilante, mais pura a vida. O ato de superar-se a si mesmo é entre todos o mais alto, o ponto inicial, a gênese da vida. A chama vital não é outra coisa que tal ato". Mas todas as suas criações são caducas e transitórias e para esse poeta incansável, sempre insatisfeito com suas obras, o único fundamental se converte na própria tarefa poética, esse eterno fazer transcendental que denominamos *poiesis*.

Nota sobre Heráclito

Foi Heráclito de Éfeso figura solitária na história do pensamento humano, que legou ao mundo, ainda nos primórdios da reflexão filosófica, a mais prodigiosa imagem do conjunto das coisas. Quando procuramos dilatar a sabedoria infusa nas poucas sentenças que nos restam de sua obra, sentimo-nos surpreendidos pela grandiosa perspectiva que seu pensamento nos faz divisar. Spengler, num trabalho sobre esse filósofo, compara a força poética das visões de Heráclito aos pontos mais altos da criação dramática da humanidade: "O pensamento de Heráclito, visto como um todo, aparece-nos como uma grandiosa poesia, uma tragédia cósmica, comparável, em sua poderosa sublimidade, às tragédias de Ésquilo".

O poeta trágico e o filósofo de Éfeso, em profunda simbiose com as correntes ocultas do real, sentem pesar sobre as vicissitudes das coisas o ditado inexorável de um misterioso destino. Alguma coisa se deve cumprir, há um destino a se atualizar; e logo todos os episódios, momentos e singularidades do real conspiram e concorrem para que se manifeste o conteúdo desse implacável *Fatum*. Tanto no drama como na realidade, as "figuras" particulares, os personagens, só ganham relevo e plenitude no entrecho, no quadro dinâmico em que funcionam; excluídos desse processo dramático, separados de seu papel, desmoronam como títeres abandonados. Prometeu só é Prometeu jungido às conexões inelutáveis que perfilam a sua titânica figura e não podemos pensá-lo, sem perda de sua identidade, senão como envolvido na urdidura de seu abismo particular. Podíamos quase dizer que as coisas se dissolvem nas circunstâncias e relações que as contornam, só existem nesse contexto, sem possuir qualquer substancialidade própria.

Heráclito, em sua linguagem obscura, nos adverte acerca desse singular traço do real: "O mundo é um equilíbrio de tensões, como a do arco e da lira. Temos que saber que a guerra é um estado contínuo, que a luta é justiça e que tudo nasce e morre por obra da luta". Vemos, portanto, procurando captar o sentido desse fragmento, que não devemos pensar o mundo como uma adição de partes independentes, como um agregado de entidades soltas e que só mantêm relações "exteriores" entre si; as coisas nascem e nutrem-se de suas contrárias, em luta e discórdia, recortam o seu perfil numa matéria que é a sua própria negação, mantendo portanto os mais íntimos vínculos entre si. Tudo faz parte de um só tecido, tudo é ligado e uno. "Se se escuta não a mim, mas à Razão, haverá que convir que todas as coisas são *Unas*. Uma só coisa é em nós o vivo e o morto, o desperto e o adormecido, o jovem e o velho; mas ao inverter-se umas, resultam as outras, e ao inverter-se estas, resultam aquelas."

Se intentarmos isolar com as pinças de nossa mente uma coisa singular da caudal de vida onde se insere, ela logo se desvanecerá sob os nossos olhos; pois segundo uma sentença que se tornou legendária na história da filosofia "tudo flui". Isoladamente nada existe: existir é coexistir. Heráclito advoga um "fluidismo" absoluto em relação às províncias particulares do real, dissolvendo todas as concreções rígidas e materializadas, todas as ilhas do ser, no rio ilimitado do vir-a-ser. Dilui o mundo em acontecer, num processo evolutivo infinito. As coisas têm uma existência meramente subjetiva e finita, são secções instantâneas e arbitrárias que a nossa mente delimita no processo unitário do real. Heráclito nos diz: "a vista é um mentir" e "as conexões reais são mais fortes do que as visíveis."

Defrontamo-nos com uma filosofia em que as dimensões histórica, dramática e vital ocupam o centro da meditação metafísica. A realidade é *Kinesis*, movimento puro, rio que passa continuamente sob nossos olhos e onde não podemos banhar-nos duas vezes nas mesmas águas. Mas se a realidade é movimento puro, comenta Spengler, "o Logos é seu ritmo, o compasso do movimento". Como toda a vida, a vida do Universo tem o seu próprio pulsar, o seu tempo, que é sua única e misteriosa legalidade.

Nesse estranho processo cinemático, segundo uma legalidade que escapa ao nosso entendimento, formam-se continuamente "figuras" e "configurações" singulares – mundos, galáxias, coisas e homens – que dialogam um instante entre si, brilham como chispas de fogo no espaço para depois se abismarem no incêndio universal. Não existem por si, estão encadeadas a essa voragem criadora e destrutora que é devir natural.

O Logos de que nos fala Heráclito é o próprio ritmo do suceder cósmico; não é portanto a expressão de uma legalidade plenamente inteligível e Heráclito mesmo nos adverte: "A natureza ama ocultar-se". A ideia do Logos pode muito bem ser aproximada de outras representações que caracterizavam entre os gregos o destino, a necessidade suprema; quero referir-me às ideias de Moira ou de Ananke.

O fundamento do mundo, apresentando-se sob a forma do Destino, não é realidade que possa ser captada em expressões retangulares e nítidas, sendo mais assunto de recolhida e silenciosa intuição.

Analisando o pensamento de Heráclito, Jaeger (*Paideia*) escreve que o mundo para esse pensador é um Griphos, um enigma insolúvel, e ele se sente como um decifrador de enigmas, como um Édipo filosófico.

"Não lograrias encontrar os limites da alma, mesmo percorrendo em tua marcha todos os caminhos: tão profunda é a sua Razão."

Assim é que a sabedoria procurada por Heráclito está mais próxima das lúgubres visões dos coros das tragédias, dos oráculos misteriosos da Sibila, das iluminações dos poetas, dos santos, dos heróis, que das pálidas abstrações da nossa ciência.

Utopia e liberdade

Duas noções basilares dão fisionomia inconfundível ao pensamento utópico: a primeira acentua que existe uma forma *normal* ou *canônica* do existir humano, um regime definitivo em que o homem entraria em plena congruência com o seu desenho essencial. É a ideia de uma idade de ouro ou de uma nova Atlântida. A segunda noção adianta que o homem em sua natureza é um ser "construtível", tanto do ponto de vista interior, como do ponto de vista exterior, e que portanto pode ser conduzido ou reconduzido à sua forma normal.

Qualquer contestação a um desses axiomas utópicos, tornaria impossível essa arquitetônica do homem que é o utopismo. No primeiro caso, por não se admitir um plano ou um modelo determinado de execução; no segundo, por se afirmar que o "material" seria rebelde a qualquer conformação.

O que nos cabe destacar, em primeiro lugar, é que nesse contexto, o homem é tomado como um *objeto* destituído de qualquer dialética interna, isto é, de qualquer negatividade. Procuremos esclarecer aqui o que entendemos por negatividade. Se considerássemos o homem como um simples "sistema de necessidade" ou como uma ordem de apetites psicossomáticos, seríamos forçados a admitir sempre uma proporção direta entre o sentimento de poder interno, de plenitude e satisfação humana e o aumento das condições e dos meios externos de satisfação desses apetites. A um mais corresponderia sempre um mais, e a um menos sempre um menos, não havendo possibilidade de aparecer qualquer contradição ou dialética interna que pudesse ocasionar um desvio nessa equação: mais livros, conhecimentos e conquistas científicas, mais vida espiritual; menos contradições sociais, maior paz entre os homens, mais amor e felicidade. O mais nunca poderia significar um menos, e o menos um mais. Não devemos esquecer-nos que essa proporção estava à base de todo otimismo e de toda a crença no progresso indefinido que punha a sua confiança no puro acúmulo de bens da civilização, supondo assim um poder de dignificar indefinidamente o homem. Nunca passou pelo espírito de um homem do século passado a ideia de que a humanidade pudesse pender cada vez mais para a vulgaridade de gostos e de costumes, rodeada dos mais requintados recursos de cultura e civilização. A mais sumária reflexão nos demonstra, entretanto, quão negligente à realidade é essa pretensa "proporção" que comanda essa forma de pensamento: num certo aspecto, o homem é puro imprevisível, sendo a sua coerência de ordem mais profunda do que entende o utopismo. A utopia social implica, evidentemente, uma certa ordem no suceder das coisas, exige que a um mais corresponda sempre um mais e a um menos sempre um menos, pois não teria sentido trabalhar numa certa direção se não estivesse garantido o resultado. A própria ideia de construtibilidade no sentido utópico, que envolve todo um conjunto de técnicas que facultaria a um poder estatal a construção de um determinado tipo de sociedade e *ipso facto* de uma certa figura antropológica, viria a perder seu sentido se puséssemos em relevo essa rebeldia metafísica da consciência humana. Nada mais certo e internamente verídico do que a dialética exasperante que nunca faz corresponder às nossas aspirações o que realizamos e que por poderes de Proteu sempre transmuta o conhecimento mais enfático na mais vazia polimatia, a maior liberdade na mais dura escravidão, a mais plena satisfação no mais intolerável tédio. O utopismo está baseado numa versão muito superficial do que poderíamos denominar a lógica existencial do homem, a sua coerência interna, e não podemos fugir à impressão de que lida com o homem como se esse fosse uma quantidade fixa, um termo que se manteria constante em todas as suas operações. Sob um ângulo, o utopismo não considera a variação histórica dos *desiderata*, impulsos e ideias humanas e toda a fluente e incoercível realidade da história. Como acentuou Nietzsche, a fixidez e a permanência nada mais são do que uma ficção mentirosa elaborada pela vida, *eine imaginäre Gegenwelt in Widerspruch zum Absolute Flüsse*[1], que instauramos para regular o nosso comportamento e para fugir à vertigem da cinética universal. De fato, o homem não é um *quantum* que pode ser tratado como pensam os utopistas, algo de decomponível em problemas separados e montável por partes. Essa é a propriedade das realidades inorgânicas que podem ser manipuladas segundo várias leis. O homem, pelo contrário, ao pretender resolver um determinado problema, comprometendo-se numa determinada tarefa, torna-se indisponível muitas vezes para o capítulo seguinte. É o que constatamos comumente quando vemos alguém que para se dedicar à sua vocação axial tem que se lançar numa atividade diferente e depois é incapaz de voltar ao seu verdadeiro destino, arrastado cada vez mais pela atividade secundária. A escolha, no homem, é sempre seleção, alternativa, privação, o que o distingue essencialmente de todas as coisas que podem passar por diversas fases de elaboração, permanecendo sempre aptas a serem conduzidas à perfeição previamente estabelecida. Ao optar, o homem cria condições novas e particulares, novas determinações do seu ser, que passam a limitar e cercear as novas opções, apresentando à sua vida um conjunto circunstancial sempre diferente. "Inexoravelmente", diz Ortega, "o homem evita ser o que foi. As experiências de vida já feitas estreitam o futuro do homem. Se não sabemos o que o homem será, sabemos o que não será." Podemos estender estas ideias, dando-lhes um alcance quase universal, notando que a circunstância mundanal em que vivemos, com tudo quanto

---

[1] "Um mundo oposto, contrário ao fluxo absoluto."

tem de limitante e de irreparável, nada mais é do que o precipitado de todas as opções históricas passadas, o vinco de todas as criações livres, herança fixa que não está em nossas mãos eliminar. *Die Welt ist die Summe des Vergangnen und von uns Abgelösten.*[2] É no tecido das ações históricas, e em continuidade com ele, que podemos inscrever a nossa ação, o que demonstra a responsabilidade fundamental das nossas decisões, que vão determinando irreversivelmente o nosso modo de ser. O homem assemelha-se a um viandante que, ao se perder numa floresta, fosse destruindo todas as pontes e passagens que o ligavam ao ponto de partida, não lhe restando, portanto, outro recurso senão marchar para a frente.

O pensamento utópico, entretanto, que não se inspira nessa cadência irreversível do curso das coisas, julga que o problema humano pode ser decomposto em fatores particulares, podendo uma parte esperar a solução da outra e afirmando *ipso facto* que a sociedade se pode dedicar primeiro a solver os seus problemas materiais mais urgentes para depois enfrentar tarefas de mais alto significado. Essa crença vemo-la despontar quando ouvimos dizer que tal ou qual país está sacrificando uma ou duas gerações na construção de uma infraestrutura incomovível que lhe possibilite depois um apogeu espiritual. Porém, uma vez criada essa ordem econômica perfeita estaria ainda o homem na mesma disposição em relação aos seus antigos ideais? Permaneceria intacta a sua fé através desse período de transformações unilaterais? Essas são duas das objeções possíveis ao dogma da construtibilidade parcelada do homem, que se inspira evidentemente numa apreensão objetivante e desmerecedora do homem. Um pequeno número de ideias simplistas e ingênuas orienta esse modo de pensamento. Conhecidas as cadeias causais próprias dessa "coisa" que é o homem, poderíamos então submetê-lo a uma manipulação racional e científica (métodos pedagógicos, higiênicos, biológicos, eugênicos, reflexológicos etc.) em analogia com os processos usados na criação de animais domésticos.

---

[2] "O mundo é a soma do que passou e se nos desligou."

Uma premissa se esconde sob a crença da construtibilidade utópica do homem: é a afirmação da homogeneidade absoluta do real. O real se poria como uma extensão homogênea de entidades físicas e naturais que absorveriam em si a totalidade do conhecido. Nenhuma negatividade interna conturbaria a organização dessa massa inerte. Uma vez conhecido o determinismo intrínseco do real, poderíamos afeiçoá-lo ao nosso gosto, dando-lhe a forma mais conveniente ao seu funcionamento natural, aos objetivos postos. Como vimos anteriormente, nessa ordem de ideias não devemos temer qualquer surpresa, qualquer desconformidade por parte dos cidadãos da utopia, pois como premissa do nosso modo de agir teríamos destituído o homem de toda espontaneidade e liberdade.

O que opor ao primeiro axioma apontado do pensamento utópico, que consubstancia a crença antiquíssima numa idade de ouro em que a humanidade cumpria religiosamente os ditames de sua própria natureza? Esse axioma é ao mesmo tempo a firmação de uma essência arquetípica do homem, da qual ele se acha afastado, mas à qual ele se deve moldar geometricamente. Platão consagrou definitivamente a crença de que o homem tem uma "medida" a cumprir em todos os seus atos e de que o ideal de uma vida justa consiste na participação de uma modelo essencial. Essa República ideal de Platão não seria uma invenção arbitrária dos legisladores, nem uma imposição de uma "elite" de força, mas sim um teorema da razão, uma exigência da natureza inteligível do homem.

O pensamento utópico não se pode afiançar sem a hipostasiação de um certo paradigma de perfeição ou regime universalmente válido que polarize todos os espíritos numa mesma conexão racional e que imponha uma mesma meta a todos os esforços. Colocada no passado como um paraíso perdido ou entrevista num futuro longínquo, é a utopia sempre a mesma representação de um regime idealmente necessário dos homens e das coisas, a equação da vida com um código eterno da natureza. Um tal sistema, pelo seu próprio caráter, faz tábula rasa do tempo, pois é a fórmula política de todos os tempos.

É o próprio testemunho da História que demonstra o caráter sofístico dessa carta política ideal e utópica, dessa legislação universal superior aos tempos e aos lugares. O que está em jogo aqui é evidentemente uma questão de ordem metafísica, a saber: se o homem tem uma "medida" invariável através dos tempos, um modelo essencial, ou se pelo contrário o homem é o fruto de seu fazer histórico, de sua liberdade e inventividade fundamentais. Parece-nos que o mais íntimo do homem consiste justamente nessa "fundação" poética de sua essência, nessa autoprojeção de sua fisionomia humana; e assim não se pode reger por sistema de fins dados de uma vez para sempre. Esse regime definitivo da utopia nada mais é do que uma ilusão constante do espírito, propenso a dar valor permanente aos tipos de conduta e aos valores históricos, sempre contingentes e gratuitos.

Sobre a natureza da arte

Grande número das teorias sobre a natureza da criação artística propende a apresentar o fenômeno estético como fator inessencial e subsidiário no contexto das atividades humanas, como uma espécie de jogo de luxo que emerge do solo nutritivo de ocupações mais urgentes e essenciais. A arte seria uma forma de expressão humana, uma linguagem de comunicação do anímico que poderia traduzir todas as impressões variadas da alma dando forma ao inexprimível, mas nunca conformando e plasmando a própria existência. Não se poderia contá-la entre os elementos morfogenéticos, entre os fatores integrantes do destino humano. Seu alcance não iria até as fontes primordiais da vida. Como jogo, ela aproveitaria unicamente as potencialidades deixadas livres pelas tarefas urgentes da vida, sendo, portanto, na melhor das hipóteses, uma fruição, um deleite, uma distração mais nobre e elevada.

É certo que o papel do jogo foi exaltado e dignificado nesses últimos tempos, como fator de cultura: essa começou a ser encarada *sub specie ludi* e voltou-se a compreender o significado do célebre dito de Schiller: "O homem só é completo quando joga". Huizinga, Ortega y Gasset e outros procuraram mostrar a importância das atividades puramente desinteressadas e gratuitas do desporto na produção das formas culturais de vida, na criação da história. Sob esse prisma, a história não seria só trabalho, rotina e prosaísmo, mas sim, em grande parte, festa, recreação, luta, puro gozo de uma expansão vital desimpedida e vitoriosa. Mas não se detiveram aí os esforços para dar aos processos lúdicos um significado mais profundo na economia da existência e um pensador argentino, Carlos Astrada, chega a conceber o jogo como instância metafísica, como forma primordial de exercício da existência. *El estar en el mundo es el jugar primordial del juego en que todo existir fáctico tiene que ejercitarse. Sólo en virtud de esto la existencia puede transcurrir, desarrollarse... La existencia se conduce ni más ni menos como el jugador profesional. "Jugador" en el lenguaje corriente es el que está siempre en el juego, el que deja transcurrir su vida en el tapete.*

Para nosso fito não interessa agora uma análise mais detalhada das teorias lúdicas da história e da cultura e quanto às ideias que dão ao jogo um papel metafísico, julgamos que essa extensão não se pode conseguir sem uma ampliação do conceito corrente de jogo. Como sabemos, foi Spencer quem desenvolveu detalhadamente a tese que aproxima a arte do jogo, que faz da arte uma forma interiorizada do jogo. Para ele, tanto numa como noutra atividade o homem daria vazão a um certo *quantum* de energias e potencialidades, a um excedente de vitalidade que, represado, poderia prejudicar o ritmo biológico.

Todos os nossos órgãos sentem uma necessidade natural de exercício: buscam ocasiões para descarregar as energias acumuladas, sentindo prazer e satisfação mesmo no caso de que essas ocasiões sejam puramente fictícias e simuladas. Como diz Claparède, o jogo é o paraíso do "como se", é o mundo das realizações fantásticas, que nem por isso deixam de proporcionar ao indivíduo deleite e satisfação.

O gatinho entrega-se prazenteiro à perseguição simulada do inimigo, representado por uma bola de papel e em todos os animais superiores aparece essa mesma tendência a exercitar gratuitamente os seus órgãos. O homem, nesse caso, prolongaria o mecanismo já existente em outras espécies animais. Nessa teoria evolucionista do jogo e da arte, o prazer e a emoção oriundos da experiência ou jogo estético se identificariam com a estesia própria das atividades lúdicas em geral; a arte seria uma forma refinada e interiorizada dos mesmos impulsos de recreação. Na arte, o homem jogaria com palavras, sons, imagens, comprazendo-se em puras aparências, forjando com esses elementos um mundo adequado às suas aspirações. Através da fantasmagoria artística seria capaz de subtrair-se aos angustiosos limites do mundo concreto, dissipando todas as barreiras que impedissem a livre expansão do seu ser, tornando-se assim semelhante aos deuses, plenamente livre e criador. Porém, essa liberdade conseguida através da arte não seria mais do que um sonho, uma pura irrealidade em contraposição às duras e ásperas realidades da vida prática; a arte não seria mais do que uma ficção, um ente de fantasia. Apresentando-se a realidade como a esfera do verdadeiro, a arte desentender-se-ia com o real para que, sem obstáculos, pudesse se mover entre as suas miragens.

Guyau, no século passado, criticando essa concepção nos diz: "Schiller e seus sucessores, reduzindo a arte à ficção, tomam como qualidade essencial um dos defeitos da arte humana, que é o de não poder nos dar a vida e a atividade verdadeiras".

Pensando bem, veremos que essa teoria ficcionista da arte tem sua base numa certa discriminação da realidade dos seres, numa certa anteposição entre os momentos "realíssimos" da vida quotidiana e a tênue *realidade* da arte, trazendo-nos essa uma mensagem menos verdadeira do que a vida, por ser mera fantasia. A arte arrastada pela vida e não a vida pela arte. Esse ponto de vista supõe uma determinada filosofia das coisas. Uma filosofia que encarasse sob outro ângulo essa discriminação, que não outorgasse, por exemplo, ao mundo imediato dos nossos sentidos e aos problemas que nos propõe uma dignidade ontológica mais alta do que aos "sonhos" dos poetas, que soubesse mostrar toda a nulidade e caducidade da existência sensível em face da grandiosa perenidade das intuições estéticas, chegaria a conclusões diametralmente opostas sobre esse problema.

O mundo da arte, encerrando momentos de eternidade, seria muito mais "verdadeiro" e "real" que a frívola farsa da vida: ao seu contato dissipar-se-iam em sonho as precárias agitações de existência banal. Jogo vão, entretenimento ilusório seriam os próprios episódios do viver quotidiano, dança fugaz de desejos e satisfações efêmeras, contrastando com a terrível majestade da mensagem estética.

Sintetizando todo o seu pensamento sobre a natureza do real e da arte, Novalis disse: "A poesia é real absoluto". Em toda plasmação artística há um sentido demiúrgico e criador, uma vontade de transfiguração metafísica que vivifica a arte em suas raízes. A arte não é mimetismo, servil reprodução, mas em seu mais íntimo cerne é metamorfose. O artista é uma fresta por onde o impulso criador continua a exercer seu milagroso poderio, um continuador da obra divina. Muito longe de mobilizar o supérfluo de nossas energias criadoras, longe de ser mero *divertissement*, a arte se nutre das forças mais sagradas da nossa alma e através dela traz ao mundo a sua mensagem sobre-humana.

O EXISTENCIALISMO DE SARTRE

Ligando-se à caudalosa corrente do existencialismo hodierno, é natural que o pensamento de Jean-Paul Sartre, antes de se constituir em um desenvolvimento original e específico, corra muito tempo no leito comum a todos os existencialismos. Há um mesmo pensamento fundamental em todo esse gênero de filosofia ou de filosofar, um mesmo gesto, uma mesma atitude no exame dos problemas últimos, o que se evidenciará francamente se nos acercamos do patamar escolhido pelo existencialismo para divisar a realidade. A mesma experiência inicial que o pai do existencialismo, Kierkegaard, há cem anos, colocava na origem de toda a sua apreciação da vida e das coisas, continua ainda a servir de norma para essa especial interpretação do ser. "Sejamos subjetivos", exortava Kierkegaard, "pois a subjetividade é a verdade." Pois bem, essa mesma valorização das instâncias íntimas e subjetivas, esses mesmos *pathos* interior e aventura individual em detrimento do dado puramente legal, objetivo e universal, dão ainda o tom à sensibilidade existencialista contemporânea. A realidade humana, dentro do existencialismo, é entendida como desenvolvimento pessoal, anelo, liberdade e ação e não existe primeiro para depois agir, mas a sua ação é o próprio ser. Em outras palavras, o homem é mais uma tendência, uma paixão, um estar referido a... Será nossa primordial preocupação, antes de abordarmos as teses peculiares ao existencialismo de Jean-Paul Sartre, instalarmo-nos por um momento na perspectiva que determina toda essa forma de pensamento, pois isso nos facilitará a compreensão da dialética de Sartre. Seremos forçados, portanto, a uma pequena digressão que nos conduzirá depois ao âmago mesmo do nosso tema.

Se refletirmos sobre a natureza das nossas palavras e proposições, sobre todo esse acervo de meios linguísticos e gráficos de que nos servimos para fixar o nosso conhecimento, constataremos o fato de que toda a nossa linguagem aponta para momentos objetivos. O universo do nosso discurso é decalcado sobre o universo de entidades objetivas. Parece, portanto, ser uma inclinação ingênita ou natural da nossa mente o tentar decifrar o enigma da realidade, a partir daquilo que se põe diante de nós como coisa conhecida ou percebida. É nesse mesmo espetáculo objetivo que se articula à nossa vista, em variadas formas e figuras, que a nossa ânsia de saber sempre foi buscar os esquemas e categorias para a interpretação da realidade total. A objetividade parece, pois, ser o campo natural do exercício da nossa razão. A esse objetivismo espontâneo do nosso espírito deu-se o nome, em filosofia, de realismo ingênuo, cuja propensão natural, cujo róseo ideal é reduzir o ser a um hiper-Objeto, a uma enorme coisa que absorvesse em si todos os aspectos múltiplos do real.

Certa ou errada, essa tendência histórica do pensamento é sob um certo aspecto perfeitamente compreensível, tendo-se em mente a estrutura própria de nossa consciência. O homem, pela natureza intencional de sua consciência, vê-se desde o início perdido num mundo objetivo, bloqueado pelos correlatos intencionais de sua atividade noética. Consciência é, de certo modo, transparência, "deixar ver algo através de", esquecimento de si própria em proveito dos temas ou conteúdos mentados, ou, como diz Sartre, uma espécie de fascinação do sujeito pelo objeto, reabsorção do sujeito no objeto. Estando sempre voltada para fora de si, não retendo nada de si mesma, a consciência nos coloca desde o início em plena objetividade.

À luz dessas considerações é fácil compreender por que a mais previsível e imediata explicação da natureza do ser é aquela que vai procurar a sua origem nas coisas. A tarefa explicativa realiza-se, assim, como uma redução de coisa a coisa, de substância a substância, dando-se unicamente por satisfeita ao atingir uma protocoisa irredutível.

Não devemos, entretanto, pensar que essa "coisificação" se restringe às interpretações que vão buscar numa *argé*, numa substância material ou externa, a causa primordial da realidade, pois também as assim chamadas concepções idealistas que punham o ser como realidade não sensorial inspiravam-se, em sua determinação do mundo eidético, nas sugestões do mundo corpóreo. O que é a ontologia platônica senão uma transposição, uma sublimação e hipostasiação da rigidez e da estabilidade própria das coisas? Não será o mundo espectral do *eidos* e da essência um complexo substancial mais fixo e estável e portanto mais real do que as substâncias aparentes? Quem definiu pela primeira vez a ideia do ser como uma realidade estática, contínua, imutável e idêntica a si mesma, foi Parmênides de Eleia. Podemos, portanto, denominar essa concepção particular do ser concepção parmenídica ou eleática. O ser eleático, em sua imutabilidade hierática, não foi evidentemente deduzido do espetáculo mutável, contraditório e fluente da nossa experiência interior, pois traz em si as marcas daquilo que já foi abandonado pela vida. Se a nossa existência é portanto a realidade antiparmenídica por excelência, a sua subordinação a essa ordem de ser só poderia ser conseguida por uma compreensão infinita do não-idêntico ao idêntico, do móvel ao rígido, do espontâneo criar ao já dado. Há muito tempo observaram os filósofos que essa redução das manifestações variáveis da realidade ao padrão parmenídico, essa negação do fluente em favor do sólido não era um vício acidental do conhecimento, mas sim uma lei ínsita na própria natureza do conhecimento. Duns Scott, Doctor Mirabilis, já no século XIII, apontava o conhecimento intelectual como fonte da representação objetivante do real, pois no conhecimento o sujeito recebe sua lei do objetivo, é receptivo e não ativo, desenvolvendo e plasmando assim em redor de nós uma realidade alheia à criatividade humana. Seguindo a "pente" natural da inteligência, o real não pode deixar de aparecer como uma forma preestabelecida, como uma realidade já completa e terminada, à qual o nosso conhecimento se deve adequar passivamente. E Duns Scott, inquieto por ressalvar a autonomia e substantividade da vontade humana diante da ameaça de um ser impenetrável à espontaneidade da ação, ao qual nada pudéssemos acrescentar, dada a sua majestosa plenitude, estabeleceu pela primeira vez de maneira explícita a doutrina do primado da vontade sobre a inteligência. O conhecimento intelectual é agora entendido como um meio e não como um fim, é causa *subserviens voluntati*, faculdade que desdobra diante da vontade os roteiros por onde sua ação poderá passar, é o servidor que precede com a tocha a vontade soberana. O que existe de absolutamente originário, primordial e último no homem é a sua vontade e não sua inteligência, o Eros e não o Logos. E assim também Deus, como essência de todas as coisas, passa a ser concebido como fonte transbordante de amor e não com frio Verbo. Essa questão do primado da inteligência ou da vontade se desenvolveu através de séculos, num plano puramente teológico: no século XVII, Descartes a retoma, inclinando-se para uma solução voluntarista da natureza divina: Sartre exalta essa solução na sua introdução a uma coletânea de textos de Descartes. Diz ele: "Uma liberdade absoluta que inventa a Razão e o Bem e que não tem outros limites senão ela mesma e a sua fidelidade a si mesma, tal é para Descartes a prerrogativa divina. Assim, Descartes acaba por alcançar e explicitar, em sua descrição da liberdade divina, a intuição primeira de sua própria liberdade, da qual ele afirmou que ela 'se conhece sem prova, pela simples experiência que dela temos'".

Projetado no campo humano, como vimos, esse dilema revestiu o aspecto da autonomia ou heteronomia do ser hominal. Se apelarmos para os dados das disciplinas intelectuais, da ciência, vemo-nos imersos, como parcelas insignificantes, na grande cadeia do ser, como íntimas consequências de um mecanismo sobre-humano. Perguntamos: é essa a última palavra sobre a condição humana? Assim sendo, o homem teria um ser de empréstimo; as coisas é que viveriam em nós e seríamos meros porta-vozes, incapazes de qualquer independência e autodeterminação. Todo o esforço humano não acrescentaria uma linha ao tratado da realidade, e a nossa vida seria um farfalhar de superfície. O ser, em sua impassibilidade eleática, assistiria, indiferente e sem se comprometer, à odisseia histórica, e a própria história nada mais seria do que uma pueril ilusão. O fundo das coisas, dado uma vez por todas, não seria suscetível de qualquer aperfeiçoamento pela vontade humana, de qualquer incremento. Um profundo abismo abre-se aqui entre a experiência interna que nos fala eloquentemente da importância do tempo, do esforço e da liberdade humana, da natureza plástica e proteica do ser hominal, e os dados da razão que negam peremptoriamente essas pretensões. Haveria, portanto, duas versões acerca do homem: para a primeira, o homem teria posse sobre o real; esse se constituiria na sua própria ação. Ressoa aqui o verso goethiano: "No princípio era a Ação." Segundo a outra versão, o homem nada teria de próprio e se resolveria em outras realidades.

Foi o filósofo Fichte que veio dar impulso definitivo à concepção não-eleática do ser, colocando à base da realidade um fazer originário, um viver criador, anterior a toda essência. A realidade aí se confunde com a sua pura execução, é um movimento sem substrato, um devir que dissolve todo o ser, é uma autoatividade. Essa liberdade inicial é agora o própria fundo de todas as coisas.

"A única instância positiva, para o idealista – diz Fichte – é a liberdade. O ser, para ele, é a negação dessa." E ainda: "Todo o completar-se destrói-se sem cessar. Tudo o que é propriamente, ainda não é ou não é mais... o acabado é o extinto..." E é justamente na subjetividade humana, naquilo que Fichte denomina a *Ichheit* (Euidade), que vamos encontrar, ou melhor, viver essa última e radical atividade que condiciona todas as concreções do real. O idealismo de Fichte é um idealismo da ação. O eu não é espelho que possuísse o mundo como objeto de sua essência, mas é, pelo contrário, atividade, luta, liberdade. O mundo revela-se ao homem como resistência e, portanto, só se manifesta em seu relevo próprio, a quem vai a ele numa atitude prática. A liberdade, para Fichte, é o fazer-se a si mesmo do homem, mas é um fazer determinado, uma exposição de tarefas concretas e a realidade mundanal nada mais é do que a especificação dessas tarefas. Com essa doutrina, Fichte se constitui, na opinião de Ortega y Gasset, Bollnow e Tonquedec, num precursor do existencialismo.

Essas elucidações nos permitem agora abordar mais de perto a temática peculiar ao existencialismo em geral, e em particular o existencialismo de Jean-Paul Sartre.

Tem-se procurado fixar a imagem que o existencialismo forma do homem recorrendo ao célebre mito de Sísifo, imagem de uma tarefa sempre frustrada e sempre novamente recomeçada. Para Sartre, o homem é essencialmente uma "indigência de ser" (*une manque d'être*), um filho, não da plenitude ou da exuberância, mas da eterna penúria. O seu ser nunca se fecha sobre si mesmo num encontro ou coincidência total, nunca é o que é, mas numa fuga contínua atira-se sempre para o esquivo futuro. Como nos diz Sartre, o homem é aquela realidade que não é o que é, e é o que não é, ou por outra, é o ser que se realiza na sua própria superação. A realidade humana é um sistema prospectivo, o traçado de um projeto e só em vista desse traçado é que se organiza vetorialmente e que se reveste de sentido o conjunto do ser. Assim, o mundo dos utensílios, o mundo manejável que nos cerca aponta irresistivelmente para uma situação do mundo ainda inexistente, e só em função desse futuro é que adquire sentido. Essa superação do mundo é a condição da própria existência do mundo: a existência o cria para si mesma. Por outras palavras, compreenderemos melhor o sentido último dessa filosofia, invertendo o sentido do velho aforismo filosófico: *operare sequitur esse* (as operações derivam do ser). Pensamos, pelo contrário, que o ser em cada momento, isto é, o sentido que têm para nós o mundo e as coisas, depende de uma última e radical interpretação, de uma finalidade suprema que, refluindo sobre o mundo, o ilumina com uma luz particular. Escolhendo prospectivamente o nosso dever-ser, escolhemos, *ipso facto*, o mundo em que queremos viver, pois essa escolha se propaga e se reflete em todas as direções, animando tudo com seu perfil definido. Portanto, as nossas operações e em particular essa livre criatividade que nos impele para a aventura da vida é que forra o mundo de seu significado particular. Uma viva ilustração oferece-nos o Dom Quixote de Cervantes que, tendo inundado o mundo com a sua fantasia febril, transfigurava estalagens em castelos, camponesas em nobres damas, moinhos de vento em temíveis gigantes.

A intenção fundamental de nossa vida, que Sartre denomina nosso projeto radical, não nos é imposto de fora, mas emana de nossa criatividade subjetiva, e instaura ao nosso redor uma determinada realidade mundanal. Como diz Sartre: "É necessário ter-se projetado dessa ou daquela maneira, para descobrir as implicações instrumentais das coisas-utensílios". Em sua realidade bruta, em seu puro estar-aí, as coisas são para nós quase inatingíveis, pois ao surgirmos entre elas, ao transcendê-las, já lhes conferimos um peculiar sentido humano. "O mundo é humano – diz Sartre – e a posição da consciência é muito particular: o ser está em toda parte, contra mim, em torno de mim, ele pesa sobre mim, ele me assedia e eu sou perpetuamente remetido de ser a ser; essa mesa que aí está é ser e 'nada' mais. Quero apreender esse ser e não encontro senão a mim mesmo."

Se Sartre caracteriza o homem como uma realidade que se realiza em vista de seus possíveis, é evidente que emerge imediatamente, em contraste com essa realidade, outra esfera de ser completamente alheia a essa *attente* do possível. É a região que Sartre denomina o *en soi*, o em-si, o conjunto das coisas que são o que são, simplesmente. O em-si não é possível ou impossível, é, simplesmente, está eternamente comprimido e fechado em sua pétrea natureza, sem fissura para qualquer transcendência ou liberdade. É a imanência da coisa, é o peso, a gravitação, o conjunto das forças de inércia que imobilizam a realidade. "É o gesto criador que se desfaz", de que nos falava Bergson. Não devemos entender essa região ontológica como constituída unicamente pela materialidade sensível, mas devemos incluir nela também a vida que se estancou em passado, todo o irremediável, o já feito, a massa do puramente dado. Tudo o que nós somos como corpo, como fisiologia, como automatismo, como realidade fática e espacial pertence à esfera do em-si. Numa relação interna, intrínseca com o em-si, revela-se o domínio ontológico do que Sartre denomina o *pour-soi*, o por-si, que podemos compreender como sendo irrupção do possível, do nada no plano do ser. O por-si é na forma de um sendo, de um "tendo que ser", de uma eterna transcendência. O por-si é a realidade humana na sua ipseidade, no seu ser-para-si como consciência ou ainda existência. O por-si não é nada de fixo, estável ou satisfeito, nada que indique repouso em si mesmo, mas, pelo contrário, é a pura mobilidade, *dépassement,* contínuo desvincular-se do dado. O por-si se caracteriza, por outro lado, como uma não-coincidência consigo mesmo, como uma dualidade, como o eterno ser outro do que se é, como consciência excêntrica em relação a si mesma. O por-si pode ser definido como o Espírito, de Hegel, isto é, como negatividade, como nadificação do que é, em vista do que ainda não é. Com o por-si irrompe o nada no mundo, ou melhor, na expressão de Sartre, a contaminação do ser pelo nada promove a catástrofe do mundo.

Dizíamos, no começo, que para o existencialismo o homem é uma indigência de ser, *une manque d'être*: pois bem, agora podemos dizer que esse caráter anelante e ávido é característico do por-si. O homem é desejo e o desejo implica privação. Assim é que, com o homem, aparece no mundo a privação e a indigência. O desejo, sendo privação, vive assediado pela imagem daquilo que lhe falta, pelo complemento ou estado que proporciona plena satisfação à sua sede. Agora se levanta um problema: qual é essa aspiração fundamental que lança o por-si nessa contínua busca? Sartre responde que é a nossa aspiração à autodivinização, o nosso desejo de ser deuses. A estrutura profunda da realidade humana é o puro projeto de ser deus. Como ser-no-mundo, o homem está exposto à contingência própria do em-si, à irracionalidade, à acidentalidade e a todas as alienações provenientes da nossa faticidade. Entretanto, o projeto fundamental do por-si é dominar essa faticidade, pois se o por-si eternamente corrói o que existe e o supera, só é em vista da plena assimilação do em-si no por-si, do "não eu" no "eu". Porém, essa plena assimilação do em-si no por-si, essa liberdade sem limites é, segundo Sartre, o que nas religiões se denomina Deus. Acrescenta ainda que o por-si surge como nadificação do em-si e essa nadificação se define como projeto de um novo em-si, e entre o em-si nadificado e o em-si projetado, o homem é esse elo de nada. Este em-si para o qual tendemos é o *ens causa sui* da filosofia tradicional, fim supremo a partir do qual o homem se faz anunciar como aquilo que é. Ser homem é tender a ser Deus.

Gabriel Marcel acentua o fato de que Sartre deve muito mais a Nietzsche do que ele próprio confessa e, na caracterização que dá da realidade humana, encontramos muitos ecos da doutrina nietzschiana da vontade de poder. Com efeito, esse sentido de apropriação do por-si, esse anseio de implantar o seu império sobre a externalidade indiferente do em-si, seja no comportamento cognitivo, seja no amor ou na arte, é uma manifestação da autonomia voluntarista da filosofia de Nietzsche. A imagem mesma do homem como elo entre o em-si do verme e o "em-si do por-si" do super-homem, como um ser que deve ser superado e que é essa própria superação, nos remete às elucubrações de Zaratustra.

Esse limite transcendente que inflama todo o nosso desejo de ser é, entretanto, agrega Sartre, um estado em si mesmo contraditório, pois na consecução de seu objetivo o por-si se destrói, transformando-se numa coisa irremediavelmente morta. Deus é para Sartre um absurdo, pois segundo ele é impossível conceber como o que é por natureza livre, instável e imprevisível (e tais são os característicos do por-si) possa, sem perder sua índole, solidificar-se na identidade satisfeita do em-si. Se quisermos a imobilidade nirvânica do em-si, perderemos a consciência e a liberdade, já que a consciência é fruto da negação e da impugnação do dado; se, pelo contrário, quisermos a consciência e a liberdade, estaremos condenados aos trabalhos da vida, à instabilidade e à insatisfação. Hegel já havia caracterizado a situação humana, afirmando que o homem *c'est un animal malade*. Aqui começamos a compreender todo o paradoxal da nossa condição de homens: se, por um lado, Sartre sustenta que ser homem é tender a ser Deus, por outro afirma que essta realidade é puro absurdo. Nossa paixão mais profunda, a volição fundamental que determina todas as outras, sendo um tender absurdo e contraditório, a realidade humana está condenada ao fracasso. O homem é uma paixão inútil; todos os seus movimentos e ações, que nada mais são do que realizações simbólicas do impulso de divinização, estão destinados ao mais fatal malogro. O homem é um Sísifo a arrastar perpetuamente uma pedra para o alto da montanha para vê-la precipitar-se de novo ao ponto de partida.

Deveríamos então concluir que essa filosofia que só percebe no drama humano o insucesso e a ruína, que condena ao naufrágio as mais profundas aspirações do homem, teria de nos abismar no mais negro pessimismo? Assim não o acreditam nem Sartre, nem Heidegger, que veem no existencialismo uma filosofia de exaltação vital. Desde Kierkegaard, o existencialismo procurou mudar o foco da apreciação ética da nossa conduta, do exame das consequências dos nosso atos, da medida do sucesso ou insucesso das empresas humanas, para o sentimento de plenitude pontual da própria ação. Não deveríamos, portanto, julgar a vida pelo conteúdo de realizações objetivas e palpáveis, pela quantidade ou exuberância de suas realizações materiais ou culturais, mas pelo *quantum* de energia e liberdade subjetiva que aflorou à sua superfície, pela intensidade e sinceridade com que foi vivida. Para Sartre, o homem é o agente moral mediante o qual os valores têm existência; portanto é em nossa própria liberdade, fonte de todos os valores, que devemos colocar o acento tônico dos juízos morais.

Por outro lado, não podemos chamar de pessimista uma visão da vida que exime o homem de qualquer fatalismo e que o desvincula do mecanismo da natureza, dando-lhe a faculdade de ser o único criador de seu próprio destino. O pessimismo é a experiência do inevitável, do esmagamento, da submissão a uma ordem imutável de coisas; é o sentimento que já aparece expresso no Eclesiastes: "nada de novo sob o sol..." Já vimos que para Sartre nada pode esmagar o homem, nada lhe vem de fora ou de dentro, que deva simplesmente aceitar ou receber. O homem não tem uma natureza que deva necessariamente seguir. O homem, como dissemos, não é um ser mas um fazer e a sua única condenação é a de ter de se fazer até seus últimos detalhes. Que experiência pode ser mais estimulante para a nossa confiança na vida do que essa, da plena autonomia e criatividade de nosso destino, desse sentido poético que impregna nossa realidade? Cada homem desponta como um mito individual, como uma lenda secreta e fabulosa que nasce da inspiração mais individual e espontânea da subjetividade. Inventamos, fabricamos a nossa própria vida. A psicologia corrente, entretanto, timbra em nos apresentar como joguetes de motivos, móveis e influências exteriores, condicionados pela nossa constituição, meio ambiente e posição. A lei do paralelogramo das forças explicaria o homem. A argumentação de Sartre no sentido de mostrar a nossa independência e autonomia diante de todos esses fatores é uma das mais eloquentes defesas da liberdade humana. Adverte Sartre que um motivo só pode constituir-se em motivo para a nossa vontade, em vista do autoprojeto de nós mesmos, em vista do que nós fundamentalmente desejamos ser. É em relação ao ser que optamos ser, que uma determinada realidade se isola como um motivo de nossa volição, como determinante de nossa ação. Diz Sartre: "É somente pelo fato de que eu escapo ao em-si nadificando-me na direção de minhas possibilidades, que esse em-si pode tomar o valor de motivo ou de móvel. Motivos e móveis não têm sentido senão no interior de um conjunto projetado, que é justamente um conjunto de não-existentes". Por exemplo: para um homem que se tivesse escolhido como um negador da vida, como um asceta, todo o complexo da nossa civilização material, tão poderoso sobre o nosso ânimo, seria inteiramente indiferente ou agiria no sentido inverso àquele em que age nos homens. Portanto, os motivos não são elementos invariáveis agindo inexoravelmente na mesma direção, mas, pelo contrário, é o livre traçado de nossas possibilidades que nos faz viver os motivos como motivos. Ao sonharmos o nosso porvir determinamos o que pode ter ascendência sobre o nosso coração. Sem essa opção original que se identifica com a própria irrupção da nossa realidade, tudo se esvairia numa vaga indiferença. Os motivos não existem senão em vista de uma superação do dado, em vista de um certo fim, de uma certa transcendência, e essa transcendência é a nossa própria realidade como liberdade.

Continuando sua polêmica contra os adversários da liberdade, Sartre se reporta ao que poderíamos chamar o coeficiente de adversidade das coisas, a esse limite indeclinável que se impõe, independentemente de nossa liberdade. Sartre pondera que, à primeira vista, parece impossível que possamos alterar algo em nossa situação ou em nós mesmos. Diz ele: "Parece, pelo contrário, que o homem, em lugar de 'se fazer', 'é feito' pelo clima e pela terra, pela raça e pela classe, pela língua, pela história da coletividade da qual ele faz parte, pela hereditariedade, pelas circunstâncias individuais de sua infância, pelos hábitos adquiridos, pelos grandes e pequenos acontecimentos de sua vida". Podemos, entretanto, constatar que esse conjunto de fatores que aparentemente parece determinar exterior e interiormente a linha do nosso desenvolvimento, de fato só constitui uma situação limitante pela própria ação de nossa liberdade. Nas palavras de Sartre: "O coeficiente de adversidade das coisas, em particular, não poderia constituir um argumento contra a nossa liberdade. A liberdade só encontra os limites que ela mesma põe. Só existe um obstáculo e um limite pelo fato de ultrapassarmos o que nos foi dado no traçado de um determinado projeto. Ou, em outras palavras, uma coisa se manifesta como ajuda ou como obstáculo, somente em vista de um fim determinado".

Não há realidade humana que não esteja imersa numa determinada situação, que não esteja entretecida num determinado contorno fático; o homem não vive no vazio, mas esses limites, esses fatos só cobram verdadeiro peso e significado na particularidade de um determinado projeto vital. Sartre empenha-se em provar que, até certo ponto, somos responsáveis pelo lugar que ocupamos entre as coisas que escolhemos livremente, assim como pelo nosso próprio passado, pelo nosso corpo, pela nossa morte e por todas as situações e limites que nos obcecam. Todos os limites têm uma realidade subjetiva e podemos dizer que são a condição de nossa própria liberdade. Por mais paradoxal que pareça, só pode existir liberdade dentro de certa situação, de certo constrangimento fático. Se fosse suficiente almejar um determinado estado para que ele imediatamente se realizasse, a nossa vida se confundiria como um devaneio ou com uma fantasia e não daria margem para o exercício da nossa liberdade. "Somos livres – diz Sartre – quando o termo último pelo qual prenunciamos o que somos é um 'fim', isto é, não um existente real como aquele que na suposição que fizemos viria exalçar nosso desejo, mas um objeto que ainda não existe." Deve-se supor sempre uma distância, um limite, entre o homem e sua aspiração; é mister intercalar entre os dois termos uma camada de fatos que funcione como ponto de apoio para a conformação do que ainda não existe; a liberdade é justamente esse poder, essa capacidade de eterna transformação do existente.

Procuremos sintetizar em algumas linhas o caminho percorrido até aqui. Ficou claro que ao existencialismo só interessa um determinado fato ou realidade enquanto vivência ou experiência subjetiva, enquanto imersa no tecido de nossa própria vida. E tanto é assim que Sartre, nas primeiras páginas de sua obra *L'être et le néant*, se aplica a destruir o velho dualismo entre a aparência e a realidade inacessível, entre o fenômeno e uma pretensa realidade numenal, interdita à nossa experiência. Não existe nada atrás das coisas, nenhum substrato secreto, tudo é manifesto ou manifestável. Numa palavra: tudo é vivência e a nossa consciência não escapa à regra, pois não tem nada de substancial. Não é uma *res cogitans*, mas a pura aparência de seu manifestar-se. A propósito, poderíamos citar estas palavras de Goethe: "Não procureis nada atrás do fenômeno; ele mesmo é a doutrina". Ou ainda esse verso de Fernando Pessoa: "As coisas são o único sentido oculto das coisas".

O que Heimsoeth diz, referindo-se à atitude filosófica de Fichte, pode também aplicar-se ao existencialismo de Sartre: "A especulação de Fichte está sempre e totalmente referida à vida, isto é, à existência humana, a tudo o que interessa ao homem e acontece ao homem. A realidade à qual toda filosofia se refere ou pode referir-se é, para ele, exclusivamente a totalidade do que enche a vida." O mundo de que nos fala Sartre é, portanto, essa realidade profundamente concreta e nossa, esse meio nativo no qual amamos e morremos e não a estrutura hipotética e extravivencial que nos apresenta a ciência ou outras filosofias. Pois bem, Sartre, seguindo nesse ponto Heidegger, assegura-nos que esse mundo que se nos manifesta só se revela pela irrupção extática do existir, ou por outra, a imediatidade do mundo das coisas é o contragolpe do nosso ser mediato, como projeto de nós mesmos. Essa sortida fora de nós mesmos, esse anunciar-nos à distância, é que desencadeia o desenvolvimento de uma "proximidade", de uma pressão da circunstância mundanal. Ao referir-se ao que ainda não é, ao lançar-se para seu porvir, o "por si" vê-se imerso, agrilhoado ao concreto da realidade fática. Portanto, transcendência e mundo são dois aspectos de um mesmo movimento. Só existe mundo, porque o por-si é existência excêntrica e prospectiva de si mesma; por outro lado, só pode dar-se transcendência como base numa dada circunstância. O eu e a sua circunstância constituem o fato originário do existir. Como tivemos também a ocasião de notar, a noção de transcendência desempenha uma função basilar na especulação existencialista de Sartre, pois é ao transcender-se que a realidade humana esboça em torno de si o seu contorno mundanal. Mas essa transcendência, como vimos, é um projeto livre de si mesmo, é o resultado da escolha livre e criadora do nosso poder ser. A transcendência não nos é imposta de fora, como um modelo fixo, como um determinado papel que deveríamos realizar, como uma essência humana universal da qual a nossa vida concreta nada mais seria do que uma exposição discursiva no tempo. Pelo contrário, como vimos, no existencialismo, a nossa liberdade criadora antecede a fixação dos fins; temos de criar o nosso papel, ou melhor, a existência precede a essência. Lembramos aqui o seguinte trecho de uma das peças de Unamuno: "E estás vendo fazer-me... personagem. Mister é fazer-se... e fazermos o mundo, o teatro... o teatro do mundo". O papel que representamos no mundo não é o de um autor estranho a nós mesmos, não é um papel que poderia ser representado por qualquer pessoa, mas é sim obra entranhada e personalíssima. Em nós, como dizia Nietzsche, há um criador e uma criatura.

Para penetrarmos a problemática do existencialismo, partimos das relações de um eu solitário com suas circunstâncias, de uma posição que poderíamos chamar solipsista. Se esse ponto de partida nos foi útil no esclarecimento de certas estruturas próprias da existência, na revelação do conflito entre a subjetividade e a objetividade, entre o por-si e o em-si, não devemos esquecer entretanto que encobriu um conflito ainda mais fundamental: o do nosso existir com os outros e contra os outros, no mundo. Não vivemos primeiro em solidão, para depois entrarmos em contato com os outros. Pelo contrário, o nosso viver é sempre um conviver, um "ser com"; o nosso ser individual é a expressão de uma conquista tardia, de uma delimitação ou segregação no tecido da convivência humana. As descrições e análises de Sartre no tocante às relações do eu com o tu, e que ocupam quase um terço da sua obra, podem ser tidas como a parte mais original da suas investigações.

No limiar da questão das relações entre o eu e o tu, entre o por-si e o outro, encontra-se o problema de saber como rompemos o círculo de ferro de nossas representações e como temos acesso a um outro por-si, como chegamos à certeza da presença imediata do outro em nossa consciência. Sartre, depois de minuciosas e longas análises, conclui que, se tivéssemos que inferir a existência e a realidade do outro a partir do simples dado do conhecimento, não poderíamos fugir ao solipsismo (a não ser apelando para o senso comum, que é um sintoma de impotência na investigação da verdade). O conhecimento não pode oferecer garantias acerca da existência de um outro centro ou polo de experiências – o outro – fora do meu sistema de experiências. A simples existência de corpos semelhantes ao meu, que se movem, e executam inúmeras ações homólogas às minhas, não seria uma garantia suficiente para inferir a real existência desse outro polo subjetivo que buscamos, pois toda a realidade objetiva que se manifesta no conhecimento é meramente provável: se nos apoiássemos somente no conhecimento, poderíamos muito bem recusar aos corpos que nos rodeiam um reverso subjetivo e considerá-los à maneira pela qual Descartes considerava os animais – como puras máquinas. Nesse caso, a nossa subjetividade imperaria solitária num mundo de objetos. Lembremos que essa atitude é uma possibilidade sempre aberta à realidade humana, em suas relações com o outro. É o comportamento que Sartre denomina: "indiferença em relação ao outro". O indiferente move-se num mundo de puras coisas, nega e desconhece a liberdade dos outros, que lhes aparecem como meros instrumentos e objetos para as suas finalidades. O indiferente é um solipsista de fato. Nas palavras de Sartre: "Há homens, pois, que morrem sem ter suspeitado, salvo durante breves e terrificantes iluminações, o que era o Outro". Não devemos, porém, afastar a hipótese solipsista, movidos pelo bom senso ou por qualquer outra exigência da mesma índole, mas sim pelo fato de que ela contradiz experiências fundamentais do nosso ser, tornando incompreensível o nosso comportamento. Sondando a nossa própria realidade, aí encontramos a presença do outro, como ingrediente fundamental da estrutura de nossa intimidade. E muitas atitudes, como a timidez, o orgulho, a vergonha ou a indiferença apontam para essa dependência íntima em relação a outra consciência. O nosso ser-para-o-outro, esse "fora" que o surgir do outro nos dá, é um momento necessário que condiciona um sem-número de atitudes e comportamentos do por-si, constituindo portanto uma componente fundamental da realidade humana. Com o aparecimento do outro, nós adquirimos uma dimensão nova; de sujeitos, passamos a revestir a forma de objetos, pois é como um objeto que nos apresentamos à consciência do outro.

A primeira observação que faz Sartre é que o outro não é primeiramente aquele que eu vejo, aquela forma corporal que se destaca sobre a tela do mundo, mas aquele que me vê, e isso é importantíssimo, pois é em relação a esse "ser visto", pela presença do outro, que eu me transformo instantaneamente de sujeito em objeto. Antes da irrupção do outro, eu não me punha como consciência temática de mim mesmo, não era um objeto tangível, não apreendia meus próprios limites, mas vivia como que perdido na inocência de meu viver intencional, era como que uma fuga informe, uma perpétua sucessão de fases variáveis, um indefinido apontar para as minhas próprias possibilidades. A consciência solitária não se apreende a si mesma diretamente, como objetividade, não se põe como objeto, mas se limita a viver seus estados numa fuga contínua para suas próprias possibilidades.

É só pela mediação do "nosso ser-para-o-outro", só pelo olhar do outro, que a nossa consciência se revela a si mesma, solidificando-se num contorno preciso. O outro é o ser através do qual apalpo a minha objetividade, vejo fixada tematicamente a minha própria maneira de ser. Não devemos perder de vista, entretanto, que esse nosso ser-para-o-outro não é acessível como experiência ao por-si, fugindo à nossa vivência pelo fato mesmo de ser experiência do outro, e se nos apresentando à distância como o prato de Tântalo. Não obstante, reconhecemos ou assumimos essa imagem como nossa, identificamo-nos com ela às cegas, sentimos que somos como os outros nos veem. Esse esquema fantasma se projeta na retina do outro, essa imagem que nos escapa compromete-nos, faz-nos cair em poder de outra liberdade.

Na fraseologia de Sartre: "Sou possuído pelo outro, o olhar do outro modela meu corpo em sua nudez, o faz nascer, o esculpe, o produz tal como é, o vê como eu não o verei jamais. O outro é detentor de um segredo: o segredo do que eu sou. Ele me faz ser, e por isso mesmo me possui e essa possessão não é nada mais do que a consciência de me possuir".

Eis aqui o trauma que o aparecimento do outro ocasiona na intimidade do por-si; a nossa existência que, na espontaneidade do seu viver irreflexivo, jazia como que perdida no sonho de sua autorrealização, vê-se colhida em voo, degradada e colada à sua própria faticidade, escravizada à sua finitude. O outro escraviza-nos, rouba-nos todo esse *plus*, toda essa margem de liberdade e possibilidade que nos permitia a fuga da estreiteza e insuficiência do nosso ser atual. O outro nos transforma num composto de fatos, num em-si com estas e aquelas aptidões, com esses ou aqueles vícios e defeitos, irremediavelmente *isso* ou *aquilo*. É o que exprime esse trecho de *Sursis*: "Ele me vê, ele vê a minha maldade como eu vejo suas mãos, minha avareza, como eu vejo seus cabelos escassos, e esse pouco de piedade que brilha sob a minha avareza, como o crânio sob os seus cabelos. Eu sei; virando as páginas endurecidas do meu missal, gemerei: 'Senhor, senhor, sou avaro'. E o olhar de Medusa tombará do alto, petrificando. Virtudes de pedra, vícios de pedra: que repouso... História para rir, eis-me, como tu me fizeste, triste e covarde, irremediável. Tu me olhas e toda a esperança foge: estou cansado de fugir. E sei que sob os teus olhos não posso fugir de mim mesmo".

O sentimento do pudor e da vergonha revela essa nossa existência pública, que o olhar do outro nos impõe. Com efeito, o que é pudor se não essa sensação incômoda e angustiosa de termos de nos reduzir a essa humilhante corporalidade que o outro faz surgir em relevo no mundo? O outro faz-nos refluir nessa objetividade carnal; somos esse corpo, esses órgãos, a vulgaridade dos gestos e nada mais. O ato de vestir-se simboliza uma atitude de defesa contra essa conivência com a faticidade corporal.

Antes, porém, de entrarmos no tema de nosso comportamento em relação ao outro, procuremos explicar com mais clareza o porquê do conflito que está à base de todo convívio humano. Como ficou estabelecido antes, a paixão fundamental do por-si, o seu *élan* primigênio, é o de sua realização livre e desimpedida, é o seu projeto de onipotência, o projeto de ser Deus. Queremos debelar e absorver liberdade, cada olhar nos julga e nos condena; sentimo-nos tudo o que resiste e se opõe ao exercício de nossa autodeterminação, tudo que nos aliena, nos degrada e desmerece, reduzindo-nos à impotência da coisa. Sentindo-nos confinados nesse menos da finitude, o nosso eu se aplica a transformar continuamente as condições de sua existência, para ampliar o campo de sua autonomia: portanto, um dos temas fundamentais da vida de nossa vontade é o desejo da apropriação, do assimilar, do ter. O ter, o *avoir*, é considerado por Sartre como uma das categorias existenciais mais importantes; o conhecimento, a criação artística, o amor, o desejo da destruição, a guerra são especificações da categoria do ter. Sendo essa, pois, a disposição fundamental do por-si, poderemos compreender bem o abalo que o aparecimento do "outro" ocasiona em sua livre maneira de ser. Pelo aparecimento do outro, o número de vínculos que nos atam ao em-si, o nosso desamparo em relação à finitude, se desdobra indefinidamente. Cada liberdade limita a nossa no mundo como numa arena, espreitados por milhares de olhos que nos transpassam para nos fixar. Somos réus inermes e impotentes diante dessa assembleia inexorável de juízes. Todos nos culpam e nós nos sentimos infinitamente culpados, infinitamente responsáveis pelos nossos atos, pelo nosso passado, pelo nosso corpo, por toda a nossa maneira de ser.

Diante desse estado de alienação e despojamento, é evidente que o projeto fundamental do por-si seja uma conduta de recuperação da liberdade perdida. Todo o complexo de nossas relações com o outro se funda no anseio de resgate da nossa autonomia e domínio de nosso destino. Mas Sartre adverte que enquanto eu procuro libertar-me do domínio do outro sacudindo a minha escravidão, o outro, por sua vez, também tenta libertar-se do meu jugo, e daí resulta que a atmosfera geral de nossas relações com o outro seja a da luta e do conflito. Em nossa pugna com a liberdade e a transcendência do outro, dois recursos fundamentais se nos apresentam em nosso projeto de redenção: ou procuramos superar e transcender a liberdade do outro em condutas como o ódio, a indiferença, o sadismo ou, pelo contrário, procuramos assimilar e incorporar a liberdade do outro sem destruí-la, em condutas como o amor, a simpatia e o masoquismo. Nas palavras de Sartre: "Transcender a transcendência do outro ou, pelo contrário, absorver essa transcendência sem lhe tirar o caráter de transcendência, tais são as duas atitudes primitivas que posso tomar em relação ao outro". Essas duas condutas indicam, sem dúvida, atitudes opostas e contraditórias entre si; existe, entretanto, um elo secreto entre elas, de forma que o fracasso de uma é sempre o despontar da outra. Em nosso comportamento concreto, adotamos simultaneamente todas essas formas de redenção; em relação a grande parte dos homens, somos indiferentes, a outros amamos e a outros ainda odiamos.

Esbocemos agora a descrição de algum desses comportamentos do por-si no tecido de suas relações inter-humanas, começando pelas atitudes em que procuramos suplantar e jugular a liberdade alheia, submetendo-a aos nossos fins. Uma dessas atitudes é o ódio, que podemos definir como o projeto de desembaraçar-se da incômoda presença da liberdade alheia e, portanto, de realizar um mundo em que o outro não exista. No fundo do sentimento do ódio existe uma compreensão de que é pela presença do outro que a nossa vida se estiola e que a humanidade tece em torno de nós uma sutilíssima mas infranqueável masmorra. O ódio é sempre o ódio a todos os homens num só e o que queremos atingir, atentando contra a vida deste ou daquele homem, é o princípio geral da existência do "outro", a dimensão da nossa alienação. Em sua novela *Erostrate*, Sartre caracteriza o desenvolvimento dramático desse sentimento. Erostrato sonha com a destruição da humanidade e projeta um morticínio que o torne célebre na história dos homens. Em vista disso, escreve um manifesto aos humanistas em geral, expondo as razões de seu profundo desprezo e desgosto pela humanidade. Diz ele: "Suponho que tereis a curiosidade de saber o que pode ser um homem que não ama os homens. E eu vos digo que não posso amá-los. Compreendo muito bem os vossos sentimentos. Mas o que neles vos atrai, me desgosta. Vi, como vós mesmos, homens mastigando com toda a compostura, o olhar pertinente, folheando com a mão esquerda uma revista econômica. É minha culpa se prefiro assistir a um repasto de focas? O homem não pode fazer nada de seu rosto, sem que isso se transforme num jogo de fisionomia. Quando mastiga, mantendo a boca fechada, os cantos da boca sobem e descem e ele tem o ar de quem passa continuamente da serenidade à surpresa lastimosa. Sei que amais a isso, que a isso chamais vigilância do Espírito. Mas a mim, isso me nauseia: não sei por que, nasci assim". E Erostrato, em sua fúria de se afastar e negar tudo o que provém do outro, anseia por se desligar de todas as significações pertencentes ao humano: utensílios, palavras, pensamentos, afirmando desesperado que é com imensa repugnância que deles se serve. O que existe no ódio é uma decisão determinada de abolir a nossa servidão ao outro, implantando o reino triunfante da nossa liberdade. Sartre assegura que esse sentimento é em si mesmo um fracasso e não constitui uma solução para nosso processo de redenção; diz ele que, mesmo na hipótese de aniquilarmos toda a humanidade, continuaríamos a existir nessa dimensão do ser-para-o-outro, pois os mortos continuariam a nos assediar como depositários do nosso passado irremediável.

Outra atitude que está nesse mesmo sentido de imposição à realidade de outro é a conduta da indiferença à qual já nos referimos. Essa atitude traz também em si o germe do fracasso, pois a indiferença é uma espécie de cegueira em relação à liberdade do outro e só se pode estribar num processo de má-fé e autodissimulação. Sartre ainda põe nessa mesma ordem de comportamento o desejo e o sadismo.

Entre os caminhos que o homem escolhe para salvar a sua liberdade comprometida em face do outro, sem atentar entretanto contra essa liberdade, devemos citar, em primeiro plano, a via amorosa. O ideal supremo do amor é o de incorporar e assimilar a liberdade do outro, deixando intacta, entretanto, a natureza dessa liberdade. Queremos que o ser amado se ligue a nós, não por alguma coação determinística ou psicológica, não por um filtro ou sortilégio diabólico, mas sim por uma entrega livre e espontânea. O simples pensamento de que a apropriação que o amor realiza é uma posse definitiva e irrevogável já é suficiente para estancar o amor em sua fonte. Como diz Sartre: "Pelo contrário, aquele que quer ser amado, não deseja a servidão do ser amado, não aspira ser o objeto de uma paixão transbordante e mecânica. Ele não quer possuir um automatismo e se se quer humilhá-lo, basta representar-lhe a paixão do amado como o resultado de um determinismo psicológico: o amante se sentirá desvalorizado no seu amor e no seu ser." Basta sentirmo-nos postos num altar de adoração, basta sentirmos que a paixão do amado já é um fato inelutável, para que essa sujeição destrua o amor porque no amor não desejamos possuir sua liberdade como liberdade. "Se a liberdade cessasse de ser uma liberdade – diz Campbell – ela cairia num estado de coisa e não havendo mais 'o outro', eu ficaria reduzido ao meu isolamento." Essa exigência do amor é que compõe a dialética trágica do seu desenvolvimento, pois enquanto sentimos a permanente e inatingível liberdade do ser amado, sofremos e sentimos ciúmes, ao passo que a supressão da liberdade do amado significaria supressão do amor. O amor exige, no fundo, atitudes contraditórias entre si: uma liberdade que seja constante e uma constância que seja liberdade, uma renovada escolha do amado que se cumpra entretanto inalteravelmente.

Conseguindo incorporar a liberdade do outro, correndo juntas agora as duas liberdades, readquirimos a confiança em nossas próprias forças, sentimos multiplicadas infinitamente dentro de nós as nossas energias combativas. Eis por que aquele que se sente amado sonha com as mais arrojadas façanhas e sente palpitar no seu sangue o fervor dos cavaleiros andantes.

Porém, segundo Sartre, também essa tentativa de resgate do nosso eu alienado está condenada ao fracasso. O amor propende para um equilíbrio e para uma circulação de liberdade instáveis e problemáticos.

Depois dessa breve incursão nos principais temas do pensamento de Sartre, procuremos apresentar qual é, segundo o nosso critério, o sentido geral dessa filosofia. O que primeiramente nos impressiona, ao entrarmos em contato com a obra desse escritor, é a extraordinária agudeza de suas observações psicológicas, o seu sentido hermenêutico e o seu poder de levar a análise a campos até agora interditos à inteligência humana.

Escritor polimorfo, ao mesmo tempo ensaísta, dramaturgo, novelista e filósofo, Sartre realiza em nossa época o ideal do homem universal. O seu existencialismo é como todo existencialismo uma candente luta em favor da liberdade humana, contra todas as filosofias que procuram dobrar o homem às coisas, derivando-o delas, como um momento de sua evolução. O seu pensamento é uma luta contra a viscosidade do determinismo que certas pseudofilosofias procuraram implantar no coração dos homens. Sartre é, na atualidade, a mais veemente voz que se levanta contra a cacofonia marxista que reduz o homem às suas funções mais elementares, desconhecendo horizontes inteiros do continente humano[1].

Um pensador francês dizia, referindo-se ao paralelismo psicofisiológico, que esse não constituía uma doutrina, mas sim uma confissão pessoal. Coisa análoga diz Sartre, relativamente ao marxismo, equiparando-o a uma atitude de má-fé, na qual o homem abre mão de sua liberdade em favor dos valores materiais.

---

[1] É importante lembrar que estas páginas foram escritas tendo em mente a obra literária de Sartre e, acima de tudo, *O ser e o nada*, ou seja, antes de o filósofo francês ter tentado conciliar existencialismo e marxismo, conciliação cujo ápice se encontra em *Crítica da razão dialética*, obra na qual praticamente se concebe a filosofia da existência como um mero enclave na dialética materialista. Essa guinada sartreana motivará posteriormente VFS a escrever o ensaio "Sartre: um Equívoco Filosófico" (São Paulo, *Diálogo*, n°. 13, 1960, dez., pp. 93-94.). (N. O.)

É muito cedo para se prever qual o papel que o pensamento de Sartre desempenhará na história do pensamento ocidental, mesmo porque a sua obra está em plena evolução. – Não resta dúvida, porém, que representa um grande esforço no sentido da ascensão metafísica do homem.

História e Criação

Nesses dias em que, por uma infinidade de indícios relevantes, parece que voltamos a passar por essa atormentada senda de exaustão e decadência já palmilhada por tantas civilizações desaparecidas, as probabilidades de ruína se sobrepondo às possibilidades de desenvolvimento, é de importância que reflitamos um momento sobre essa aparente recorrência dos eventos históricos. Não é novo no pensamento humano o conceito de que os fatos históricos e cósmicos não possuem um desenvolvimento irrestrito e ilimitado, não seguem sempre uma linha ascensional, mas, como as estações do ano e as manifestações periódicas da vida, passam por fases de exuberância e de morte, de plenitude e de esclerose. Podemos encontrar essa ideia já no pensamento dos pré-socráticos, envolto em considerações cosmogônicas e religiosas e em particular na concepção de Anaximandro, para o qual toda a existência finita é em si uma arrogância e um desafio, uma usurpação que exige "reparação na ordem do tempo." Tudo quanto se separa e adquire corpo próprio deve dissolver-se para resgatar o mal da individuação. De maneira mais explícita encontramos essa ideia na filosofia de Heráclito, com sua tese das hecatombes cósmicas que, de tempos em tempos, devolveriam as coisas ao seu princípio ígneo e original, num processo de cauterização universal. "O fogo virá julgando e consumindo todas as coisas." Na opinião de Christopher Dawson, essa crença num ritmo recorrente dos acontecimentos "era comum a todas as grandes civilizações do mundo antigo e a sua influência se estendia desde a Síria e a Mesopotâmia até a Pérsia, Índia e China, onde se conserva até o presente."

Muitas impressões concordantes, retiradas dos diversos reinos do real, poderiam legitimar essa interpretação cíclica do vir–a–ser universal, pois essa lei parece reger todas as coisas. Tudo se anuncia em estado infuso, concentrado e germinal, expande-se depois de atingir uma forma adequada à sua ideia na glória da plena madurez, para depois sucumbir em cansaço, rigidez e indigência. A decadência – diz Nietzsche – é uma consequência necessária da vida, tão necessária como o florescimento e o progresso da vida. No começo tudo é semente, existência concentrada e envolta em si mesma, velada ao mundo. É o futuro contido e comprimido num ponto. Segue-se a época da plena floração, da exteriorização e manifestação espaciais, da plena atualidade: é o apogeu da forma. Tudo o que era mero sonho ou pressentimento existe então, inteiramente cumprido e recortado na massa do real. A partir desse momento, nada mais há para dizer: tudo quanto podia ser expresso já o foi, numa exaustão absoluta. Pouco a pouco a energia que sustentava aquela forma vai abandonando a estrutura envelhecida, esquecendo os despojos à ruína e à morte. O mesmo esquema de desenvolvimento pode ser encontrado na curva de uma vida, na evolução de um estilo artístico, no curso de uma comunidade humana, no decorrer de uma paixão ou entusiasmo. No exterior e no interior, no orgânico e no espiritual, esse mesmo regime de estações cerradas sobre si mesmas, numa eternidade circular, parece dominar sem contestação. Não é de admirar, portanto, que essa lei se tenha tornado manifesta ao homem desde a mais remota antiguidade. O que se deveria indagar, pois, não é o fato de terem chegado os homens à ideia do "eterno retorno", mas sim o de terem restringido e até anulado o seu alcance. O mais imediato e palmar é justamente a convicção de que as coisas se sucedem numa redundância sem fim. Aí está a natureza para comprovar essa asserção. O mito da Fênix ressurgindo das próprias cinzas é uma expressão admirável dessa crença imemorial dos homens. Sempre o círculo, símbolo de um circuito finito e eterno ao mesmo tempo, imóvel e sempre em movimento, traduzindo a pulsação mais profunda do real. A tese que viria preponderar depois – e que monopolizou o pensamento até o começo deste século – de um processo evolutivo unidimensional e contínuo, de um progresso por acúmulo constante e irreversível, é, relativamente à primeira, muito mais artificial e elaborada, muito mais distante das evidências de primeiro plano, impondo-se portanto como uma criação espiritual, como um sentimento religioso das coisas. Agora que superamos a crença ingênua nesse "mito" do progresso contínuo, podemos avaliar o quanto havia de "desejado" nesse otimismo irrefletido e quanto a sabedoria pessimista dos antigos se avantajava à nossa confiança presunçosa. Entretanto, não é nossa intenção endossar o fatalismo inexorável dos antigos, o *corsi* e *ricorsi* de Vico ou o vitalismo spengleriano; pretendemos, isto sim, denunciar o que há de parcial no "melhorismo" contínuo, pois que esse não é senão um aspecto de uma verdade mais ampla. Julgamos que o homem se pode esquivar à incidência do *igual* na história, mas isso numa luta de avanços e recuos. O homem, síntese de necessidade e de liberdade, de desespero e de esperança, não é um ser em progresso contínuo, nem por outro lado é uma função das estações cósmicas. A consciência que temos da volta das mesmas conjunturas, dos mesmos infortúnios, o sentimento agudo da *decadence*, são provas do poder de nos sobrepormos, em certa medida, à aproximação das épocas aflitivas e niilistas do fim de civilizações. A cultura, sendo a inserção do espírito na objetividade, sendo uma objetivação do espírito, é um elemento de ordem naturalística que se antepõe posteriormente à suprema liberdade do espírito e o envolve como uma nova natureza limitante. O espírito que é em si criação e inovação, convivendo em misterioso conluio com as duas naturezas, a primitiva e a social, é envolvida nas oscilações e fases próprias do natural e parece, às vezes, sucumbir com ele. Como a filosofia recente não se cansou de repetir, a natureza como envoltório material e inércia, peso, conservação, como diz Hegel, é "a aborrecida história sempre sujeita ao mesmo ciclo". Mas, com o "sol do espírito" aparece algo, cujo curso não é uma repetição de si mesmo.

Procurou-se expressar a evolução dos fatos históricos escolhendo a espiral como o diagrama próprio de sua fisionomia. Essa curva que volta sempre ao mesmo ponto, mas em cotas cada vez mais altas poderia, com efeito, exprimir o complexo movimento dos fatos humanos. Julgamos entretanto que mesmo esse esquema se pode prestar ao mais rasteiro otimismo, pois supõe uma marcha inexorável para o melhor, sem nenhuma hesitação, crise ou tragédia: não leva em conta que, nessa luta, as forças abismadas e anti-humanas, aparentemente, podem ter tantas probabilidades quanto o próprio homem e que portanto a vida está sempre em risco de se perder. Toda a obra histórica está sujeita ao aniquilamento e à ruína e nada existe de definitivo na cidade humana. Em todas as culturas, às fases de produção artística, filosófica e científica sucedem épocas de ceticismo, crítica e polêmica, que passam uma esponja sobre todo o realizado e comovem as bases do edifício erguido. Existindo forças positivas e negativas em todo o âmbito da civilização humana, é inútil esperar qualquer resultado definitivo quanto aos conteúdos objetivos de uma cultura. A natureza polêmica de todo processo cultural, e a fricção própria do tempo, tornam todos os tesouros culturais presa fácil da espoliação e do desgaste. Se devemos supor, por conseguinte, que a história de certa maneira é um avançar, um *plus*, somente o pode ser num sentido interior e subjetivo, como um sentimento mais intenso da liberdade e do destino humano e como um recobrar-se do homem a si mesmo através da peripécia histórica.

A FILOSOFIA DE FRANCISCO ROMERO

Procuraremos apresentar neste trabalho uma visão sinóptica da obra de Romero, na medida em que for possível sintetizar um pensamento em transe de constituir-se e que não recebeu ainda por parte do autor uma formulação adequada e definitiva. Até o presente momento, Romero limitou-se a programar e bosquejar, a reunir material para futuro aproveitamento, a dar as direções gerais e os fundamentos de sua cosmovisão. É portanto empresa suscetível de muito extravio essa de apresentar em conjunto o que ainda não se consubstanciou numa unidade final de pensamento. O filósofo argentino R. Frondise, referindo-se à obra de Romero, adverte que *su produción se reduce a numerosos artículos, notas, introduciones, comentários etc. diseminados en revistas argentinas y extrangeras... De ahí que resulta tan difícil ordenar ese material heterogéneo que presenta sin embargo un matiz personal, un sabor propio.*

Ninguém que se interesse por filosofia, no Brasil, desconhece o nome de Francisco Romero. Professor de Metafísica e Gnoseologia da Universidade de Buenos Aires e de La Plata, titular da Cátedra de Filosofia do Colegio Libre de Estudios Superiores de Buenos Aires, o prof. Romero vem despendendo um incansável esforço no sentido de aproximar e fazer conhecidos entre si os cultores da filosofia em nosso hemisfério, intensificando assim o intercâmbio de ideias. É ele, sem dúvida, o mais entusiasta propugnador da especulação filosófica em nosso continente. Essa atividade dirigida no sentido de criar um ambiente de cooperação e colaboração filosóficas, descansa em Romero, no seu juízo sobre a natureza do momento intelectual que atravessamos. Segundo suas ideias, está encerrada a etapa em que a filosofia era fruto das elucubrações solitárias de certos homens superiores que votavam sua vida ao estudo das questões últimas, em completo isolamento. Inicia-se agora *una etapa de normalidad filosófica*, em que a preocupação filosófica deixa de ser tarefa insólita e desacostumada, para se tornar um dos ramos da árvore cultural, uma função ordinária da cultura. Sempre foi essa, aliás, a vida própria da filosofia: não uma criação pessoal *ex nihilo*, mas sim a contínua soma das contribuições históricas do pensamento. *En cuanto a la espera y demanda de portentosas revelaciones – residuo de la actitud mítica –, acusa ignorancia, porque la historia de la filosofía atestigua en cada uno de sus instantes la continuidad y articulación del pensamiento filosófico, que hasta en sus grandes recodos y inflexiones cuenta con las adquisiciones sucesivas y en ellas se apoya para perfeccionarlas y aun para contradecirlas.*

    Iniciaremos o nosso estudo do pensamento de Romero por um de seus momentos mais preliminares, onde aliás se compendia um traço característico do todo; queremos referir-nos à sua distinção entre as duas grandes formas do saber: o saber ingênuo ou vulgar e o saber crítico ou reflexivo. Não é possível estabelecer uma delimitação rigorosa relativamente ao conteúdo desses dois planos do conhecimento, pois o saber vulgar contém um sem-número de noções científicas e pseudocientíficas que foram passando para o cabedal comum do conhecimento e, reciprocamente, o saber crítico nunca consegue despojar-se totalmente das representações do conhecimento irreflexivo. Procurando resumir as características que definem cada uma destas espécies de saber, devemos advertir que por vezes a delimitação é incerta e flutuante. O conhecimento ingênuo não é um saber procurado conscientemente, de acordo com um plano definido e com meio e métodos adequados à obtenção de uma representação fidedigna das coisas, capaz de expulsar todas as influências que possam empanar uma visão teorética. É, pelo contrário, o resultado de uma contínua sedimentação que os azares e vicissitudes das nossas experiências, os influxos das crenças, e ideias vigentes no meio em que vivemos, as idiossincrasias e predileções do nosso caráter, foram depositando em nossa mente. *El saber vulgar es el resultado de una ininterrumpida sedimentación; en el fondo de su cauce, el río de la vida va depositando capas de substancias de la más diversa naturaleza y arrastradas desde muy varios lugares.* Daí a índole particularmente subjetiva, individual e emotiva desse saber, aliado em grande parte à sua natureza receptiva. *El saber común, actividad natural y espontánea, de acuerdo con lo dicho, tiene un notorio carácter subjetivo; el sujeto se vuelca en él con sus peculiares maneras de ver, con sus perjuicios y preferencias, con sus deseos y reacciones emocionales, con el libre juego de su mente no coartado por normas ni principios rigurosos.*

O saber crítico se origina na atividade pessoal do sujeito tendente a obter um conhecimento objetivo da realidade, um conhecimento despido de qualquer ingrediente extrateórico e que reflita em sua pureza a consistência peculiar das coisas. É um saber governado em todos os seus passos por uma metafísica condizente com tal fim, é um saber arquitetônico que supõe um *abrirse a la experiéncia, a la realidad, en manera más purgada de perjuicios, incluso de los perjuicios de la razón, que no figuran, por cierto, entre los menos graves.*

Erraríamos, entretanto, se julgássemos que essas duas espécies de conhecimento definem duas classes de homens como detentores das duas formas de saber: não há, por um lado, quem pratique puramente o saber ingênuo ou natural e por outro quem professe o saber submetido a todos os requisitos da crítica. O saber vulgar é uma constante, uma espontaneidade universal da natureza humana. Vivendo em um determinado ambiente, carregamos todo um repertório de ideias, ideais e crenças intrínsecas a esse ambiente ao qual nunca nos podemos furtar inteiramente. Esse patrimônio ingênito de atitudes mentais, de maneiras de ver e de sentir provém de operações pessoais de indagação e conhecimento; recebemo-lo feito, incorporamo-lo receptivamente, sem maior análise de seus fundamentos. O saber ingênuo cresce e se desenvolve em nós como um tecido natural, não exigindo de nossa parte nenhum esforço especial de elaboração crítica, nenhuma discriminação reflexiva da validez de seus enunciados. Sem que o notemos, muitas vezes esse sistema de formas interpretativas adere ao nosso ser, incorpora-se à nossa vida, passando a orientar as nossas atitudes teóricas quotidianas.

Se o saber ingênuo é uma espontaneidade da vida comum à generalidade dos homens, o saber crítico constitui uma especialização, um atributo que separa um grupo de homens a ele votados, através de um disciplinado esforço de crítica e comprovação. Enquanto o saber vulgar é em nós uma predisposição mais ou menos inadvertida e inconsciente, o saber crítico é sempre consequência de um contínuo esforço de elucidar e fundamentar, um anseio permanente de limpidez teórica.

Para podermos captar a estrutura objetiva das coisas, refletir em nosso espírito a figura autêntica do real, devemos superar todos os entraves subjetivos que se interpõem entre o cognoscente e o conhecido. Assim, pois, em contraste com a subjetividade do saber ingênuo, seria o saber crítico sempre objetivo e universal, pura formulação da natureza dos seres? A história das ideias desmente tal suposição. E Romero adverte ainda: *La objetividad no se alcanza nunca plenamente; acaso no sea alcanzable. Quizá resulte imposible eliminar del todo las resonancias subjetivas en la ciencia, y sobre todo en la filosofía.*

Existe como que uma constante tensão entre esses dois planos do conhecimento, uma invasão alternada de nossa consciência por essas duas formas de saber, uma tendência irredutível de substituir-se os dados de um conhecimento pelos do outro; e como essa luta não tem tréguas em nosso espírito, o saber crítico nunca logra pleno êxito, continuamente assediado pelas resistências subjetivas que se lhe opõem.

Chegamos agora a um dos pontos mais importantes dessas reflexões epistemológicas preliminares. No ensaio em que baseamos essa exposição, Romero nos diz: *El saber natural no es sino lo que es; el saber crítico se desdobla en un deber ser y una realidad que trabajosamente se le va aproximando.* Portanto, se o ideal da objetividade é inalcançável, não é menos verdade que, como *ideal*, isto é, como princípio regulador do conhecimento crítico, continua a determinar e orientar todo o movimento da atividade cognitiva. O saber crítico é, portanto, menos um sistema estático e acabado de verdades estabelecidas do que um ímpeto, uma tendência constante para a objetividade, um esforço para a formulação progressiva da verdade absoluta. *Y porque [o saber e a filosofia] procuran aproximarnos cada vez más a la realidad infinita, adentrarnos en ella, verla desde dentro, son tareas infinitas. La efectiva infinitud de la realidad acarrea la posible infinitud del saber, y el ser nosotros mismos, aun en cuanto espíritu, parte de esa realidad, nos pone en la situación anómala de la parte aspirando a encerrar en sí el todo.*

Em cada momento histórico podemos então distinguir no sistema do saber reflexivo duas instâncias bem distintas: por um lado, o conhecimento já realizado, o conjunto de formulações próprias desse momento do pensamento, e, por outro lado, a atividade incoercível e transfinita do *conhecer* que encara o já realizado como mero trampolim para novas formulações da objetividade.

Em sua Lógica, Romero analisa o que poderíamos chamar a *Weltanschauung* do saber ingênuo, isto é, como o saber ingênuo ou vulgar encara a realidade circundante. Evidentemente, devemos levar em conta que essa intuição varia segundo os ambientes culturais e as etapas históricas particulares, pois que o mundo se desenha diferentemente na retina dos homens de épocas diversas. Mas podemos, apesar disso, caracterizar os traços comuns à atitude cognitiva ingênua.

O conhecimento de que falamos até agora, essa possibilidade que temos de nos voltar para o ser objetivo das coisas superando todos os impedimentos particulares e subjetivos, supõe uma capacidade real de transcendência, uma atividade intencional dirigida implacavelmente para a objetividade. A essa atividade damos o nome de Espírito. Romero sustenta a concepção scheleriana de que *espíritu es objetividad; es la possibilidad de ser determinado por la manera de ser de los objetos mismos*. Enquanto o indivíduo, como realidade psicofísica, vive perdido em seus estados imanentes, imerso no mundo particular de seus desejos e aspirações, endossando apenas as representações e imagem das coisas que podem exaltar suas ambições, o espírito, em seu impulso centrífugo, lança o homem fora de si mesmo, inverte a direção do olhar animal, fazendo-o vislumbrar o que existe fora dele. Se os momentos biofísicos de nosso ser se caracterizam por sua tendência centrípeta e absorvente, deformando a realidade em benefício do próprio indivíduo, com a espiritualidade se introduz uma força desindividualizadora e transcendente, que outorga a todas as coisas uma dignidade e um valor próprios. *El espíritu, el ente personal que lo encarna, es expansivo, centrífugo: va hacia las instancias que se le presentan o que presiente – individuos, personas, valores, cosas – con un interés limpio de cualquier afán de apropiación.*

Entretanto o espírito não é unicamente consciência da "alteridade", capacidade de apreender essencialidades; como um momento peculiar de sua natureza é também autoconsciência, anseio de explorar e aprofundar o solo natural donde emerge: sua própria finitude. O espírito se manifesta sempre como um complexo de atos unidos a certo sujeito, ou por outra, o espírito é sempre pessoal. Porém, essa unidade pessoal do espírito não deve ser pensada como unidade substancial; o espírito não é coisa, entidade, substância, mas sua própria realização, autoexecução. Ele se confunde com o complexo de suas exteriorizações. Definindo a pessoa enquanto momento espiritual, Romero diz: *La persona es autoposesión, autodomínio, imperio del centro ideal con el que, en cierto modo, la hemos identificado*. Desse natural afã de autopossessão do espírito nasce essa exigência do conhecimento já formulado na célebre advertência do oráculo délfico: "Conhece-te a ti mesmo". Sentimos como uma ineludível tarefa a de esclarecer a natureza do nosso próprio ser, de investigar seus limites e possibilidades, seu fim e destino. Mas o tema humano não está isolado e desconectado, no vazio; todas as coisas estão entretecidas numa trama de relações. Conhecer uma coisa é pois, ao mesmo tempo, conhecer seus vínculos e condições circunstanciais. A parte nos leva ao todo – o tema humano arrasta o tema universal. O interesse especulativo que temos pela nossa própria realidade nos impele ao conhecimento da realidade universal da qual emerge, na qual participa – e assim nos defrontamos com essa tarefa tremenda e desmedida do conhecimento infinito. A realidade universal é de fato efetiva infinitude e portanto propô-la ao nosso espírito como problema é propor um problema que jamais terminaremos de resolver. O conhecimento é uma aspiração sem fim, um eterno anelo de superar o conseguido; não deve pois ser conceituado como um estado, como um complexo teórico definido e estático, como um sistema que mesmo idealmente possa considerar-se como completamente cerrado. Quando refletimos sobre o problema do saber humano, descobrimos a situação anômala e antinômica do seu ser. No conhecimento, a parte quer encerrar em si o Todo; o que nada mais é que um devir (o conhecimento), aspira a se imobilizar no conseguido, o que seria seu aniquilamento. *Carece de sentido hablar de un saber acabado y perfecto. La efectiva infinitud de la realidad acarea la posible infinitud del saber, y el ser nosotros mismos, aún encuanto espíritu, parte de esa realidad, nos pone en la situación anómala de la parte aspirando a encerrar en si el todo.*

Conhecimento e ação

Contrariando certas correntes filosóficas que procuram apagar as linhas demarcatórias entre o conhecimento e a ação (*verum et factum convertuntur*[1]), fazendo do conhecimento

---

[1] *Verum et factum convertuntur*: A verdade se converte em fato e o fato em verdade. É uma das divisas de Vico, usada para demonstrar a autonomia da história, único domínio próprio ao conhecimento, pois consiste no conjunto

uma forma peculiar da ação, cristalizada e já cumprida, contemplação do já criado pela onda criadora, Romero estabelece distinções precisas entre essas duas atividades fundamentais. *En el conocimiento, el sujeto se deja determinar por el objecto, se abre a él; en la acción, le impone su ley. Conocimiento y acción son, pues, dos actividades de signo contrario.* Fazer, produzir, criar, são palavras que designam atividades modificadoras das coisas e de suas relações, atividades que muito longe de respeitar a peculiar configuração dos objetos, introduzem alterações e reestruturações. É impossível aceitar com os idealistas a concepção de que os objetos derivam da atividade do sujeito como uma simples fase dessa atividade, e que portanto conhecer é no fundo produzir e recriar. O conhecimento supõe fora de si uma realidade a ser conhecida, uma constelação de instâncias objetivas à qual ele se deve ater. *El conocer origina activamente el conocimiento dejando intacto el objecto: el obrar cambia siempre algo en la situación objectiva.* Isso não impede que entre o conhecimento e a ação vigorem as mais íntimas conexões, supondo-se reciprocamente um e outro. Geralmente, para agir precisamos conhecer, e para conhecer precisamos agir, isto é, precisamos aproximar-nos materialmente dos objetos e submetê-los a um sem-número de operações, tendentes a que os objetos manifestem sua estrutura e comportamento. Porém, se a ação pode acompanhar o conhecimento, nunca se identifica com ele, pois continua sendo sempre a aspiração do conhecimento receber a lei do objeto e não a impor. *Todo conocimiento es una recepción, toda acción es modificadora.* Outra distinção que, segundo Romero, existe entre o conhecer e o fazer e que acentua as duas direções contrárias do conhecer e do agir, estriba no fato de que o conhecer está sempre orientado para o passado e a situação conhecida

---

de tudo o que foi feito pelo homem. A natureza, segundo Vico, não é passível de compreensão, porque foi feita por Deus; a história, pelo contrário, o é. Por isso, de acordo com essa concepção, a filosofia é, primeiramente, protopoesia, saber natural que se exterioriza em ação (*poiesis*) e sinaliza uma razão infusa (*conatus*), que não é exclusiva da filosofia, mas se encontra presente já na fase mito-poética da humanidade. No contexto, VFS critica a concepção de Vico, justamente por não estipular uma fronteira entre ação e conhecimento, verdade e fato. (N. O.)

é sempre anterior ao saber que temos dela, enquanto a ação olha sempre para o futuro e aí tende a implantar o seu império. *No conocemos, no logramos conocer sino el pasado; todo el saber es histórico.*

Os objetos para os quais tende o nosso pensamento e cuja existência é um pressuposto desse pensamento já ingressaram na zona do passado, e é para esse passado que volvemos nossa atenção, quando queremos conhecer. Contra os que incluem as previsões entre os conhecimentos, afirmando portanto um conhecimento do futuro, Romero argumenta que *toda previsión es una prolongación más o menos arbitraria, más o menos probable o plausible de un conocimiento, no un conocimiento propiamente dicho*. Projetamos na tela vazia do futuro uma lei averiguada no passado e presumimos que o universo no futuro confirmará nossas esperanças. Porém, é sempre no passado que assentamos as bases do conhecimento.

O homem é para Romero um Janus bifronte, um ser dual polarizado em duas dimensões antagônicas e que se por um lado olha para o passado com o intuito de conhecê-lo, revivê-lo e restaurá-lo, por outro abre-se para o futuro, para empreender a "colonização do porvir". A nossa natureza ao mesmo tempo livre e determinada, suscetível de ser modelada pela nossa vontade e sujeita aos vínculos das férreas leis da natureza, estampa-se nitidamente nesse dualismo de que nos fala Romero. O que existe de história e passado em nós é o dado constante, é o ser com o qual devemos contar e conhecer, a lei de nossa natureza determinada; mas por outro lado, Janus olha para o porvir, para o indeterminado que devemos e podemos plasmar.

PARTE II

EXEGESE DA AÇÃO*

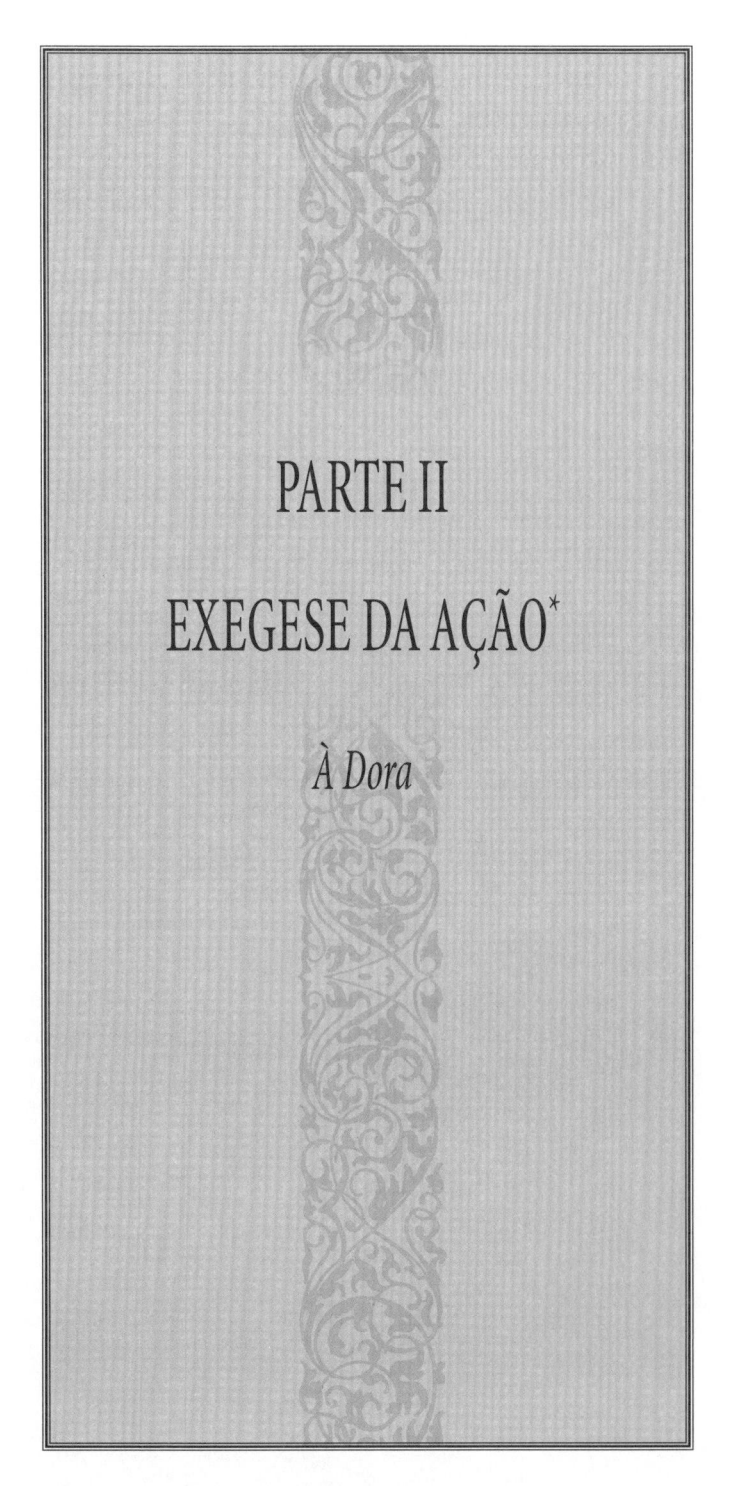

À Dora

---

* O livro *Exegese da ação* foi publicado em São Paulo, em 1949, em edição da Livraria Martins Editora S/A. (N. O.)

Uma interpretação do sensível

A sensação foi sempre algo de incômodo para o pensamento, como elemento incorrigível e noturno da mente. Mesmo a filosofia sensualista que pretendia inspirar-se unicamente nas notas sensíveis, o que realmente fazia era ultrapassar prontamente a sensação na percepção, daí construindo os outros momentos da razão. A sorte do processo sensorial foi sempre a de subordinar-se e absorver-se nos processos noéticos superiores ou a de ser eliminado em dialéticas de separação do tipo platônico. De qualquer forma, seja pela sua integração em estratos superiores do conhecimento, seja pela expulsão do saber fundado, a sensação foi raramente objeto de uma vontade radical de esclarecimento.

Nas filosofias de tipo eidético-platônico, uma aproximação filosófica do sensível não podia ser proposta a não ser sob a forma de alusões míticas. O devir sensível, confundindo-se com o não-ser, com a privação infinita, com a matriz passível de todas as formas própria, escapava a qualquer categoria do conhecimento.

Encontramos, por outro lado, nas filosofias que não implicam uma separação entre o sensível e o eidético, mas supõem uma permanente elaboração de um pelo outro, a mesma impaciência no concernente à interpretação do sensível enquanto tal e uma decidida relutância na franca abertura do problema. Assim, Kant, depois de dizer, no limiar da *Crítica da razão pura*, que os objetos nos são dados somente através da sensibilidade, e depois de denominar "matéria" aquilo que corresponde à sensação na apreensão dos objetos, passa imediatamente ao estudo dos processos que ordenam e estratificam o diverso sensorial, dentro de certas formas da razão. Dessa maneira, a estética transcendental torna-se o estudo, não do mundo da sensibilidade, mas de seus princípios *a priori*: o espaço e o tempo. Desde o início, Kant ultrapassa o campo da experiência imediata, cingindo-se à investigação das condições de possibilidades dessa experiência.

Em nossos dias, deparamos com uma atitude análoga na fenomenologia de Husserl, encontrando o mesmo descaso no que se refere ao fundo hilético da consciência. Husserl, após afirmar que a corrente da consciência possui dois estratos, um material ou hilético e outro noético, observa que os problemas funcionais ou noéticos são mais importantes para a fenomenologia, pois determinam o domínio objetivo da consciência. "Eles [os problemas funcionais] dizem respeito à maneira segundo a qual, por exemplo, em relação à natureza, a *nóesis*, animando e apreendendo o material em multiplicidades unitárias, em sínteses contínuas, traz ao ser a consciência de algo, de forma que através dessa atividade se constitui a unidade objetiva do campo dos objetos...".

Husserl mantém em suas investigações o tradicional dualismo entre o momento sensorial e o momento intencional da consciência, entre a parte receptiva e a parte formativa na constituição da objetividade. Como já foi fartamente observado, o idealismo husserliano é, em essência, um intelectualismo propenso a reduzir todos os modos de ser ao modo de ser do representado, do conhecido. Como veremos subsequentemente, essa característica da fenomenologia impediu uma compreensão adequada da componente sensorial da nossa experiência.

Há algo anterior ao conhecimento, que esse não pode compreender. O diverso sensorial, em sua originalidade, não se apresenta como um momento cognitivo, como uma notícia ou informação sobre algo – em que, sem dúvida, depois se transforma

– mas tem mais afinidade e analogia com os processos volitivos, com o desejo, o apetite e a aspiração. Para compreender a relação entre o momento sensorial e a capacidade volitiva podemos nos reportar a Benedetto Croce que nos diz, em sua *Filosofia da prática*, ser o homem um microcosmo de volições no qual se reflete todo o cosmo e contra o qual ele reage, "querendo" em todas as direções. Essas palavras poderiam fazer surgir a suspeita de que esse cosmo "querido", e querido em todas as direções, nada mais seria do que o relevo externo, o negativo, a projeção exterior deste âmbito do querer, que é o nosso eu passional.

Se no recinto das estruturas noético-noemáticas não encontramos um luar para o mundo sensorial, para uma derivação e explicação de sua origem transcendental, e devemos continuar a considerá-lo como um dado inexplicável e uma presença incômoda, isso nos leva a supor que a redução intelectualista do *cogito* é insuficiente para fundamentar a totalidade da vida da consciência. Há algo irredutível aos problemas próprios da consciência noética. O primeiro encontro com a esfera sensível não se realiza, como pensou Hegel, como "certeza" sensível, como saber do imediato ou do existente, logo ultrapassado pelo próprio movimento de determinação desse sensível. Partindo do sensível, como saber do sensível, muito longe de relacioná-lo com o seu fundamento, de procurar uma interpretação de seu sentido último, imediatamente o abandonamos por outras formas da consciência.

Todas essas concepções da componente sensorial da realidade a concebem como um "dado", como algo que não é o resultado de uma produção interior da consciência, mas que a consciência encontra como sendo outra coisa, diversa dela mesma. As sínteses perceptivas e unificadoras da consciência, que desenvolvem ao redor de nós o orbe objetivo, elaboram suas produções com um material cuja origem e sentido cai fora de seu campo de elucidação.

Essa irredutibilidade do mundo sensorial à vontade de elucidação filosófica encontrou em Fichte o seu primeiro e grande opositor. Em Fichte desponta pela primeira vez a ideia de uma possível relação do em-si do momento sensorial com o próprio mecanismo da consciência absoluta, com a esfera do por-si. O eu, como realidade cerrada em sua própria atividade, deveria produzir o mundo de seus próprios limites e em primeiro lugar o mundo do limite sensorial. Não vamos reproduzir aqui os passos da dedução fichteana do "não-eu" porque o que nos interessa é a ideia central e não o formalismo dialético empregado.

Quando descartamos todas as concepções adventícias sobre o mundo sensorial e procuramos nos voltar para a experiência originalíssima e imediata em que ele se nos dá, notamos que a alteridade da sensação é posta pela própria consciência. Descobre-se-nos, então, um cenário sensorial, porque existe em nós um "ir a", um movimento, um transcender hilético cujo resultado é o desvendar-se da própria sensação. A sensação é a "coisa" produzida por esse transcender, sem que tenhamos consciência desse transcender, mas unicamente da sensação como resultado. Nessa linha de pensamento afirma Schelling: "Do limite não persiste agora, na consciência, mais do que o vestígio de uma absoluta passividade. Pelo fato de que o Eu, no sentir, não se torna consciente do ato, permanece apenas o resultado". Essa passagem da não-sensação para a sensação pode parecer coisa extravagante e inverossímil. De fato, continuamos a pensar a experiência sensorial, dentro das categorias representativas, como um momento intelectual; no entanto, essa passagem é indevida, pois equivale à passagem do não-fenômeno ao fenômeno. Não é isso, entretanto, que desejamos sugerir com a ideia de um transcender hilético, pois como já afirmamos, não é a partir de um momento intelectual que nos defrontamos com o sistema sensível. Aproximar-nos-emos de uma primeira inteligência da conexão sensorial da consciência se procurarmos entender essa passagem da não-sensação à sensação como falta, carência e desejo em geral. Esse momento excêntrico da privação se confundiria com um constante tender e apetecer como impulsividade original. Não se trata aqui de um apetecer particular, de um desejo disso ou daquilo, mas, se assim podemos falar, da condição de possibilidade de todo apetecer ou desejar. O resultado desse momento excêntrico da impulsividade como traço sensível é a própria sensação. Esse colocar fora de nós mesmos de apetite teria como consequência um mostrar-se da sensorialidade como passividade posta pela atividade do apetecer. O meio sensível seria portanto forma exteriográfica ou projetada da estrutura *a priori* da impulsividade. Denominamos transcendência hilética esse movimento inexaurível em sua fonte, que determina o regime sensorial e se põe como condição de possibilidade de todo nosso desejar particular. Esse ato de transcender manifesta-se como o radicar-se ativo do homem no mundo sensorial, de maneira que esses dois momentos do "radicar-se" e do "transcender" são no fundo um só. As sensações nada mais seriam do que a consciência desse atirar-se, desse escapar que continuamente as institui em sua realidade. Ao colocarmo-nos em dependência (como atividade), apareceria o "de que" dessa dependência, como sensação. O mundo da sensorialidade não cairia do céu, não seria um dado enigmático como pensaram muitos, mas seria uma realidade contraída por essa *gehemmte Aktivität*[1], por essa produção negativa que denominamos o apetecer transcendental. A positividade da realidade sensorial seria uma contínua exposição (um pôr-fora) da negatividade, da atividade impulsiva, cada uma se fortificando e se constituindo às expensas da outra. Diz Novalis: *Jene Verstärkung fremder Kraft durch Aufhebung seiner eignen ist Anziehung. Je mehr Negation des einen, desto mehr Position des andern.* (Cada consolidação de uma força estranha através da própria supressão constitui uma atração. Quanto mais uma se nega mais a outra se confirma.) E em outra passagem: *Das aktive is nur soweit aktiv, als es affiziert ist, soweit affiziert, als es aktiv ist.* (O ativo é unicamente ativo na medida em que é afetado e é afetado na medida em que é ativo.)

Ao falarmos numa impulsividade fundamental, referimo-nos, evidentemente, não a uma tendência ou impulso circunscrito, já em dependência de um objeto de atração particular, mas à função *a priori* da apetecibilidade que abre campo às tendências particulares. O desejo particular é possível porque já está posto

---

[1] "Atividade inibida".

todo um campo de forças atrativas e criado um teatro próprio da atuação do desejo. Como vimos, entretanto, essas forças atrativas são continuamente suscitadas pelo transcender hilético do sujeito. A substantividade do mundo sensorial, a sua solidez e inapelável realidade é uma substantividade e solidez outorgada, é o resultado de sua contínua produção em nosso ânimo. A contínua tensão passional do nosso eu suscita a profusão sensorial e nos imerge em seu meio indefinido. Quanto mais irresistível for essa tensão, quanto mais "terrestre" for a nossa impulsividade, mais realidade cobra a dimensão sensorial da existência. Sentindo esse transcender como passividade, como um ser determinado e não como um determinar, o sistema sensorial surge como um sistema de "limites", como a limitação original do homem. Sentimo-nos perdidos na sensorialidade sem ter consciência de nossa conivência original. Essa limitação sensorial só se patenteia como limitante, como bem notou Schelling, para um tender que vai além desse tender apetitivo. "O Eu, portanto, não é sensível se não existe nele uma atividade que ultrapassa o limite. Devido a essa atividade, o Eu deve, para ser sensível a si mesmo, acolher em si (o ideal) o estranho; mas tal elemento estranho está, por sua vez, no Eu, é a atividade subtraída ao Eu."

A primeira onda de transcendência só é sentida como resistência, limite e oposição em relação às outras ondas sucessivas, que a vão incorporando ao seu próprio movimento de superação. O poder limitante das sensações só se denuncia ao poder ilimitado que o envolve e ultrapassa.

A componente hilética da consciência se manifesta como um puro dado, isto é, como algo alheio ao produzir interno da consciência unicamente à consciência noética e às formas de transcendência ulteriores. Com efeito, é impossível reduzir o extrato sensorial a qualquer função meramente teorética ou representativa, pois a sensação não se origina como representação, mas sim como resultado da impulsividade original. É com o material fornecido por essa primeira posição da consciência que a função representativa vai elaborar a sua esfera própria de determinações.

Prelúdio de metamorfoses

No passado, há muito tempo, uma força de alteração e emascaramento perpassava céus e terra, tudo se revestindo de uma existência frágil e submissa diante da magia das fadas, gnomos e poderes arcanos. Nesse ambiente de lenda a atmosfera parecia sulcada por sortilégios que transformavam vertiginosamente a fisionomia das coisas, mudando príncipes em feras e feras em amáveis aparências. Foi nesse cenário de sonho que recebemos pela primeira vez, quando crianças, a lição de que as coisas podem ser de outra forma do que aquela na qual se manifestam e de que podem se manifestar de outra forma do que aquela na qual se apresentam.

Esses fatos são deslocados, nas histórias de fadas, para um longíquo passado. Essa referência ao passado é entretanto inoperante para a criança, pois o seu poder de fabulação e o seu pouco contato com o que nós, adultos, denominamos "realidade", a faz sentir como possível aquilo que consideramos fictício.

Reconheçamos que existe uma profunda verdade nas páginas dos contos de fadas sob a forma de uma linguagem cifrada de insondáveis perspectivas. Essa linguagem é a primeira aproximação do eterno diálogo entre a aparência e o ser. Ingressando nesse mundo encantado não sabemos se naquela árvore habita realmente a alma de um príncipe, se ali, naquele castelo e sob a sua aparência, não se abre um pavoroso labirinto e, em geral, se por detrás de cada coisa não existe outra, pronta a nos favorecer ou a nos perder. Essa é a verdade imperecível contida nessas obras de beleza que no alvorecer da vida nos põem pela primeira vez diante desse caráter esquivo e desorientador da existência, dessa eterna transcendência da verdade. O que nos envolve imediatamente, o mundo que se inscreve em nossa percepção pode esconder e não "mostrar" o que está por detrás dele. Não podendo mais nos abandonar às coisas, já que podem ser enganosas e falazes, como saber o que somos e onde estamos? Nós mesmos podemos ter sido vítimas de algum encantamento e andamos assim revestidos de uma forma que não é original e primitiva. O gênio mau de que nos falava Descartes, aquele ser "não menos trapaceiro que poderoso", é uma encarnação desse poder alucinatório que nos faz ver "o céu, o ar, a terra, as cores, as figuras, os sons e as demais coisas exteriores, onde possivelmente não existe nada, criando armadilhas à nossa credulidade". O conto de fadas é uma transposição no plano imaginativo das possibilidades de alteração e pseudomorfose de nossa existência.

Se desde cedo esse fenômeno da dissimulação das coisas comove a nossa imaginação é porque alude a uma certeza radicada profundamente em nosso espírito, a saber, que um mundo subterrâneo e imprevisível espreita sempre sob a superfície do habitual, com súbitas e aterradoras irrupções. A heteromorfose é em geral a atualização de uma série de momentos incluídos numa coisa, com a consequente plurificação de sua maneira de ser. É o sentimento da multiplicidade, latente em tudo. Os limites entre as coisas não são, nessa perspectiva, infranqueáveis, estando elas umas nas outras e podendo surgir umas das outras quando um poder superior rompe a harmonia limitante. A monstruosidade é um caso dessa ruptura da unidade informante como hierarquia de possibilidades. Uma dimensão particular, uma paixão, um órgão, uma parte, um sistema, um setor subordinado da atividade se ampliam desmesuradamente, crescendo e absorvendo o todo. Esse é o fenômeno da heteromorfose do todo na parte.

A mentalidade pré-racional não admite nem supõe, entretanto, um contorno essencial que especifique as virtualidades latentes e infranqueáveis dos objetos; para essa mentalidade tudo pode se transformar em tudo, a heteromorfose sendo arbitrária e cósmica. A monstruosidade não é entretanto para nós arbitrária, sendo o desenvolvimento de uma virtualidade em prejuízo do todo. Os antigos entretanto não explicavam as ocorrências teratológicas por conceitos naturais, mas por heteromorfoses que implicavam a presença de forças maléficas. Assim como Circe transformava seus amantes em porcos, o demônio é quem transformava a eurritmia dos objetos.

Esse mundo fantasmagórico de metamorfoses e transmutações continha em si, como dissemos acima, um grande fundo de verdade, revelando em forma imaginativa um comportamento real da existência. São Paulo já dissera que o homem é monstro, metade fera metade anjo, ser ambíguo e de metamorfoses. A sensibilidade do poeta, alerta para as conexões mais profundas, sempre procurou transfigurar o real, substituindo o sortimento de imagens imediatas por outro mundo de figuras e de corpos.

O que há de abismal em nossa realidade é que não temos uma forma de ser e que os nossos limites se nos apresentam mais como convite e proposição a superá-los do que como advertência e respeito à sua lei. Essa vontade de superação se manifesta tanto no caminho que sobe como no caminho que desce, isto é, tanto como transcendência como transdescendência.

Afirma Kierkegaard que o homem é o ser heterogêneo por excelência, além de todo o gênero, não podendo ser compreendido a partir dos gêneros, das classes e das espécies. É seu destino e sua impotência entretanto alienar-se e confundir-se com o gênero, perder-se no baile de máscaras das coisas e não saber mais encontrar-se a si mesmo. Podendo olvidar a sua identidade fundamental, a existência pode ser tomada pelo que não é, perdendo-se num mundo de ilusões e encantamentos.

Essa alienação, esse estranhamento a si mesmo não deve ser confundido com o estranhamento de que nos fala Hegel, momento necessário à realização do homem na vida cultural. Passagem pela objetividade, o ser fora de si é uma etapa no desenvolvimento das possibilidades do eu. Sem a linguagem, que Hegel considera como a "efetividade do estranhamento ou da cultura", o eu não poderia existir para os outros, não poderia enunciar a sua intimidade e, portanto, não poderia ser nem para si mesmo um eu expressado e compreendido. A singularidade da nossa vida pessoal pode evolar-se nos quadros universais da linguagem, perder-se na ambiguidade e na abstração dos termos; entretanto a objetividade do sistema linguístico continua a ser o expediente por excelência de nossa humanização. A transcendência da linguagem em relação ao natural é, para nós, o instrumento de construção do mundo humano.

Idênticas considerações poderiam ser feitas em relação ao papel do trabalho na existência do homem. A conformação do mundo às nossas necessidades, pelo trabalho, é uma forma de nosso comportamento que pode nos expor a um sistema de múltiplas alienações; a imagem do mundo conformada pelo trabalho pode dominar o projeto de utilização, o trabalhador vindo a ofuscar o homem que se esconde em suas vestes. Apesar dessa possibilidade de alienação, constitui o *homo faber* um dos aspectos necessários da consciência que se realiza.

O homem como excedente a todas as coisas, como *Unnatur*, como ser heterogêneo, ao se transcrever em termos de natureza, economia, política etc., separa-se de si mesmo e de sua liberdade e se toma por uma de suas possibilidades. A parte esmaga ontologicamente o todo, fenômeno que apontamos como expressão da monstruosidade. O mais grave é que essas realidades nas quais a existência humana se modula, sendo de índole objetiva e necessária, imprimem ao seu destino uma nota de necessidade e alienação. A fascinação do objeto transforma o homem num ser mudo e encantado que vive sem ter acordo de si. Há toda uma história das sucessivas mimeses, dos sucessivos encantamentos do homem, em que esse se vê enclausurado em múltiplas alterações e heteromorfoses, ou melhor, como "estar-aí", como objetividade, alteração e estranhamento. Encontramos diante de nós o mundo impugnável e duvidoso que remete sempre a uma verdade transcendente. Mas esse encontrar-se com um mundo dado determina um sem-número de ilusões, sugerindo a suspeita de que o que existe é qualquer coisa de dado e de presente e não qualquer coisa que chega a ser, superando o dado. O dado é "o material do nosso dever", o que existe unicamente para ser transcendido, o informe que espera uma forma. Não é isso, entretanto, o que pensa o homem na ingenuidade de sua existência imediata, vítima da alienação na objetividade. O eu, depois de escolher um cenário de desenvolvimento, passa a ser função e parte desse mundo criado e a se compreender a partir desse complexo de objetividades. A alienação, o encantamento, o ser fora de si da existência não é um fato acidental e provisório, mas uma determinação de nossas coordenadas existenciais. Não é menos verdade, por outro lado, que uma vida é tanto mais poderosa quanto mais sabe libertar-se dessas insídias e encantamentos da floresta e desenvolver-se em sua identidade original.

O CONCEITO DA ARTE NA FILOSOFIA ATUAL

Aspirar por uma elucidação teórica do fenômeno estético, por um conceito filosófico da arte, não significa de maneira alguma limitar o campo de jogo da imaginação criadora, fixando cânones, regras e preconceitos estéticos que venham depois tolher o impulso próprio da arte. Uma verdadeira compreensão da arte como fazer humano é somente aquela que liberte ainda mais o homem para a beleza, que o ponha em condições de ser mais artista, de sentir, ver e encarnar de forma mais profunda os valores próprios da beleza. Essa dilatação da consciência humana é uma das funções primeiras da obra artística. O que pretendemos, pois, não é estabelecer um conceito abstrato de beleza, um "ideal" que se deva inscrever em obrar particulares, mas unicamente iluminar por dentro o processo libertador do fato artístico. Uma consciência desse tipo é a única que realmente atinge o momento original donde promanam todas as obras e gestos do orbe estético, é o único olhar que alcança a mecânica secreta da representação imaginativa.

Distinguimos em nosso ânimo duas atitudes principais, duas condutas da consciência que se completam reciprocamente: a atitude espontânea, empolgada na concretização de algo, esquecida em sua tarefa de objetivação, nem sempre tem uma noção exata de seu peculiar proceder. Nessa atitude o artista como que em estado mediúnico segue um itinerário que ele mesmo desconhece. Já na atitude reflexiva, o artista, consciente de seus fins e dos procedimentos conducentes a eles, tem a plena inteligência de suas possibilidades. Tanto numa como noutra dessas atitudes, o entusiasmo imediato da ação criadora ou a inteligência mediata e filosófica desse proceder são necessários para o desenvolvimento de nossos propósitos estéticos. Essa afirmação pode ser estendida à cultura em geral, entendida apenas como espontaneidade. Isto é, como um crescimento surdo e contínuo de obras, técnicas, maneiras de vida etc., em nada distinguiria de uma inconsciente proliferação vegetal. A história demonstra-nos, pelo contrário, que os homens além de criar, construir e realizar seus objetivos, sempre estiveram atentos e empenhados em esclarecer e meditar sobre a essência de seu proceder. Afirma-se muitas vezes que a luz do entendimento vela a imagem sensível da intuição artística, que a consciência debilita a paixão e o conhecimento estiola a vida. Essa asserção parece-nos válida se a entendermos no sentido de que certas posições do entendimento, certas filosofias por serem de sinal contrário ao da vida acabam por entorpecer a sua produtividade interna. Entretanto, não aceitamos essa tese em sua generalidade, pois desconhece outras filosofias e maneiras de ver que se instituem como verdadeiro apelo e sugestão à vida criadora. Dessas filosofias trataremos, cabendo ao existencialismo um lugar de destaque, sendo como é, uma filosofia da ação criadora.

Uma filosofia que não dê espaço e legitimidade ao processo estético, que não o considere uma operação fundamental do homem, nunca atinará com sua função essencial. Se restringirmos, como pretendeu o pensamento científico-natural e o positivismo, a noção de verdade e de experiência ao campo dos objetos naturais e de suas leis, ao mundo dado exteriormente, nunca poderemos, partindo daí, compreender o sentido vetorial da arte, que é uma imposição do sujeito sobre o objeto, uma superação do dado. Se começarmos por identificar as possibilidades humanas com as determinações do homem biofísico, não saberemos como inscrever a necessidade estética dentro do sistema de necessidades do homem imediato. Eis por que o positivismo afirmou que o homem faz arte por não poder descarregar de outro modo, dentro do quadro das inibições sociais, certos excedentes de energias representadas, que acabariam perturbando seu equilíbrio funcional. Essa é a hipótese da arte como sublimação ou *transfer* de instintos e impulsos, como satisfação alucinatória e fictícia de um comportamento biofísico. A representação artística somar-se-ia à representação perceptiva, como um adendo que permitisse estender o mundo de prazeres e satisfações do homem natural. Uma conclusão imediata dessa doutrina é que se por uma modificação da sociedade, por um desafogo real, fosse facultada à nossa espécie uma superação dos conflitos e dramas da existência individual e coletiva, a arte como função substitutiva e derivada deixaria de existir. Não foram poucos os filósofos que transviados por essa concepção naturalista do homem, por essa ficção do *homo natura*, profetizaram, com o advento da plena pacificação dos conflitos humanos, a extinção do fenômeno artístico. Nessa hipótese, a imaginação tendo-se identificado com o ser, o mundo ideal com o mundo real, a arte, com todo o seu séquito de realidades mitológicas e fictícias, passaria a ser encarada como o diário íntimo de uma humanidade ainda adolescente e sonhadora. Não é difícil perceber onde reside o ponto contestável do *homo natura* e de todas as teorias científico-naturais da arte, da cultura e da história. A crítica dessa cosmovisão naturalística constitui um grande capítulo da filosofia contemporânea, plenamente endossado e desenvolvido pelo pensamento existencialista.

O naturalismo descreve o homem como uma entidade plenamente definida, individualizada e circunscrita em sua natureza, como uma coisa natural, um ser representável espacial e objetivamente e cujo núcleo precede e determina as sua manifestações e comportamentos. Segundo essa visão, o homem não é pois uma criação de si mesmo, não se constitui em seu agir, não se dota de forma, mas sua forma, seu ser, sua natureza estão à base de seus comportamentos posteriores. Para o modo de ver científico-natural que costuma ver tudo no espaço, que tudo fixa e corporaliza, o homem tem uma essência dada, que se pode manifestar ou não manifestar, mas que em todo o caso independente dessas próprias manifestações. Nessa ordem de ideias, o que o homem faz (e aqui devemos incluir todo o mundo das formações culturais), é uma decorrência de possibilidades inscritas em sua natureza e não de possibilidades livremente traçadas pelo seu eu. Em particular no campo da arte, o objeto artístico é uma satisfação refinada e elaborada de um repertório de instintos já dados, um reflexo da natureza fixa do homem, que não o leva além de si mesmo. A arte é outra forma de satisfazer as mesmas apetências, uma reafirmação do homem natural. O homem é uma forma que se repete indefinidamente, que não pode acrescentar nada ao seu ser determinado. É evidente que numa tal concepção das coisas a estesia não abre ao homem nenhuma liberdade nova fora do campo das possibilidades biofísicas, não conseguindo inserção profunda como um modo de ser fundamental do homem, como um desempenho metafísico da existência.

Vejamos agora rapidamente a concepção que a filosofia hodierna tem do homem e, dentro dessa concepção, qual o sentido que é conferido à sensibilidade artística. O axioma capital da meditação filosófica de nossos dias repousa na afirmação paradoxal à primeira vista de que o homem não tem ser, é *une manque d' être*, nas palavras de Sartre, uma carência de ser. Procuremos tornar tangível essa afirmação abstrata e desconcertante. Através da história a consciência nem sempre se pensou a si mesma e ao mundo de forma idêntica, nem sempre interpretou igualmente as coisas que se lhe ofereciam. Portanto, as representações, ideias e sentimentos que o homem sustentou sobre sua realidade e a do mundo variaram com o perpassar das épocas. Essa é uma asserção que foi exaustivamente demonstrada pelo historicismo e pela sociologia do conhecimento. Como disse Nietzsche, "o mundo tornou-se novamente infinito para nós: no sentido de que não podemos afastar a possibilidade de que ele é suscetível de um número infinito de interpretações".

Essa variação histórica das imagens do mundo, das figuras do ser, esse perspectivismo cultural, é uma das componentes do pensamento existencial. Se identificarmos o homem com o que ele pensou de si e do mundo num dado momento histórico, estaremos ameaçados, por causa desse fluidismo histórico, de vê-lo perder toda a consistência de verdade. O homem não se identifica com nenhuma determinação particular que propõe à sua consciência, não é nenhuma forma fixa ou ser determinado, mas sim e fundamentalmente a operação de dar-se ser, de traçar uma forma, de propor-se historicamente um projeto de vida. É o que nos diz Max Scheler em seu livro *O lugar do homem no cosmo*: "O homem é o ser superior a si mesmo e ao mundo". Como ato de dar-se forma é a existência uma realidade artística por excelência, pois assim como a obra de arte não preexiste ao ato de criação, mas é fundada por ele, assim o homem é plasmado em seu ser pela livre proposição de seu próprio esquema de vida. A dimensão peculiar do homem não é a espacialidade, ou a natureza, como pensava o positivismo, mas o tempo e a historicidade em que constrói sua morada no ser. Como vemos, a inquietude criadora não é pensada no existencialismo como uma qualidade adventícia e intermitente do nosso regime existencial. Pelo contrário, é o seu próprio movimento de atualização. É o que nos diz Berdiaeff: "O homem é um ser que se supera e supera o mundo e é nisso que consiste sua dignidade. O poder criador da arte, como todo poder criador é uma vitória sobre a vida dada, determinada, concreta, uma vitória sobre o mundo". O sujeito humano não contando com um modelo prévio de existência, com um dado, não tem outro recurso senão transcender imaginativamente para o seu poder ser. É justamente mediante seus próprios produtos, através de suas obras, que o homem vem a ser o que é, conferindo a si mesmo uma determinada consistência ontológica. "Considerando-se como uma criação de suas próprias obras – diz Schlegel – o espírito humano quer também rodear-se de um mundo criado por ele e somente as artes podem produzir esse mundo imaginário". A obra humana por excelência, a que condiciona todos os outros momentos morfogenéticos da arte é a linguagem – a palavra. A palavra é o elemento de mediação que nos põe numa realidade revelada e inteligível, numa órbita de possibilidades humanas. Negando e transcendendo a fermentação incoerente dos existentes nos quadros simbólicos de um sistema de significados, o homem ingressa na dimensão histórica. "A superação humana do sensível – diz Grassi – dá-se na palavra. O novo fenômeno da palavra transforma e eleva o mundo dos sentidos; por outro lado, a palavra é suscetível de despertar e satisfazer as paixões dos sentidos". A valorização demiúrgica da palavra aparece em Heidegger, particularmente em sua conferência intitulada *Hölderlin e a essência da poesia* e em seu último trabalho, *Carta sobre o humanismo*[1]. Nesta última diz Heidegger: "O homem não é um ser que além de outras faculdades possua também a da palavra. Pelo contrário, é a palavra morada do ser, e aí morando, abrigado, o homem existe na verdade do ser". O dizer da palavra não é um dizer sobre um ser já constituído, mas a constituição do ser na palavra criadora. Como vemos, esse dizer a que se refere Heidegger não é a palavra de todos os dias, o discurso da quotidianidade, desligado de qualquer conexão com as fontes da realidade. É, como veremos, a palavra poética, o mito, a Linguagem original (*Ursprache*), que cerne um paradigma de ser sobre nossa consciência. Lembremo-nos de que para o existencialismo a existência precede a essência, a forma, o ser, e é em seu movimento profundo um dar-se forma, essência, ser. Pois bem, essa doação de ser é, para Heidegger, um feito da palavra, e particularmente da palavra mitopoética. Assim é, diz Heidegger, que "a poesia não é um simples entusiasmo passageiro. A poesia é o fundamento que suporta a História." E noutro lugar: "O poeta nomeia os deuses e nomeia todas as coisas, naquilo que são. Essa nominação, porém, não consiste em dotar simplesmente de um

---

[1] Mais precisamente, dir-se-ia *seu trabalho mais recente*. A *Carta sobre o humanismo* é endereçada por Heidegger a Jean Beaufret e foi impressa em 1947. Dois anos, portanto, antes da publicação de *Exegese da ação*. (N. O.)

nome uma coisa que anteriormente fosse já bem conhecida; mas o poeta, *dizendo* a palavra essencial, é somente então que o existente se encontra por essa nominação nomeado àquilo que é e assim conhecido como existente. A poesia é a fundação do ser pela palavra". Vemos como se manifesta nessas linhas o sentido órfico da poesia, ilustração de um fato metafísico.

Podemos traduzir em outra escala esses mesmos conceitos, relacionando esse tema da função demiúrgica da poesia com o problema da intuição dos valores determinantes de uma cultura e de sua origem. Como sabemos, a fixação de uma tábua de valores provoca e condiciona toda uma representação das coisas e da vida, como também o doloroso esforço histórico da efetivação desses valores. É assim que podemos indiferentemente falar dos valores do mundo cristão ou da intuição cristã da vida.

Na origem de todo o conjunto de eventos humanos, condicionando o seu peculiar sentimento das coisas e da vida, encontramos sempre o fenômeno da consciência mítica como totalidade dramática e representativa. A imagem poética original, o verbo mítico é que organizam e ordenam em profundidade as circunstâncias particulares, revestindo as coisas de um significado inconfundível e distribuindo-as ao longo de uma linha de desenvolvimento. Através da linguagem mítica tomamos consciência de nossas próprias possibilidades e vemos descortinar-se diante de nós o cenário de um destino. A lenda original é a exposição de nossa própria história, a imagem em *raccourci* de nossos máximos movimentos. É o que já havia sentido Nietzsche ao dizer: "Esgotando seu mito perde cada cultura a sua estuante força criadora, unificando-se a totalidade de um movimento cultural". O mito é em sua essência uma forma da imaginação poética; a sua força de verdade, a sua alusão noética é a mesma que podemos encontrar na paisagem do astro artístico.

Não é difícil compreender o sentido extraordinário conferido à palavra poética e, portanto, à arte, no círculo do pensamento existencialista: a função demiúrgica e sacral do poeta volta a ser compreendida outra vez no seu mais autêntico sentido. Se, como já assinalamos, o homem não tem outro recurso senão o de inventar a sua forma de ser, se, como afirmou Ortega y Gasset, a vida é uma faina poética, uma autoconstrução de si mesma, a poesia, como fazer criador por excelência, adquire uma dignidade superior no complexo das faculdades humanas. Viver não é reproduzir algo, mas propor-se algo. Esse lançar-se criador é uma forma da doação artística que propõe ao nosso espírito um campo de devoção e de atuação insubstituíveis. O nosso porvir é uma conquista dessa livre doação poética.

O que distingue a palavra poética da linguagem comum e utilitária é que aquela não tem um papel impositivo ou coativo, não é uma palavra que cerceia e limita os nossos horizontes, mas sim um verbo distensivo e libertador, uma franquia para a transcendência. O que vem fundado pelo verbo poético não é uma objetividade fixa, um mundo do ser morto, mas a imagem fluída e discursiva de nossa própria vida. A linguagem poética supera e destrói a incidentabilidade das relações prosaicas, põe entre parêntesis a proximidade da vida banal, propondo-nos a celebração de novos horizontes. A densidade própria dessa linguagem criadora instaura um novo rito que nos emancipa do domínio das situações impositivas. Schopenhauer já atribuía à arte essa função. Ao seu influxo mágico sentir-nos-íamos provisoriamente salvos da escravidão das nossas paixões e de sua objetividade determinante, a nossa vida adquirindo um fluir rápido e desimpedido. *Dans la mesure où il crée*, diz Jeanne Hersch, *l'artiste est actif, donc joyeux. Ce qui ne signifie pas nécessairement que la joie créatrice le délivre de la douleur humaine infligée dans la vie pratique; mais sur le plan où el existe comme créateur, la créatrice supplante aussi la joie passive devant l'émerveillement devant la nature*[2].

---

[2] "Na medida em que cria", diz Jeanne Hersch, "o artista é ativo e, pois, alegre. O que não significa necessariamente que a alegria criativa o livre da dor humana que a vida prática inflige; mas no plano em que existe como criador, a criação suplanta inclusive a alegria passiva do maravilhamento diante da natureza."

Procuremos agora caracterizar melhor o tipo do dizer próprio do artista. Como vimos, o verbo poético não é uma etiqueta colocada sobre uma coisa, não é a linguagem sobre um ser já constituído, mas um som órfico que abre espaços ao nosso coração. A arte não faz pesar sobre nós uma necessidade, não é uma forma exterior, mas somos nós que nos transformamos em necessidade, em forma, som, cor, palavras, exterioridade. O exteriorizar-se do impulso artístico supõe uma vitória sobre o realmente exterior, pois é o interior que se transforma em exterior. Esse conceito da realidade estética contradiz qualquer teoria reprodutiva do fenômeno artístico e nos põe de sobreaviso em relação a todas as doutrinas que não frisam suficientemente o sentido produtivo e livre da objetivação estética. O objeto artístico é um objeto emergente, um objeto humano e toda a estesia manifesta-se como uma relação e um diálogo em curso na experiência humana.

Para obviar a dificuldade implícita na ideia de que o artista pudesse ser o revelador de uma beleza já contida nas coisas, uma espécie de ácido que, diluindo a fuligem depositada em sua efígie, lhe permitisse recobrar o seu valor original e objetivo, detenhamo-nos um momento na consideração desse ponto. O artista pode de fato sentir-se chamado pelas coisas como se elas estivessem aguardando há muito tempo a sua presença para recobrar a sua plenitude original. A verdade dessa experiência não depõe a favor de uma mera função reveladora do pensamento artístico, da consideração do artista como existência intermediária, pois é só através da palavra poética que surge uma dimensão transfinita das coisas. Não podemos transferir à objetividade pragmática do real um sentido que só surge pela transcendência estética. O ato da transcendência estética é que faz surgir a ilimitação da existência emancipada da linguagem coercitiva. É o que nos diz Paul Häberlin em seu livro *Das Wesen Der Philosophie:* "No objeto estético liberta-se o sentido para a plenitude, emancipando o homem da escravidão da praxis. A obra estética é circunstância feliz da eclosão do homem para o ser da existência. A experiência estética dissolve o objeto, ilumina-o, torna-o transparente". O ser suscitado pela arte não é o ser indiferente e agrilhoado da palavra amorfa, mas a possibilidade triunfante e total da coisa em sua infinitude original. O que a palavra poética supera realmente é uma outra palavra, a palavra carente e decaída da quotidianidade. Nessa dialética entre o menos e o mais da palavra gira todo o mistério da existência artística. Na experiência estética, a totalidade das coisas é como que potenciada e ampliada em todas as suas dimensões e é essa sua capacidade que fazia dizer Novalis ser a "arte a saúde transcendental".

Nesse movimento próprio da alma do artista, que transcende as formas da realidade corrente em direções ditadas pela fantasia, Dilthey colocou o centro de gravidade da psicologia do homem criador. "O poeta se distingue, finalmente, pelo fato de que nele as imagens e suas combinações se desenvolvem, livres, além das fronteiras do real. Cria situações, figuras e destinos que excedem a realidade".

Essas ideias nos remetem finalmente para o problema das relações entre o comportamento usual e o comportamento estético ou criador. Se o mundo de nossas preocupações quotidianas é um campo de atuação franqueado também pelos valores descobertos na visão poética, isto é, determinado em seu teor e *desideratum* pelas formações míticas, esse sentido superior se acha, por conseguinte, diluído nele, mas sem atualidade. A beleza não é a constante deste mundo, mas uma interrupção de sua transitividade. De fato, no mundo corrente nada tem valor em si mesmo, mas tudo serve para algo, num encadeamento sem fim. A forma de objetividade que define essa esfera da atuação prática não nos oferece nenhum respiro, nenhuma experiência tem um valor em si. Se a atuação prática e industrial fosse a única existente, então, como acentua Häberlin, não conheceríamos outros sentimentos além da preocupação, do esforço, da inquietação e da dilatação. Porém, o certo é que conhecemos outros momentos em que nossa alma é presa de plenitude e satisfação, que atestam uma realidade mais profunda do que a primeira.

Se a realidade de todos os dias é experimentada como uma forma implacável e impositiva onde não tem jogo a nossa liberdade, se nela nos sentimos enclausurados, a realidade estética é pelo contrário, em sua essência mesma, emancipação, liberdade. Nela, não sofremos o objeto; formamos e damos ser ao objeto. Se falamos, no entanto, num estado de possessão ou arrebatamento criador, numa espécie de condenação artística, essas palavras não indicam uma forma de constrangimento em sua acepção negativa, uma não-liberdade, mas sim o impulso irresistível para a liberdade criadora. A energia da força poética pode em certos casos ser sentida como um poder maior do que o homem, como um imperativo que o transcende e arrebata, como uma vertigem demoníaca e avassaladora. Esse estado de delírio poético, que desde Platão foi considerado como um traço de gênio artístico, indica simplesmente a plena superação da situação prática e a indisponibilidade para as suas solicitações. O artista é o homem que não sucumbe ao ditado impositivo do mundo próximo e pequeno, mas demonstra a sua vida caudalosa, criando em gestos, formas, palavras, o espaço próprio do seu coração.

A realização genuinamente artística é a vitória sobre a forma dada, na forma criada, é a transfiguração, a metamorfose. A palavra poética destrói o material avulso. É portanto uma negação, uma destruição e um festivo nascimento. Eis por que quem não sente dentro de si a selvagem energia de negar a imagem dada, instaurando em seu lugar a realidade maior do sonho, não é capaz nem de plasmação nem de verdadeira fruição estética. Esse o grande sentido do verso inicial de um dos sonetos órficos de Rilke:

Deseja a metamorfose. Sê, pela chama, exaltado![3]

---

[3] Rainer Maria Rilke, *Sonetos a Orfeu*, 2-12.

A ESTÉTICA DE PLATÃO

Quando consideramos a ciência, a arte, a religião ou a filosofia como diversos círculos da produção cultural do homem, como concreções diferentes do mesmo centro criador, nem sempre nos lembramos de que entre essas diferentes formas do sistema cultural não existe paz ou harmonia e que na maioria das épocas as suas representações não se somam numa declaração unívoca. A visão artística da vida nem sempre concorda com as exigências da vida religiosa e por sua vez os conteúdos e representações que alimentam a fé religiosa são constantemente vulnerados pela seta da reflexão científico-filosófica. Basta lembrar, no primeiro caso, a luta de Savonarola contra o estuante sentido artístico do Renascimento e, no segundo, a eterna contenda entre a razão e a fé. O *globus intelectualis* portanto não se nos apresenta como uma superfície tranquila e estacionária, mas como uma atormentada superfície lunar onde perduram os sinais de inúmeras convulsões e onde todo o equilíbrio é mero compromisso de tensões. Se por um momento, na idade clássica, podemos falar numa religião da beleza ou numa arte religiosa, logo após, com o advento do cristianismo e do islamismo, novamente ressurge uma certa tensão entre o sentimento religioso e as amáveis representações da arte.

Existindo essa mesma oposição entre outros domínios do complexo cultural, podemos estender esse caráter conflitual e dialético a todas as manifestações da cultura.

Se aceitarmos com Hans Freyer a ideia de que "toda a criação é um diálogo entre os homens, um diálogo que usa o expediente, o *detour* do dar forma, do configurar", veremos o cenário histórico como o lugar de um colóquio infinito, como uma tessitura dessa interação ilimitada. Ora, em seu comportamento histórico, os homens podem lançar mão de "dialetos" que não se compõem entre si, de formas de atividades que obedecem a valores diversos, e, como já acentuamos acima, o grande fator da dinâmica histórica é justamente a preponderância alternada desses diferentes sistemas de finalidade. O que pode nos esclarecer acerca do caráter antinômico e litigioso desses diversos produtos da atividade social é, como acentua Cassirer, o fato de que cada uma dessas formas de expressão cultural tem a tendência, na medida em que se desenvolve, não mais de se considerar uma parte do todo cultural, mas de arrogar-se o papel de atividade fundamental e diretora. Croce também vê nesse esforço para o todo, nessa exuberância das formas culturais que tendem a destruir a unidade espiritual da cultura, a origem de todos os desequilíbrios e males sociais. Podendo cada um desses sistemas teológicos oferecer uma inteira concepção da vida e do mundo (concepção científica, econômica, estética, religiosa etc.), tendem, ao se afirmar, a impugnar as representações e formas de atividade dos outros sistemas, com total intolerância em relação às contribuições dos outros setores. Impulsionado por essa ordem de ideias, Hegel, em sua *Estética*, estudando as articulações entre a arte e a religião, anteviu o momento em que a arte, não satisfazendo mais aos reclamos mais íntimos da consciência religiosa, cederia o seu lugar a uma vida religiosa inteiramente purificada do sensível.

Essas considerações são de molde a nos mostrar as condições de exercício e desenvolvimento de cada um dos tempos, existindo épocas mais ou menos favoráveis a cada uma das manifestações da cultura. Outro ponto que queríamos notar é a trágica contraposição da existência histórica que a determinadas realizações culturais opõe sempre o sacrifício de outros valores e princípios supremos; épocas de grandes feitos no terreno filosófico e intelectual podem ser épocas de aflição e decadência político-social; épocas de grande exuberância econômica podem ser assinaladas por uma absoluta esterilidade moral ou religiosa.

Deixemos de lado essas considerações que utilizaremos na conclusão de nosso estudo.

Assim como existem ambientes mais ou menos propícios às vibrações artísticas, existem também sistemas de pensamento ou filosofias que acolhem de maneira diversa em seu seio o fato artístico. Existem filosofias que repelem ou desconhecem a beleza, outras que se alimentam e se fundam em suas intuições ilimitadas. Sabemos o papel eminente que a arte desempenhou no romantismo alemão, a ponto de Schelling considerá-la o órgão de captação do absoluto. A atividade artística confundia-se com a atividade criadora de Deus, sendo o seu prolongamento no finito. "A beleza – diz Schelling – é a expressão do infinito no finito". Mais recentemente, a filosofia de Bergson também concedeu à arte uma perspicácia no desvendamento do ser, superior a todas as operações do intelecto discursivo. Ao lado desse pensamento que abraça e reverencia a beleza, existe outro que, destituindo o sensível de qualquer dignidade ontológica, afastando-se do concreto, perde-se em áridas construções e mecanismos abstratos. Substitui esse mundo de paixões, sentimentos, sensações, essa variada feira de finitude por não sei que monstruosa constelação de entidades abstratas e inumanas, onde a nossa vontade não sabe mais se orientar. O horror ao incerto e indefinido leva-o ao deserto das fórmulas e da exatidão morta. E é então que a fantasia do poeta pode ser existencialmente mais certa, mais coerente com a nossa radicação no ser do que a objetividade do sábio.

Toca-nos agora indagar o que pensou Platão sobre a arte e qual o papel que lhe reservou na cidade perfeita. Devemos antes de mais nada separar intelectualmente, no pensamento platônico, o Belo do belo artístico, isto é, o Belo como puro valor inteligível, núcleo supremo do ser e com isso idêntico ao Bem a à Verdade, do belo oriundo da criação do homem, em obras e objetos perecíveis, mero reflexo secundário daquele valor supremo. Platão pronunciou dois juízos sobre essas duas acepções da beleza. Imaginando que podemos acercar-nos e deleitar-nos com a contemplação da realidade suprema da Beleza, independente dos olhos do corpo e de qualquer instância sensível, admite uma ciência do belo, diversa de qualquer estética. Essa ciência, em lugar de afeiçoar-nos aos espetáculos sensíveis da beleza, de educar-nos nas obras dos poetas, dos escultores e dos músicos, começa por arrebatar-nos todo o campo da beleza corpórea. É uma estranha ciência que propõe a sua própria negação. "Se alguma coisa dá valor a esta vida é a contemplação da beleza absoluta; e se chegas a contemplá-la, o que te parecerá o ouro e os adornos, as crianças mais belas e os jovens cuja vista mais te perturba e encanta?". O território de eleição da arte, o campo da fantasia e da imaginação artística, são considerados por Platão como meras fases de iniciação dessa ciência suprema do belo, desse belo que não tem face, nem mãos, nem vestígio do corpóreo. O movimento que nos leva do meio turvo e informe do sensível às realidades translúcidas é a linha ascética que nos vai despojando sucessivamente de todas as vaidades perecíveis, revelando-nos essa beleza não vestida de carne. É certo que o iniciado no mistério da beleza ultrassensível poderá, depois de participar desse oceano metafísico, voltar à franja do sensível e aí, enriquecido por essa contemplação, engendrar as mais belas formas, discursos e pensamentos. Entretanto, essa transcrição ulterior em imagens não enriquecerá a ciência adquirida, pois o que por princípio é independente do elemento material, nada ganha em ser vazado em moldes precários. Sabemos que a dialética platônica é um processo de *triage* que visa separar o sensível do inteligível, o corpóreo do incorpóreo e tendente pelo seu próprio movimento a menoscabar a síntese estética que nasce justamente da fusão dessas duas esferas. "A beleza – diz Schiller – tem a singularidade de que não só é representada no mundo sensível, mas que além disso começa por surgir nele". Se por um lado a pura consideração das ideias é assunto do conhecimento e da filosofia, por outro a apreciação do particular é a fruição do momento, surgindo a obra de arte unicamente pela ativa elaboração das sensações numa obra de significado universal. Sendo a configuração dos elementos fenomênicos a lei de criação artística, um pensamento que tende a dissociar essa unidade não é qualificado para uma compreensão profunda da arte. A beleza que nos promete essa ciência do belo não é irradiação sensível das ideias, não é expressão do infinito no finito, mas uma luminosidade que só poderia ser percebida pelo espírito puro. Diz Platão no *Fedro*: "Os poetas desse mundo jamais celebraram a região que se estende além do céu; nenhum deles poderia celebrá-la condignamente; a essência sem cor, sem forma, impalpável, não pode ser contemplada senão por meio da alma, da inteligência". É certo que nesse mesmo diálogo Platão equipara a embriaguez da criação poética ao inexprimível sentimento do iniciado na ciência divina. O delírio da criação poética e o êxtase da contemplação filosófica assemelham-se portanto nesse apaixonado alheamento do puramente dado nos quadros do quotidiano; ambos manifestam um rapto numa outra realidade alucinatória ou realíssima, mas de qualquer forma transcendente ao imediato. Segundo Platão, o efeito mais peculiar dessa possessão emocional, desse delírio, é a capacidade divinatória ou a vidência; o inspirado vê coisas ocultas vedadas aos outros homens e com febril acuidade invade o porvir, nele descobrindo meios desconhecidos de salvação. Segundo relata Platão, foi esse estado de arrebatamento que permitiu à profetisa de Delfos e às sacerdotisas de Dódona a realização dos seus destacados serviços às repúblicas da Grécia; em geral, ao delírio inspirado pelos deuses é que somos devedores dos maiores bens. Assimilando o impulso de criação artística a esses transportes superiores do entusiasmo espiritual, Platão contribuiu valiosamente para a psicologia da criação estética. O artista é um endemoninhado, determinado por impulsos que se impõem à sua consciência. O testemunho unânime de literatos e artistas corrobora esse caráter erótico e demoníaco da criação. Se em seu aspecto subjetivo o amor que leva o poeta a construir belas estrofes é idêntico à paixão de conhecimento do sábio, em sua realização essas duas formas eróticas se antepõem essencialmente. O artista, num alheamento báquico, se demora nas manifestações do sensível e institui a sua festa no domínio do tempo, enquanto o sábio, acossado por uma pressa irreprimível, não encontra repouso em sua demanda do eterno.

O traço eminente transcendente e transensorial do pensamento platônico, o realismo das ideias, formou uma barreira muito séria a uma exata conceituação do fazer artístico. A beleza, sendo uma categoria anterior e independente de suas encarnações particulares, sempre insatisfatórias, a estética platônica só poderá ser uma ciência dos reflexos ou participações das obras singulares em relação a esses paradigmas transcendentes. Por outro lado, havendo uma via mais expedita de participação do absoluto que é a contemplação filosófica, a arte pode ser negligenciada. Outro ponto que queremos ressaltar é que da leitura dos diálogos se depreende que Platão admitiu o belo natural ou não-artístico, isto é, uma beleza independente da atividade estética que a produz. A beleza seria então para ele uma propriedade objetiva das coisas que participariam assim diretamente, sem a mediação do homem, dos arquétipos superiores. Essa concepção realista das qualidades estéticas recebeu entretanto o desmentido mais absoluto por parte da moderna reflexão filosófica, que vê em toda a estesia ou fruição do belo um profundo trabalho de elaboração produtiva do homem.

O realismo das ideias foi sem dúvida uma causa que limitou o alcance da teoria platônica da arte. Sendo a beleza das coisas uma cópia da beleza das ideias, e sendo a arte uma cópia das coisas, uma cópia da cópia, a beleza propiciada pela arte seria assim qualquer coisa de terciário e irrisório. A teoria da arte como imitação, como mimese, como cópia das coisas e das ações, que tão larga repercussão teve depois na história da estética, nasceu dessa interpretação deficiente da atividade espiritual e de todo o campo da produção cultural do homem.

Procuremos expor rapidamente a teoria da imitação ou da mimese, tal como a encontramos na *República* e a decorrente estimação das artes humanas. Sócrates, segundo o seu método habitual de inquirição, procura inicialmente provar a Glaucon como, na classe dos artífices ou produtores de coisas, devemos distinguir os que fazem coisas reais dos que fazem unicamente imagens ou aparências de coisas. E assim conclui que o pintor, por exemplo, não criando a ideia da cama, nem a cama em particular, é unicamente um imitador da coisa que os outros produzem. Essa imitação pálida do real é, em suma, o que nos oferece o artista em sua produção separada três graus da natureza das ideias. E o mesmo sucede em relação a todos os demais imitadores. Ao que se atém o artista em suas reproduções e fantasmas das coisas?

Não ao que as coisas são em si mesmas, em sua identidade nuclear, mas às suas figuras e aspectos cambiantes, às suas aparências transitórias, que procura fixar em suas obras enganosas. Portanto a arte é mistificadora e fraudulenta, não só porque se inspira apenas nesses rudimentos e esboços das coisas que são os fenômenos, mas porque, desses mesmos fenômenos apreende somente as mais ínfimas partes e, além disso, não é senão um simulacro. Para compreendermos bem esse desmerecimento da arte no pensamento platônico, precisamos nos lembrar da depauperação de realidade que sofrem as coisas ao passarem do plano eidético para o plano fenomênico. A arte, cingindo-se posteriormente a retraçar no sensível essas aparências já debilitadas do ser, não será então apenas o simulacro de um simulacro e o sonho de um sonho? Outro motivo ponderável que incapacita os artistas, esses imitadores de fantasmas, a se alçarem a essa fidelidade almejada que subjaz à obra de arte, é, segundo as palavras de Platão, o fato de que "todo imitador não tem mais do que um conhecimento muito superficial de que imita, sua arte nada tendo de sério, sendo um mero jogo de crianças". E acrescenta com ironia: "Se alguém fosse capaz de fazer a representação de uma coisa e a coisa mesma representada, como conceber que escolhesse consagrar seus talentos na figuração de imagens vãs, limitando-se a isso como se não pudesse empregar sua vida em algo melhor?". Lindamos aqui com o problema da conexão entre a vida e a arte, da realização imaginativa ou imediata da vida e de suas interferências, motivo esse que atormentou tantos grandes espíritos. Para Platão, entretanto, essa faculdade mimética do artista em lugar de revelar um traço prodigioso de seu caráter, e sua alma proteiforme, significa antes uma atitude leviana que o leva a imitar tudo, não havendo coisas que reputem indignas. Rebela-se contra a poesia que apresenta quadros de opróbrio e de vício dos homens e dos deuses. "Esses homens hábeis na arte de imitar tudo e capazes de tomar mil formas diferentes narram, em seus discursos perigosos, coisas nem sempre louváveis em relação aos deuses e heróis, representando a escala descendente dos comportamentos."

Vemos pois que a preocupação moral se interpõe em seus juízos sobre a arte, estimando que aquela deve ser sempre respeitada em todos os momentos da expressão artística. A atividade artística, além do mais, segundo Platão, fere uma lei essencial do regime político-social da República, a saber, que o homem não pode desempenhar bem senão uma só coisa. Essa especialização e limitação da atividade humana é, segundo ele, transgredida pela vontade estética que pensa poder representar em formas, imagens e fábulas, toda riqueza cósmica. A forma de conhecimento, de identificação, que é premissa de toda a manipulação criadora, não é compreendida na obra platônica.

Apenas vendo no homem um verdadeiro microcosmo onde tudo está potencialmente contido, esperando ser explicado, é que podemos dar razão do processo do conhecimento artístico. "Nada de humano considero alheio a mim." Esse poder mágico da arte de insinuar-se em tudo, de manifestar o recesso das coisas ou, nas palavras de Rilke, "dizer as coisas como elas nunca pensaram ser", não encontra abrigo no sistema platônico. Admitindo-se a homogeneidade das formas do saber, reduzindo-se todo o saber à intuição das essências, a uma capacidade intelectual, é claro que se desconhece essa faculdade de intimização do processo estético. É por isso que Platão afirma que "sempre que alguém venha dizer-nos que encontrou um homem versado em todos os ofícios e que reúne em si, num grau eminente, todos os conhecimentos que estão repartidos entre os outros homens, está diante de um fátuo ludibriado por um mistificador, a quem tomou por sábio por não saber discernir a verdadeira ciência da ignorância e imitação da realidade". Ao lado desse laborioso processo lógico da dialética que nos leva de conceitos mais restritos a conceitos mais amplos, assim construindo o edifício do saber, não existiria outro poder capaz de erguer uma obra ao mesmo tempo sensível e espiritual, reveladora do mistério da alma e do mundo. A faculdade exterior da mimese, esse poder do artista de tomar mil formas e de amoldar-se a tudo, toma no platonismo a feição de uma duplicação exterior e interior das coisas originais. Entretanto, o artista cria do interior para o exterior e não do exterior para o interior. Eis por que na arte não há propriamente imitação, mas sim livre criação. De todas essas considerações já podemos concluir qual a apreciação platônica do fenômeno artístico. O realismo das ideias e o realismo da vida unem-se em sua intransigente oposição às formações livres da imaginação estética. Platão sente em seu zelo ético-religioso o efeito perturbador do capricho artístico sobre o regime utópico que sonhou para a vida humana. Há certa ordem de realidades completas, cerradas e definitivas no domínio ético, político e religioso que devem ser, segundo ele, preservadas das licenciosas transgressões do impulso estético. "Deus – diz Platão na *República* – sendo por essência reto e veraz em palavras e ações, não muda sua forma natural, nem engana os outros com fantasmas ou discursos, enviando-lhes sinais durante a noite ou de dia". Como pôde Homero apresentá-lo em momentos e incidentes tão desconformes à sua natureza?

Assim, essas variações e florações da imaginação poética aparecem como um desvio das sagradas instituições da verdade. Há certa ordem de objetividade determinada à qual o nosso pensamento e a nossa ação devem se adequar numa medida de disciplina e de severidade que se opõem ao arbítrio do nosso sentimento. Walter Pater via na arte da cidade perfeita a arte da disciplina, e afirmava que o esquema estético de Platão em lugar de excluir o fato artístico o afirmava em seu aspecto severo e superior. Seria a rígida lógica da precisão e disciplina dóricas, com seu mundo de contensão e de sobriedade.

Discordamos dessa apreciação, pois o problema cala mais fundo do que essa simples determinação estilística. Trata-se a nosso ver da questão da tutela da arte por valores extraestéticos, ou, como se diria em nossos dias, do problema da arte dirigida. A utopia platônica, como todas as utopias posteriores, cometeu o erro de fixar a produção do homem. Essa hipostasiação da vida em moldes constrangedores e limitantes é a grande calamidade de todos os sistemas fechados. A República de Platão não fugiu a isso. E voltando às considerações do início, podemos constatar essa máxima tensão entre as intenções variadas do todo cultural. Cada atividade quer subordinar a si todas as outras: a política quer que tudo sirva à política, a economia chama tudo à economia, a ciência chama tudo à ciência. Entretanto, com Gide, estimamos que "uma coisa, por qualquer que seja, não deve ser feita para outra coisa, por qualquer que seja. Todo ato deve encontrar sua razão de ser e seu fim em si mesmo e não ser interessado."

Para uma moral lúdica

Um veneno insidioso foi se infiltrando lentamente no corpo da sociedade atual, um veneno estranho e invisível, cujos sintomas, tornando-se cada vez mais nítidos, incapacitaram o homem para suas mais autênticas realizações. Uma atmosfera de constrangimento e de frustração circunscreve o campo da consciência e por todos os lados a expectativa do que está por vir tinge de cores carregadas as perspectivas vitais. Dir-se-á: são acontecimentos calamitosos dos últimos decênios e as transformações político-sociais em curso que determinam esse espetáculo de cataplexia e inibição, pois esses fenômenos caracterizam os momentos genéticos da história em que a insatisfação pelo que existe e a incerteza do futuro contaminam o gosto de viver. Realmente, o homem não vive mais na plenitude de suas energias, no desenvolvimento pletórico de suas faculdades, tolhido por não sei que liames invisíveis. A cada momento a consciência sente que o que a rodeia não é a vida e a fruição da vida, mas sim qualquer coisa que a precede, prepara ou interrompe, e tudo fica sempre relegado para a vida sucessiva. O existir tornou-se a consciência de uma privação, de um esforço, de um vazio expectante que exige um complemento para a sua orfandade. Defendemos a tese de que esse viver em suspensão, essas nevrose coletiva não é unicamente consequência do ambiente que nos oprime, mas é uma atitude mais antiga, anterior à crise atual, que foi feita por ela desencadeada.

O século XIX foi um século de grandes empreendimentos materiais, em que o ideal da construção industrial indefinida começou por protelar o sentido da plenitude do viver. A ideia do mundo em construção, entre andaimes e vigas, sempre incompleto e fragmentário, teve aí a sua origem. O mito do progresso contínuo, invertendo a ordem dos meios e dos fins, havia comprometido a sociedade numa faina estafante, numa caça exaustiva de recursos que nunca desembocavam numa promoção da vida por si mesma. A transcendência original do viver transmutou-se numa transdescendência, isto é, num aprofundamento material cada vez mais acentuado, toda ação humana passando a ser interpretada unicamente como ação transitiva, utilitária ou econômica, como transformação das coisas e do mundo, mas perdendo-se de vista o escopo de todo o movimento. A ordem sem fim dos meios, o "mal infinito" dos instrumentos ofuscou a alma, o ato fundamental, o exercício ético das virtudes propriamente humanas. "Há duas ou três gerações, vivem os indivíduos apenas como trabalhadores, não mais como entes humanos. O que em geral se possa dizer quanto à significação moral ou espiritual do trabalho não os atinge mais. O habitual excesso de ocupações do homem moderno, em todos os círculos sociais, tem como consequência lógica o aniquilamento do seu espírito" (*Decadência e regeneração da cultura,* Albert Schweitzer).

Esse desenvolvimento paroxístico do trabalho e da produção chegou ao ponto de que, em muitos casos, os objetos industrialmente criados antecederam as necessidades e condicionaram novas necessidades, verdadeiro absurdo econômico. O que devia existir para aplacar nossas necessidades veio nos sujeitar mais ao mundo dos objetos, fazendo-nos tributários e não senhores da produção. A produção de coisas tornou-se a razão de ser de nossa espécie, predestinada ao mais alto destino. Esse fenômeno inflacionístico reproduziu-se em outros campos de atividades com as mesmas consequências desastrosas. No campo do conhecimento, da arte, da política, da tecnologia, assistimos a um crescimento desordenado de atividades, experiências, tentativas e resultados, que locupletam o mundo com suas expansões estentóreas, e que se desvirtuam por não ocupar o devido lugar na ordem dos meios e dos fins. No que se relaciona ao conhecimento, Kierkegaard já nos havia precavido contra esse "conhecer monstruoso", na edificação do qual seria necessário o mesmo desperdício de vidas que para a construção das pirâmides, esses túmulos da vida. Não pretendemos fazer aqui a apologia da ignorância, mas sim frisar que o conhecimento efetual ou científico, conhecimento *tout court* para a consciência moderna, sendo em suas origens uma expressão da vontade de poder (conhecer para prever, prever para poder), veio pôr o homem na mesma carreira desenfreada que a sociedade desenvolve em outros setores. Concordamos que esse conhecimento desarticulador e analítico, que prepara unicamente os elementos para a ação, é um fator importante da vida moderna; o que negamos é que esse conhecimento operacional, visão subsidiária e não teoria filosófica total, possa nos instruir no tocante à forma última de nossas vidas. Ora, é justamente isso que os homens esperam do avanço da ciência: uma determinação mais lúcida de seus problemas capitais. Acontece que esse "conhecer monstruoso" pode, em certos aspectos, como no caso do saber histórico, cercear nossas aspirações, obstruir nosso caminho criador no mundo, revelando a vida mais como uma necessidade que se impõe do que como um sonho e uma liberdade em desenvolvimento. "Há um grau de insônia, de ruminação, de senso histórico – diz Nietzsche – que põe em perigo o ser vivente e por fim acarreta sua ruína, quer se trate de um homem, de um povo ou de uma cultura". Esse tema dos antagonismos entre a teoria e a ação, entre o conhecimento e a vida, que não desenvolveremos aqui, mantém, entretanto, íntima conexão com o que estamos dizendo, e quando se fala no cerebralismo, na lucidez decadente do homem hodierno, tem-se em mente esse conflito. Em todos os aspectos dessa hipertrófica atividade produtiva do homem atual, o que queremos acentuar é o fato de a sociedade não ser mais senhora dos mecanismos que pôs em movimento, mas, arrastada na pente de seu percurso objetivo, ter sua estrutura dilacerada por esses novos Molochs. A cultura tornou-se exauriente, obsessiva, imperiosa, escravizadora mais do que libertadora. Todos esses indícios revelam ser a consciência moderna uma consciência expulsa do que poderia constituir sua terra prometida, sempre preparando-se para viver, para saber, para sentir, e nunca sabendo, vivendo ou sentindo – a consciência servil por excelência. Porém, com o advento do século XX, o homem passou de humilde servidor desses grandes ídolos da civilização a vítima autêntica de suas forças destruidoras. Os colossos nacionais criados pelo progresso da ciência e da tecnologia, pelo apuramento do espírito, voltaram-se contra o próprio espírito, enchendo o coração do homem, incapacitado de viver a plenitude do instante, de mais apreensões e temores. Eis a nossa situação moral: tolhidos multiplamente para a vida, sujeitos a mil ordens de dependências, incapazes de alegria e de serenidade. Ortega afirmou ser o homem atual um ser alterado, apreensivo, jungido novamente como o homem primitivo a todas as alterações do mundo social, a todo o iminente e incerto. Diante dessa situação enervante, não foram poucos os pensadores, sociólogos e filósofos que procuraram trazer uma fórmula de superação para a crise. Uns apelaram para fatores interiores, outros acharam, pelo contrário, que a solução devia ser externa; outros acharam, pelo contrário, que a solução devia ser externa; outros ainda viram unicamente numa modificação simultânea do homem e de suas condições materiais de vida a solução adequada para o conflito. Seguimos essa última opinião, reconhecendo entretanto a importância superior de uma inflexão do comportamento moral, como o prelúdio para uma frutuosa reestruturação da vida econômica e política.

Não é de hoje que os moralistas ensinam que o homem é propenso a dar uma extraordinária importância a coisas que não têm transcendência alguma, apaixonando-se e perdendo o sono por insignificâncias. *La sensibilité de l'homme aux petites choses et l'insensibilité pour les grandes, marque d'un étrange renversement (Pensées, Pascal)*[1]. O sentido catastrófico,

---

[1] "A sensibilidade do homem para as pequenas coisas, sua insensibilidade para as grandes: marca de uma estranha inversão."

o patetismo generalizado, a atmosfera de pesadelo que nos envolve, supõem um juízo estabelecido sobre a alta importância e gravidade do que acontece ou está para acontecer. Esse é evidentemente o axioma de todo o nosso traumatismo social. O que ninguém vê é que as coisas humanas muitas vezes se fecham em círculo, que uma atitude gera uma situação... e assim por diante: círculo mágico que não se pode romper. No entanto, alguém que sorrisse, introduzindo assim um novo elemento de fervor e confiança vital, poderia destruir o sortilégio. Essa recuperação de um sentido de contentamento vital só poderá ser conseguida se o homem não deslocar mais o centro de gravidade de sua existência para o meramente transitivo, pondo seu esforço num circunlóquio indefinido. O que define essencialmente a ação moderna é o fato de tudo ser feito em vista de outra coisa; tudo é *para*, nada é em si mesmo, tendo o homem perdido o sentido para a ação que fosse um fim em si mesma e que nos desse a emoção da plenitude vital. Presenciamos o espetáculo da consciência presa a instâncias sobre-humanas e avassaladoras (o progresso, o Estado, os negócios, a bibliografia) que confiscam continuamente o presente, a atualidade do existir, em aras de imagens fugidias e absorventes. O homem não considera mais o instante, o momento, o dia, o ano, como um termo completo em si mesmo, como uma imagem da eternidade, dissolvendo-os continuamente numa transitividade insubstancial. Aristóteles defendeu como paradigma do comportamento moral uma ação que fosse um fim em si mesma e não um meio para outra ação, uma ação autossuficiente cujo resultado fosse a própria ação. O supremamente desejável seria a própria execução do ato. Apenas o desempenho de tais atividades amadas por si mesmas, pelo prazer que sentimos em seu puro exercício, podem nos proporcionar serenidade e alegria espiritual. Para Aristóteles, que vivia no âmbito do intelectualismo grego, somente a contemplação e a filosofia respondiam a tais exigências. Nós, entretanto, educados numa tradição cristã, não necessitamos limitar às virtudes dianoiéticas esse poder de salvação, pois a nossa noção de espírito é muito mais ampla.

O amor, as livres atividades criadoras, são também coisas que se buscam por si mesmas.

O símbolo mais completo que possuímos de uma tal conduta ética, encontramo-lo no jogo, movimento pleno em si mesmo e que não se cumpre em vista de outro fim ou resultado. Joga-se por jogar, para gozar da plena expansão de nossas energias e potencialidades e para supremo gáudio de nossa liberdade. Nada de mediato, utilitário, mesquinho, interrompe um tal comportamento que se consome em sua própria interioridade. O objetivo do jogo é o jogo, é a ação da ação, o ato do ato. Como símbolo de uma conduta que encontra o deleite no "completo", a atividade lúdica é o mais próximo paradigma de um sentido de felicidade que o homem moderno perdeu quase inteiramente. Lembremo-nos, entretanto, com Aristóteles, que "a felicidade não deve ter necessidade de outra coisa, mas deve bastar-se a si mesma". Esse sentido lúdico da vida, que aceitamos como a forma superior do comportamento ético, não deve ser confundido com a frivolidade, a irresponsabilidade ou a diversão: a seriedade da vida se concilia muito bem com essa alegria, esse entusiasmo que é o próprio estremecimento da virtude e da liberdade e ao mesmo tempo é o índice de nossa relação com o infinito. A consciência de nosso comprimento existencial, o sentimento de nosso fundamento ontológico faz com que tudo quanto não se relacione com nosso fim último naufrague em frivolidade e indiferença. Nessa acepção é que devemos compreender a frase de Novalis: "Impulso de frivolizar tudo". Varrer de nossa consciência o inessencial, o que não se relaciona com a ação que se busca por si mesma, voltando à sátira, à ironia e ao escárnio todos os falsos ídolos. Só há uma seriedade séria; mas essa não é lúgubre e taciturna, crispada e sofredora, mas sim vivificante, generosa e criadora.

PARTE III

DIALÉTICA DAS CONSCIÊNCIAS*

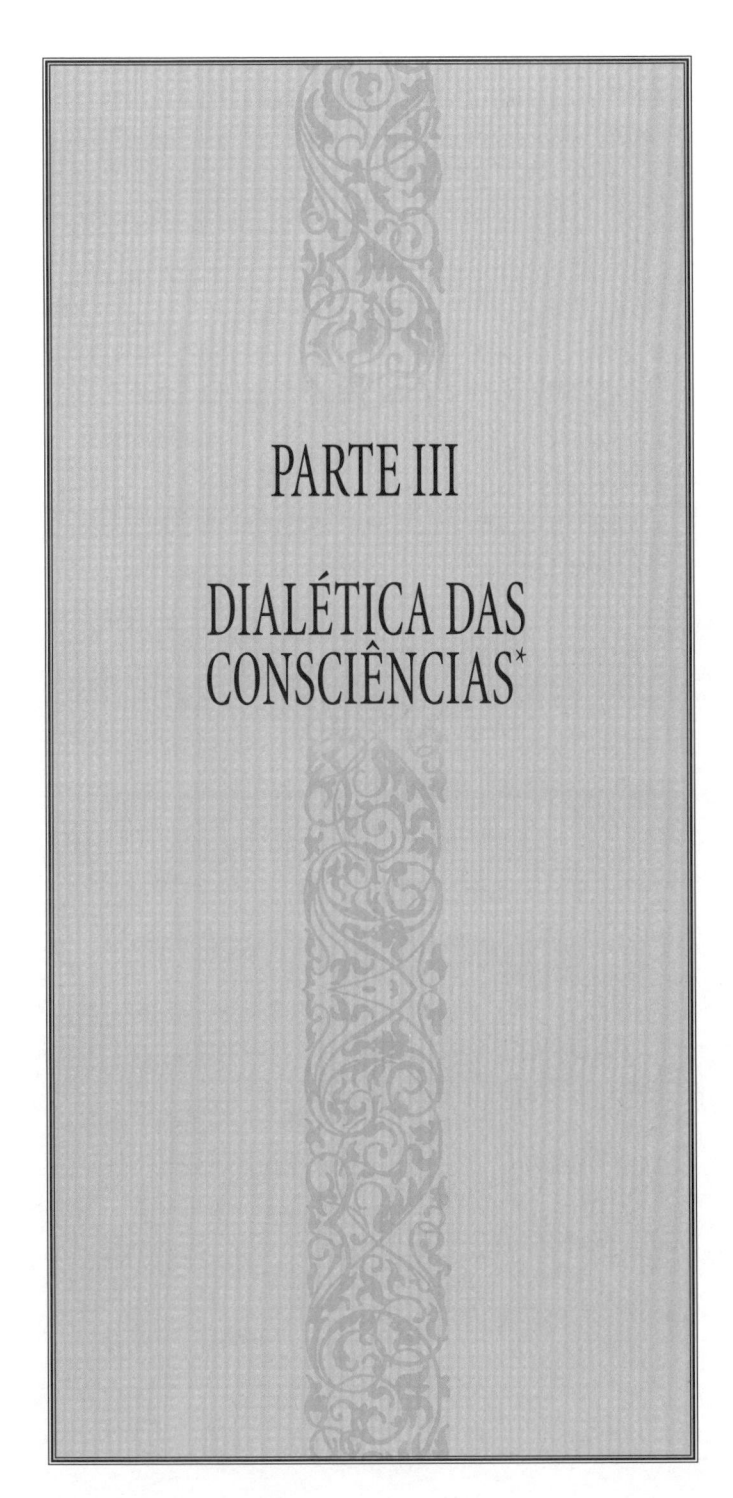

[8] O livro *Dialética das consciências* foi publicado em São Paulo, em 1950, em edição do autor, com 143 páginas. (N. O.)

Introdução à problemática das consciências

Qual o orbe próprio em que se acha implantado o nosso ser? Qual a ordem de realidades que nos envolve de maneira mais próxima e imediata? Eis uma questão que se relaciona intimamente com as reflexões que desenvolveremos e cuja solução nos deverá pôr numa perspectiva mais exata do próprio problema.

O naturalismo de todos os tempos imergiu-nos profundamente na *physis*, nesse contexto infinito da vida telúrica, cercando-nos de uma proximidade de coisas e não de atos. A realidade histórica do homem, esse conjunto de ações e reações em curso, interpolar-se-ia, segundo essa perspectiva, num conjunto maior, numa presença absorvente e avassaladora, a dimensão natural ultrapassando a dimensão propriamente humana. A experiência exterior, conferindo-nos informações acerca da realidade existente, dar-nos-ia consciência das coisas naturais e das coisas humanas, indiferentemente.

No transcorrer do pensamento filosófico, foi João Batista Vico quem teve, pela primeira vez, o pressentimento de que o pensamento da realidade social humana e o pensamento intelectualístico-naturalista diferiam fundamentalmente. Para Vico, o termo que fica mais próximo do homem é a linguagem imediata da ação e do drama humano, isto é, toda a série episódica de lutas, grandezas e fragilidades que compõem nossa circunstância existencial. Em seu célebre dito segundo o qual a verdade e a ação se identificam, a verdade sendo considerada como uma forma de autognose das possibilidades do comportamento humano, Vico prefigura a revolução do pensamento que mais tarde se compendiou na eclosão do pensamento historicista. Dilthey, afirmando que os conceitos das ciências naturais são conceitos derivados, construídos e hipotéticos, em contraposição à verdade da vida e do vivido, donde arranca sua hermenêutica histórica, deu uma formulação definitiva à antevisão viqueana.

Interessa-nos por enquanto unicamente anotar essa rotação que subordinou o natural ao histórico, fenômeno esse que tem sido ultimamente examinado com grande frequência. Dessa mudança de prestígio da sistemática naturalista para a conexão da realidade social-humana, cabe ressaltar o fato de que o homem toma consciência de sua proximidade como proximidade de próximos, isto é, de que a fisionomia a ele contígua é, desde que abre os olhos, uma fisionomia humana e não uma determinação abstrata e natural. Desse deslocamento da tônica filosófica deriva o crescente devotamento da meditação filosófica ao problema da gnosiologia e da experiência do outro. Quando refletimos sobre a importância dos enigmas implicados nessa problemática, assombramo-nos de que esse círculo de realidade não tivesse despertado há mais tempo o interesse dos homens de pensamento. As figuras capitais que dominam o panorama desse tema são: Fichte, Hegel, e, em nossos dias, Husserl, Scheler, Heidegger, Gabriel Marcel, Jaspers. Esses grandes espíritos tiveram consciência de que a nossa conexão com os outros homens, de que o vínculo do eu e do tu transcendem o fato de justaposição espacial, de mera interação externa ou mesmo social, erguendo-se ao nível de conexão ontológica do nosso eu. A presença do outro em nossa consciência e de nossa presença na consciência do outro não é algo de incidental ou periférico, mas uma dimensão essencial da condição humana. A essa relação das consciências, a essa movimentada dialética do eu e do tu que se nos apresenta não apenas como uma estrutura do ser humano, mas também como um elemento criador da sua própria realidade, dedicaremos este trabalho.

A interação das consciências, em seu esforço de afirmação e de reconhecimento, é o momento morfogenético essencial do nosso ser. O homem forma-se, educa-se e desenvolve-se num certame de "eus" que constitui a substância original do mundo. Podemos dizer que a pugna do homem com os elementos externos e com os obstáculos da natureza, considerada por alguns pensadores como a tarefa humanizadora por excelência, nada mais é do que o elemento transitivo nesse diálogo de homem a homem. É assim que Hans Freyer considera que toda ação formadora e criadora de objetos, toda construtividade externa própria do homem é uma linguagem nesse colóquio autoformador da consciência. Pretendemos encarar esse movimento da subjetividade de forma a determinar um conceito que concilie as diversas dialéticas até hoje propostas e que se mostraram parciais e abstratas. O nosso trabalho, portanto, procurará recolher o já feito, indicando uma possível ampliação da problemática proposta.

Podemos agora voltar ao problema das condições do clima filosófico que suscitaram o desenvolvimento dessa acuidade e desse novo sentido de fenômeno intersubjetivo. Como dissemos acima, a vinda para o primeiro plano da realidade propriamente humana, da realidade como obra espiritual e criadora da história, isto é, a mudança de interesse do simples objeto para as objetivações humanas, determina o pórtico da nova cogitação. É evidente que numa esfera de realidade onde a obra espiritual dos homens, seus anseios, empreendimentos, lutas e todo o ambiente móvel de sua liberdade *in fieri* ocupa o centro, a inteligência estará pronta a propor-se o problema da conexão e intercurso das consciências. O interesse que as filosofias do ser exterior demonstraram na compreensão do tipo de atuação mútua das forças em jogo transferiu-se para o mundo da interioridade humana, aí procurando seu dinamismo interno. Essa revolução foi acompanhada de uma alteração de ordem lógico-gnosiológica, proveniente da estrutura própria dos objetos visados. As coisas humanas não podem ser captadas pelos processos cognitivos com que são apreendidos os entes naturais. Podemos adotar aqui a distinção estabelecida por Weizsäcker entre a existência *ôntica* e a existência *pática* (*ontish und pathish Existenz*) que tão bem caracteriza a diferença entre os juízos do ser (*ist-Aussage*) e os juízos existenciais (*ich-Aussage*). O ôntico é aquilo que cabe no inventário circunstanciado das coisas, o que se deixa apresar numa classe, o já dado. O pático é o não-ôntico, isto é, o que transcende, exorbita e nega o já dado. Somente entre existências páticas deparamos com fenômenos como o do encontro, pois como diz Weizsäcker: "Enquanto os objetos inanimados estão sempre em algum lugar e de qualquer forma *relacionados*, dos seres vivos diz-se que *encontram* alguma coisa ou alguém". (*Während die leblosen Gegenstände immer irgendwo sind und sich irgendwie verhalten, kann man bei den Lebenwesen sagen, dass sie etwas oder einander begegnen*)[1]. Esse fenômeno do encontro, tão familiar e, no entanto, estranho, que Gabriel Marcel coloca sob a rubrica do mistério, é um dos aspectos mais importantes da problemática das consciências, que abordaremos mais adiante.

Um novo sistema de categorias foi elaborado para traduzir esse campo de ocorrências que escapavam à grosseira ótica do pensamento científico-natural. Todo o empenho de Dilthey ao querer dar uma fundamentação às ciências do espírito, procurando substituir as "formas explicativas" da investigação naturalista pelo "sentido compreensivo e hermenêutico" dos estudos humanos, é um índice eloquente do anseio de uma nova tábua categorial, que apela para os conceitos do ritmo, desenvolvimento, totalidades, estilo, plenitude, declínio, crise etc.; como vemos, conceitos de índole musical, temporal e agônica, que aderem admiravelmente à dimensão própria do histórico.

---

[1] "Na medida em que os objetos inanimados sempre estão em algum lugar e de algum modo são, pode-se dizer que os seres animados, ou bem encontram alguma coisa, ou bem se encontram entre si." (N. O.). Viktor von Weizsäcker. *Anonyma*. Bern: Verlag Francke, p. 12.

Com o primado desse mundo móvel e sempre aberto da ação humana, impôs-se a análise dos pressupostos do seu exercício, pois é evidente que essa ação não se desenvolve no vácuo, não constituindo um atuar imanente em si e para si, mas pressupondo uma larga série de mediações. A estrutura do comportamento humano tornou-se o tema preferencial da meditação filosófica, não como problema psicológico, mas como atinente ao desempenho metafísico do homem. Tal acepção do problema metafísico primordial devia colocar, como o fez, a mera atualidade da ação, antes das determinações estáticas do ser. O ser manter-se-ia, dessa forma, como contínua conservação e reiteração de um mesmo ato. A coisa produzida continuaria perpetuamente ligada ao produzir-se fundador, como queria Vico ao colocar a verdade das coisas em seu próprio fazer-se. Dessa forma, é óbvio que todos os momentos objetivos se diluiriam na caudal morfogenética que os pré-formou. A "forma" nada mais seria do que um "formar-se", e esse impulso de dar forma, de instituir um contorno e um cenário de vida substituiu a pura contemplação do já formado. O naturalismo, o realismo e todas as outras correntes que davam o primado a um conhecimento das coisas, esquecendo a atividade cognoscente que as havia projetado numa conexão exterior, perderam todo prestígio no campo filosófico. Da díade pessoa-coisa, o acento passou do segundo para o primeiro termo. Portanto, em lugar do homem estar interpolado num mundo independente do seu modo de ser, seria o mundo que receberia do homem o seu ser. Tudo que se refere, nesse clima de pensamento, à estrutura própria do homem, principalmente no que concerne à dialética formadora do eu, cobra um relevo de extraordinária importância.

O pensamento filosófico, tendo-se desvencilhado, em sua polêmica com o realismo, do preconceito substancialista, evitou desde o início, com Fichte e Hegel, a reintrodução da ideia de substância na estrutura da vida espiritual. Essa precaução foi de grande importância para o assunto que nos preocupa, pois o complexo das relações intersubjetivas foi assim reconhecido em seu puro dinamismo criador. Os interlocutores do diálogo ilimitado das consciências não preexistem em sua identidade própria ao desenrolar-se de suas fases, mas vão tomando corpo e realidade no processo desse diálogo. "Nós somos um diálogo", dissera Hölderlin. A mesma afirmação, encontramo-la na *Fenomenologia do Espírito*, onde Hegel anuncia que somos a luta do mútuo reconhecimento, o afirmar-se e o desenvolver-se desse processo de conhecer no outro a subjetividade que somos. Em nossos dias Sartre chega a conceituar o por-si como contínua superação do ser-para-outro, como superação de nossa queda na esfera das objetividades mundanais. Portanto, o esquema de nossa estrutura ontológica é o de uma relação, de uma referência a um outro que, segundo as várias direções do pensamento existencialista moderno, pode ser encarado como ameaça, limite ou confortante proximidade. Essa referência a qualquer coisa que ultrapassa os limites do eu, no encontrar-se com o outro eu, é a condição formal de nossa estrutura, pois a consciência é essa relação, não como relação dada, mas como contínuo relacionar-se. Segundo a expressão feliz de Vedaldi, o homem não tem relações com outros homens, mas é essa relação. Podemos contrastar essa caracterização do ser humano com a condição magnífica atribuída por Aristóteles ao ser absoluto, que, segundo ele, viveria só e a sós consigo mesmo. Estamos aqui diante de uma existência conclusa, fechada em si mesma, sem resistências a vencer ou obstáculos a transpor e sem qualquer possibilidade a atualizar. Bastando-se plenamente a si mesma, não tem portas ou janelas para qualquer coisa além de si, já que não necessita de pessoas que lhe sejam úteis, nem de amigos, nem da vida em comum. Para tal tipo de ser a solidão não é uma possibilidade aberta à sua escolha, mas uma qualidade inalterável. Como o sol brilha, tal ser é solitário. Inversamente, o homem, projetando sempre mundo diante de si e relacionando-se continuamente com esse ser exterior a si mesmo que é o outro, depende da vida em comum, sendo uma criatura dessa comunicação existencial.

Os dois conceitos que acabamos de analisar, o conceito da insubstancialidade e da pura atualidade da conexão intersubjetiva e o conceito da referencialidade própria da consciência humana, ligam-se intimamente, representando dois aspectos de um mesmo fato. Se o homem tivesse plena consciência de suas possibilidades, recursos e maneiras de ser, independentemente da sua relação com o outro, essa relação não viria acrescentar qualquer elemento essencial à sua presença solitária. O ente humano preexistiria, como uma substância, à comunicação com o outro. Por outro lado, o possível contato e a cooperação inter-humanos representariam o mero choque de coisas exteriores e não uma polaridade indissolúvel e constitutiva. A afirmação da pessoa como autoexecução e pura atividade implica ser o vínculo da comunicação, não o de uma relação externa e indiferente, mas o de uma relação de compromisso que atinge de forma bilateral a consciência que temos de nós mesmos. O discurso constitutivo do nosso existir é um expressar-se que envolve um meio espiritual transcendente e que se resume nesse puro expressar-se. O ser-com-o-outro não é uma vicissitude contingente da vida, mas, como queria Hegel, uma transição necessária na formação da consciência de si: "Cada extremo é, para o outro, o termo médio através do qual entra em relação consigo mesmo e se une consigo mesmo; e cada um é para si mesmo e para o outro uma essência imediata que é por si, mas que ao mesmo tempo é por si somente através dessa mediação"[2].

Se o outro surge como condição de nossa consciência particular, se é um elemento permanente de nossa conduta, isso se manifesta em primeiro lugar na forma pública e genérica do existir em comum, como momento mais imediato do que o recolhimento e o sentido da interioridade. Sabemos que a antropologia trouxe à luz o fato de que a vida psíquica dos primitivos é um mero reflexo dos processos mentais coletivos e que nesse estádio o homem só sente, age e pensa segundo o que o seu *clan* determina. O homem, não tendo ainda uma vida psíquica própria fora ou acima da coletividade, não encontra espaço para o complexo de comportamentos

---

[2] Friedrich Hegel. *La phénomenologie de l'Esprit*. Tome I. Paris, Aubier, p. 157.

possíveis em relação ao outro. Para nós, entretanto, o outro se apresenta como um feixe de comportamentos que virtualmente poderíamos assumir em relação a ele, como a consciência e a percepção da compatibilidade de comportamentos paralelos. Em nosso estádio histórico, uma determinada convivência nunca se nos apresenta como um ditado ineludível, pois não somos obrigados a traçar nossa vida dentro de um esquema inexorável. De fato, sempre encontramos o outro, mas nunca estamos atados socialmente a um outro determinado e particular. A sociedade em que vivemos se nos apresenta, em certa medida, como uma sociedade escolhida, como uma sociedade possível entre muitas outras. Há sempre um caminho que nos leva ao outro, porém esse caminho não é mais necessário e natural.

Exporemos subsequentemente a dialética hegeliana das consciências como ponto de partida de nossa investigação; antecipamos, entretanto, a oposição que levantaremos contra a ideia, defendida por Hegel, da inexorabilidade do desenvolvimento atribuído ao curso do espírito em seu regresso a si mesmo. A luta de puro prestígio entre o senhor e o escravo deve desembocar fatalmente, segundo Hegel, no estádio da consciência pensante no qual o homem reconhece no outro o que é em si mesmo. Negamos, não a existência dessa relação de domínio e servidão, mas o automatismo de seu desenvolvimento e sua vigência histórico-universal. Como Sartre viu muito bem, a jurisdição dessa forma de interação das consciências se estende também à relação do eu e do tu particulares, às consciências individuais que se defrontam no impulso da autoafirmação. Ao surgirmos diante dos outros, somos escravos de seu olhar que nos projeta, numa nua transparência, entre as coisas do mundo. A expressão mais imediata de nossa conexão com o outro é esse ser-fora-de-nós, essa alienação do imediato ser-para-o-outro. A recuperação da iniciativa existencial, a capacidade de emanciparmo-nos do jugo da objetividade constitui para Sartre o mais alto sentido ético da existência. Esse movimento é governado pelo sentimento de que somos mais do que somos, de que não coincidimos com o papel que nos atribuem, de que as relações que nos unem aos demais desmereçam o sonho de nossa interioridade. A diferença entre o externo e o interno, a desigualdade entre o que somos e o que nos propomos ser é a força que determina a interação do reconhecimento mútuo. Se o nosso ser se esgotasse no ser-para-o-outro, nosso estatuto fundamental seria o do puro objeto, pois que o outro vê em nós unicamente o ser dado. A contínua polêmica interna que nos leva a transcender o consenso em que somos tidos, as imagens e estimativas vigorantes a nosso respeito e a medida limitadora que se nos impõe determinam a dinâmica do nosso vir-a-ser. Como afirma Sartre, a forma de apreensão e as imagens que os outros formam de nós não constituem uma representação gratuita da qual pudéssemos nos desinteressar. Sentimo-nos responsáveis pela vida que levamos na alma dos outros, somos essa vida. Assim, pois, toda ideia, opinião ou juízo alimentado a nosso respeito compromete-nos inescusavelmente. Ao desmentirmos a forma que se nos impõe, ao reclamarmos o reconhecimento da nossa índole e valor próprios, exigimos que nossa liberdade seja livre na consciência dos outros. Não se trata de uma liberdade em exercício unicamente na esfera do mundo, mas principalmente de uma liberdade que se afirma no complexo de experiências de outra subjetividade. Queremos, em suma, que a nossa vontade seja a vontade de outra vontade, que o nosso espírito afeiçoe a si os outros espíritos. Hegel já havia admitido que enquanto nossos apetites ficam adstritos às coisas do mundo, não saímos da esfera animal; somente quando o desejo versa sobre outro desejo ascende o homem à esfera propriamente humana.

No reino da determinação ôntica, como já tivemos ocasião de afirmar, o reflexo das coisas entre si não é de molde a sair da identidade do já dado. Ao contrário, no reino da subjetividade pática, o não dado, o inédito, o possível é que sugerem a pauta do existir. Se o homem, em oposição às outras consciências, mantivesse um ser fixo e estável, se fosse algo de determinado para si e para os outros, a realidade humana confundir-se-ia com a realidade ôntica. Uma consciência refletir-se-ia na outra num jogo estático de reflexos imóveis. A experiência decisiva que nos proporcionam as lutas e contrastes das vicissitudes inter-humanas e o empenho do eu em fazer prevalecer a sua vontade contra as limitações exteriores, provam que não é essa a verdadeira natureza do jogo das consciências. O eu se põe diante do tu, não como um ser objetivo diante de outro ser objetivo, mas como impulso da negatividade, isto é, como ação livre diante de outra realidade móvel e instável. Essa dupla operação das consciências configura o modo de ser do comportamento espiritual do homem. O outro é levado por uma inclinação natural a fixar-nos, a determinar-nos, a unir-nos a uma objetividade dada, e o mesmo fazemos relativamente às outras consciências. A imposição de uma forma exterior que nos reduz à simples objetividade é o suplício que deve afrontar nossa liberdade militante. Tendo a certeza interior de que somos mais do que somos, ou, como prefere Gabriel Marcel, não podendo ser feito o inventário objetivo do que somos, procuramos transcender e negar o nosso ser determinado. Queremos reconquistar e conformar livremente nossa realidade alienada e para isso endereçamos a vontade no intuito de identificar a interioridade e a exterioridade de nossa consciência. O eu = eu é a meta infinita de todo empenho humano, agilidade perfeita que permitiria a plena expansão de seu fundamento ontológico.

O sinistro Algabaal, de Stephan George, sequioso de que sua liberdade não fosse contrastada por nenhuma liberdade discordante e caprichosa, de que nenhuma consciência medrasse além da sua, isola-se num palácio subterrâneo, rodeado apenas pelos testemunhos mudos de sua desolada liberdade; se nenhuma voz diz "não" aos seus desejos, nada também consagra seu valor íntimo. Pedras preciosas reluzem, não como aplausos aos seus gestos, mas em virtude de sua natureza imutável e indiferente.

Como viu acertadamente Hegel, o drama da vontade de poder e da consciência de dominação reside em que, em sua plenitude, imperam sobre coisas inertes e dependentes. Em lugar de unir-se ao outro convocando-o para a comunicação existencial, o impulso de dominação reduz o outro a instrumento de seus desejos, negando a própria realidade que pretendia conquistar. O resultado da realização dominadora não se consuma no gozo da vitória sobre o outro, pois é acompanhado imediatamente pelo sentimento de degradação do adversário. A autêntica convivência dos espíritos não pode ser conciliada com a unilateralidade do poder consciente. Quem não sente disponibilidade para as outras consciências, quem só vê nos outros meios para a realização de si mesmo, destrói a possibilidade da comunicação existencial. No entanto, a receptividade para o outro não deve ser entendida no sentido de uma vida continuamente exposta e pública, de um descentramento total do existir. O afastamento, o silêncio e o recolhimento não traduzem sempre uma oclusão e recusa do outro, pois podem significar estágio e preparação para um contato mais verídico; aliás, toda a verdadeira formação de um elo mais profundo supõe essa prévia ruptura do convívio banal. Transcendendo, através das máscaras da reserva, do segredo e do silêncio, o burburinho da vida quotidiana, reservamos a efusividade do nosso espírito para quem possa compreender sua natureza verdadeira. O conjunto das reflexões que Nietzsche dedicou ao que poderíamos chamar a "teoria das máscaras" trata dessa necessidade que sentimos de afastar-nos para nos unir, de calar para falar, aguardando o encontro verdadeiro. Existem, entretanto, outras formas de isolamento e de reserva que não estão fundadas na esperança de uma comunicação mais alta: é o que poderíamos denominar a má solidão, o completo amuramento no próprio eu. Esse afastamento não é passagem para um novo diálogo, mas significa apenas o completo desespero de toda palavra comunicativa. Kierkegaard dedicou páginas definitivas à análise dessa forma de reserva e de solidão que considerava uma das manifestações do demoníaco.

A vida e as relações implicadas no convívio social dos homens não deixam de oferecer um enorme risco para a nossa realização pessoal. O poder despersonalizante e dissolvente do quotidiano social assola a nossa intimidade, tolhendo o impulso da espontaneidade criadora. Há, como viu muito bem Jaspers, um paradoxo no fato de que para sermos nós mesmos devemos dar acesso ao outro, devemos ser-com-o-outro. O ser-si-mesmo e o ser-com-o-outro formam a polaridade que permite o exercício mais amplo de nossos poderes pessoais. O homem nada é sem o outro, não só no sentido empírico e no que concerne ao provimento de suas necessidades biológicas e naturais, mas também no que respeita às suas possibilidades subjetivas e espirituais. Como vimos acima, a liberdade requer o testemunho de uma presença, é a ratificação além do mundo dos objetos, numa outra consciência. A circunstância em que deve exercer-se o comportamento do homem é um mundo de vontades em jogo e oposição. Nesse contexto é que surgem os dilemas e as alternativas extremas do nosso querer. Através das exigências, dos apelos, dos obstáculos e das possibilidades que os outros nos proporcionam nós nos inserimos no contexto social onde desenvolvemos nossa personalidade. Se o outro pode ser para nós uma presença confinante e embaraçosa, se pode paralisar o jogo de nossa consciência, pode representar também um poder libertador. Possibilidades que não seriam entrevistas pelo nosso espírito isolado surgem repentinamente diante do apelo de outra consciência. Assim, pois, a presença do outro não é uma realidade de consequências fixas e determinadas, o outro podendo significar um princípio inibidor ou uma força de promoção do valor pessoal. Se não houvesse a possibilidade de engrandecimento pessoal, através da comunicação das consciências, não se compreenderia a potenciação crescente do pensamento no decorrer da continuidade histórica. É certo que o comunicável de eu a eu cifra-se no geral, no racional, naquilo que desconhece a nossa própria singularidade. Não obstante, a partir das sugestões de significado universal podemos encontrar de maneira mais expedita o caminho da realização pessoal. Para não nos perdermos no puro não-ser dos eventos multitudinários devemos ser nós mesmos, escolhendo na sabedoria universal os estímulos e os elementos para nossa obra personalíssima.

O OUTRO COMO PROBLEMA TEÓRICO E COMO PROBLEMA PRÁTICO

Desde que surgiu no horizonte da cogitação filosófica o problema da experiência do outro, o objetivo da indagação filosófica centrou-se na tarefa de demonstrar como, no conhecimento de nós mesmos, está implicado o conhecimento do outro. O outro revelar-se-ia imediatamente a nós, no próprio dar-se a nós mesmos de nossa própria consciência. O *cogito* revelador da realidade pessoal implicaria imediatamente a intuição da existência do outro. Entretanto esse acesso teórico à existência do outro encontra obstáculos intransponíveis, pois o outro como representação de nosso eu, como conteúdo de pensamento, pode ser arrastado na dúvida e na suspensão fenomenológica. A consequência natural de transcrição desse problema em termos teóricos é, como demonstrou Sartre, o solipsismo. A presença do outro, no campo cognitivo, é uma experiência particular no conjunto global de nossa experiência; portanto o outro, como realidade transcendente a essa experiência, teria no máximo o valor de uma hipótese. Servir-nos-íamos assim da ideias do outro para coordenar e sistematizar um certo setor do nosso campo perceptivo, relegando sua realidade transcendente ao papel de mera ficção. De uma forma geral podemos afirmar que com o auxílio dos moldes da representação e do conhecimento, não podemos transcender o círculo da consciência pessoal, alcançando o conhecimento de outra subjetividade. Não é lícito, porém, esquecer que o outro se apresenta não só como um elemento do nosso mundo, mas principalmente como um ponto de vista independente e diverso em relação ao mundo. A experiência capaz de nos dar a notícia e certeza acerca dessa presença transcendente ao nosso mundo e, apesar disso, inserida nele não só através de sua forma corporal como também através de sua imediata repercussão em nosso espírito, essa experiência, repetimos, não pode ser um puro juízo intelectual. Desde Fichte, a investigação referente ao problema das relações intersubjetivas inclinou-se a considerar essa conexão mais como um fenômeno teórico. Somente na recíproca interação do agir é que se manifestaria como resistência, oposição ou apelo à realidade e à colaboração do outro. A nossa ação não é do mesmo tipo que o conhecimento, esse último podendo ser obra de um espectador solitário; ela envolve em sua ideia a ação dos outros eus. Nesse sentido podemos citar as palavras de Fichte: "Sabemos da ação dos outros somente a partir de nossa própria ação. Em suma: cada um sabe acerca da própria ação, na medida em que sabe da ação dos outros; pois o caráter de sua ação particular determina a totalidade". (*Jader weiss vom Handeln anderer idealiter nur durch sein eigenes aus sich heraus. Endlich; jeder weiss von seinem Handeln nur, inwiefern er von Handeln anderer weiss, realiter; denn der Charakter seines bestimmten Handeln der Gesamtheit*)[1].

A consciência de nossa própria ação constitui esse complexo de vivências que se expressa nas mais variadas objetivações. A compreensão das formas de atuação das outras consciências descansa evidentemente num acervo de experiências próprias e pessoais. Assim é que compreendemos e sentimos o valor de uma obra de arte não pelo simples fato de podermos percebê-la em nosso campo perceptivo, mas por podermos referi-la às nossas vivências. A nossa liberdade evolui entre os produtos da liberdade do outro e na ação encontramo-nos

---

[1] Johann Gottlieb Fichte. *Wissenschaftslehre*. Padua, Cedam, 1939.

sempre envoltos num mundo de objetividades e utensílios criados pelas outras existências. O problema diltheyano da inteligência e da apreensão dos fatos culturais relaciona-se intimamente com essa capacidade de compreender o que está fora de nós, reproduzindo-o e recriando-o em nosso espírito. O nosso eu encontra-se com o outro e constata a sua realidade não só no intercurso imediato da ação como também ao ascender à esfera dos produtos dessa liberdade transcendente. Manifesta-se, pois, na execução de nosso impulso existencial, uma referência aos demais, um saber dos demais que não tem o caráter de mera verificação intelectual.

Da elaboração histórica dessa problemática depreende-se o fato de que o aparecimento do outro não se pode equipar a qualquer conteúdo de nossa consciência. Enquanto todos os demais elementos do nosso campo de experiência não nos comprometem na categoria de centros autônomos de experiência, esse particular conteúdo que é a representação do outro nos empenha de uma forma radical e irreversível.

Já foi dito que o homem é essencialmente um querer. Pois bem, é na ordem do querer e na de um saber derivado desse querer que percebemos a realidade desse conteúdo de consciência que é a pessoa do outro. "Que um tu ou um ele apareçam diante de um eu", diz Dilthey, "não significa outra coisa senão que minha vontade experimenta algo de independente dela. Estão presentes duas autonomias, duas unidades volitivas, e essa é a experiência que se encontra na base de expressões tais como unidade, divergência e multiplicidade de vontade ou de objetos"[2]. O que daria peso e realidade às imagens do mundo seria esse índice volitivo que consolidaria o fluir das nossas representações na solidez de obrigações e conexões fixas. A demonstração da realidade e da exterioridade das coisas dar-se-ia, segundo essa ordem de ideias, segundo princípios morais e não segundo formas racionais. A mesma orientação prática na elaboração de uma dialética

---

[2] Wilhelm Dilthey. *Psicología y teoría del conocimiento*. México, Fondo de Cultura Económica, 1945, p. 200.

das consciências encontra-se na *Fenomenologia do Espírito* de Hegel. O eu defronta-se aí com o tu como uma vontade e não como um espectador teórico diante de outro espectador teórico. "A consciência de si atinge sua satisfação somente numa outra consciência de si".

Hegel sugere que a independência do espírito manifesta-se de forma mais poderosa na negatividade do desejo em relação ao seu objeto do que em qualquer forma de captação intelectual. O por-si comparece como força universal de assimilação do seu contrário, como desejo em sua expressão absoluta. Se o espírito é a verdade, o objeto não pode manter sua independência diante dessa autonomia soberana, devendo portanto ser negado, destruído e suprimido em sua independência, para renascer como criatura do por-si. A manifestação dessa criatividade absoluta se traduz na satisfação e no sentimento de sua própria força. Porém, diz Hegel, esse impulso espiritual de autonomia somente alcança sua plena satisfação quando, em lugar de se exercer sobre coisas, se exerce sobre outros impulsos. A forma original de conexão das consciências aparece no pensamento hegeliano traduzida em termos de luta, oposição e ação criadora de contrastes e não como movimento puramente noético. A grandeza da tese hegeliana consiste justamente em ter colocado o problema não num plano contemplativo, mas num plano de desenvolvimentos e atitudes volitivas. "O problema do outro é que faz possível o *cogito*, como momento abstrato em que o eu se apreende como objeto". (Loin que le problème de l'autre se pose à partir du cogito, c'est, au contraire, l'éxistence de l'autre qui rend le cogito possible, comme le moment abstrait où le moi se saisit comme objet)[3]. As interpretações subsequentes que podem surgir a respeito do outro se baseiam nas determinações oriundas dessa primeira interação prática das consciências. O "senhor" torna-se em primeiro lugar

---

[3] "O problema do outro está longe de se colocar a partir do *cogito*, mas, pelo contrário, é a existência do outro que torna o cogito possível, como o momento abstrato em que o eu se apreende como objeto." (N. O.). Jean Paul Sartre. *L'être et le néant*. Paris, Gallimard, 1943, p. 192.

"senhor", criando sua personalidade dominadora no risco e na incerteza da luta, para depois, como momento reflexivo, adquirir consciência de sua própria autonomia, de sua figura existencial. Acompanhando o surgir reflexivo que segue a efetivação dessa figura existencial irrompem correlativamente a consciência e o conhecimento (não o reconhecimento) do outro como "escravo", isto é, como aquele que depende da autonomia do "senhor". A subordinação do conhecer ao ser, no capítulo da dialética das consciências, não constitui uma infidelidade ao axioma idealista, pois o ser de que se trata é interpretado como movimento, luta, ação (*Tun*).

Para Hegel, o homem é uma "falta de ser", isto é, nada de fixo e determinável, mas a pura transcendência de todas as formas. Através da ação o homem chega ao conhecimento de si mesmo e do outro, ao *cogito* ampliado que revela o seu "ser-com-o-outro" (*Miteinandersein*).

Um aspecto importante que encontramos no célebre Capítulo IV da *Fenomenologia do Espírito* é a referência ao terror e à angústia que colhe a alma do escravo na contenda de vida e morte que decide acerca de seu próprio destino. Essa angústia é reveladora do secreto destino do ser-para-si e o escravo que "estremece em suas profundezas, sentindo que tudo quanto era fixo vacila", no medo diante da morte, toma consciência da absoluta negatividade da consciência humana. Assim, pois, a comunicação entre as consciências e sua recíproca apreensão é colocada, de modo incisivo, no terreno das vicissitudes ateoréticas.

Em nossos dias, Heidegger pronunciou-se de forma inequívoca a favor dessa determinação vital do nosso ser-com-o-outro. Diz ele que o nosso encontro com o outro não deve ser entendido como se um eu isolado se pusesse, depois, em contato com um outro sobrevindo. Estamos com o outro imediatamente, estamos como ser-no-mundo-com-o-outro, como seres-arrojados-no-mundo-com-o-outro. Esse outro com o qual me encontro originalmente não se põe como o fundo do qual me diferencio; o outro não é distância, mas proximidade da qual não me destaco. O "estar com" designa, segundo Heidegger, não um termo categorial aplicável a objetos em conjunção, mas uma significação existencial que esclarece esse primitivo estar implicado na conexão mundanal. Guardemonos, entretanto, da propensão que nos leva sempre a interpretar a presença do outro segundo formas teóricas. Nesse sentido adverte Heidegger que sempre devemos ter presente a forma original do nosso ser-no-mundo com-o-outro. O mundo da existência é um mundo compartilhado (*ein Mitwelt*) e o estar-no-mundo com-o-outro é um modo de ser constitutivo da própria existência, já que a existência é essencialmente coexistência. O mundo não se nos oferece unicamente como um campo de presenças objetivas, mas também como uma região de copresenças às coisas. O ser-com-o-outro não designa, no pensamento de Heidegger, qualquer constatação fática, como se fosse um juízo derivado da nossa convivência empírica. O ser-com-o-outro determina existencialmente a existência, mesmo quando não é praticamente perceptível ou presente. "O estar-só do *Dasein* (estar-aí) é também um estar-com-o-outro no mundo". (*Auch das Alleinsein des Daseins ist Mitsein in das Welt*)[4]. O afastamento espacial do grupo social, o viver fora do horizonte humano, em nada diminui essa nossa radical abertura para os outros. Portanto, a ausência do outro, o afastamento e a solidão constituem, como diz Heidegger, modos deficientes do nosso *Mitsein* e de maneira alguma comovem ou contestam essa estrutura fundamental. Como vimos, encontramo-nos originalmente a nós mesmos e aos outros, num mundo de coisas e de utensílios, imersos nas ocupações quotidianas. É nesse *umweltliche besorgten Mitwelt*[5] que se manifestam primariamente as nossas possibilidades do ser-com-o-outro. O mundo de ocupações e de solicitudes no qual surgimos na primitiva ligação com as outras existências determina, pelo tipo de significações que nele se manifesta e predomina, as interpretações que atribuímos a nós mesmos e aos outros. Como sabemos, para Heidegger, a compreensão

---

[4] Martin Heidegger. *Sein und Zeit*. Halle, Max Niemayer Verlag, p. 116.
[5] "mundo que compartilhamos, que nos cerca e nos preocupa"

(*Verstehen*) não é o conhecimento nascido do conhecimento, mas do modo de ser original da existência. Portanto, a compreensão que temos de nós mesmos e dos outros depende primordialmente do modo de ser do nosso ser-com-o-outro. Uma existência perdida na não-verdade, que rompeu toda e qualquer possibilidade de comunicação, só pode interpretar-se e aos demais segundo a ótica obliterada do seu modo de ser. Observamos, além disso, que a imagem que temos de nós mesmos deriva, em grande parte, do complexo social em que vivemos e do modo de ser de nossa existência. Com a tese que liga o conhecimento possível de nós mesmos, de nossa inclusão na dimensão do ser-para-o-outro, Heidegger desvendou um campo extraordinário para o conhecimento existencial. Nesse breve quadro do pensamento heideggeriano, no que concerne à dialética das consciências, podemos constatar a subordinação total da apreensão teorética do outro a um modo de revelação fenomenologicamente descritível, como seja o modo originário do encontrar-se com o outro na atitude do cuidado e da sociedade.

Se quisermos trazer mais argumentos a favor dessa conexão ateorética das consciências, poderíamos aferir no pensamento de Jaspers essa mesma concepção. Para Jaspers, nosso ser-com-o-outro (*Miteinadersein*) não é uma construção racional, mas uma condição do próprio desenvolvimento do ser-para-si-mesmo. Através dos múltiplos modos do encontro com o outro na comunidade social, profissional, no pensar teorético e na luta extenuante para uma comunicação autêntica, afirma-se o fato original de que a nossa existência é sempre uma experiência comunicativa. Como sabemos, a filosofia de Jaspers é uma filosofia existensiva e não existencial, não o preocupando, portanto, a fundamentação ontológica do nosso ser-com-o-outro (*Miteinandersein*); o que mais o preocupa é a superação das formas deficientes da comunicação, numa luta sempre em desenvolvimento. Desde o início, porém, das formas mais rudimentares do intercâmbio humano, das formas heterônomas do eu perdido no complexo social, até as formas mais sublimes do amor e da experiência unitiva, vemos transitar esse impulso que vai além do simplesmente conhecido e dado em busca de uma identificação incondicional. O impulso comunicativo, para Jaspers, se mantém sempre em devir, nunca podendo alcançar sua meta. É-nos dado observar essa eterna insuficiência do movimento das consciências no fenômeno da linguagem e das formas expressivas. Parece que toda expressão acaba sempre por trair a intenção que lhe deu origem, não podendo o mais profundo do homem jamais assumir a forma de uma forma. Assim, pois, parece que Jaspers se inclina para uma espécie de *dialogue du silence*, mais denso de interioridade que as exteriorizações verbais. A inadequação entre a interioridade e a exterioridade, na condição humana, é um índice, ao mesmo tempo, da impotência e da insigne grandeza de nossa liberdade. A revelação recíproca dos "eus", como mútua operação de liberdade em jogo, não pode ser vazada em qualquer estatuto fixo e objetivo, mantendo-se sempre no puro jogo da emulação amorosa. Tornando-nos nós mesmos provocados, como prolongamento natural desse gesto, o surgimento do outro enquanto ele mesmo, porque, acrescenta Jaspers – não posso ser livre se o outro não o for, não posso estar certo de mim se o outro não estiver certo de si mesmo, na minha possibilidade mais autêntica estando contido o meu ser-com-o-outro. A meditação de Jaspers no tocante à relação do eu e do tu decorre na dimensão da *ordo amoris*, da subjetividade apaixonada que se desencadeia num movimento criador original. Não se classificando essa visão filosófica nos termos de uma teorética do outro, vemos como isso vem corroborar a tese de que uma problemática das consciências só pode desenvolver-se em função da razão prática.

Um princípio que poderia governar a especulação que ora desenvolvemos está resumido na seguinte afirmação de Martin Buber: "As bases da linguagem não são nomes de coisas, mas relações"[6]. Como veremos, há uma correlação íntima entre a atividade enunciada da consciência e a experiência em que se acha comprometida. Essa linguagem de que nos fala

---

[6] Martin Buber. *Je et tu*. Paris, Aubier, 1938, p. 19.

Buber, em lugar de revelar o ser das coisas, formando um sistema de notação objetiva, é o apelo e a convocação para a comunicação possível dos espíritos. Nessa linguagem valem também os intervalos de silêncio, pois, como diz Jaspers, o poder calar pode ser a expressão de uma extraordinária força comunicativa, enquanto a mais transbordante loquacidade pode ser o anteparo de um coração reservado e egocêntrico. Nesse delicado terreno da consciência, uma dada aparência pode ser justamente o sintoma do estado contrário. O silêncio, sendo uma não-atividade, pode significar uma atividade particular que sugere e atrai pela força própria de sua expressividade. A palavra da ciência é sempre impositiva e coercitiva, é o verbo próprio do "estar-aí" das coisas; a sua forma se atém ao que é e existe, constituindo o que chamamos a palavra ôntica. A palavra, sendo o índice de meu ser-para-o-outro, sua forma original não deve ter sido a palavra ôntica, mas a relação de uma consciência com outras. Assim é que Sartre vê na palavra-sedução um modo de ser primitivo da expressividade humana. Como solicitação, exigência ou apelo a uma aventura e a um desenvolvimento que ainda não estão inscritos no já dado, como ruptura do simples estar-aí, surge originalmente essa linguagem relacional das consciências. *Estamos* nessa linguagem, mais do que a *proferimos* e através dela recebemos nosso ser. Já tivemos ocasião de insistir que no concernente à conexão intersubjetiva, os termos em relação não preexistem, mas são postos pelo elo relacional. Eis por que a palavra comunicativa é uma palavra fundadora que traz em si a virtualidade criativa essencial. Em seu ensaio *Hölderlin e a essência da poesia*, Heidegger discorreu sobre esse verbo mito-poético que, circulando através dos espíritos, abre à história o espaço de seu desenvolvimento próprio. Essa é a linguagem poética que se contrapõe à linguagem degradada no quotidiano.

Essas considerações semânticas, longe de nos terem afastado do itinerário que nos propusemos, conduziram-nos ao coração mesmo da problemática inicial. Admitindo, como axioma de nossas reflexões, a conexão estrutural entre vivência e expressão, o tipo semântico original corresponde a uma experiência do outro. Superamos nessa experiência a consciência do "coisismo" geral do ser, a relação teorética sujeito-objeto, numa consciência pulsional que nos descobre a realidade do outro. Através dessa praxis original propõe-se ao nosso eu o enxame dos outros "eus", podendo ela ser considerada como o sensório ativo da realidade do outro.

Assinalamos, no desenvolvimento histórico desse problema, uma singular concordância em sua colocação. Vimos como Fiche admitia que só como seres práticos, rompendo o solipsismo da intuição, podemos ter acesso à existência do outro. A liberdade só é autêntica na liberdade geral, na realidade transcendental das subjetividades. Encontramos idêntica acentuação do papel da consciência volitiva na determinação do nosso ser-para-o-outro, na dialética de Hegel. A consciência genética da relação das consciências funda-se na base impulsiva do desejo, na negatividade infinita do ser-para-si, que tendendo a suprimir e negar todo o estranho a si, termina seu drama no reconhecimento do outro.

O pensamento existencialista hodierno propõe, no concernente à mesma problemática, uma formulação aparentada a essa dialética, admitindo pois que em todos os misteres, ocupações e propósitos encontramos complicada a presença e a atividade do outro, numa comunidade de relações que precede o nosso ser-para-nós-mesmos. O ideal especulativo máximo da filosofia, no tratamento dessa questão, seria o da demonstração *a priori* dessa pluralidade de sujeitos e não o da simples mostração fenomenológica de sua conexão existencial. No entanto, esse ideal de uma compreensão exaustiva e radical do porquê da multiplicidade dos "eus" é uma ficção da esperança racional. A mesma opacidade que encontramos na necessidade própria do eu de estar sempre envolto numa circunstância, numa particular e determinada situação, encontramo-la também no referente a essa estrutura plural das consciências. Se o estar em situação já é uma situação, e, como formulou Jaspers, uma situação-limite, o outro é um ingrediente necessário desse estar-em-situação, um modo irredutível do existir. A vida, como polêmica incessante, luta e contraste é uma decorrência da diversidade de centros existenciais. Trazer à luz, como tentou Heidegger, a estrutura do nosso ser-com-o-outro através da descrição fenomenológica de uma situação de fato, não é de forma alguma compreender a sua razão última e sua teleologia imanente. Uma hermenêutica da existência não poderá proporcionar uma nova inteligência da multiplicidade da subjetividade, pois seu fim é o de analisar a existência como existência, em seu movimento interno – que se manifesta desde logo como pluralidade existencial – e não o de procurar uma explicação extraexistencial da própria estrutura da existência. Dilthey já firmou que o conhecimento deve procurar na própria vida o sentido da vida. Ora, a vida manifestando-se na consciência mais ampla de suas possibilidades como vida plural, esse é o fato último, irredutível a toda penetração racional. As tradições míticas milenares falam-nos de fantásticos desmembramentos divinos, em que uma unidade superior se fragmenta em gêneros e espécies. Essa pulverização da unidade e, ao mesmo tempo, a consciência de um elo primigênio não parecem constituir a projeção mítica da possibilidade de unificação das consciências?

O PROCESSO DO RECONHECIMENTO

O tema do reconhecimento, que passaremos a desenvolver, identifica-se com a tese da verdade existencial, com a vida que se conquista a si mesma, superando as circunstâncias desmerecedoras de suas possibilidades mais autênticas. O reconhecimento não é o exame circunstanciado de uma objetividade dada, mas a ex-posição da subjetividade que assimila a sua forma alienada de ser. O não-ser-si-mesmo é, nesse caso, a não-verdade, alienação nas formas degradadas do existir. A meditação filosófica, em nossos dias, se tem detido largamente no campo da não-verdade, da vida esquecida de si mesma e de seu mais estranhado destino. As análises de Gabriel Marcel sobre o desbordamento da ideia de função no contexto da sociedade atual são aptas a nos instruir acerca desse fenômeno fundamental. O homem moderno, diz Marcel, tem a tendência de interpretar os outros e a si mesmo como um conjunto de desempenhos, a sua realidade e unidade existenciais desdobrando-se num sem-número de funções: a do cidadão, a do consumidor, a do profissional etc. Esse mundo, reduzido à fisiologia de seu modo de ser objetivo, dá-nos assim a impressão de uma opressiva tristeza, em seu vazio abismal.

Além de Marcel, outros filósofos, entre os quais Berdiaeff e Jaspers, conscientes da perda de substância de nossa época, procuraram analisar a gênese desse refluxo para as formas imeritórias do existir. Um ente natural, idêntico a si mesmo, no qual o ser possível é idêntico ao ser atual, terá a sua não-verdade unicamente fora de si, na consciência que o contempla. Em si e por si, o seu modo de ser é idêntico à sua verdade. A pedra é sempre pedra, podendo não o ser apenas no reflexo de uma consciência cognoscente. Não é esse, entretanto, o caso de uma realidade como a do homem em que o possível não se identifica com o simples estar-aí e no qual convivem as possibilidades da verdade e da não-verdade. Num tal tipo de existência, essas determinações polares podem dar-se no próprio círculo de sua realidade e não unicamente fora de si. O homem pode obscurecer para si mesmo a própria índole, e, na má-fé de seu sentimento, renegar a confissão de sua intimidade, na reverberação de perspectivas ilusórias. Esse poder de assumir outra forma que não a sua, essa heteromorfose originária constitui a antífona da teoria do reconhecimento. O homem, como movimento de reconhecimento, quer conformar o seu em-si à forma do seu ser para-si. Indo além de sua transcrição objetiva na consciência dos outros, de sua escravidão diante do testemunho efetivador do outro, a livre subjetividade procura suprimir e recuperar a imagem perdida de si mesma. Não é a nossa faticidade, a simples capacidade de movimento físico que anseia pelo reconhecimento, mas a nossa capacidade pessoal de ser. Em linguagem hegeliana, poder-se-ia dizer que o que tende para o reconhecimento é o nosso ser como negatividade, como liberdade. Está implicado também no problema do reconhecimento o fato de que deparamos com um não-reconhecimento originário, que desencadeia o processo da firmação pessoal do por-si. Esse, ao surgir na esfera de outras consciências, reveste-se inevitavelmente – segundo Sartre – de um *dehors*, de uma alteridade que se propõe imediatamente como objetividade a ser transcendida, o nosso por-si não sendo mais do que o movimento de superação desse ser perdido nas outras consciências. Portanto, o *sim* do reconhecimento supõe, dialeticamente, o *não* dessa alteridade do em-si-para-o-outro. Ao surgirmos, porém, diante do outro, esse surge diante de nós; essa alteridade objetivante do ser-com-o-outro e o não-reconhecimento original das subjetividades constituem o ponto de arranque da dialética das consciências. Não devemos, entretanto, entender esse estado como qualquer coisa de fixo, compreendendo ser o reconhecimento uma operação sempre em curso e sempre comprometida em sua plenitude comunicativa. Como diz Jaspers: "A comunicação nunca deixa de ser uma luta. Somente num caso particular pode a luta chegar a um fim: no plano geral, isso jamais se dará, pelo fato mesmo da infinitude da existência, sempre incompleta, sempre em vir-a-ser, por mais longe que vá". (*Kommunication hört nie auf, eine kämpfende zu sein. Nur partikular kann der Kampf zu einem Ende kommen, im Ganzen niemals: wegwn das Unedlichkeit der Existenz, die, in der Erscheinung nie sich vollendend, nicht aufhört zu werden, soweit sie auch kommt)*[1].

O reiterado sentimento da "insuficiência" (*Ungenügend*) das formas comunicativas e de compreensão recíproca dos espíritos é o índice do eterno limite oposto pelos outros "eus" ao nosso eu. Com isso não queremos contestar a possibilidade de uma relação promotora e efusiva entre as consciências e o poder de reconhecimento do amor. Na relação amorosa, de fato, o outro surge em nossa consciência na plenitude de seus valores, não como objetividade, mas como liberdade. Contestamos unicamente a possibilidade dessas relações aconflituais ilidirem o eterno jogo da subjetividade e da alteridade, intrínseco à dialética das consciências.

Devemos, entretanto, esclarecer melhor o sentido profundo do processo de reconhecimento com que deparamos no pórtico da vida espiritual. Como vimos, a questão se refere ao reconhecimento da presença pessoal e não da simples presença material do homem. Pelo fato da consciência rebelar-se contra toda determinação ôntica de seu ser, sendo como é pura negatividade, origina-se o drama da liberdade. Fosse a multiplicidade dos "eus" um simples agregado de entidades

---

[1] Karl Jaspers. *Philosophie*. Berlin, Springer-Verlag, 1948, p. 354.

ônticas que se esgotassem em sua presença e não poderíamos sequer pensar nesse evento existencial. Desencadeia-se, pois, esse certame humano porque, para o homem, o estar-aí é a não-verdade, a contrafação de seu modo autêntico de existir. O primeiro movimento da consciência que lhe dá a satisfação de sua verdade plena, é o movimento de supressão do objeto. Transcendendo o seu em-si-para-o-outro, isto é, seu ser confinado e fixo, o espírito procura um espaço livre de desenvolvimento. A doutrina do reconhecimento supõe, evidentemente, como já afirmou Hegel, que a verdade da consciência não está no objeto, mas na subjetividade. Toda determinação, objetivação ou definição manifestam-se como impedimentos a esse ir-além-de-si-mesmo da realidade humana. Nietzsche valorizou particularmente o impulso de autossuperação, de domínio e de vitória sobre si mesmo que regem a nossa dinâmica interior, vendo no poder interno de superação a medida da força espiritual do homem. Esse caminho heroico, segundo Grassi, representa a estrutura transcendental do humano, a capacidade de desvencilhar-se das coisas em lugar de ser por elas dominado. "Pertence à vida individual e culta o fato de o homem nunca aderir ao meramente objetivo e existente". (*Daher gehört es auch zur Forderung des individuellen Leben und der Buldung, dass der einzeine nielmals an den Gegenständen, an den Vorhandenem hafte*)[2]. Como negatividade absoluta, o ser autêntico do homem não pode se acumpliciar com o meramente dado, não se lhe podendo atribuir qualquer categoria ôntica, já que escapa a todas as leis do determinado. Assim é que a satisfação e a certeza de seu cumprimento existencial se aliam sempre aos movimentos criadores e exuberantes da personalidade. No delírio das manifestações dionisíacas, na transgressão das formas consuetudinárias manifesta-se, de forma exemplar, a índole original do homem. A alegria do encontro consigo mesmo e da atuação nessa linha vocacional última não inclui o que há de obscuro e funesto na vida, a destruição e o malogro de grande

---

[2] Ernesto Grassi. *Verteidigung des individuellen Lebens*. Berlin, Francke, 1944, p. 170.

parte de nossos objetivos. A felicidade oriunda do exercício e da realização do valor pessoal é uma felicidade que ultrapassou provações e desgarramentos, sabendo no entanto manter-se fiel a si mesma, como vontade que é de superação. Somente enquanto transcendência e compreensão desse movimento, a consciência pode descobrir o seu caminho heroico. Nenhuma forma insidiosa de desencanto, desalento ou pessimismo pode impor-se a uma consciência educada nesse grande sentido. O pessimismo afirma que nada existe além da flutuação incerta no existir. A filosofia que se orienta no sentido do possível reconhece também a vaidade de todo o finito e a evanescência das coisas que porventura amamos; porém, enquanto o pessimismo atende aos *resultados*, desesperando-se pelo fato de nada existir de permanente na terra, o homem educado no possível (como queria Kierkegaard), vê a plenitude e a recompensa da existência no próprio exercício do viver. Nietzsche, por outro lado, viu muito bem que o sintoma do acerto ontológico e da verdade íntima reside no sentimento estuante do acréscimo de nosso poder, na agilidade crescente de nossas faculdades, na disponibilidade superior de nós mesmos. Não é pelo robustecimento do objeto, mas por sua supressão através da negatividade e da força criadora que se desdobra a potenciação do nosso eu.

Se encontrarmos o perfil verídico de nosso eu na atuação negadora, é certo que o seu domínio de jurisdição deve estender-se a todas as relações humanas. Como dissemos acima, a negatividade própria do homem manifesta-se na dimensão do ser-para-o-outro, como vontade de reconhecimento. O movimento de autoafirmação e superação não se cumpre no espaço monádico da consciência, mas na dimensão ek-stática do ser-para-o-outro. Se a presença do outro nos arroja na minoridade do ser-entre-as-coisas, é diante do seu testemunho e em seu espírito que devemos operar a emancipação do nosso em-si. Desejamos adquirir a plena agilidade, a graça superior que permite sermos exteriormente o que somos interiormente. Somente a livre disponibilidade dos poderes internos e a realização desembaraçada da subjetividade podem proporcionar a plena satisfação existencial. Como viu muito bem Hegel, não é a vida por si mesma, em seu puro exercício, que proporciona a fruição de nossos próprios poderes. O homem não é o ser imediato à vida, porém um *mais* que a sua própria vida, um *mais* que procura o seu direito e o seu reconhecimento.

Não é nosso intento descrever aqui, pormenorizadamente, a dialética da consciência no sentido hegeliano. Bastam, para o nosso fito, algumas indicações que mais de perto interessam a meditação em curso.

Considera Hegel que, estando as consciências originalmente imersas no imediato da vida, refletindo-se reciprocamente como meras objetividades restritivas, o seu primeiro movimento é o de extirpar de si todo o ser imediato, tornando-se o puro ser negativo da consciência igual a si mesma. Esse processo, traduzido em outra linguagem, significa que cada homem tende à destruição do outro, desse outro que faz nascer em sua realidade confinada e fática. Expressa-se nessa luta mortal o princípio da negatividade que, pondo o homem como obra de si mesmo, é o supremo repúdio da sua realidade simplesmente vital. Arriscando a vida nessa luta de puro prestígio, o homem se afirma como um princípio superior ao princípio vital, como negação de todo ser dado. Como sabemos, o resultado dessa guerra meta-histórica é o dimorfismo da consciência dominante e da consciência servil: o homem que aceita o risco dessa luta levando-a a seu termo vitorioso forma a casta dos senhores, enquanto os contendores que recuam diante da possibilidade da morte, por apego à vida, definem-se como naturezas dependentes e servis. Sustenta Hegel que as duas expressões ou figuras vitais desse certame manifestam-se nas atividades da luta e do trabalho. Através da vitória sobre o outro o senhor afirma sua plena independência em relação ao objeto, na luta e nos prazeres de uma existência sem entraves. O escravo, por se ter intimidado diante do perigo, acha-se em dependência das coisas e a única negação ou transformação que pode exercer sobre elas, manifesta-se na negatividade do trabalho; através desse, o escravo consegue a supremacia e libertação que lhe foram negadas no tocante à sua autoafirmação inicial. Assim é que o binômio luta-trabalho representa para Hegel os dois princípios da dialética das consciências. Parece-nos, no entanto, insuficiente essa concepção do reconhecimento, pois as formas agonais em que se exprime o tessemunho de nossa consciência não se realizam unicamente na seriedade da luta mortal e do trabalho.

Huizinga, em seu livro *Homo ludens*, demonstrou, se bem visando outros propósitos e aplicando seu material antropológico a uma tese diferente, tudo o que há de festa, regozijo e pura expansão lúdica na evolução da cultura e da consciência humanas. A crítica mais séria à antropogênese hegeliana é, entretanto, a que nasce da valorização existencial das conexões da consciência. Hegel projetou a sua dialética no plano da história universal, referindo sempre suas noções aos grandes momentos da vida espiritual do mundo e não ao eu e ao tu particulares. Essa determinação abstrata do intercâmbio do espírito denuncia o desconhecimento dos direitos da individualidade existente. Kierkegaard condenou justamente essa forma da não-verdade do existir como sendo redenção do homem ao *éthos* geral. O homem, embora participe do processo histórico-mundial, não se esgota em suas finalidades coletivas. O que deve mostrar e esclarecer uma filosofia, no referente à problemática das consciências, é o fenômeno singular da minha, da tua consciência em sua interação formadora e não as grandes figuras abstratas da consciência geral. O existir dá-se sempre como este ou aquele existir particulares e os grandes princípios do jogo do por-si e do para-o-outro devem ser vividos em sua concreção singular. Jaspers também se refere à consciência dominante e à consciência servil, ao *herrchen* e ao *dienen*, colocando porém as relações de domínio e de sujeição entre as demais situações comunicativas, sem qualquer preponderância fundamental no processo histórico-universal. Acrescenta, entretanto, que a força, em qualquer de suas formas, física, vital ou espiritual, determina relações de subordinação entre os homens, constituindo uma realidade existencial universal. Jaspers não confere, todavia, a essa dialética conflitual de subordinação, nenhum papel axial e exclusivo no movimento comunicativo. Sartre, que parece se inclinar pela tese de que todas as relações humanas se classificam na dinâmica da transcendência transcendente e da transcendência transcendida, projeta, no entanto, essa contínua interação no plano da realidade singular. Sou eu, em minha singularidade pessoal, que vejo perecerem minhas possibilidades próprias, superadas e envolvidas no projeto de um tu dominador. A luta pelo domínio desenrola-se, para ele, no palco das personalidades singulares, constituindo a dificuldade que devemos enfrentar na persecução de nossa autorrealização.

Resumindo as ideias desenvolvidas até aqui, vimos como a realidade humana é suscetível de assumir formas coerentes ou discordantes em relação à sua maneira de ser fundamental. A capacidade de instalar-se na má-fé, de perder-se na não-verdade e alienar-se é a prerrogativa mais perigosa do homem. Os tipos nos quais se exprime essa determinação da não-verdade não são todos homogêneos, mas pertencem a dimensões diferentes. O homem pode alienar-se devido às suas relações ontológicas com as outras consciências ou devido a circunstâncias histórico-sociais particulares. Indicamos acima como Gabriel Marcel denuncia o mundo social contemporâneo em sua exacerbada falsificação existencial e em seu processo de materialização progressiva de todos os valores. O homem é, nele, rebatido para o plano das coisas e da mera funcionalidade social; essa é a não-verdade da consciência, originária das condições exteriores do todo coletivo. Muito mais importante, porém, para as nossas cogitações, é a forma de heteromorfose originária de nossa dimensão ontológica do ser-para-o-outro. Nessa situação, o existir transita para a não-verdade ao identificar-se com as formas do em-si, a corporalidade do em-si roubando a força da verdade interior. Todo o processo do reconhecimento estriba-se na exigência de exteriorização e de manifestação do nosso ser, na necessidade de tornar patente para o outro e para nós mesmos a nossa figura existencial. Somente requer reconhecimento o que não é imediatamente, o que deve produzir-se, isto é, adiantar-se e transcender-se para se patentear plenamente. Por isso, a revelação comunicativa do eu é um movimento de negatividade negadora que, superando os limites do meramente dado, vai em busca de seus próprios possíveis. A liberdade, como poder de autocriação do destino, parte em busca de seu ser alienado, num desejo de recuperação e de fundação ontológicas. Podemos identificar, portanto, a tese do reconhecimento com a tese da verdade existencial. Vimos como podemos ser nós mesmos, reconhecendo a existência e a liberdade do outro, e como a operação que nos funda na autenticidade é a mesma que dota o outro de plena independência em relação a nós mesmos. O desenvolvimento do processo do reconhecimento da consciência do outro identifica-se com a manifestação de nossas possibilidades autênticas de ser. Por outro lado, o desconhecimento das prerrogativas do outro e a ruptura da comunicação provocam, através de uma dialética implacável, a paralisação de nossas próprias possibilidades. O senhor passa, então, a ser escravo de seu próprio escravo e a consciência, no deserto infinito de seu isolamento, não encontra mais estímulo para a sua liberdade.

Formas do reconhecimento

Das considerações anteriores depreende-se que o sentido último da dialética das consciências consiste no advento da presença humana, dessa presença que se afiança continuamente através dos acontecimentos históricos. Lavelle vê o sentido do decurso espiritual da história no surgir e debruçar-se da consciência sobre o mundo das coisas, no contínuo esforço de transformação da ausência pessoal na atenta vigília da pessoa; o fenômeno de patenteação da presença pessoal não segue uma linha monádica, mas é o resultado do entrechoque formador das consciências e da verdade que nasce da dor, do esforço e do sofrimento. Já dissemos que a emergência da presença é idêntica ao sentido existencial da verdade, é a própria verdade como vida centrada em si mesma, como ser-junto-de-si. A garantia da presença é a garantia da verdade mesma, em todas as ordens de suas manifestações; somente poderá conceber a verdade a consciência que previamente se tenha em verdade consigo mesma.

Nesse capítulo examinaremos as grandes formas em que discorreu e discorre a atualização da verdade existencial.

Hegel, tendo restringido à luta e ao trabalho os momentos propulsores da consciência de si, se por um lado inaugurou genialmente o estudo da problemática das consciências, por outro restringiu as formas em que se traduz o reconhecimento intersubjetivo. Num de seus fragmentos de juventude, vislumbra no amor o impulso que se desdobra e unifica e que provoca esse "conhecer-se" dos espíritos, além de toda corporalidade. Na multiplicidade do mundo, que deve ser unificada na chama do amor, exprime-se o esboço da mediação que supõe sempre o não-ser de uma determinada coisa como premissa de seu próprio desenvolvimento. Segundo A. Kojève, Hegel não insistiu na doutrina do amor como autentificação da verdade existencial porque temia que o reconhecimento derivado do amor só se pudesse exercer no plano pessoal e particular. *L'Amour (humain) est lui aussi un désir de reconnaissance: l'amant veut être aimé, c'est-à-dire reconnu comme valeur absolue ou universelle dans sa particularité même, qui le distingue de tous les autres... Ce que Hegel reproche (implicitemente) dans la* Fenomenologia *à l'Amour, c'est d'une part son caractère "privé" (on ne peut être aimé que par très peu de personnes, tandis qu'on peut être universellement reconnu)*[1]. Nessa primeira tentativa de Hegel de encontrar o motor da emergência e patenteação pessoais, vemos que o problema é suscetível de diversos acertamentos. Se, posteriormente, a *Fenomenologia* prefere dar acento exclusivo à atividade negadora e criadora da luta e do trabalho, isso se deve em grande parte a motivos histórico-políticos. O material antropológico e etnográfico de que dispunha Hegel não lhe permitia uma compreensão exata da conduta dos povos primitivos e dos grandes fatores atuantes da História. Vendo, no decurso dos fatos históricos, unicamente a antitética da consciência nobre e da consciência trabalhadora, isto é, projetando na totalidade da história do espírito os fenômenos revolucionários de seu tempo, Hegel comprimiu a fluidez do jogo das consciências no esquema redutor da luta e do trabalho. Apelando, porém,

---

[1] "Também o amor humano é um desejo de reconhecimento: o amante quer ser amado, isto é, reconhecido como valor absoluto ou universal na sua própria particularidade, a qual o distingue de tudo o mais. O que Hegel, na *Fenomenologia*, censura ao Amor é em parte o seu caráter privado (podemos ser amados apenas por muito poucas pessoas, mas o nosso reconhecimento pode ser universal)." (N. O.). Alexandre Kojève. *Introduction à la lecture de Hegel*. Paris, Gallimard, 1947, p. 512.

para um conceito mais amplo da interação humana, veremos como a luta e o trabalho passam a figurar entre as formas possíveis do vir-a-ser da consciência, não constituindo, entretanto, sua forma exclusiva. Nas manifestações humanas em que deparamos com a vontade de preponderar, de exceder, de manifestar uma superioridade de natureza corporal ou espiritual, podemos encontrar um momento promotor da personalidade e da cultura. No jogo particularmente e em todas as competições em que o homem põe à prova sua força, destreza e habilidade, manifesta-se a vontade de assegurar seu prestígio pessoal. A importância do sentido agonal da vida, como expressão de um impulso de perfeição e beleza, foi destacada ultimamente de maneira incisiva, como fator dinâmico do desenvolvimento cultural.

Estamos muito longe das ideias utilitaristas do século passado que viam nas objetividades culturais e nos valores que determinam o nosso comportamento o resultado de uma atividade forçosamente "séria" e dirigida ao imediato. Como observou muito bem Ortega y Gasset, na formação de um complexo cultural há muito de festa, exuberância, impulso lúdico e esportivo de viver. O homem fortifica e assegura sua superioridade sobre as coisas na atividade agonal e lúdica e em todas as formas de competição, de desafio e de emulação. Hegel afirmara que somente no risco da própria vida e na luta pela supremacia, na seriedade desesperada da consciência de si é que poderíamos reconhecer uma experiência de índole criadora. Entretanto, as modernas contribuições ao estudo do homem mostraram que a atividade histórica transcorre muitas vezes em terreno menos sério e conspícuo. A vida conflitual assume nas diferentes comunidades históricas formas imprevistas e inclassificáveis *a priori*. O homem sempre manifestou o gosto da porfia, da emulação e da luta pelo reconhecimento. O jogo, entretanto, em seu mais amplo sentido abarca todos os ramos possíveis da árvore cultural. Encontramos o impulso lúdico, como demonstrou fartamente Huizinga, não só nos embates da guerra, como também nos fenômenos religiosos, artísticos, jurídicos, políticos, filosóficos etc. "A cultura surge em forma de jogo, a cultura no princípio é jogo. Não se deve, entretanto, compreender essa afirmação no sentido de que o jogo se transformasse ou transmutasse em cultura, porém no sentido de que a cultura, em suas fases primárias, tem algo de lúdico, isto é, desenvolve-se nas formas e com o ânimo de um jogo". O que nos compete demonstrar conclusivamente é o papel da atividade lúdica no estabelecimento da presença pessoal. O jogo não é unicamente a manifestação de uma pletora, de uma excedência, de um impulso de autoafirmação. No jogo, o homem não é – como no caso do conhecimento – determinado pelo objeto que lhe confere apenas o ponto de partida para o exercício de sua fantasia figurativa. Como demonstrou Buytendijk, o jogo implica sempre um jogar com figuras, com as possíveis formas de conduta do contendor ou daquilo com que se joga. O "espaço do jogo" é justamente o campo onde se inscrevem essas possibilidades com que temos que nos haver e onde se exerce nossa liberdade. Não há possibilidade de jogo quando não podemos transcender o dado em vista de sua possibilidade figurativa. Essa fantasia que cria um mundo de ocasiões, onde se insere o nosso comportamento, é a força que, negando o mundo corrente, instala o campo da ação lúdica.

A absorção e a abstração próprias ao fenômeno do jogo derivam dessa imaginação produtiva que funda o espaço onde se desenrolará a representação ou a competição agonal. O jogo não consulta o dado, mas é uma atividade fantástica e criadora que encena um complexo de sentidos e práticas dinâmicas. Com referência ao papel da ação lúdica, diz Leo Frobenius que toda a grande força criadora e civilizadora procede da fonte fundamental do jogo da criança, que traz em si uma força demoníaca e criadora. Toda a realidade cultural, para Frobenius, é uma realidade "representada", isto é, uma reação espontânea e livre dos poderes demoníacos do nosso eu. Vemos, portanto, que em toda a extensão do problema lúdico vem à luz algo de livre, espontâneo e vitorioso sobre o limite constrangedor do dado. É nesse sentido que devemos compreender o célebre dito de Schiller: "O homem só é verdadeiramente grande quando joga". Schiller via, pois, no jogo, isto é, no desenvolvimento da fantasia produtora, a genuína encarnação da liberdade subjetiva.

Em que sentido devemos compreender o papel de reconhecimento recíproco inerente à atividade lúdica? Se no jogo propõe-se à consciência uma dificuldade, obstáculo ou conduta a superar, patenteando a capacidade e força pessoais, é claro que na cena lúdica se evidencia o poder da liberdade. O prestígio e a fama que envolviam, na Grécia antiga, os vencedores das competições e dos jogos olímpicos são um índice desse papel revelador e autentificador do jogo. Na atividade do jogar expressa-se um desejo de independência, liberdade de movimentos, agilidade e vigilância, que conferem à sua natureza uma dignidade ontológica superior. Em geral, o jogo supõe sempre um antagonista, estando pois na dimensão do ser-para-o-outro; mesmo nos jogos solitários dá-se essa referência a um testemunho que pode virtualmente aferir o nosso acerto. Ao jogar, pois, somos objetos de jogo e é nessa determinação particular que aportamos a afirmação de nosso poder e destreza pessoais. Numa pugna intelectual, os contendores, através de um complexo de questões, procuram paralisar a capacidade discursiva do interlocutor, pretendendo reduzi-lo à sua desvalida e nua objetividade. O não-saber funciona nesse caso como uma incapacidade de desvencilhar-se de uma situação, acarretando a sujeição à transcendência do outro. Na atividade lúdica manifestam-se todos os requisitos exigidos pelo processo do reconhecimento das consciências que é, em última instância, o ato decidido do por-si que quer apoderar-se do seu ser imediato. No desenrolar-se do processo lúdico constatamos a enérgica atualização das possibilidades humanas, a tentativa da redução do não-eu ao eu.

Como diz Sartre, *le jeu en effet comme l'ironie kirkegaardienne, délivre la subjetivité. Qu'est-ce qu'un jeu, en effet, sinon une activité dont l'homme est l'origine première, dont l'homme pose lui-même les principes et qui ne peut avoir de conséquences que selon les principes posés? Dès qu'un homme se saisit comme libre et veut user de sa liberté, quelle que puisse être d'ailleurs son angoisse, son activité est de jeu*[2]. O importante no exercício dessa liberdade agonal é justamente o seu alcance intersubjetivo, isto é, o seu ser-diante-do-outro e a conexão de reconhecimento que estabelece. O jogador se põe no espaço de seu em-si-para-o-outro e é nessa determinação que se assevera o seu projeto de recuperação. Como, porém, o projeto de recuperação é o próprio esquema do reconhecimento, o jogo se identifica com uma das formas da realização da consciência de si. O jogo, em seu sentido mais amplo, é um movimento de superação do nosso ser imediato ou, como queria Hegel, uma supressão do objeto. O sonho secreto do jogador é o de uma absoluta liberdade de gestos, movimentos e possibilidades, o de uma agilidade pura, capaz de vencer todas as resistências. Esse *desideratum* realizar-se-ia mediante a total apropriação do em-si, mediante a purificação de toda carga objetiva. Idêntica finalidade se aninha na vontade de promoção do nosso eu pessoal, que sonha com a absoluta criatividade. Eis por que podemos considerar a porfia lúdica, em sua tendência recíproca de superação, como um jogo de transcendências que clamam pelo reconhecimento. Como afirmou Sartre, no jogo tudo é posto pelo eu que se comporta de um modo livre e criador. Essa liberdade que consideramos o núcleo ontológico do homem, a expressão da consciência de si, afiança-se formalmente na praxis lúdica. No espaço do jogo, o homem exibe e produz sua prioridade ontológica relativamente às coisas. Uma ilustração marcante do sentido de autoafirmação pessoal através do impulso agonal, encontramo-la numa referência de Huizinga acerca de um costume existente em certas comunidades primitivas. Referimo-nos ao *potlach*. Em determinadas épocas certos grupos de uma tribo se defrontam e numa demonstração paroxística de generosidade e de ostentação

---

[2] "um jogo, com efeito, como a ironia de Kierkegaard, redime a subjetividade. Ora, o que é um jogo senão uma atividade cuja origem primeira é o próprio homem, o qual estabelece os seus princípios e as conseqüências que deles decorrem? Desde que um homem se conceba como livre e queira usar essa liberdade, a sua atividade é o jogo, a despeito da angústia que possa ter." (N. O.). Jean Paul Sartre. *L'être et le néant*. Paris, Gallimard, 1943, p. 669.

distribuem, doam ou destroem a totalidade de seus bens. O alcance desse despojamento material vai a limites inconcebíveis. Afirma Huizinga que nas práticas do *potlach* se manifesta o instinto agonal de um grupo, o jogo de uma sociedade que potencia e eleva a uma esfera superior a personalidade individual e coletiva. Não há exemplo mais eloquente do que esse da vontade humana de prestígio e de glória, do reconhecimento de sua superioridade sobre o meramente material. Esse fenômeno social transcorre num ambiente de celebração e de festa, com ânimo puramente lúdico. Estamos muito longe daquele ambiente cruento e feroz em que Hegel procurou exclusivamente situar o advento da consciência de si. Todo jogo e principalmente as manifestações agonais primitivas podem degenerar em práticas sangrentas, essas ocorrências não pertencendo entretanto à sua natureza íntima. O lúdico pode, pois, se apresentar ao lado da luta de vida e morte e do trabalho, como forma universal da antropogênese. O jogo, libertando a subjetividade, propicia a emergência do homem verdadeiro, sendo, pois, uma forma de transcendência do mero estar-aí. Além de Schiller, Schlegel também pressentiu o papel purificador da disposição lúdica, vendo na ironia e no chiste uma explosão do espírito e da liberdade. Como sabemos, a atitude irônica foi reconhecida por todos os românticos como o fenômeno primordial da liberdade. Ironizar é jogar com as coisas, com todas as coisas que se apresentam ao eu como expressão de sua figurabilidade infinita. O eu irônico não se atém a nenhuma dessas figuras particulares, mas joga com todas, em sua genialidade titânica. No aforismo de Novalis, *alles zu frivolizieren*, desejo de frivolizar tudo, está contida essa doutrina da independência genial do eu em relação a todas as suas figuras particulares, isto é, o sentido de destreza lúdica ilimitada.

A linha de pensamento que desenvolvemos até aqui é de índole a nos convencer que as formas de comunicação e intercurso das consciências exorbitam a determinação hegeliana da consciência dominadora e da consciência servil. Os expedientes e tipos de atividades através dos quais emerge a consciência de si não obedecem a qualquer legalidade exaustiva. Somente a história pragmática da liberdade é que pode nos instruir acerca das formas que o processo do reconhecimento revestiu através da história. O homem afirmou sua realidade ontológica pela linguagem variada da luta, do jogo, da imaginação e de todas as outras especificações do impulso de negatividade. Nessa obra histórica, não interveio unicamente a operosidade do trabalho, como quer o materialismo dialético, mas toda a energia estuante e despreocupada que se manifesta nos concursos, porfias e em todos os movimentos festivos dos grupos sociais. Devemos incluir entre essas forças jovens e criadoras a faculdade mitopoética que desenvolve o âmbito representativo de todas as culturas. A capacidade do fantástico atua na fixação do campo de jogo mitológico que está à base de todo o edifício cultural, tendo sido muitas vezes identificada com a atividade imaginativa da criança em seu abandono lúdico. No ensimesmamento do brinquedo, a criança exterioriza um mundo de realidades que formam o *décor* próprio de sua representação lúdica. Esse fenômeno é muito análogo à determinação do imaginário de uma comunidade humana em suas vicissitudes primitivas. Tanto a criança como o homem, em sua índole sociológico-cultural, reprovam qualquer determinação naturalística, tanto a primeira como o segundo criando seu modo próprio, sua interpretação do contorno envolvente. A esse poder inerente à realidade humana, Frobenius dá o nome de impulso demoníaco, acrescentando que a vida na dimensão demoníaca, isto é, como "impulso de jogo é o criar, o transformar, a criatividade em si mesma"[3]. O jogo, na acepção aqui usada, tendo como elemento a prospecção fantástica de um mundo de possibilidades, comparece de maneira ostensiva entre os elementos morfogenéticos da cultura e da personalidade humana. Vemos através da história o homem asseverando suas possibilidades originais e requerendo o reconhecimento de suas prerrogativas, num exercício de múltiplas formas de exteriorização e plasmação criadoras.

---

[3] Leo Frobenius. *La cultura como ser viviente*. Madrid, Espasa-Calpe, 1934, p. 100.

É nossa opinião, entretanto, que ao adicionar à dialética do senhor e do escravo a dialética agonal e lúdica, não esgotamos as formas possíveis que pode assumir o fecundo jogo das consciências. Hegel, ao escolher um modelo único de interação, falseou e empobreceu a infinita complexidade do problema. A vontade de alcançar um conceito da conexão das existências não deve prevalecer sobre o respeito às manifestações concretas desta mesma conexão. Se seguíssemos a pente que nos leva à simplificação, diríamos que entre os homens só podem existir dois movimentos: o do amor e o do ódio, este reduzindo o "outro" a uma objetividade incômoda, criando distâncias e rompendo qualquer comunicação, e o amor, inversamente, dissolvendo as concreções objetivas numa unidade de vida, aproximando e preparando os espíritos para uma homologia superior.

A DIALÉTICA DA SOLIDÃO E DO ENCONTRO

Os moralistas de todas as épocas descrevem a sociedade em que se desenvolve a nossa existência pública, como uma esfera de contrafacção, dissímulo e hipocrisia. A vida que cumprimos nesse contexto é um contínuo afastamento de nossas possibilidades pessoais, um papel que não decorre dos reclamos de nossa vocação original, mas que se impõe pelas circunstâncias da exterioridade coletiva. A diferenciação entre um eu exterior, social e público e um eu profundo, genuíno e irredutível é uma experiência de nosso senso interno. A consequência da projeção exterior de nossa consciência manifesta-se na subordinação da verdade pessoal ao sentido de um complexo de atitudes, pensamentos, crenças e palavras que recobrem a nossa fisionomia personalíssima. O alcance dessa constatação serviu de tema ao pessimismo filosófico que viu, na contingência de nossas relações com os outros homens, a marca da miséria radical do nosso estado. A condição de convivência com os outros seria o equívoco, o erro, a completa falsificação de nosso estatuto hominal. A sociedade, como espaço total da ação inter-humana, seria, como afirmou Schopenhauer, um baile de máscaras, uma pseudomorfose inexorável onde não se apresentariam ocasiões para a sinceridade pessoal. Esse quadro esboçado pelos moralistas corresponde, entretanto, a uma reflexão unilateral e imanentizadora que fixa uma determinação ôntica em sua pura intransitividade. O importante, porém, nesse capítulo do comportamento do homem não é apenas o exercício da reflexão que dá as coordenadas do desespero humano, mas o eterno anseio de superar a alienação na não-verdade. Com isso, não queremos negar totalmente a importância da reflexão que se detém no quadro negativo do comércio das consciências, preferindo a enumeração do pecado da mentira e da deterioração das relações humanas, à mostração das tendências de autentificação da convivência espiritual.

Na história do pensamento moderno assistimos ao desenvolvimento dessa reflexão pessimista acerca da conduta, principalmente no conceito do racionalismo do século XVIII. A visão atomizadora, que então predominava, justapôs as consciências como átomos egoísticos e fechados que só tinham a noção do seu prazer e satisfação individuais. Num tal sistema de egoísmos é evidente que a argúcia, o dissímulo e a mentira e, em geral, todas as formas fictícias do comparecimento diante do outro deveriam prevalecer sobre o gesto generoso da confissão e amor pessoais. A máscara que o homem exibia diante do outro era mais conveniente para seus fins e apetites do que a tradução fiel de sua realidade como pessoa. Os homens relacionavam-se como átomos isolados e na busca desvairada do prazer organizavam-se como determinações exteriores, num entrechoque periférico de desejos exacerbados. O outro era, nessa situação, o exterior, o instrumento indiferente de um capricho momentâneo e, na melhor das hipóteses, a possibilidade de um contrato egoístico. No entanto, tal caracterização do mundo das relações humanas repousa no exercício de uma determinada ótica dos fatos. Max Scheler viu nessa possibilidade intelectual a categoria interpretativa do ódio, do impulso que separa, fixa, reduz e objetiva. O hábito mental que se expressa na pulverização do nexo dos espíritos denuncia o emprego desatinado de uma reflexão imanentizadora e objetivante. Ao ver na sociabilidade do homem apenas o entrechoque de vontades exclusivas e exteriores, traduzimos em termos do em-si o que é compreensível somente como colaboração da intimidade do por-si. Um mundo que não é surpreendido na conexão unitária das presenças pessoais, mas considerando unicamente segundo a vertente da vontade egoística, é um mundo desarticulado e prestes a sucumbir na insubstancialidade do não ser – *le monde cassé* de que fala Gabriel Marcel.

Dessas considerações podemos depreender que a relação fundadora do ser-com-o-outro passa pelo campo inobjetivo do eu-tu e não do isso-aquilo, segundo a terminologia de Martin Buber. Em outras palavras: somos interiores à relação intersubjetiva, estando nela antes de nos apreendermos como singularidade pessoal, as relações das consciências apresentando, pois, um caráter interno e não externo. A reflexão espacializante é incapaz de surpreender esse nexo transobjetivo do *miteinandersein* (ser-com-o-outro).

A emergência simultânea do eu e do tu dá-se nas possibilidades da existência perdida e exteriorizada, da vida alienada e perdida, tanto quanto na dimensão da verdade e reconquista pessoais. Ver um só lado dessa alternativa, isto é, ater-se ao lado na não-verdade social é o destino da lógica atomizadora. Admitir as duas vertentes é a prerrogativa da meditação informada pelo sentimento da liberdade humana. Se o momento pessoal aparece, na esfera da existência coletiva, desfigurado pelas formas coercitivas da mentalidade impessoal, isso não nos autoriza a cercear a possibilidade de uma comunicação e afirmação subjetivas no plano da realidade ontológica. Sentir as insuficiências de um dado intercâmbio pessoal equivale a sentir o apelo de uma compreensão e unificação subjetivas mais profundas, a constante inquietude que percorre o circuito da comunicação sendo o sintoma da orientação vetorial que a anima. A sociedade e suas estruturas – instituições, formas e modos de ser – não se manifestam como um estar-aí heterogêneo à nossa atividade, à maneira de um objeto que confisca a nossa liberdade. O ser das figuras e relações inter-humanas é suscetível de uma contínua alteração a favor de uma expressão mais legítima da criatividade que nos é própria. A sociedade, como quer Vedaldi, é uma atividade, ou melhor, é a atividade de cada qual: *La societá non è nelle leggi e nelle instituzioni che mi trovo davanti, ma nell'attivitá che svolgo per superarle, rovesciarle, sostituirle; nella mia attivitá che è lotta, rivoluzione o altro*[1]. O homem não pode encontrar equilíbrio e estabilidade em ordenamentos que frustram o desenvolvimento de sua personalidade fundamental, mas é movido sempre a denunciar e comover os sistemas de convivência que desmerecem a sua verdade interior. A dialética, a oposição dinâmica entre a estrutura social e a vida que procura continuamente uma expressão mais fiel de suas possibilidades delineiam o grande mural do processo histórico. A história humana é, como disse Hegel, uma façanha da liberdade. A vontade de fundamentação existencial impede que se possa eternizar um sistema de relações baseado nos módulos da impessoalidade, do anonimato e da não-verdade. A certeza interior da verdade existencial tende a implantar-se fora de nós, estabelecendo o regime da comunicação das consciências. O mero estar-aí das individualidades, como contiguidade de centros egoísticos, deve ceder lugar a um convívio reciprocamente promissor de liberdade. Essa exigência, como impulso ideal, alimenta a dinâmica da dialética das consciências. Se não houvesse no coração do homem essa vontade de fundamentação metafísica, se o homem não fosse esse animal metafísico de que falou Schopenhauer, nada o impediria de evanescer na insubstancialidade e dispersão do puro acontecer. O que confere, entretanto, força dialético-construtiva e unificadora à realidade humana é justamente o anseio de superar o já dado do nosso ser-com-o-outro, em formas cada vez mais amplas e transparentes de nossa fisionomia ontológica. A consecução do pleno reconhecimento das consciências em ordenamentos sociais e privados que traduzam a possibilidade total de comunicação é um ideal infinito, uma tarefa ilimitada da vontade de fundamentação. Na dimensão temporal, entretanto, a comunicação é sempre incompleta e precária, constituindo uma sucessão de movimentos que

---

[1] Armando Vedaldi. *Essere gli altri*. Torino, Taylor, 1948, p. 209.

nunca podem estabilizar-se numa forma definitiva. O estabelecimento de um elo necessário e fixo entre os homens, que não abrisse mais espaço para o jogo de aprofundamento das próprias relações, equivaleria à supressão da vida intersubjetiva. O reconhecimento e a recíproca aproximação das consciências não podem produzir-se sob a ação de um ditado ou de uma imposição exterior. Um estado definitivo e acabado das relações inter-humanas representaria o esclerosamento de um vínculo necessariamente vivo e sempre novamente escolhido, mediante a reciprocidade dos dois polos subjetivos. Como diz Jaspers, a insuficiência (*Unvollendung*) do elo comunicativo é uma das manifestações de que, para o homem, a verdade só é dada como verdade em devir. A presença pessoal que assoma no contato dos espíritos não está a salvo da degradação subsequente, na distância do objeto. A possibilidade de não-comunicação assedia continuamente a verdade provisoriamente alcançada e o sentimento da radical penúria de todo regime unitivo, como limite intransponível, é um dos grandes problemas que se propõe à reflexão filosófica. Supor que a revelação das consciências possa se tornar algum dia posse definitiva do espírito, equivale a desconhecer o fundamento mesmo da vida espiritual. A diferença entre o interno e o externo, entre a verdade como subjetividade e a verdade como realidade objetiva, opõe um veto a qualquer satisfação no já conseguido. Assim, pois, a sociedade, no que tem de produto exterior à nossa consciência, aparece aos espíritos mais profundos e inflamados de verdade como qualquer coisa de material e limitante. A vontade de superação desse estado de coisas que se manifesta não raro na busca do silêncio, da solidão e do afastamento da praça pública, ilustra essa oposição entre o exterior e o interior, no sentido da comunicação. O afastamento de determinados homens, ambientes e setores da sociedade não equivale ao abandono de qualquer trato humano, mas ao desenvolvimento, em outros planos e direções, de um convívio mais aderente à própria consciência. Nietzsche, com o seu amor ao mais longínquo, ilustra admiravelmente essa solidão populosa a que nos referimos. A solidão é, em sua essência, a escolha de outro convívio, uma forma de superação que se dirige para um Encontro decisivo. Romper com o mundo é um ato de liberdade, uma obra do espírito e não qualquer coisa de imediato e natural. Se o nosso ser se esgotasse na coexistência biossocial, se o dado social fosse tudo, não sentiríamos, às vezes, essa coexistência como um depauperamento do ser, procurando na solidão a reconquista de um bem superior. Vendo o equívoco em nós e em torno de nós, procuramos um novo direito para a existência. A solidão é, portanto, o índice do poder de franquear e transgredir a lei do imediato e de vencer todo um conjunto de mecanismos, hábitos e inércias biossociais, instituindo em nós e fora de nós um novo contorno existencial. Fala-se comumente na solidão das praias, em palmeiras ou bosques solitários. Essas expressões são, entretanto, meras analogias, pois somente ao homem é dada a solidão. As coisas são exterioridade pura, incapacidade de recolhimento e de autodistanciamento. Unicamente o nosso ser, como não-coisa, como excedente ao dado, como espírito, pode produzir-se como destino solitário e distante. O problema da solidão relaciona-se essencialmente com a dialética das consciências, pois envolve todo um conjunto de comportamentos possíveis entre o eu e sua circunstância social. É de interesse, portanto, que nos detenhamos um momento na análise do comportamento solitário.

A ruptura do convívio humano não é um fato unívoco e simples, mas comporta toda uma gama de motivações e tonalidades que podemos fixar. Não existe uma só espécie de solidão e isolamento, mas inúmeras: autênticas e falazes, de carência e de plenitude, de ressentimento e de simpatia.

A superação inerente ao isolamento, o seu movimento próprio de transcendência, tanto pode significar triunfo sobre o dado e libertação, como, em outros casos, tortuosa abdicação da própria alma. Nesse último caso, ao negar o outro, ao insular-se em seu espaço próprio, o solitário apenas procura uma nova imunidade para a sua mais íntima escravidão.

Escapando ao olhar do próximo, o homem não proporciona a si mesmo qualquer nova possibilidade, não potencia a sua faculdade de comunicação, mas somente se contrai num mutismo redutor. Encontramos essa disposição para a reserva e para o isolamento espiritual no caráter psicológico do demoníaco. Nesse caso, a ruptura de comunicação não promana de uma necessidade de convívio superior, do sentimento oprimente de uma presença limitante, mas do repúdio à superação da reserva demoníaca, através do apelo de outra liberdade. Como afirmou Kierkegaard, o demoníaco é a liberdade que se volta contra si mesma e bem podemos compreender essa afirmação, se nos lembrarmos de que só podemos iniciar-nos na liberdade no campo de força das outras liberdades. A separação oposta pela reserva e pelo mutismo assinala o enrijecimento da consciência em seu estar-aí pecaminoso, a sua renitência em relação ao já cumprido. Na intransitividade e na angústia do mal, a alma escravizada ao em-si furta-se ao diálogo fluidificador das outras consciências. Ao lado dessa forma privativa de solidão, devemos anotar a grande solidão dos que se afastam do ruído, do estrépito do mundo, para se unirem, num momento de amor, a uma presença que excede a todas as outras. Não encontramos nesse caso, evidentemente, a indisponibilidade malevolente e recalcitrante como fundamento da separação mas, pelo contrário, deparamos com uma maior abertura (*Offenheit*) para o sentimento comunicativo em seu adensamento ontológico. A santidade tem em si esse sentido de silêncio, de solidão interior, como preparação para o encontro definitivo, para esse estar "só, a sós, com o Solitário". Mesmo nos casos menos extremados de comportamento reclusivo encontramos, como prelúdio a todo verdadeiro movimento de autentificação e verdade existenciais, a volta, o recolhimento em si mesmo. Como diz Jaspers, "não posso tornar-me eu mesmo sem comunicar-me e não posso comunicar-me sem conhecer a solidão. Em toda superação da solidão, através do processo comunicativo, desenvolve-se uma nova solidão que não pode desaparecer sem que eu mesmo, como condição do processo comunicativo, desapareça". (*Ichkann nicht selbst werden, ohne in Kommunication zu treten und nicht in Kommunication treten, ohne einsam zu sein. In aller Aufhebung der Einsamkeit, durch Kommunication 'wächst eine neue Einsamkeit, die niche verschwinden kann, ohne dass ich selbst als Bedingung der Kommunication aufhöre)*[2]. Ao transcender solitariamente para um novo contexto de sociabilidade, não cesso de ser-com-o-outro, dispondo-me no entanto a uma sociabilidade virtual e possível. O *ens a se* aristotélico vive em solidão por um ditado de sua própria essência, não derivando seu isolamento de uma opção a favor de uma coexistência livremente posta. A solidão no homem, entretanto, é uma preparação, uma disposição para a verdade existencial e não a realização automática de um desenho essencial. Na realidade humana, a solidão é intrinsecamente dialética e transitiva, não constituindo um fim em si mesmo. A estrutura ontológica do homem, como realidade que coimplica a colaboração do outro em sua própria execução, faz com que todas as formas de separação se orientem intencionalmente para uma nova comunicação. Essa dialética entre os movimentos de afastamento e contato com os outros, de reflexão interior e de comércio com os outros "eus", constitui a temática de nossa trajetória existencial. Nenhum dos extremos, seja a comunicação compulsória ou o enclausuramento irrevogável, podem propiciar, como momentos rígidos e incomovíveis, o advento da verdade pessoal. A comunicação entendida nesse sentido de evento social irredutível, sem trégua que possibilite a volta do homem a si mesmo, em nada se distingue do *divertissement* e da dispersão absoluta na pura ação insubstancial. A consciência que não dispõe de um instante de ensimesmamento e que vê seu ser mais íntimo constantemente exposto e devassado será colhida pelo desespero. Do tormento da vida exposta falou Dostoiévski nas páginas inesquecíveis da *Recordação da casa dos mortos*. A outra alternativa – a solidão que não desemboca num novo e mais caloroso encontro – traduz igualmente uma forma privativa da revelação da consciência de si. O estar condenado à não-convivência por este ou por aquele motivo,

---

[2] Karl Jaspers. *Philosophie*. Berlin, Springer-Verlag, 1948 p. 348.

seja por uma decisão interior, como no demoníaco, seja por uma circunstância alheia à nossa vontade, reflete-se na consciência como um modo deficiente de nossas possibilidades, como o sentimento de um vazio em relação ao desempenho de determinados atos intencionais que envolvem a presença de um tu em geral. Assim, pois, os pares opostos da comunicação inautêntica e da solidão compulsória devem resolver-se nesse momento de fluxo e refluxo que constitui a dinâmica do exercício vital.

Toca-nos agora estudar outro fenômeno cuja incidência modifica ponderavelmente o tipo de relação inter-humana do sujeito. Referimo-nos à doença. Na ocorrência patológica, a realidade somática, que se manifesta à consciência em sua pura transitividade, cobra um relevo e uma gravidade incomuns, a ponto de perturbar o trato normal do doente com os outros homens. Como diz Philippe Müller, *dans sa conséquence la plus immediate, la maladie exclue le malade des relations sociales où se deroulait jusque là sa destinée. C'est que par nature, la maladie, tant qu'elle dure, ferme l'avenir au malade et l'empêche d'en disposer*[3]. O homem absorvido em sua corporalidade, transformando em coisa, não possui domínio de seus gestos e movimentos, não podendo portanto participar do complexo de atividades da sociedade dos sãos. O que verdadeiramente se interpõe, na doença, entre o doente e o espaço social é a presença hipertrófica da faticidade biopsíquica – pois a doença também pode ser de origem mental – que de mero traço expressivo e significativo se transforma em conteúdo absorvente. Não podendo participar dos propósitos, iniciativas e afazeres do grupo social, o homem enfermo fica à margem do curso das coisas. Esse afastamento pode adquirir um significado espiritual extraordinário para o que se sente momentânea ou definitivamente desligado das

---

[3] "na sua conseqüência mais imediata, a doença exclui o doente das relações sociais em que o seu destino se desenrolava até então. Isso porque, segundo a sua própria natureza, a doença fecha ao doente o acesso ao seu futuro, impedindo que disponha dele." (N. O.). Philippe Müller. *De la psychologie à l'anthropologie*. Neuchâtel, Editions de la Baconnière, 1948, p. 348.

atividades grupais. A mediação existencial sempre conferiu à doença – com exclusão da que representa um aniquilamento do eu – um papel importante na evolução interior do homem. O doente, por não ter os olhos ofuscados pelos tópicos do momento e pelos conteúdos imeritórios da conversa banal, é capaz de transcender para uma zona inacessível aos demais. Caberia dizer aqui alguma coisa acerca das doenças mentais que de forma decisiva afastam o eu do comércio social. A condição de possibilidade do trato social é a participação da comunidade das consciências num mesmo mundo. Ora, como sabemos, em muitas figuras patognômicas, o doente projeta um mundo alucinatório diverso da realidade ambiente, que o distancia de qualquer diálogo. Durante o sonho, diz Heráclito, cada homem vive em seu mundo próprio, voltando na vigília a coabitar no mundo dos demais. A pluralidade de contornos mundanais, como elemento de diferença entre as consciências, é o interruptor de uma linguagem universalmente válida. A heterogeneidade de conteúdos representativos manifesta-se particularmente no que diz respeito à dimensão psicológica do homem, em relação à qual cada um vive perdido em seus estados e sentimentos próprios. A consciência humana sempre se revoltou contra essa segregação do sujeito em seu próprio mundo, contra o solipsismo inato de sua condição. O objetivo máximo do conhecimento, no idealismo, consistiu em transcender as impressões e sensações particularíssimas do eu num mundo objetivo e comum a todos. Partindo de dados e conteúdos incomunicáveis à razão elaboradora, o esforço humano erigiu uma representação universalmente válida e legítima para todos. A tarefa da racionalização estaria sujeita não ao eu empírico, mas ao eu transcendental, como princípio de comunicabilidade universal das consciências.

Enumeramos acima alguns fatos que podem, de certa maneira, paralisar e deter o processo do recíproco reconhecimento das consciências, seja desorientando-a em seu modo de ser, seja opondo resistências ao seu comércio mútuo. Não devemos compreender essas ocorrências que obstruem a revelação da verdade existencial como qualquer coisa de adventício à liberdade humana. Pelo contrário, muitas vezes, para ocultar a si mesmo o peso de sua condição, o homem se lança espontaneamente num existir anômalo e inautêntico. Heidegger mostrou admiravelmente como os modos de ser inautênticos da palavra, da interpretação e da *Befindlichkeit*, se originam por uma iniciativa culposa do eu, que premido pela revelação do nada, se engolfa no mundo aparencial do "todo mundo" (*man*). A responsabilidade dessas formas deficientes e privativas de convivência recai no próprio eu e não em obstáculos ocasionalmente dados. O homem, como fonte incondicional de sua realidade, como ipseidade pura, é o responsável pela separação e afastamento da verdade existencial que envenena o ambiente social. A atitude que convém ao espírito que, através de todas as insídias e obstáculos da não-verdade, propende para uma fidelidade ontológica, deve ser a da plena disponibilidade para o mistério de si mesmo e do outro. Poderíamos caracterizar essa atitude como uma espécie de respeito piedoso por tudo que existe de latente, potencial, de mistério irrevelado no outro e em nós mesmos, como uma decidida oposição à atitude que fixa, objetiva e cerceia toda esperança de novos desenvolvimentos da liberdade.

Nesta altura de nossa investigação, parece-nos importante lembrar a fundamental diferença entre uma filosofia entendida como um sistema cerrado de "verdades", como um conjunto de evidências dadas, e uma filosofia elaborada como movimentos de transcendência, como idioma do apelo e da liberdade. A primeira tendência se materializa em todas as correntes que tomam como princípio a ciência realizada, o pensamento pensado, isto é, qualquer objetividade fixa e invariável. Nesse grupo se incluem as filosofias da essência, da forma e da coisa, em oposição às filosofias do eu e da ação. A segunda tendência se encarna em toda a meditação que proclama ser a verdadeira objetividade a própria subjetividade, a realidade do ator, do sujeito implicado na peripécia existencial. Nessa última acepção do filosofar que se procura manter na pura atualidade do pensamento pensante, resolvendo o ser no fazer, o horizonte de possibilidades do real não se apresenta como um conjunto circunscritível, como um todo cerrado. A realidade tem sempre uma dimensão excêntrica, um por-si, qualquer coisa que se anuncia além de toda angústia e limitação do já dado. Tal realidade só pode ser traduzida numa filosofia da esperança. Por mais que acentuemos a infinitude inexaurível do Todo e a plenitude insuperável do ser, diante de um sistema do ser dado, não nos podemos furtar à impressão de que estamos diante de uma realidade irrevogável e cumprida, de algo que se impõe inapelavelmente.

O pensamento pelo qual propugnamos supõe um horizonte sempre aberto para o novo e para o original, uma historicidade procedente do poder criador da liberdade humana. Assim pois não é possível falar de uma visão histórica como totalidade, como objeto, pois o próprio do existir histórico é ser como sistema inacabado, como ação que propõe outras ações, como fato sempre em questão. Se compreendermos esse conjunto ilimitado de ações que preenchem a dimensão histórica como um contínuo operar e cooperar, poderemos valorizar justamente tal filosofia, no que concerne à conexão ontológica das consciências. O horizonte sempre aberto da historicidade é o possível da presença Espiritual, a perspectiva do determinável que se perfila diante do por-si. A conexão do já dado permanece como um espaço de movimentos possíveis, como o puro determinável, como a ocasião para uma expansão mais íntegra das forças do por-si. A não-comunicação, tomada no sentido de ausência pessoal, de intolerância e aversão pelo que há de mais íntimo no outro, como força não-congratulatória, propõe-se nessa perspectiva como contingência franqueável pelo sentido edificante da presença e da palavra propiciatórias. Os limites (entendendo-se o em-si do não-reconhecimento como limite) que se levantam continuamente no caminho da consciência como elementos de separação e de interrupção do poder comunicativo, nunca se propõem ao nosso espírito sob a forma de um destino inflexível. Os vínculos já existentes entre as consciências, em sua mescla de ocultação e presença recíprocas, são sempre contornados pela negatividade do poder ser que vai encontrando novas possibilidades comunicativas além do comércio estabelecido. Se a doutrina do reconhecimento é, em resumidas linhas, o desenvolvimento da lógica da verdade existencial e se além do terreno dessa verdade só existe a aparência e o não-ser, vemos o que há de caduco, de ilusório nos momentos limitantes do em-si. Ninguém tratou de maneira mais impressionante esta revelação da nulidade das barreiras humanas que separam as consciências do que Tolstoi, em sua novela *Amo e servo*. A supressão da forma de coexistência, como determinação meramente objetiva, é o escopo de todos os planos da atuação humana, da vida política, religiosa, artística etc. Essa substituição equivale à transformação da ordem natural na ordem humana. A suspensão do regime do ser natural, do estar-aí, através da negatividade infinita da consciência não se dá, como pensavam os antigos filósofos da história, segundo um processo linear e contínuo. A História não é o cenário da Igreja triunfante, mas sim o da Igreja militante. Cada época realiza o seu sentido próprio da presença espiritual, a sucessão dos momentos históricos não constituindo uma potenciação progressiva da explicação espiritual do homem. Como característica geral do regime de presença e da forma de atualização da liberdade, devemos ressaltar essas alternâncias de plenitude e de declínio espirituais, de estabilidade e de crise, que pontilham a odisseia da consciência. Não devemos supor que a evolução histórica é acompanhada invariavelmente pelo aprofundamento constante das relações intersubjetivas, por uma promoção cada vez mais intensa das possibilidades próprias e do outro. A sociedade, em sua evolução, pode ir secretando um conjunto cada vez maior de elementos que atenuam ou que estorvam a realização de uma vida radicada nas matrizes ontológicas. Podemos classificar entre os fatores que interceptam qualquer desenvolvimento espiritual fundado na verdade, o regime das massas que predomina no quadro histórico de nossos dias. A ação imediata da massa é a de projetar a consciência fora de si mesma, revestindo-a de uma personalidade adventícia e multitudinária. Como conjunto psicológico autônomo, a massa, com os apetites, preferências e valores que lhe são próprios, absorve e aniquila a singularidade pessoal. Enquanto átomo do ser coletivo, o homem vive fora de si mesmo, na exterioridade pura das relações sociais, sem qualquer notícia de sua verdade própria. Como já afirmamos anteriormente, somente quem procura ser si mesmo pode entabular vínculos autênticos com o outro. Ora, num sistema de convivência em que todos vivem alterados e perdidos na inautenticidade, é evidente que não há espaço para uma comunidade assentada em bases ontológicas. A vida social, num tal regime, adquire o aspecto de um espetáculo de títeres, onde todos os movimentos da alma são regidos por cordéis invisíveis. Não é mais o homem singular que quer, sente e pensa, mas são as mãos, os olhos e o coração do todo que pensa, sente e quer, através da partícula individual. A possibilidade de uma comunidade vivente de pessoas, cujo trato recíproco tem uma fisionomia particular, degenerar na formação coletiva da massa, é um fenômeno recorrente através da história. Os *fellahs* egípcios e a plebe romana exemplificam o contínuo retorno desse processo. Vemos, pois, como a eventualidade da ausência pessoal se cerne sempre sobre o impulso autentificador da consciência.

Outro fenômeno que devemos acentuar é o que Martin Buber denomina o contínuo crescimento da esfera do objeto, do *isso* através da história: *L'histoire de l'individu et l'histoire de l'humanité, si grandement qu'elles s'écartent l'une de l'autre par ailleurs, concordent en ce qu'elles marquent toutes deux une croissance continue du monde du cela*[4]. O significado desse conceito de um simples *isso* ou *aquilo* aponta para uma entidade destituída de qualquer interioridade, de qualquer realidade existencial, sendo, em si mesma, mera relação com outra coisa. O mundo do *isso* é o mundo dos meios, das coisas utilizáveis, de todo o campo do auxiliar, coadjuvante e transitivo em nossa circunstância. Essas coisas das quais nos servimos são coisas e, portanto, mera exterioridade, carente

---

[4] "A história do indivíduo e a história da humanidade, por mais separadas que estejam entre si, concordam entre si à medida que apontam para um crescimento contínuo do mundo das coisas." (N. O.). Martin Buber. *Je et tu*. Paris, Aubier, 1938, p. 63.

de um dentro, e assim plena solubilidade em outras coisas. A ideia de meio, de coisa-para, implica evidentemente o para-que que condiciona o próprio conceito de coisa. Se elidirmos esse centro de referência, aplicando a tudo a mesma categoria funcional e transitiva de meio, esvaziaremos a realidade de toda a dimensão existencial e plena de sentido. A crescente importância dos meios no exercício da vida levou os homens a estender essa ótica ao campo total da realidade apreensível. O próprio sujeito foi submetido a essa ideia e compreendido como função particular dentro de hipóstases maiores, como o Estado, o Progresso, a História, a Igreja etc. Como já tivemos ocasião de lembrar, sob o ponto de vista social, essa ampliação da esfera impessoal do *isso* traduziu-se, como bem observaram Jaspers e Marcel, na compreensão e redução do homem ao limite de sua função profissional, dentro do mecanismo total. O homem passa a ser o que faz, não em sua expressão genuína, mas em sua acepção restritamente social. Assim é que vivemos num mundo de médicos, engenheiros, professores, carteiros etc., num mundo em que aquilo que não representa uma utilidade social, uma coisa-para, perde toda e qualquer possibilidade de reconhecimento, negando-se a possibilidade de uma vida transfuncional, de uma vida que é para si mesma e não para outra coisa. É muito fácil capacitarmo-nos de que nesse mundo da terceira pessoa, todas as relações humanas estão dissorcidas pela catalogação meramente funcional do outro. O outro é para mim, não o outro, mas o que me serve no desempenho de sua personalidade profissional. Aparece aqui outra propensão da mentalidade científico-classificatória de certas épocas que substituem à riqueza e variedade das aparências, os esquemas unificadores da razão. Determinamos por essa tendência, somos levados a ver mais o geral do que o particular, mais a classe do que o indivíduo, mais a ideia do que a existência. Os homens se classificam nessa perspectiva em classes, raças, profissões, sindicatos, partidos, em tudo o que há de genérico e comum, de puramente espacial, perdendo-se assim toda substância particular do existir. As relações que passam então a vigorar, estão condicionadas pela interposição desse esquema e em lugar de dirigirmo-nos ao homem singular e particular que encontramos, vemos nele unicamente a entidade que representa. A possibilidade desses fenômenos que entorpecem o diálogo profundo entre os homens, demonstra-nos estar a relação entre o eu e o tu exposta à degenerescência, a esfera do *isso*, do abstrato esquemático e impessoal ameaçando constantemente o trato interpessoal autêntico. Esse risco é, em suma, o risco da vida na terceira pessoa, o naufrágio na impessoalidade do "se". Essa problemática foi desenvolvida de um modo admirável por André Gide em seu livro *Paludes,* narrativa simbólica do que ele chamou *l'histoire de l'homme couché,* isto é, da vida que perdeu toda a relação consigo mesma e com a fonte de sua produtividade humana. Acrescenta Gide que essa história é a do território do *man* na terminologia de Heidegger. O homem deitado, o homem na terceira pessoa é essa determinação primária do existir que foge à responsabilidade da escolha, das alternativas inquietantes, preferindo o fácil aconchego do "todo mundo". Evidentemente nesse terreno pantanoso não podem vingar as formas mais altas da fidelidade a si mesmo e ao outro, nem a força que pressupõe o empenho decidido da própria existência.

Se quisermos completar a análise das experiências que nos incapacitam para o desempenho da existência na verdade, devemos dizer algo acerca dos fenômenos do tédio e da náusea.

O tédio é a indiferença do homem em relação ao ser, é o deslocamento no que diz respeito a todas as coisas, a sensação de que o mundo, em seu conjunto, se funde numa total insignificância. No tédio, a consciência adquire um ritmo mais rápido que o das coisas, saciando-se antecipadamente de todos os espetáculos e oportunidades vitais. A dialética própria do tédio assenta na desproporção entre a amplitude do espírito e a exiguidade do real; não encontrando apoio na flutuação do mundo, o entediado está continuamente exposto aos afluxos do nada. Poderíamos descrever essa experiência, em outras palavras, como a irrupção do nada na existência implantada numa determinação particular. O entediado, perdendo o sentido do valor das coisas, sente a vida como algo isócrono e pesado, e não encontra forças para estabelecer vínculos com o mundo e com o outro. A experiência do tédio interrompe o comércio das consciências, introduzindo um espaço refratário entre as subjetividades.

Na náusea, assistimos igualmente a uma derrocada de todas as estruturas do real, de toda organização inteligível do mundo. Entretanto, a percepção da consciência afetada pela náusea é suscetível de captar a dissolução dos ordenamentos e das formas, na maré crescente da faticidade. A irrupção do elemento fático, material e visceral do mundo, na esfera da consciência, ocasiona a sensação de repugnância e de nojo em relação ao real. Se o tédio se traduz na experiência negativa da indiferença e da saciedade, a náusea remete para uma força positiva de repulsão e de recuo diante do existente. Como força interceptora da corrente comunicativa, a náusea é mais poderosa ainda do que o tédio.

Afirmou Kierkegaard que existir é manifestar um interesse infinito por si mesmo, é querer ser si mesmo e não algo de adventício e exterior. Ora, como vimos, através da dialética das consciências, essa volta a si mesmo não se pode realizar sem o reconhecimento da autonomia existencial do outro. Somos nós mesmos, na medida em que nos interessamos profundamente no sentido de que o outro alcance sua verdade existencial. Essa paixão infinita por nós mesmos revela-se assim como paixão infinita pelo outro, como solicitude que tende para uma coexistência na verdade de si. Nessa ordem de ideias, o homem se confunde com o ato da volta a si mesmo, e assim, todas as conjunturas e situações que procuram desviá-lo desse impulso interno se lhe oferecem como "material do seu dever". Há sempre uma dialética que pode transformar o não no sim, a suprema separação na suprema harmonia e o mundo do erro no mundo da verdade. Jaspers afirmou ser o regime e o aparato das massas, o nivelamento de todos os valores e capacidades, no mundo atual, o que dialeticamente produziu essa nova acuidade para a exceção e para o sentido singular do existir. Como movimento da negatividade, a nossa consciência está sempre em relação com seu oposto, com a negação de sua negação; porém, se não podemos pensar num asseguramento definitivo da verdade, numa vida segura e satisfeita de si, também não podemos perder-nos no sentimento da impotência e fatalidade determinística. Essa verdade foi resumida na afirmação de que o em-si, o dado, a passividade do real, forma o campo determinável do por-si. Não há portanto situação – a não ser aquelas que enquadram nossa estrutura ontológica – que não seja suscetível de inúmeros desenvolvimentos, no caminho de uma autentificação dos laços intersubjetivos.

Ao transcendermos em direção a nós mesmos, transcendemos ao mesmo tempo as muralhas que nos separam do outro, ou melhor: a transcendência em direção ao outro é a mesma que nos põe numa segura autoconsciência. Eis porque a dialética do encontro significa simultaneamente um encontro do outro e de si mesmo. Inversamente, a perda de si mesmo arrasta a perda e o desconhecimento do outro, acarretando a alienação de todos os vínculos entre as consciências. Escravizar o outro é escravizar o que há de substantivo em si mesmo; ser indiferente para com o outro é ser indiferente para consigo mesmo; em resumo, negar as possibilidades inerentes à pessoa do outro é impedir o próprio poder ser. A liberdade, em seu sentido dialético próprio, não se exerce às expensas da liberdade do outro, mantendo o outro como oposto ou como simples realidade intramundana. O amor, através do movimento de criação e promoção do valioso, tende justamente a superar os opostos, a unificar o que se estratificou na contraposição do simples estar-aí. A obra veridicamente humana é aquela que se propõe comover os limites do que é separado, numa vida que se põe como criação de si mesma.

Sentido da dialética intersubjetiva

Ao perguntar pelo sentido da dialética das consciências, da atividade e da passividade do nosso ser-com-o-outro, devemos precaver-nos contra a interpretação desse sentido como sendo uma finalidade exterior e à qual esse processo deveria conduzir. Essa finalidade somos nós mesmos, e não algo de exterior a nós; o sentido que procuraremos revelar será, pois, o da própria natureza e essência do humano.

As relações com as outras consciências promovem direta e indiretamente o acesso do homem ao próprio homem, pela forma de atuação do surgimento da alteridade. É o outro que nos dá consistência, que nos faz tatear os próprios limites, que nos dota de um eu exterior. Sem esse ponto de apoio, dispersar-nos-íamos no vago dos impulsos e movimentos subjetivamente vividos, sem atingir jamais a medida do nosso próprio estado e valor. Se faltasse à consciência esse "fora" do existir com o outro, ela estaria impossibilitada de determinar-se na particularidade de sua escolha, de ser isso ou aquilo, pois lhe faltaria o princípio de consolidação de todas as suas opções. A nossa ação tem importância porque fica consignada nas outras consciências e aí se inscreve de forma indelével. O homem que não existisse na dimensão do outro, não poderia dotar suas ações de qualquer irreversibilidade. Todo o feito poderia ser refeito, todos os seus movimentos seriam revocáveis e destituídos, portanto, de qualquer peso ou gravidade. Se o outro integra as coordenadas de nosso finitude é justamente porque não podemos ser humanos sem a solidariedade da operação das consciências.

Segundo afirma Sartre, a multiplicidade das consciências é uma síntese e não uma coleção, isto é, as relações que vinculam os sujeitos entre si são anastomoses internas e não princípios de justaposição. O surgimento do eu e do tu é o resultado de uma operação dupla e simultânea, em que apareço em meu ser-para-o-outro devido à transcendência do outro e em que o outro aparece em seu ser-para-mim, devido à minha própria transcendência. Esse duplo movimento, entendido em seu sentido universal, forma a totalidade do ser-com-o-outro da realidade humana, constituindo o jogo que origina a presença de consciência a consciência, que põe um eu diante de um tu no teatro vivo do desempenho intersubjetivo. A natureza de síntese desse processo unitário é devida ao fato de que um dos termos surge apenas com a cooperação do outro, a relação eu-tu sendo anterior ao eu e tu isolados. "No princípio era a relação" diz Martin Buber, isto é, no princípio é dada a síntese.

Hegel via na evolução dessa síntese, nas fases de autorrevelação dessa unidade, o processo do espírito em sua volta a si mesmo. Para ele, esse todo era de certa maneira um todo dado que passava, de um estado virtual e infuso, à atualização de todas as sua virtualidades. A essa finalidade obedecia a interação das consciências, que deveria provocar a verdade da consciência de si. A luta, a invocação, o apelo, a conversão, todas essas formas da pedagogia histórico-universal deviam, segundo Hegel, propiciar o advento da era da consciência pensante em que, com o reconhecimento pleno das prerrogativas do espírito, cessariam de atuar. O sentido da ação e reação interpessoais assentaria, pois, na superação de sua realidade. Do ponto de vista que endossamos, entretanto, a condição hominal está intimamente ligada do diálogo, é esse diálogo na multiplicidade de suas possibilidades e dimensões. A dialética que se desenvolve não "serve" a nada, não "prepara" nada, não "leva" a outra instância, mas é o próprio cumprimento das possibilidades humanas.

Não pretendemos, entretanto, afirmar que através do comércio das consciências o homem não se apure e edifique, já que esse comércio é em grande parte apelo e invocação. O que rejeitamos é a possibilidade de um epílogo concludente desse processo, num estágio de reconhecimento definitivo. A finitude radical de nossa condição trabalha contra qualquer determinação, contra qualquer vitória definitiva. Como diz Pascal, a condição humana é o movimento. Um comportamento interpessoal que se estabiliza numa atitude, que não procura a sua superação, ascendendo a formas mais profundas, involui imediatamente para a ocultação de seu fervor comunicativo. A vontade de comunicação deve permanecer sempre acordada para que não degenere em rotina, em exterioridade de gestos e palavras e ausência do empenho interior. Como dissemos atrás, a presença está sempre ameaçada pela ruptura, pela separação, pela mera coexistência do estar-aí. "O que se detém na permanência já está morto" (*Was sich ins Bleiben verschliesst, schon ists das Erstarrte*), diz Rilke num dos *Sonetos a Orfeu*.[1]

Se o movimento espiritual que comanda esse processo, esse colóquio de espírito, nunca se fecha num sistema cerrado e circunscrito, isso não significa que a liberdade afirmadora não tenha uma certa orientação. O homem é um ser orientado, um ente vetorial. Essa orientação o encaminha para a verdade própria, para a revelação do *sensus sui*. Evidentemente não se trata aqui de um desenvolvimento de juízos ônticos, da exploração da realidade fática, da verdade do que existe. A verdade do homem é de natureza prática, é uma verdade de seu poder ser, do espaço de sua transcendência. A verdade a que nos referimos não é, pois, a de um espetáculo, mas a verdade móvel da operação da negatividade, a verdade de que o homem não é o ser. Mediante essa operação, o homem ascende à verdade de si mesmo, em si e em sua dimensão do ser-para-o-outro, ou melhor: a operação de promoção da verdade do outro é aquela que abre espaço à nossa própria verdade. Se encararmos nessa *démarche* de fundamentação o desejo e a protoforma do existir, poderemos desvendar

---

[1] Rainer Maria Rilke, *Sonetos a Orfeu*, 2-12.

na dialética das consciências o processo da atualização e patenteação desse *desideratum*. Afirmou Hegel que "a consciência de si atinge sua satisfação unicamente numa outra consciência de si"[2]. Essa satisfação a que se refere Hegel é o sentimento da verdade existencial, o sentimento de viver no fundamental. Vemos assim como, segundo Hegel, a verdade pessoal implica a solidariedade das outras verdades existenciais. Ao convocar o outro para o exercício de sua realidade fundamental, realizo-me como liberdade; e ao congratular-se o outro com a minha liberdade, cerra-se o círculo do reconhecimento. O projeto fundamental do meu ser-com-o-outro não é a ordem, a imposição, a palavra imperiosa, ou qualquer tipo de segregação do espaço do exercício espiritual, mas o conjunto das expressões que, se dirigindo ao tu, abrem diante dele horizontes infinitos de possibilidades. Qualquer outro projeto de comportamento interpessoal está fadado ao fracasso e à decepção. A liberdade que se lança na empresa de domínio e sujeição da outra consciência, bem cedo se convence do malogro do seu projeto de reconhecimento. As formas superiores de atividade cultural de índole axiológica, como a arte, a filosofia, a religião, a moral, atuam conclamando o eu para a livre intuição de sua realidade valiosa e não para o acesso e inteligência de sua realidade simbólica. Podemos verificar esse fato particularmente na esfera a criação artística. A obra de arte, como afirmou Ortega, é formalmente um aparato de significar, uma atividade semântica. Através dela o artista quer transmitir um dado conteúdo, sentimento, impressão ou experiência de seu espírito. Esse transmitir é essencial ao fenômeno artístico, como referência formal a outro eu. Porém, o que implica esse dizer particular da obra de arte? A arte é um transcender o mundo natural, uma determinação de seus limites e ao mesmo tempo uma amplificação do campo de realização existencial. *El arte –* diz Julián Marías – *es una fabulosa potencia de virtualidad en cuanto tal, una fuente de posibilidades* sensu stricto, *y por tanto envuelve una incomparable ampliación del horizonte humano; por la misma razón, es una potencia de evasión de la circunstancia efectiva, que permite al hombre apartarse o divertirse de*

---

[2] Friedrich Hegel. *La phénomenologie de l'Esprit*. Tome I. Paris, Aubier, p. 153.

la vida real, tal vez miserable o angustiosa, en todo caso grave e llena de responsabilidad, preocupación y problematismo[3]. Como forma de expressão humana, a obra de arte, quer no romance, na peça musical, na estátua ou na tela, é um convite para a transcendência, para uma ordem de experiências que derrogam a lei de praxis. A intenção do artista, em sua linguagem, é justamente provocar o arrebatamento, o movimento do eu que se põe em sua criatividade própria. A estrutura formal intersubjetiva do prazer estético está intimamente ligada à participação num mesmo entusiasmo, a uma solidária superação da finitude como experiência estética fundamental. No próprio *eîdos* do objeto estético encontramos essa nota de algo aberto ao outro e existente no espaço da presença intersubjetiva. O gesto formal da criação artística já indica a atividade expressiva que como tal não pode ser guardada só para si, pondo-se, ao contrário, como incitamento universal. Essas afirmações continuam válidas, mesmo para as almas extemporâneas que criam aparentemente só para si ou que não encontram a compreensão imediata do público, pois o importante é o fazer estético que traz em si a marca da invocação à transcendência.

Nestas considerações, quisemos unicamente ilustrar o fato de que na plasmação cultural, e em particular na atividade artística, a comunicação expressiva se manifesta sempre como uma franquia e um abrir espaço à personalidade do outro. A operação da negatividade que origina a obra estética e sua experiência peculiar propaga-se indefinidamente, convocando as consciências para a mesma aventura. Assim como dissemos, o escrever, o pintar, o compor, como atividades, orientam-se para esse apelo, conclamando a atenção dos outros eus.

Aprofundemos agora a ideia que se nos afigura fecunda de que a transcendência para a própria verdade é, simultaneamente, a vontade de pôr em movimento a consciência do outro, examinando um dos fenômenos éticos fundamentais, consubstanciado na ideia do *modelo*.

---

[3] Julián Marías. *Introducción a la Filosofía*. Madrid, Revista de Occidente, 1947, p. 382 e 383.

Já foi fartamente discutido o problema que propõe a moral menos como uma questão de doutrinas e de ideias do que como uma atuação do exemplo. Os homens respondem, de fato, mais pronta e fervorosamente aos princípios encarnados em grandes personalidades, em exemplos vivos, do que à essência translúcida das ideias. Max Scheler, em seu ensaio *O santo, o gênio e o herói*, desenvolveu admiravelmente a doutrina das vidas exemplares e de sua ação sobre a formação e as possibilidades do homem. Segundo o seu pensamento, as sociedades humanas são regidas pelo dinamismo das grandes personalidades, dos chefes e dos modelos, que através de seus atos, atitudes, opiniões e entusiasmos orientam o movimento do ser social. Esses homens, exemplares pela energia que infundem à sua existência, falam imediatamente às outras vontades, insinuando-se em suas estimativas, preferências e modos de pensar. O modelo existe como forma intersubjetiva, isto é, se erige num exemplo atuante, porque exige de todos os "eus" a mesma medida e o mesmo fervor por ele realizados. Assim como a obra artística não pode existir num espaço recluso, pois que sua natureza é sedução e convite à aventura, assim também o modelo e a personalidade carismática só podem ser como transcendência em relação ao outro, como promoção do outro. Se atendermos a que a consciência é essencialmente ato, fazer-se a si mesma, compreenderemos por que a auréola de grandeza que circunda as personalidades exemplares nada mais é do que o reflexo de se terem tornado esses homens, como diz Max Scheler, "o campo de ação de nosso querer e de nosso agir em seu conjunto"[4]. A operação centrífuga transforma-se aqui em operação centrípeta e o poder de relação que anima o seu querer confere às suas figuras uma eminência axiológica. Em relação a esse fenômeno podemos aquilatar a profundidade da asserção que afirma ser o dar, em sua essência, um receber. Por serem capazes da doação incondicional, por viverem num desbordamento e num esquecimento completo de si mesmos, é que esses seres receberam um contorno preciso e indelével e uma figura existencial incomparável. Max Scheler compara a

---

[4] Max Scheler. *Le savant, le génie, le héros*. Paris, Egloff, 1944.

forma de atuação desses tipos excepcionais com a criação artística. O poder de transfiguração que habita o impulso estético manifesta-se também no gesto transfigurador do incitamento das grandes personalidades. Nesse caso propõe-se também outra figura, uma transfiguração da existência que se propaga infinitamente através das consciências. O fato de propor às vontades alheias uma vida transfigurada, de determiná-las nessa negatividade, resume a grande significação da eminência moral desses líderes. E da mesma forma que a incompreensão momentânea da mensagem artística não anula o seu sentido intersubjetivo, assim também, no caso que ora examinamos, a falta de apreço e consideração momentâneos não atinge sua estrutura formal. Os que clamam no deserto, os extemporâneos, incompreendidos e solitários, participam dessa mesma atitude comunicativa fundamental: a sua força transfiguradora fica vibrando no espaço, à espera dos espíritos que atendam à sua mensagem edificante.

Dessas considerações já podemos depreender que a liberdade se exerce fundamentalmente criando liberdade em torno de si, sendo esse o seu projeto fundamental. A prova disso encontramo-la no fato de ser o movimento de comunicação o que mais importa no vir-a-ser da verdade subjetiva. Tornar-se subjetivo, como proclama Kierkegaard, é transcender em relação ao tu autêntico e sobretudo em relação ao tu eterno. A subjetividade nunca deve ser entendida como separação, alheamento, a menos que entendamos essa separação no sentimento platônico de separação do ser do não-ser e da verdade do erro. Acrescenta Kierkegaard que o absoluto separa, asserção essa que deve ser entendida como uma seleção, como uma *triage* relativamente às formas degradadas e impróprias do existir. Estar separado, tornar-se subjetivo, não acarreta indisponibilidades para o outro; antes, pelo contrário, implica uma infinita paixão pelo encontro verídico, muito além de todos os impedimentos da não-verdade.

A ordem de ideias que vimos seguindo, tentando um aprofundamento da temática das relações interpessoais, mostrou-nos como as consciências evoluem num jogo de recíproca atuação e apelo e como esse atuar proporciona a geração interior de sua verdade. Vimos também como atuar no outro é, para a consciência, atuar em si mesma, e, reciprocamente, como atuar em si mesma é atuar no outro. A produção da verdade ontológica, como regime de presença, dá-se nesse desenvolvimento, nesse contínuo movimento de transcendência. Na ação mútua dos "eus", devemos naturalmente supor que nem todos estão no mesmo grau de veracidade e certeza interiores, somente alguns sendo portadores da mensagem de recuperação da própria origem. Devemos supor também que no regime intersubjetivo a situação se organiza numa hierarquia de mestres e de discípulos, de guias e de guiados, de alertadores e de alertados. Esse desnível, no que concerne ao existir na verdade, faz com que a dialética propulsora da pessoa se estruture sempre na forma de um ensinamento, isto é, na forma de uma doação generosa aquele que possui àquele que não possui.

Qual o estado peculiar daquele que não está na verdade, antes de receber essa revelação?

Claro está que não conhecendo a verdade, ou melhor, a *sua* verdade, ignorando o tipo de ser ao qual pertence, o discípulo da verdade deve encontrar-se em estado virtual em relação a ela. Kierkegaard, em seu livro *Migalhas filosóficas*, querendo opor a ação do ensinamento filosófico à ação da mensagem religiosa, contrapõe o discípulo de Sócrates ao discípulo de Cristo, e, paralelamente, a ordem da ignorância à ordem do pecado. Os interlocutores de Sócrates – seguindo a linha de pensamento de Kierkegaard – já traziam a verdade consigo, se bem que a tivessem esquecido ou desprezado em função das representações enganosas dos sentidos; a presença do ser estaria, entretanto, em sua alma, aguardando a ocasião de manifestar-se. Os discípulos de Cristo, pelo contrário, estavam completamente separados das raízes ontológicas de seu ser, em estado de perdição e de pecado, de forma que nenhum sinal, a não ser o do Mestre, poderia devolvê-los ao seu centro de vida e de liberdade. A diferença que Kierkegaard procura acentuar entre essas duas formas dialéticas, promotoras da consciência de si, traduz-se na importância da particularidade histórica do encontro. Para Kierkegaard, Sócrates, como mestre, poderia ser substituído por qualquer outro capaz de realizar a maiêutica do espírito; assim, pois, no fundo, não representaria ele mais do que a ocasião indiferente da atualização da possibilidade preexistente no discípulo. Cristo, pelo contrário, seria o encontro único e insubstituível, pois somente seu contato divino, na particularidade de sua manifestação histórica, permitiria o acesso à vida verdadeira.

O homem traz em si a possibilidade de viver em função de sua origem ontológica ou afastado e desradicado dela. A situação do discípulo socrático como depositário da ideia perfeita de si mesmo, ainda que em estado infuso e irrevelado, é a situação mesma do homem segundo o ponto de vista que endossamos. O pecador, por mais longe que esteja de sua própria realidade, acaso não se liga em última instância a ela, dela recebendo a sombra tênue e incompleta de sua existência?

Não podemos supor, como estádio inicial da relação entre mestre e discípulo, que esse último esteja irrevogavelmente imerso na não-verdade, o que significaria estar imerso no nada. O não-ser, como início do apelo comunicativo, não é uma posição defensável filosoficamente. As diversas atitudes em que o homem pode estar em relação à sua própria realidade, desde a completa ocultação até a vida na plena aceitação de sua verdade, não implicam na ruína ontológica de sua realidade, mas em formas gradativas de indisponibilidade e de alienação.

O espírito é fundamentalmente relação consigo mesmo e no próprio estar fora de si vincula-se a si mesmo, através da forma da negação de si. Assim pois o homem novo que surge da volta a si mesmo, pela conversão ou mediante o apelo, estava de certa forma desenhado como existência possível no homem antigo e extraviado. Certamente, não preexistia na forma de um homúnculo ou de realidade pré-formada, mas como inquietação do espírito, angústia e protesto da consciência.

O antigo dito "sê o que tu és", que nos sugere a ideia de uma reintegração num estado de perfeição perdida, deu margem a muitos equívocos, sem entretanto deixar de envolver uma grande verdade. O momento de integridade existencial e de cumprimento do nosso estatuto ontológico apresenta-se como ser do nosso poder ser. A verdade à qual nos devemos referir não é a de uma realidade pretérita e adâmica, de natureza fixa mas corrompida pelo pecado e portanto destituída de seu antigo prestígio. Devemos reconhecer o traço de nossa verdadeira natureza ontológica unicamente nessa verdade suprema, que especifica o nosso modo de ser fundamental como um poder-fazer, como um conjunto de possibilidades atualizáveis através da realidade corpórea. O homem essencial não deve, pois, ser considerado algo de dado e fixo à maneira da coisa, sendo como é "uma criatura de tipo indefinido", como já queria Pico della Mirandola; daí o seu poder de tornar-se todas as coisas, produzindo-se de diversas maneiras.

À autoconsciência dessa categoria de ser orientado para aquilo que o ultrapassa, deve-se referir portanto o sentido do "sê o que tu és". A posse de si mesmo deve representar para o homem, não a devolução de um bem já existente, mas a determinação ativa de um projeto personalíssimo. O encontro e a comunicação dos espíritos não se põem assim como experiência de arrependimento, de nostalgia de uma pureza pretérita, mas como a emancipação do espírito das potências imanentizadoras de sua propulsão transcendente. O mestre, em seu impacto sobre a alma entorpecida do discípulo, age como estímulo e força entusiástica, no sentido de seu poder ser. Sua palavra tem sempre o sentido do "sê o que tu és", pois que somos sempre a possibilidade de nós mesmos. Esse é, pois, o sentido recôndito de todo apelo, conversão, ensinamento ou edificação. Devemos supor no homem a capacidade, sempre em vigor, de receber e de reagir à palavra que quer determinar a sua liberdade. Por mais obscurecido que seja o senso de nossa própria condição, não podemos admitir, no território da filosofia, uma total incapacidade para a revelação ativa de nosso fundamento existencial. O homem antigo, alienado, perdido na não-verdade é sempre o determinável, isto é, a possibilidade do homem novo.

A eclosão de uma nova forma de viver é sempre condicionada pela categoria do encontro, toda forma de esclarecimento, sugestão, conhecimento e pedagogia superior dando-se na forma da comunicação, do intercâmbio espiritual do dar e do receber. Quem recebe, recebe-se a si mesmo e quem dá, proporciona unicamente a ocasião do exercício de outra liberdade. Como vimos antes, proporcionar essa recepção de si a si mesmo é a própria essência do "dar" como mensagem existencial e condição da plenitude mesma do que dá. Assim, o Zaratustra de Nietzsche, retirando-se para a solidão das montanhas não fez mais do que destilar o mel de uma sabedoria tendida para as mãos carentes dos homens da planície, a sua riqueza toda no sentido desbordante da doação, na relação particular mantida com os outros homens: "Necessito de mãos que se estendam para mim". Através dessa ilustração deparamos mais uma vez com o fato da dupla operação das consciências, em que o atuar sobre o outro é o verdadeiro sentido do atuar sobre si mesmo e vice-versa.

Dissemos atrás que a atuação do espírito se dá na forma do encontro e da comunicação existencial. No encontro, a ação polarizadora de uma presença modifica a relação de outra consciência consigo mesma. O efeito desse impacto é a conversão, o autoconhecimento, o abrir-se de novos horizontes, a libertação. A atuação do mestre não é assim a de impor uma forma, mas a de permitir que o discípulo se encontre.

A ação transitiva do encontro, sempre superada no desenvolvimento autônomo das possibilidades do discípulo, não implica na acidentalidade do fenômeno da comunicação. Só um determinado *tu*, na particularidade de seu existir, pode atuar sobre uma determinada consciência. O ensinamento e o incitamento são ultrapassados, mas não, como pensou Kierkegaard, na forma do eterno. O instante da conversão não fica pontualmente restrito ao passado, mas persiste e se historiza, incorporando-se ao novo devir pessoal.

Antes de traçar uma conclusão no sentido geral da problemática proposta, deter-nos-emos no exame da forma mais importante da comunicação existencial: referimo-nos ao amor.

A experiência do amor pode ser caracterizada sumariamente como um sair fora de si, como viver-no-outro-vivendo-em-si-mesmo. Essa incorporação do eu ao tu ou do tu ao eu confere ao que ama, no próprio impulso dessa unificação, a ocasião de sua realização pessoal. Como diz Jaspers: "Amado, sou eu mesmo. Eis a origem da minha independência, na qual recebo o dom de mim mesmo" (*Liebend bin ich ich selbst. Hier ist der Ursprung meiner Unabhangigkeit, in der ich mir geschenk werd*)[5]. O amor é fonte da independência da alma, pois não se subordina a qualquer imposição ou necessidade. A experiência amorosa não é tropismo, impulso cego ou química secreta, nem por outro lado dever ou obrigação. O amor, no que tem de importante para o advento da verdade existencial, é o resultado da livre disposição de nós mesmos. A consciência deve se desvencilhar de tudo quanto é externo, para poder amar a partir de si mesma. Outro aspecto que liga profundamente a vivência erótica à consciência da liberdade manifesta-se no fato de que a classe de seres que amamos ou preferimos depende, em última instância, do nosso projeto existencial. O ato de revelação dos valores, das coisas e das pessoas é solidário à opção do nosso próprio esquema vital. Tudo quanto, de certa forma, se compagina ao modelo que pretendemos realizar em nossa existência, adquire categoria de valioso e de estimável, candidatando-se ao nosso afeto. O que amamos denuncia o que somos e o que pretendemos ser; vemos refletida na hierarquia das coisas belas, amáveis e apetecíveis a própria escala de nossa transcendência. O objeto amado, de fato, põe-se como uma transcendência do nosso existir, como algo a que aspiramos veementemente unir-nos para a realização de nosso projeto original.

Como aspiração, tendência e impulso ascendente, o amor é por natureza movimento. Max Scheler, em seu estudo fenomenológico sobre o amor, afirma acertadamente que não se

---

[5] Karl Jaspers. *Von der Wahrheit*. Berlin, Piper Verlag, 1947, p. 1.011.

pode compreender a experiência amorosa como contemplação imóvel de qualquer coisa de fixo, dado e inalterável. O amor é história, movimento, tendência para valores cada vez mais altos e para possibilidades inéditas de ser. O amor, portanto, não se traduz no existente, mas naquilo que supera, despreza e destitui o prosaísmo da vida e dos quadros sociais, pois na experiência amorosa as pessoas nunca se dão como pessoas sociais. Quem ama vive além das coisas e de seus limites, num prolongamento *sui generis* da vida. Qual o sentido profundo dessa metamorfose, dessa transfiguração ínsita do fenômeno erótico?

Diz Max Scheler que o amor é o movimento a favor do qual o objeto individual e concreto realiza o valor ideal inerente à sua natureza. A presença do objeto amado não se dá à consciência em sua pura objetividade, mas elevada e potenciada pela luz do ideal.

Já no pensamento antigo, o fenômeno do amor foi visualizado em sua relação com a esfera dos valores e principalmente com a esfera do belo. O amor seria uma forma de tender, de aspirar e de engendrar na beleza. Tanto a arte como o amor, nessa linha de consideração, seriam formas de aproximação, imitação ou revelação desses valores transcendentes. Para Platão, o amor é um *daimon*, isto é, um ser intermediário, algo que leva de algo a algo. A vida amorosa não seria nada de valioso e de criador em si, mas unicamente uma forma peculiar de transitividade para o valioso. Paralelamente, a arte seria uma imitação do valioso e não a produção original da idealidade.

A nossa concepção da vida espiritual e da negatividade própria do espírito colocou em outro sistema de ideias a totalidade do campo da arte e do amor; a arte passou a ser o símbolo de si mesma e o amor passou a significar uma vida autóctone e original.

A função emotiva cumpre-se superando e anulando a relação puramente ôntica do humano, numa promoção intersubjetiva da verdade existencial. Em seu impulso amoroso, o homem descerra todo um campo de potencialidades, qualidades e valores inerentes a outra consciência. Esse dar espaço a outro eu, essa confiança promotora da transfiguração do outro é um traço típico da acolhida amorosa. O outro passa a viver uma vida nova em nós, e na qualidade de participantes dessa vida potenciada, nascemos para uma nova vida. *El amor* – diz Zubiri – *antes que una relación consecutiva a dos personas, es la creación originaria de un ámbito efusivo dentro del cual, y solo dentro del cual, puede darse el otro como otro*[6].

Promovendo o advento da verdade pessoal, o amor é criador, desde que essa verdade que somos nós mesmos seja criatividade em si. Sustentar-se na absoluta negatividade do movimento, transcender o imeritório, é a condição da experiência amorosa. O que se opõe à visão amorosa é justamente a recaída nos aspectos banais e insípidos das coisas, a consciência submergindo nas preocupações imeritórias e prosaicas da existência. A ampliação de sentido que pressupõe a consciência amorosa não é a projeção de algo subjetivo, artificial e inexistente sobre uma realidade externa e privada em si de qualquer halo ideal. A vida amorosa não consiste em conferir uma existência imaginária a um ente privado de idealidade, mas é justamente um descobrir propiciatório. Um descobrir que é um permitir, um franquear a idealidade ínsita atual ou potencialmente no objeto amado. Amar alguém é atribuir-lhe um prolongamento de sentido e de possibilidades, ampliando o âmbito de seu exercício existencial, outorgando-lhe uma categoria superior. Enquanto o comportamento adverso e hostil procura anular de todos os modos o significado do outro, reduzindo-o a uma pobre coisa desamparada e ignóbil, o comportamento afetivo dilata ao máximo o relevo e o alcance do outro ser. A consciência amorosa destaca o objeto amado como núcleo e valor no cenário total das coisas, relacionando-o com todas as coisas que, através desse vínculo, se enriquecem. O ser amado é uma fonte doadora de sentido.

Mencionemos também o fato relevante de que nos movimentos através do qual conferimos ao outro a qualidade de

---

[6] Xavier Zubiri. *Naturaleza, Historia, Dios*. Buenos Aires, Poblet, 1948, p. 445.

objeto amado, somos levados ao nosso próprio fundamento originário. O sair-de-si-mesmo do amor é, no fundo, um voltar a si mesmo. Ampliando as possibilidades do outro, dotamo-nos de novas dimensões; enriquecendo o significado existencial do outro, enriquecemo-nos a nós mesmos e passamos a viver uma nova vida, através do novo nascimento que facultamos ao outro ser. Amar é descobrir-se, é tomar consciência do que há de fundamental em si mesmo. Diz Jaspers: "O amor faz o eu encontrar-se com o eu do outro, para a realização das máximas possibilidades do homem; ele é o tornar-se si mesmo com o outro através da comunicação". (*Liebe trifft auf gleicher Ebene als Selbst auf Selbst um die höchste Möglichkeit des Menschen zu vollziehend sie ist Selbstwerden mit anderen Selbst in Kommunikation*)[7]. O amor é a forma eminente do reconhecimento das consciências e o processo supremo de anulação da objetividade. Hegel considerou a experiência amorosa como a forma suprema da anulação do oposto, isto é, de tudo o que há de inerte, fixo e não vivo na realidade. Entretanto, como no projeto do amor está implícito o de ser amado, a relação do duplo reconhecimento das consciências pode estacionar na relação de senhor e escravo. Hegel denunciou essa relação na consciência religiosa israelita, onde o homem amando o seu Deus mas não sendo por ele amado, era o alvo inerme do seu despotismo caprichoso. O amor pode manifestar-se como escravização ignóbil do ente humano quando, dando-se como relação unilateral, o amante é objeto da vontade caprichosa da outra parte. Nesse caso, a dialética do amor assume a forma da relação senhor-escravo, pois o vínculo amoroso, traduzindo-se numa relação de dependência em face do objeto amado, torna a consciência humana desarmada diante de uma vontade externa e implacável. Afirmamos acima que o amor é um gesto de independência do ser, uma forma de doação do homem que se traduz em viver sua vida numa outra vida. Assim, pois, o amante escolhe livremente sua própria dependência, arrostando a aventura de seu viver amoroso. A experiência amorosa como ação de amar é, como já afirmou Aristóteles, ontologicamente superior à experiência de

---

[7] Karl Jaspers. *Von der Wahrheit*. Berlin, Piper Veriag, 1947, p. 1.009.

ser amado. Apesar de ser uma atitude exposta aos perigos que já apontamos, o comportamento amoroso, pela ocasião que oferece de acesso da consciência a si mesma, põe-se como um desenvolvimento libertador da consciência de si. Dentre todas as formas de realização do eu e de promoção da presença pessoal, o amor é, sem dúvida, a conduta comunicativa por excelência. Se o sentido último da dialética das consciências pode ser considerado como o suscitar recíproco da verdade existencial, o amor deve ser avaliado como a própria operação dessa verdade. O amor é um ato que se cumpre em vista de si mesmo e não, como pensava Platão, em vista de um desenlace transcendente. Se a maior parte das ações humanas se concretiza na série dos meios e dos fins, o amor, pelo contrário, tem seu fim em si mesmo, constituindo a possibilidade mais própria do homem. Através dessa força o mundo abre-se para o valioso a para o sagrado, conhece o sacrifício e o devotamento, distingue as suas preferências de suas repulsões e se organiza como um mundo de sentido. Todas as grandes realizações históricas e culturais do homem, todos os prodígios da coragem, da inteligência e do gênio foram realizados na incitação do amor e da paixão, no delírio da sua força transfiguradora. Entretanto, do nosso ponto de vista, não devemos apreciar o significado da atividade erótica em função de suas obras, pois a virtude educadora do amor reside em seu próprio movimento. O amor é a conduta suprema do homem, como ato humanizador por excelência. Compreenderemos o sentido dessa afirmação, tendo em mente que a característica da realidade humana em relação a todas as outras regiões ontológicas, é justamente a de ser uma realidade inconclusa e aberta. Ora, é justamente o entusiasmo do amor que lança o homem além de todos os limites, no puro espaço da indeterminabilidade infinita. Enquanto o ódio impede, cerra, restringe, fixa e objetiva, o amor executa o trabalho contrário, educando as consciências para a efusividade mútua. Amar é algo mais que ser amado, já que a atividade é superior ao modo de ser da passividade. Consagrando-se ao amor, o homem relaciona-se ativamente com seu fundamento próprio na ação mesma do amar, ao passo que, sendo amado, apenas encontra a oportunidade que favorece ocasionalmente sua máxima realização. Cristo, amando os homens, infundiu-lhes a virtude e a graça como repertório de forças à sua disposição. Essas dádivas, que podem ou não ser empregadas, constituem a oportunidade de nossa salvação. Essa é a diferença essencial entre o verbo ativo e o passivo no que respeita à conduta amorosa. Amar equivale à realização imediata da dimensão ontológica, enquanto ser amado significa receber passivamente essa oportunidade. "Amar é durar, ser amado é passar", afirmou Rilke, acentuando o que há de densidade metafísica no exercício amoroso em contraposição à mera virtualidade do que recebe essa doação.

O sonho de todos os utopistas foi o reino de Deus e do amor sobre a terra. Essa imagem hipotética negligencia um fato fundamental da estrutura mesma da vida espiritual, isto é, a verdade comezinha de que todo o amor a alguma coisa implica ódio a outra, não se podendo, portanto, pensar numa ordem universal do amor. O amor traz em si a possibilidade do ódio, sendo dialeticamente o ódio superado e podendo anunciar o amor como emergência resolutória. O amor implica sempre algo fora de si, que é justamente a polaridade do desvalor, do mesquinho, do desprezível. A vida espiritual move-se entre polaridades que só podem ser concebidas e sentidas em sua conexão mútua. Esse regime impede uma determinação unilateral a favor de um valor ou de seu contrário, e mantém a constante tensão da vontade em relação a determinados fins. Por mais que progrida a ordem social haverá sempre no mundo amigos e inimigos, almas que se querem e que se odeiam, forças que se atraem e que se repelem. O desaparecimento de um dos momentos redundaria no desaparecimento do outro. Essa característica dual de nossa atividade acarreta a contínua vigilância do existir, que ao superar os limites opostos pelo erro, pelo desamor e pela desarmonia sabe, entretanto, que essa vitória é um permanecer na luta. O amor procura estender continuamente a sua esfera, mas sabe que sem antagonismos e oposições nada teria a unificar; supõe ele a separação, o desentendimento e a oclusão do homem à sua verdade fundamental e é justamente referindo-se a essa não-verdade que realiza sua obra de unificação. Como tudo que é humano, a experiência amorosa também é regida pelo movimento dialético, sendo sempre o não-ser-do-amor a própria condição de seu ser. Assim, pois, o advento de um reino de amor entre os homens manifesta-se somente em forma episódica e provisória. A consciência amorosa não constitui uma atitude de ânimo que se possa estabilizar e fixar facilmente, requerendo um constante exercício do amar. Espreitando seu decurso, representando deformações e caricaturas de natureza verídica, aí estão o pieguismo, a sentimentalidade falsa, a debilidade emocional, a deliquescência afetiva e as demais formas de degenerescência do autêntico impulso amoroso. A existência do amor é uma existência continuamente ameaçada, impugnada pelo hábito, pelo automatismo e pela distensão de sua energia própria. Dessas considerações podemos assim depreender o fato fundamental de que o amor não se tornará jamais a lei do mundo, pois como todas as realidades que nos dizem respeito, sua existência se resolve num processo.

Ao correr deste capítulo fomos assinalando diversos traços concordantes no movimento da dialética intersubjetiva, todos eles convergindo num perfil único. O homem que se volta para o outro, na seriedade de seu entusiasmo espiritual, tende sempre a despertá-lo para o seu existir autêntico. Esse zelo pelo outro não é qualquer coisa de acessório a um solilóquio espiritual completo em si mesmo; pelo contrário, somente através da comunicação das consciências é dado ao homem ascender à mais alta forma espiritual. Procurando interpretar esse recíproco endereçamento das consciências, constatamos o incitamento à transcendência como gesto fundamental do convívio autêntico. Sacudir as consciências, retirá-las de seu sono indiferente, conturbar a paz da superfície, denunciar o compromisso consigo mesmo, lembrar ao homem sua condição, ampliar a consciência de seu próprio poder ser, tais são os efeitos decorrentes do verdadeiro contato interpessoal. Através da interação dos comportamentos humanos a consciência vai desabrochando para os seus modos de ser mais peculiares, para a sua conduta fundamental, emergindo desse diálogo o próprio perfil humano como existir aberto para a transcendência, como viver na proximidade daquilo que o supera.

Considerações finais

Referimo-nos neste trabalho a uma dialética das pessoas e não a uma teoria das relações intersubjetivas, pois o desenrolar-se dos momentos na vida das consciências cumpre-se entre oscilações contraditórias. A realidade que exploramos se apresenta, não na patência do objeto, que é sempre aquilo que é, mas nas formas elíptica e furtiva dos processos dialéticos. O trânsito da não-verdade para a verdade, que procuramos analisar, consubstancia o que denominamos processo do reconhecimento. Essa passagem não deve ser compreendida, porém, como um fato meramente histórico, como a sucessiva emergência da fisionomia humana de um estádio primitivo e obscuro. Hegel parece supor uma tal seriação de momentos, pondo na origem do movimento que leva à consciência de si a mera justaposição de individualidades imersas no simples estar-aí. A partir dessa relação externa realizar-se-á, segundo ele, a operação recíproca do reconhecimento. No início – essa concepção implicando um começo, um meio e um fim – deparamos com a consciência perdida no reino da coisa, da individualidade biológica, da determinação. Essa situação apresenta-se como um fato passado, quando predominava o regime universal do "isso ou aquilo". O homem ainda não havia adquirido para o outro o sentido de seu valor singular; os traços do caráter e da particularidade do eu ainda não se haviam sobreposto à fisionômica da espécie, o homem não passando então de um exemplar da série biológica. Diz Hegel: "Um indivíduo surge em face de outro indivíduo. Surgindo assim, *imediatamente*, eles são, um para o outro, objetos quaisquer; são figuras *independentes*, e devido ao fato dos objetos existentes se terem determinado como vida, são consciências mergulhadas no ser da vida, consciências que ainda não cumpriram, uma em relação à outra, o movimento de abstração absoluta, movimento esse que consiste em extirpar de si todo ser imediato e ser somente o puro ser negativo da consciência igual-a-si-mesma"[1]. Esse não-ser-si-mesmo da consciência como fase inicial do processo de reconhecimento deve ser encarado como condição dialeticamente essencial, mas não historicamente ordenada. O que foi continua sempre como uma possibilidade aberta para o homem, o *isso* sendo uma eventualidade recorrente e sempre possível. A dialética das consciências não apresenta figuras que se superpõem temporalmente, mas formas de conexão dos "eus" que se dispõem como figuras possíveis da vida espiritual. Com isso, não pretendemos afirmar a recorrência fática da história ou qualquer organicismo de tipo spengleriano; afirmamos unicamente que as atitudes assumidas pelo homem em face dos outros e em face de si mesmo não constituem uma seriação temporal, mas um feixe de possibilidades de comportamento.

Mencionamos anteriormente que através da história, a determinação do *isso*, em lugar de decrescer, estende-se cada vez mais, abarcando homens e coisas; assim, em nossa civilização, o regime social da massa, com seu poderoso efeito despersonalizante, lançou o homem no estado de justaposição da coisa.

Para ilustrar a contemporaneidade dos comportamentos intersubjetivos que defendemos, contra Hegel, podemos lembrar o fato de que as relações conflituais entre as consciências acompanham, como uma melodia contínua, o desenrolar da convivência humana, sendo que a possibilidade do trato

---

[1] Friedrich Hegel. *La phénoménologie de l'Esprit*. Tome I. Paris, Aubier, p. 158.

escravizador do tu é uma nota constante da relação interpessoal. Inserir o outro como instrumento na prossecução de nossas finalidades é uma eventualidade sempre aberta do nosso ser-com-o-outro e não um estágio na evolução da dialética temporal das consciências. A recorrência dessa forma de conduta não deve levar-nos a supor, como já acentuamos, que a vida possa se repetir e que o passado possa propor-se novamente como destino do nosso destino. *Ante nosotros –* diz Ortega *– están las diversas posibilidades de ser, pero a nuestra espalda está lo que hemos sido. Y lo que hemos sido actúa negativamente sobre lo que podemos ser*[2]. A história é o cenário de contínuas transformações e modificações, nada se apresentando nela de fixo e de estável; a ação humana vai alterando continuamente as condições da própria ação, tornando impossível qualquer repetição da mesma. Podemos dizer que essa irreversibilidade vale no que diz respeito à matéria e não à estrutura do comportamento humano. Em relação a essa estrutura, o acontecido se propõe, não como uma forma superada de comportamento, mas como um conjunto de vias abertas. As reflexões de Kierkegaard acerca do problema do necessário e do possível recebem seu pleno sentido, referidas a esse tema. O conteúdo da ação passada não se torna de forma alguma necessário e coercitivo pelo fato de se ter transformado em passado. Essa asserção que Kierkegaard focaliza, tendo em vista outros problemas, pode ser aplicada à elucidação das figuras da dialética intersubjetiva. O complexo de atitudes que o homem desenvolveu em relação ao próximo não representa formas abolidas do trato humano, mas contínuas possibilidades de coexistência. A expedição dos dez mil, as guerras púnicas, a invasão dos bárbaros, o advento do cristianismo, são ocorrências históricas ultrapassadas no fluir temporal. Entretanto, a relação de homem a homem, como estrutura ontológica, permanece como âmbito invariável de determinação. Cada geração humana é colocada diante do mesmo quadro de desenvolvimentos, de ocasiões de atividade, para, segundo a

---

[2] José Ortega y Gasset. *Historia como sistema*. Madrid, Revista do Occidente, 1942, p. 56.

índole e a profundidade de sua radicação metafísica, realizar o seu traçado histórico. O que foi feito pelos outros homens não assiste aos novos como uma garantia segura de desenvolvimento. Pico della Mirandola aludia a essa disposição humana de opção quando, referindo-se à faculdade conferida ao homem pela suma liberdade de Deus, disse serem aqueles os plasmadores e cunhadores honorários de si mesmos, podendo, segundo o teor de sua atividade, revestirem as formas da animalidade ou ascenderem às formas superiores e divinas. Se o que se realizou historicamente, como ação memorável e de significado histórico-universal, não pode mais retornar ao plano da ação histórica, o que se apresenta como alternativa de superação ou degenerescência, transcendência ou transdescendência, cerne-se imutavelmente sobre o nosso caminho. Assim, pois, a possibilidade dialética original, a ausência da presença humana, que Hegel colocou como um momento abolido no movimento do espírito, se nos apresenta como uma ocorrência sempre possível. O humano não está salvo da paixão da inumanidade, a sabedoria não o está da barbárie, o refinamento cultural não o está de bestialidade dos apetites, a harmonia dos espíritos não o está do rancor e da inimizade. A ideia de mediação e de superação dialética é, pois, muito mais complexa do que o supunha o pensamento hegeliano, pois, como sentenciou Kierkegaard, o que foi ainda continua possível. Ao otimismo da mediação indefinida e das formas temporais ascendentes, substitui-se a consciência do risco infinito da existência e da constante presença do tenebroso informe em nossa existência. O homem sem face, a criatura brutal das origens, o homem-coisa é uma possibilidade iminente e próxima. A vocação do homem não é uma necessidade legal e inflexível, mas o resultado de uma escolha contínua.

A ideia de uma interiorização dos momentos sucessivos do homem na atualidade do existir relaciona-se à ideia, de certa maneira análoga, da contemporaneidade do relato mítico e religioso. A história mítica não é um sucesso do passado, apesar de se revestir da forma do acontecido, mas é o que acontece ou está em vias de acontecer a todo instante, constituindo a representação simbólica de nossas possibilidades. Prometeu não existiu outrora, na particularidade de sua concreção espaciotemporal, mas é a figura sempre atual e eloquente do nosso próprio destino. Essa interpretação da sucessão histórica rompe a imagem linear da série temporal que supõe os instantes como pontos exclusivos e sucessivos, relacionando-se a uma nova concepção da sua polaridade. Nessa nova captação do fenômeno temporal, o presente contém o passado na atualidade de seu existir, o passado tornando-se um *ek-stase* ou extensão da temporalidade. O passado vive em nós, confunde-se conosco e é por nós determinado como passado, como aquilo que recusamos ser em nossa negatividade própria. A essa história, que pode ser ultrapassada no contínuo fazer histórico, se antepõe a história dos deuses, suas genealogias, e todo o quadro de representações religiosas que, se bem que localizadas temporalmente, não são superadas em nossa atuação criadora. Deus está continuamente nos arrancando do barro da materialidade, através do apelo de sua palavra divina. Cristo nasce e morre perenemente. O que foi no campo do relato religioso e mítico, é e continua a ser. A fé religiosa e, de uma forma geral, o conjunto de crenças e representações mitológicas alude a conteúdos que transcendem a mera transitividade das realizações particulares do homem, relacionando-se imediatamente com a finalidade do homem enquanto homem. O relato religioso, não se atendo à particularidade do fazer humano, não é ultrapassado pelas ondas sucessivas desse fazer, permanecendo como contínua alusão às nossas possibilidades fundamentais.

Essa digressão é suficiente para elucidar a dualidade que se põe entre o irreversível e o continuamente reversível na condição humana, entre o meramente superável e o que nos supera e transcende.

O processo do reconhecimento, em sua contextura dialética, está sempre referido ao seu próprio contrário, isto é, à alienação do homem em seus modos deficientes de ser. O fenômeno do reconhecimento não se esgota em qualquer comunicação particular, em qualquer gesto de liberdade especial, realizando-se no cumprimento existencial do homem. O homem nada mais é do que o ato vivo do reconhecimento: a luta, o esforço, a aproximação e o zelo pelo advento de suas mais altas possibilidades. Vimos anteriormente como o tipo de realidade do homem não é a do ser dado da realidade ôntica e que, em vista disso, o seu modo de ser se dá como uma nadificação do ser dado. Esse é o motivo pelo qual a verdade existencial cobiçada pelo processo do reconhecimento não pode ser atingida dentro de qualquer disposição do ser. O testemunho que o homem deve dar a si mesmo e aos outros não é o da cumplicidade com as coisas, mas o de sua plena independência em relação a qualquer configuração particular e a qualquer validez relativa. "Deparamos aqui com a subjetividade irônica. Para ela a realidade dada perde toda validez, tornando-se uma forma imperfeita que a constrange continuamente. Ela sabe somente que o presente não corresponde à Ideia". (*Hier treffen wir das ironische Subjekt. Für es hat die gegebene Wirklichkeit ihre Gultigkeit schon verloren, aber anderseits das Neue besitz es nicht. Es weiss bloss dieses, dass da Gegenwartige der Idee nicht entspricht*)[3]. Parece-nos que a atitude espiritual da ironia descreve de modo exemplar o movimento de nossa própria realidade. O fim do homem não descansa numa realização objetivante, mas na conquista de sua independência em relação às coisas e através delas.

Afirmamos não ser qualquer espécie de comportamento capaz de revelar a nossa origem, já que a atividade comum do homem, o quotidiano do seu existir, representa uma ocultação e não uma iluminação de seu fundo ontológico. Acrescentamos que a experiência tradutora desse acercamento da verdade não é a de uma vida segregada das outras, mas a de um existir consagrado à verdadeira comunicação existencial. A atividade que funda nossa realidade própria não é qualquer atividade do eu, isolado de sua convivência. Tal

---

[3] Rudolf Meyer. *Der Protest des Gewissens in der Philosophie*. Berlin, Leemann Verlag, 1941, p. 82.

tipo de atitude não é contrária ao ensimesmamento ou à solidão, que formam, como já vimos, a propedêutica indispensável ao intercâmbio humano autêntico. O comportamento corrente do homem, contaminado como está pela alienação da não-verdade, torna a consciência insensível às revelações mais profundas do ser. A nossa própria realidade é o ponto em que o real se torna discurso e palavra, não só existindo, como sabendo que existe na expressão de sua própria intimidade. O homem é o revelador da verdade das coisas, aquele que transforma em verbo, em linguagem, em expressão, o que jaz na obscuridade do irrevelado. A forma pela qual se apresenta essa emergência da verdade é a palavra e, nesse sentido, o próprio homem, como entidade particular e finita, como figura histórica, é interior à palavra. A realidade captada já é a realidade expressada, dita, articulada num conjunto simbólico. O homem aparece-nos ao mesmo tempo como habitando o recinto da palavra e criando em seu momento transcendental o próprio âmbito do dizível; expressa-se na função da linguagem a capacidade de negatividade que o define essencialmente. A palavra transcende o puramente dado, a favor de uma nominação fundadora. É ela o que há de mais espiritual no conjunto das coisas, abrindo espaço a todas as realizações humanas. Entretanto, essa faculdade suprema não é imune à degradação e ao extravio, que podem torná-la um instrumento incompetente para revelar o sentido último do real. Designamos anteriormente essa palavra, incapaz de dar acesso à verdade das coisas, como verdade coercitiva ou limitante. A esfera de jurisdição dessa linguagem é a da pura objetividade, do momento cerceante do real. Em contraposição a esse verbo objetivante, realçamos a palavra original e fundadora que guarda em si o sentido incontaminado da verdade, sendo especialmente idônea para traduzi-lo. Essa palavra comparece, em seu sentido eminente, na poesia, na filosofia e no verbo anunciador das religiões. Se o discurso corrente move-se entre o meramente dado, entre as coisas frequentadas pelas preocupações imediatas do homem, o discurso a que nos referimos, na opulência de seu sentido, vai muito além do horizonte delimitado do existente. Se a primeira palavra confina, recorta e exclui, a segunda põe o homem diante da totalidade do revelado, constituindo-se em palavra-apelo, reportando o homem àquilo que lhe convém. Heidegger, em seu ensaio *Da essência da verdade*, contrapõe dois comportamentos em relação à verdade do *ente*, que esclarecem com exatidão esses dois tipos do dizer. A primeira forma de linguagem a que nos referimos é a que acompanha, formula e determina os nossos propósitos, práticas e atividades imediatas, formando um sistema concluso nesse campo aparentemente autossuficiente. Como essa palavra só atende aos programas que se oferecem no recinto da quotidianidade, desprezando e esquecendo a totalidade do que existe além dessas fronteiras, podemos chamá-la a palavra do esquecimento. Não é ela a palavra que lembra, mas a que adormece e extravia. A consciência que, baseada nas determinações dessa linguagem, procura interpretar o quadro de seu destino, só poderá constituir uma filosofia do esquecimento, da alienação, do extravio. Em profunda oposição a essa palavra, podemos iluminar o sentido do verbo convocante que nos expõe à totalidade do real.

Essas considerações sobre a natureza da linguagem e de seu papel na expressão da verdade guardam estreito vínculo com o problema proposto desde o início. Um mesmo fato é o existir na inautencidade, no mero intercâmbio exterior que nada exige e o desenvolvimento das formas degradadas da linguagem. Por outro lado, a determinação de uma existência fundada na verdade da consciência de si tem o seu análogo na palavra autêntica ou na expressividade do silêncio – podendo o silêncio expressar –, na linguagem que não recua nem esconde, mas que concita o homem à aventura do mútuo conhecer-se, aventura essa que, segundo Morente, é a manifestação do interior e do peculiar, do próprio e do único, do íntimo, em suma. O sentido de colóquio dessa relação é um transcender para a sinceridade, para a expansão da alma, rompendo com tudo que há de secreto, dissimulado e insidioso na consciência. Eis porque assinala Heidegger ser a linguagem da verdade uma ex-posição do homem à patência do ser, um permitir e um libertar a ordem do real através da palavra reveladora. A atitude que envolve esse comportamento autentificador não é a que fixa, determina e impede, a que correlaciona duas objetividades dadas. A atitude que define é também a que cerceia as possibilidades do outro, reduzindo-o ao seu simples estar-aí, ao modo coercitivo da objetividade. Essa forma de conhecer leva ao fastio, ao cansaço mútuo, ao sentimento de que uma dada relação está esgotada. Não respeitando o que há de indeterminado e potencial na intimidade do outro, não amando a orla de devir que há em toda personalidade, essa relação exaure sua possibilidade de desenvolvimento. Não respeitar em si e nos outros esse fundo irrevelado e misterioso, ou, ainda mais, tornar-se a si mesmo e aos outros como uma superfície exploradora em todas as direções, equivale a cerrar o espírito para as verdades mais profundas. O cansaço mútuo, o sentimento do tédio e de fastio pessoal origina-se não só da incapacidade de amar e, portanto, de incitar o outro ao movimento interior, como também da inaptidão de transcender em relação ao mistério do outro. O homem não é um todo circunscritível, algo que possa brilhar como figura delimitada, mas algo que permanece sempre inapreensível em sua totalidade e, em sua raiz, enigmático. O intercâmbio pessoal, fundado na circulação comunicativa, supõe justamente a não-ocorrência do desespero em relação ao outro, que se manifesta no cansaço e no aparente esgotamento da vida comunicativa. Em todo comércio do espírito que se propõe um alcance existencial, está implícito, ao mesmo tempo, um respeito fundamental pela índole e peculiaridade do outro, um incitamento è sua autorrealização. A ironia socrática que aparentemente manifesta um desamor pela posição do interlocutor é realmente maiêutica, isto é, endereçada ao nascimento de um novo espírito. O objetivo verdadeiro do empreendimento socrático manifesta-se no intento de fazer com que o outro supere a aversão incongruente que tem de si mesmo, transcendendo em relação a si próprio, através de todos os disfarces que ocultam sua verdadeira realidade.

Diz-se comumente que os diálogos socráticos não chegam a um resultado definitivo, a aproximação da verdade sendo abandonada antes de uma conclusão satisfatória. Essa característica da obra platônica pode servir de tema às mais ousadas reflexões. A inconclusividade do diálogo é um símbolo não só da procura infinita da verdade, como da comunicação existencial em que essa verdade se origina, pois se virtualmente o conhecimento pode ser obra do eu isolado, como categoria histórica só se dá no intercâmbio comunicativo. Como diz Jaspers: "O movimento do pensamento tem sempre a forma do comércio com o outro, ou da consciência consigo mesma. O fenômeno da pergunta e da resposta, como elemento do movimento pensante, é um sintoma característico dessa ocorrência" (*Die Bewegung des denkens hat gestalt des Miteinandertauschens, sei es zyischen Bewusstsein und anderen Bewusstsein, esi es des Bewusstsein mit sich selbst. Das Phänomen von Frage und Antwort als Glieder der Denkbewegung ist dafür ein charakteristiches Symptom*)[4]. O exercício da forma coloquial pressupõe não só um desenvolvimento da esfera do conhecimento, como, complexivamente, uma pro-moção através do acesso à verdade do ser. Num tal tipo de ser-com-o-outro, a linguagem intersubjetiva, pelo fato de nascer de uma atitude de franquia em relação às mensagens do real, é uma linguagem espontânea e verídica. Essa linguagem é uma abertura para o que há de irrevelado e de profundo, um ir ao encontro do sentido oculto das coisas.

Dissemos anteriormente não ser qualquer tipo de atividade apto para nos conduzir ao campo de nosso exercício existencial e acentuamos que o sentido da maioria de nossas ocupações nos desloca desse eixo original. Acrescentamos também que a conquista da nossa consciência pessoal e, correlativamente, do nosso viver na verdade e a partir dela, é sempre um fato precário. A verdade só se dá como verdade inconclusa, em devir. Mesmo o amor, que é o gesto legítimo por excelência desse poder interno, é de natureza instável e dialética,

---

[4] Karl Jaspers. *Von der Wahrheit*. München, Píper Verlag, 1947, p. 370.

devendo continuamente reafirmar-se em seu próprio movimento. Mais do que isso, dissemos ser o amor movimento mesmo, existindo somente como tendência de plenitude e de valorização do existente.

A índole precária e militante da dialética das consciências dá a todas as suas manifestações um sentido de porfia, de jogo, de luta. Assim é que o amor está sempre em pugna com o reconhecimento do mérito que o destitui de sua gratuidade e infinita magnanimidade. O amante, na generosidade de sua doação afetiva, é perturbado pelo mérito do ser amado que vincula e explica demasiado o seu anseio, seu amor sendo reduzido à simples constatação de um valor.

As acerbas polêmicas que a dialética do amor e do mérito desencadeou outrora na esfera teológica, no campo da doutrina da graça e da predestinação, liga-se em última instância ao fenômeno originário da livre doação e do reconhecimento

A interação recíproca dos "eus", como síntese instável de posições, assume ante nossos olhos o aspecto de um jogo titânico. Trata-se de um espaço próprio, onde o espírito, de acordo com determinadas regras, executa seu movimento peculiar. Como vimos, o que há de importante na atividade lúdica relativamente ao fenômeno do reconhecimento é o fato de, no jogar, patentear-se um *poder fazer*, uma produtividade interna que o marca espiritualmente. O jogo quer manifestar uma destreza, um soberano poder realizar e vencer, uma superabundância de energias e de capacidades. Como no jogo a consciência não persegue diretamente a eliminação do outro, mas unicamente a supressão de seu em-si-para-o-outro, a atividade lúdica tende à determinação de um ideal e não à limitação do horizonte do outro. Poderíamos acrescentar que no jogo, ao mesmo tempo que o entrechoque de forças, manifesta-se a cooperação dos contedores na elevação de um ideal e de uma nova medida. A vitória, escopo da realização lúdica, consubstancia não só a ideia de sobrepujar o antagonista, mas também a da realização de uma "performance" humana. Sob um certo ponto de vista, a parte vencida colaborou dialeticamente na obtenção desse novo padrão do feito humano. Como já acentuamos, o jogo constitui no decurso dos séculos um grande fator da formação e desenvolvimento humanos, pela sua capacidade de estimular o esforço e a vontade de autossuperação. A revelação sugerida pelas atividades agonais é justamente a do sentimento superior de um *poder fazer*, de uma excedência sobre o meramente dado, de um desenvolvimento e ampliação do por-si. O papel educativo e formador do jogo reside justamente nessa referência do sujeito a algo que o transcende e que ele deve realizar, essa transcendência sendo a livre figurabilidade do por-si. Toda educação reveste-se do significado profundo de uma condução da consciência para as suas possibilidades mais próprias. A educação pelo conhecimento é, antes de tudo, produzir em si a possibilidade de um tal advento, libertando-se para a verdade. Portanto, se em toda educação vai implícita essa operação reveladora de possibilidades, na *paideia* lúdica afirma-se a revelação do homem em sua independência e autonomia. O jogo, essa atividade que se cumpre em vista de si mesma, sendo em última instância o atuar do atuar, reflete exemplarmente a essência da realidade humana como ação. Vemos assim afiançar-se no terreno lúdico a forma da presença humana, como regime de autodeterminação e incondicionalidade. O agir-a-partir-de-si-mesmo do jogo que procuramos elucidar como regime de figurabilidade, não deve, entretanto, arrastar-nos à suposição de que no jogo se manifesta uma instância antropológica fechada. A divinização dos jogadores olímpicos na Grécia, o sentido transcendente dado às suas façanhas, já nos devem alertar contra essa falsa interpretação dos fatos. A autodeterminação do homem refere-se à sua ação própria que é aberta em si mesma para a transcendência. No jogo, abre-se um certo setor dessa prospecção além do existente e assim, em lugar de uma relação fechada, encontramos, como norma do agir lúdico, a referencialidade a algo que nos ultrapassa.

Em nosso intento de descrever sucessivamente os tipos de integração das consciências, destacamos o comportamento amoroso como forma primordial da autorrevelação subjetiva. Cumpre-nos agora examinar conclusivamente quais as relações existentes entre a aproximação amorosa das consciências e o conjunto das outras atitudes interpessoais.

Antes de mais nada, ressalvemos o fato de que compreendemos o amor em seu sentido autêntico e mais largo, como atitude congratulatória e viril do reconhecimento. O mútuo conhecer-se que se efetua na relação amorosa não exime a consciência da percepção dos defeitos do objeto amado, nem dos gestos de severidade e de justiça por parte do que ama. Se não compreendêssemos o amor como essa lucidez do valioso e do meritório, como essa confiança no que há de melhor no outro, em lugar de se apresentar como força exaltadora do melhor, apresentar-se-ia o amor como absolvição arbitrária de todas as deficiências e confusão de todos os valores. Em sua qualidade de tendência e movimento, o amor é também uma força de separação, que aparta o menos do mais, que provoca continuamente a transcendência de um para outro desses momentos, não permitindo, portanto, a aceitação indiferenciada do valioso e do imeritório. Nessa linha de ideias, a misericórdia divina, por exemplo, não deve ser entendida como aceitação do pecado, mas como infinito reconhecimento do que há de incontaminado nos que pecaram.

Une-se o amor aos demais comportamentos tendentes à promoção do mútuo reconhecimento das consciências, pelo caráter discriminativo e autentificador da verdade existencial. Essa analogia com as demais disposições da consciência comunicativa significa que em sua natureza reside a tendência profunda à realização pessoal, através de uma consagração à existência do outro. Se através do esforço, do trabalho, da reflexão, do estudo, o homem tende à conquista e afirmação de sua personalidade, no amor essa tendência encontra seu espaço mais peculiar de realização.

Em todas as orientações do impulso amoroso percebe-se a vontade de magnificar e enaltecer o significado do outro e de, vivendo no outro e para o outro, viver para o melhor de si mesmo. O existir-fora-de-si-do-amor é, no fundo, uma forma de interiorização, pois a exterioridade da oposição dos sujeitos é superada na unificação interior dos espíritos. Nesse sentido é que devemos compreender a afirmação de Hegel segundo a qual "o amor destrói completamente a objetividade e portanto anula e transcende a reflexão, despoja o oposto de todo caráter estranho e descobre a própria vida sem nenhum outro defeito. No amor, o separado continua separado, mas como algo unido e não como algo separado"[5].

Caracterizando a competência própria do amor, podemos dizer que é a força humanizadora por excelência, pois através de sua incitação a nossa experiência se amplia e se valoriza. Dissemos que o amor é uma interiorização, isto é, uma superação do que há de exterior, por representar exemplarmente a lei do por-si. Com efeito, é no amor que o homem se torna fonte original de comportamentos, de intuições e de sentimentos, ou como diz Jaspers: "Somente amando, vivo a partir da liberdade; amando, sou no outro, eu mesmo... O amor é a forma pela qual o homem pode viver a partir de si mesmo" (*Nur liebend lebe ich selbst... Liebe ist die Weise inder der Mensch aus sich selbst leben kann*)[6]. Como essa forma de existência não se dá na relação de exterioridade, mas como transcendência e determinação da subjetividade, caracterizamos esse processo como interiorização. A volta de si mesmo proposta pelo amor é uma interiorização em termos da polaridade eu-tu e não uma interiorização do homem singular, ou melhor: essa interiorização manifesta-se como volta a si do homem singular, na medida em que essa volta se põe como determinação intersubjetiva.

No movimento amoroso, por outro lado, está implícita a tendência para a verdade, para a sinceridade, para a confissão. Como já assinalamos anteriormente, não é possível compreender o amor acumpliciado com a dissimulação, com a impostura e com a deslealdade. Eis por que podemos dizer que o amor aguça a visão espiritual, provocando em si e em

---

[5] Friedrich Hegel. *Early theological writings*. Chicago, The University of Chicago Press, 1948, p. 305.

[6] Karl Jaspers. *Von der Wahrheit*. München, Piper Verlag, 1947, p. 1.011

torno de si a irrupção do verdadeiro. Com isso, não pretendemos identificar o amor, em toda a sua extensão, com sua forma pedagógica, segundo o esquema socrático, mas unicamente acentuar uma nota comum à essência do fenômeno geral, que se dá sempre como um existir na verdade de si.

Sob o ponto de vista que ora examinamos, a realidade intersubjetiva do homem se nos oferece como a cena móvel de uma contínua abertura para o possível. Essa realidade não possui outra substancialidade além de seu próprio transcender. Existir, nesse sentido, é transcender. No entanto, o exame de pontos em desenvolvimento que são os múltiplos centros pessoais não constitui um sistema de mônadas estanques, mas uma unidade articulada por meio de anastomoses internas, funcionando de forma reciprocamente determinada. Essa unidade revelou-se-nos, através desse trabalho, como unidade dialética, isto é, como fixação e superação de posições e contínua manifestação de contrários. A abertura para o possível revelou-se dessa forma como o sentido superior da dialética das consciências.

Na possibilidade de transcender o meramente dado descobrimos o humano do homem, que nos permitiu caracterizar a totalidade da realidade intersubjetiva, como totalidade humana. A evolução interna do homem não é, diga-se mais uma vez, um sistema fechado, sua essência residindo no livre defrontar-se com o horizonte aberto da transcendência. Não somos humanos, pois, como se é pedra, céu ou árvore, mas tornamo-nos humanos, isto é, somos convocados à humanidade.

A unidade sintética do transcender é uma força de contínua comoção e superação do já dado. O horizonte da transcendência a que nos referimos, por outro lado, não deve ser compreendido como uma realidade inerte e objetiva, mas como uma irresistível sucção que nos arranca da permanência satisfeita no já dado e cumprido. Não somos proprietários de nossa transcendência, mas súditos de seu poder autentificador. Todos os comportamentos do reconhecimento que se apresentam à nossa consideração são especificações desse poder de comoção e promoção que advém da transcendência. O fenômeno da comunicação existencial liga-se, pois, à unidade sintética intersubjetiva, em sua qualidade de estrutura transcendente.

Giordano Bruno, em seu diálogo *De gli eroici furori* trata, numa poesia, da prosopopeia de Acteon, caçador temerário que se adentrando na floresta das ideias, vislumbra o vulto divino da transcendência: *e'l gran cacciator devenne caccia*[7], conclui o poema.

A liberdade humana determina um destino que se alça como um poder superior sobre o mero estar-aí. Sentimo-nos sob o mandato, sob a concitação e a vigilância desse poder instaurado por nós mesmos; somos, como Acteon, perseguidos, arrastados e dilacerados pela força corrosiva do por-si, e como ele, de caçadores tornamo-nos caça.

A lei do por-si, como poder de transcendência, traduz-se em todas as formas do processo de reconhecimento. A superação da não-verdade é um apelo dirigido pela transcendência, que nos força a abandonar os moldes do existir impróprio e extraviado. A forma própria de atração da transcendência reside no processo comunicativo, o encontro do outro pondo em movimento a consciência de si. Através do comportamento convivencial, do ser-com-o-outro, educamo-nos, pois, para o sentido de nossa verdade própria.

---

[7] *O grande caçador torna-se caça.*

PARTE IV

IDEIAS PARA UM NOVO CONCEITO DO HOMEM*

*Dedicado a Miguel Reale, Hélio Jaguaribe e
Paulo Edmur de Souza Queiroz*

* A obra foi publicada em separata da *Revista Brasileira de Filosofia*, vol. 1, fasc. 4, 1951. (N. O.)

Introdução

Em uníssono com os grandes acontecimentos que ora envolvem o mundo foi se delineando, no campo da especulação filosófica, um novo conceito do homem. Isso significa, por um lado, que estamos em vias de alterar fundamentalmente a ideia que formávamos de nossa própria constituição ontológica e por outro, que só essa mudança nos esclarecerá sobre as prodigiosas transformações histórico-mundiais de que somos protagonistas, espectadores ou vítimas. Talvez mesmo os vastos fenômenos do cenário histórico, a expressão grave e apocalíptica desses dias incertos, tenham propiciado a possibilidade dessa nova compreensão do ente humano. O fato é que aquilo que constituiu, por muitos séculos, um ponto de referência familiar e inalterável pôs-se em movimento. O homem viu diluir-se a representação que fazia de si mesmo, perdeu de vista sua própria efígie e vai agora, penosamente, esboçando um novo quadro filosófico de sua natureza última. Apesar da plena consciência filosófica dessa nova doutrina sobre o homem ser obra de nossos dias, podemos retraçar toda uma linha de precursores que foram assentando os alicerces do novo edifício. A série se inicia com as mediações teosóficas de Jacob Böhme, retomadas depois pelo Schelling da *Introdução à filosofia da mitologia*, podendo após serem citados na mesma trilha de especulação os nomes de Hölderlin, Hegel, Nietzsche e finalmente, em nossos dias, Martin Heidegger.

Julgamos que ainda não foi estabelecido esse vínculo de pensamento que liga a doutrina da *Carta sobre o humanismo* com as figuras máximas acima mencionadas. De maneira que essa será nossa preocupação central e um dos objetivos deste trabalho.

Devemos atribuir a Martin Heidegeer o grande feito de ter tornado aproveitável e inteligível a obra de seus predecessores, na tarefa de fixar um novo conceito da *humanitas* do homem.

O erro de princípio que contaminou a maior parte das concepções filosóficas e metafísicas sobre o homem foi o de vasar a sua compreensão numa falsa classificação categorial. A natureza humana foi transcrita em termos conceituais que em absoluto não lhe convinham. Essa deficiência, não a descobrimos somente nas concepções mais grosseiras que estudam o homem apenas como um ente natural ou biológico, mas na mesma medida a encontramos naquelas filosofias que captam em sua realidade interna e espiritual. Em ambos os casos, a forma de acesso à realidade humana se mostrava imprópria e desorientada. Essa dificuldade se relacionava com a própria tendência do conhecimento humano, que se dirige preferencialmente ao ente, ao ser acessível e presente. O homem foi pensado como um ente entre outros entes, como um ser-dado particular no ser-dado universal. O homem foi assim estudado dentro da categoria do *Vorhandensein* (ser-dado), como um ente com características próprias, evidentemente, num conjunto entitativo.

A análise circunstanciada do conhecimento humano, em relação ao seu objeto, foi desenvolvida por Heidegger no *Sein und Zeit*. Aí se mostra qual a transformação que deve ser operada na realidade do utensílio, em sua passagem para a tematização cognitiva. A esse respeito, entretanto, convém frisar que tanto o ser-utensílio como o ser-dado (*Vorhandensein*) só se revelam e descobrem no interior da existência humana. O ente só se desvela no círculo de um esboço projetante, isto é, no círculo de um poder-ser existencial. O ente é de fato sempre um ente intramundano e para que se apresente e patenteie é necessário estar posto, antecipadamente, um mundo, uma abertura mundanal, isto é, é mister ter-se realizado um projeto fundador de um mundo. Para que nos possamos relacionar com o ente ou, como diz Heidegger, para que nos exponhamos ao ente, deve se dar antes a eclosão do âmbito em que o ente é possível.

Dessas considerações já podemos deduzir que o homem, em sua constituição última, em seu poder mais genuíno, não pode ser classificado na categoria do instrumento (*Zeugsein*), nem na categoria do ser dado (*Vorhandensein*), pois que se apresenta como uma condição transcendental de qualquer *presença a*. É o que nos diz Heidegger: "O mundo da existência nos apresenta entes que não só são absolutamente diferentes do utensílio e da coisa, mas que segundo o seu modo de ser como existência, se dão na forma do estar-no-mundo, encontrando aí os seres intramundanos". Isso não implica que o homem não possa decair na condição de coisa ou utensílio e assim ser tratado pelo conhecimento teórico, mas essa possibilidade se dá sempre como um modo de ser deficiente e impróprio. O homem é sempre mais do que uma coisa, pois é justamente, em sua radicação ontológica, a condição transcendental do ser-coisa.

Entretanto, como afirmamos acima, todos os intentos de investigação da constituição essencial do homem incidiram no esquecimento de sua verdadeira peculiaridade ontológica. A filosofia da linguagem, por exemplo, procurando vislumbrar a origem primordial da expressão verbal humana, pressupõe sempre um homem *antes* da linguagem, como ente já dado e no qual deveria descobrir o mecanismo gerador da palavra. Nesse erro incorreu, em grande medida, Vico, que em outros aspectos teve intuições geniais. Ao imaginar uma humanidade primordial, tosca, brutal e muda, anterior ao advento da linguagem e que sob o império de contingências externas e internas tivesse criado o mundo simbólico da palavra, Vico aplica ao homem um tratamento filosófico inadequado e falacioso. A palavra aparece, pois, para ele, numa realidade já constituída, num mundo em que o próprio homem, como complexo de possibilidades, já acedeu ao seu *sensus sui*. Entretanto, em outra passagem da *Scienza nuova*, alude a uma outra concepção da linguagem poética, que define dessa vez em seu papel morfogenético próprio, em sua função doadora original: "pois nela (na poesia divina), a ideia do poeta dá todo o ser às coisas que não o tem, sendo isso justamente o que afirmam os mestres de tal arte, isto é, ela (a poesia) é inteiramente *fantástica*, como a de pintores de ideias, não *icástica*, como a de pintores de retratos".

Podemos apontar o mesmo vício fundamental, quanto à interpretação da origem da linguagem, no ensaio de Fichte intitulado *Von der Sprachfähigkeit uns Ursprunga der Sprache*. Nem mesmo o gênio especulativo de Fichte furtou-se ao domínio das formas coercitivas de apreensão teorética do homem, que o pensa sempre como um ser já dado. Esse equívoco se manifesta na própria proposição do problema: "Como chegou o homem – pergunta Fichte – à ideia de expressar o seu pensamento através de sinais arbitrários?". A solução proposta pelo autor resume-se no seguinte: para que fosse possível uma ação recíproca entre nós, homens, de maneira que os outros pudessem conhecer as minhas intenções do mesmo modo que eu, as intenções dos outros, instituindo-se a possibilidade de uma relação racional e universal entre os homens, ter-se-ia criado a necessidade de diversos sinais arbitrários que veiculassem os nossos pensamentos. Diz Fichte nesse sentido: "Encontra-se no próprio fundamento da natureza humana o impulso do procurar a racionalidade fora de si, isto é, o *impulso* particular de *realizar uma linguagem* e a necessidade de satisfazê-lo se manifestam quando seres racionais entram em relação recíproca".

O princípio que governa estas explicações genéticas da linguagem se traduz em ser o homem sempre apresentado como um pressuposto fixo, um já existente que sustenta a formação dessa conexão cultural. O mesmo podemos dizer em relação ao fenômeno mítico, que sempre foi estudado nessa perspectiva ingênua e acrítica. Os estudos sobre a origem da mitologia, como os de Max Müller, Creuzer, Frazer, Freud e Cassirer, estão voltados unicamente para a descoberta dos dispositivos psíquicos e dos fenômenos sociais que, segundo eles, causam e condicionam o aparecimento das formações mitológicas. O pressuposto de todas estas investigações é que o homem, como uma realidade já dada, consciente ou inconscientemente, secreta as representações e crenças mítico-religiosas que enquadram todo o seu comportamento social. A crítica formulada contra as teorias antes apontadas sobre a origem da linguagem abrange igualmente estas doutrinas acerca do fenômeno mitológico.

Os problemas da origem e natureza da linguagem e da mitologia têm grande importância, como veremos pelo que se segue, para a elucidação da temática ontológica do homem.

O homem, como já foi acentuado, é um *prius*, um pressuposto, não no sentido ôntico e na acepção do meramente dado, mas em sua relação ek-stática e transcendente em relação à totalidade do ente. Nesse sentido, podemos dizer que não é o homem que dá origem à palavra, mas é a palavra que dá origem ao homem. As suas possibilidades histórico-existenciais, a sua representação do mundo e das coisas só lhe são reveladas através do verbo mitopoético. É o que afirma Heidegger em seu ensaio *Hölderlin e a essência da poesia*: "É em virtude da linguagem que o homem se acha exposto em geral a um Revelado... O ser do homem tem seu fundamento na linguagem."

A CONTRIBUIÇÃO DE JACOB BÖHME

Essas considerações sobre o papel da linguagem nos introduzem imediatamente no cerne do pensamento especulativo de Jacob Böhme e, muito especialmente, no momento de suas investigações atinentes ao problema do aparecimento dos povos históricos. Böhme desenvolve esse problema em seu livro *Mysterium magnum,* capítulos 35 e 36, intitulados respectivamente: "De como a árvore humana se desenvolveu em suas propriedades graças aos filhos de Noé e como em torno da Torre de Babel eles foram disseminados nas propriedades e por meio da confusão das línguas em diferentes povos" e "A prostituta babilônica e anticristã de todas as línguas, povos e linguagens: o que se dissimula sob as linguagens e a Torre de Babel".

As elucubrações exegéticas do *Mysterium magnum* constituem uma amálgama de divagações cabalísticas e arbitrárias, unidas entretanto a considerações de real penetração filosófica. Convém, pois, separar cuidadosamente as ideias que contribuíram para a nova linha de pensamento que estamos examinando daquilo que exprima apenas a limitação de seu horizonte intelectual. As interpretações teosóficas de Böhme giram em torno do relado bíblico da Torre de Babel e da consequente dispersão dos povos, com o evidente propósito de descobrir a origem da árvore da multiplicidade das línguas e dos povos, a partir de um povo e de uma língua originais. Böhme afirma explicitamente que a imagem da Torre é uma alegoria do homem terrestre e decaído e de sua vontade separada de Deus e de seus ditames. O problema que se coloca, portanto, é o de explicar essa contração da existência histórica em múltiplas formações particulares e divergentes, que denominamos nações e povos. A vontade unitária das origens coagulou-se num sem-número de personalismos e egoísmos fechados, em vontades que se quiseram unicamente a si mesmas, sendo o episódio da Torre o símbolo desse grande acontecimento que dissociou a tendência originária e única numa multiplicidade de centros isolados. Esse episódio marca, ao mesmo tempo, uma destruição e uma criação, um fim e um começo. Podemos aplicar a esse acontecimento proto-histórico essa reflexão de Schelling colhida em seu livro *As idades do mundo*: "O que constitui, em cada ser, seu começo primeiro é o fato de querer-se a si mesmo e é esse querer-a-si-mesmo que se torna, em seguida, a base da egoidade, aquilo pelo qual um ser se isola e se destaca das outras coisas e graças a que ele é ele mesmo e uma negação do exterior e das outras coisas".

Böhme encontra a causa da confusão das línguas e da dissociação dos povos na multiplicidade das imagens e das opiniões que cada povo formou sobre o ser e a vontade de Deus, em seu personalismo particular. Quando todos os povos formavam um único povo, isto é, quando as forças residiam no tronco, os homens compreendiam a língua em que estavam contidas todas as línguas em estado latente; nesse período, os diversos povos existiam como meras potencialidades, imersos na grande vida total. A linguagem única, o verbo original era a garantia da unidade e veracidade de Deus, em torno do qual se erigia a vida piedosa dos homens e sua linguagem primeira. O mistério da Babilônia é o mistério da disseminação das línguas e dos povos, ou ainda, o mistério da origem dos povos históricos em suas particularidades exclusivas. Cada língua e linguagem correspondem a um povo particular: "Como os povos devessem se dispersar por todos os países, Ele revelou a cada povo a língua que lhe convinha, segundo o país que deveria habitar e essa língua concordava com a qualidade sensorial com a qual se harmonizava, a fim de que a qualidade do país não introduzisse nela a perturbação, se introduzissem com o verbo de sua voz, e a sua voz na alma do espírito formado do macrocosmo, nesse lugar da terra".

Os povos não se dividiram, entretanto, porque, sendo diversos, começassem a falar na "confusão das línguas", mas, pelo contrário, pelo fato da língua geral se contrair na particularidade das propriedades e dos sentidos, foi que os povos se disseminaram sobre a terra. A confusão das línguas precedeu a confusão dos povos e a condicionou. "Pois as línguas necessárias para se compreender estavam confundidas e disseminadas e é porque os povos não conheceram nem compreenderam a propriedade dos outros." A Torre pela qual as línguas se dispersaram e confundiram é, como já dissemos, uma alegoria, uma imagem, ou melhor, a imagem das diferentes imagens que os homens construíram de si mesmos e de seu Deus, a imagem da ontogênese dos povos. Cada povo passou a admitir que, na expressão imaginosa de Böhme, as propriedades de seu material regional eram preferíveis, para a construção da Torre, às dos outros; e segundo o povo que obteve a preeminência do momento, a Torre foi construída segundo uma propriedade determinada.

A linguagem do Espírito Santo, a linguagem original do homem, era um ditado imediato da revelação divina, em seu sentido pleno e indiviso. Sob o império do verbo primeiro não havia espaço para qualquer desvio ou particularidade belicosa, para qualquer ostentação de imagens e opiniões segregadoras. Mas os homens introduziram o Verbo originário de Deus "numa forma semelhante a um vaso e não falavam senão com o vaso e não compreendiam mais o Verbo de Deus". A vontade privativa, a força centrípeta e a vontade que tendia para si mesma se apossaram do alfabeto e os homens pintaram sobre a tela do céu a imagem de suas múltiplas vontades. Böhme supõe que o mistério de Babel implica uma espécie de decadência e alienação da força original da linguagem, que foi compelida e encapsulada numa forma exterior. As possibilidades significativas totais do Verbo revelado foram cerceadas em significações regionais e particularistas, sendo essa contração de significado a responsável pela contração da humanidade na particularidade de seus impérios, deuses e povos. "Pois o Espírito indica por esses nomes (dos filhos de Sem) igualmente os Impérios e os impérios pertencem a Deus que os institui, os governa e os conduz com Seus nomes, cada império seguindo a propriedade de seu nome. Segundo a maneira pela qual se apresentam as propriedades de cada império, se apresentam igualmente sua língua e seus costumes, assim como está escrito: 'Tal povo, tal Deus'". Böhme caracteriza esse espírito da multiplicidade dos sons e das palavras, à sua maneira imprecatória e singularíssima, como o espírito da "Grande Besta da Prostituta Babilônica e Anti-Cristã". A grande linguagem original se pro-stituiu sob o efeito da concupiscência da Besta. "Esta verdade própria, rebelde a Deus, é a Prostituta da Besta que se prostituiu a si mesma no orgulho do egoísmo." A linguagem determinou um espírito centrípeto e particularista, alheou-se numa forma estranha e terrestre, passando a representar uma fração fechada e egoística do Todo.

Qual o sentido puramente filosófico que podemos atribuir a estas elucubrações teosófico-filosóficas de Jacob Böhme? Trata-se, evidentemente, de esclarecer o problema fundamental da origem e formação dos povos. O mito da Torre, que nas palavras do *philosophus teotonicus* é uma simples alegoria da situação decaída do homem, é usado por ele como ideia diretriz para vislumbrar o mistério da árvore dos povos. O ato de separação das nações coincide com a instituição de uma nova poesia e de uma nova linguagem, comandando um novo regime de imagens. O campo dos significados originais se contrai, segundo Böhme, para determinar um novo traçado do ente e das possibilidades históricas do homem. A dispersão das propriedades, de que fala o místico alemão, os materiais regionais empregados na construção da Torre, correspondem justamente às coisas e às ideias que despontam no mundo do homem câmico e decaído. Entretanto, uma passagem do *Mysterium Magnum* revela que Böhme foi além dessa concepção emanacionista da ontogênese dos povos, anunciando um novo sentido dinâmico do processo teândrico. Isso, quando nos diz que não devemos pensar ter sido o episódio da Torre destituído de utilidades aos olhos de Deus, pois, pelo contrário, a dispersão das línguas e dos povos constitui o grande mistério da revelação divina, segundo o amor e a cólera. O processo da sucessão das línguas e dos povos, a inimizade e a luta das imagens serviram para a Grande colheita de Deus e para a esplêndida revelação da eternidade. Com essas ideias vêm sugeridas uma representação do devir e da evolução histórico-religiosa do homem e a sucessão dialética em sua tendência final para a constituição de uma nova unidade. No desenvolvimento do pensamento filosófico ocidental, a ideia de uma unidade teândrica última substitui de forma crescente a crença da unidade inicial, passando essa a ser encarada como um mero foco imaginário. Dessas reflexões do *Mysterium magnum*, Schelling retirou a sua conhecida teoria de um processo teogônico fundamental, analisando o significado último desse conflito de imagens em devir de que fala Böhme.

De que maneira essas meditações, aparentemente tão alheias ao perfil concreto do homem, podem ter contribuído para o estabelecimento de um novo conceito do homem?

Uma resposta cabal a essa pergunta, só a obteremos quando, no fim deste trabalho, o pensamento de Heidegger iluminar o significado total da linha de contribuições que estabelecemos.

Desde o início ficou claro que o campo de ação do homem histórico, jungido e abandonado a uma determinada manifestação mundanal, tem a sua origem, segundo Böhme, num desvendamento particular do ente, proveniente da Vontade que se quis a si mesma. Essa Vontade que, para Böhme, tem um acentuado caráter pecaminoso e negativo, pode no entanto ser entendida em seu puro exercício instituidor e ontológico, quando se abandone a ficção de um estado meta-histórico originário. O traçado das possibilidades e representações inerentes ao homem, em sua concreção temporal, o projeto antecipado de um mundo lhe são conferidos por essa Vontade autoengendrada que funda e determina o âmbito e a constituição de um novo povo. O comportamento particular do homem, as possibilidades oferecidas à nossa vontade supõem a abertura de um espaço de possibilidades. Esse problema fundamental da possibilidade das possibilidades, que, em última análise, se identifica com o problema da ontogênese dos povos, foi examinado pela primeira vez, ainda que de um modo larvar, por Jacob Böhme. Entretanto, pelo fato desse ter acreditado na existência real e concreta de um povo meta-histórico, gerado pela palavra divina, as outras emergências étnicas e históricas só se lhe podiam afigurar como formações anômalas e pecaminosas, prestes a serem reabsorvidas ou aniquiladas. E é justamente o conselho que ele nos dá: o de destruir e matar em nós todas as imagens das letras, abandonando o nosso papel de arquitetos babilônicos e permitindo que viceje, em nós, a Vontade e a sabedoria de Deus. "Assim, todas as imagens morrem nele e a vida da alma se reabsorve no Verbo vivente que se manifestou novamente na humanidade." Nesse sentido, o homem realiza sua essência na medida em que supera o seu ímpeto de arquiteto babilônico, a sua vaidade de doutor em imagens, para abandonar-se inteiramente à vida espiritual a-histórica.

Tendo em vista que a ordem de verdade do relato mítico é diversa de uma verdade objetiva ou de adequação – o mito não reproduzindo uma ordem de fatos verificáveis e objetivos, mas descobrindo ao homem os seus valores e normas superiores – podemos descartar desde já a hipostasiação böhmeana de um homem original e prebabilônico ao qual a humanidade histórica devesse retornar. Não é, portanto, vencendo em nós a concreção histórica que podemos ascender à nossa essência humana, mas sim abraçando o movimento do querer que se quer a si mesmo e da palavra que configura o mundo de nossas oportunidades e desempenhos históricos. Como essa palavra não espelha o que existe, mas esboça o que ainda não existe, vivendo e participando dessa palavra, estamos em plena Magia divina. Habitar na proximidade desse poder instituidor e mágico, transcendendo as formas icásticas de ser, perfaz como veremos o sentido último do existir humano. A verdadeira "concretidade" não consiste em sua pura realidade empírica ou perceptiva, em seu "estar-aí" como determinação espaciotemporal; a verdadeira "concretidade" do homem consiste, pelo contrário, no remontar à tarefa propriamente humana e transfiguradora, pois só ela é capaz de dotar o homem de seu autêntico núcleo de "concretidade".

Vemos, assim, como se fundem os problemas da origem última dos povos e o da determinação da constituição essencial do homem. Entretanto, só o desenvolvimento posterior desses temas permitirá vislumbrar claramente a conexão dessas duas ordens de problemas. Passemos, pois, à análise das considerações fundamentais da *Introdução à filosofia da mitologia* de Schelling.

A CONTRIBUIÇÃO DE SCHELLING

Um dos problemas capitais abordados por Schelling nesse livro é o que se traduz na questão de como se formam os povos. Qual a origem e constituição dos povos?

Segundo Schelling, só podemos obter uma resposta elucidativa desse problema, se previamente refletirmos sobre o tema fundamental da origem da consciência mítica. "... Um povo *não existe* como tal senão a partir do dia em que se decidiu por uma mitologia, dela fazendo *sua* mitologia. Ele não pode tê-la adquirido depois de sua separação, quando já se constituiu como povo." Com essa certeza inicial, Schelling é levado a investigar a produtividade original das formas mitológicas, sendo guiado nesse estudo por um agudo sentido das peculiaridades ontológicas do homem. A advertência que fizemos, no início deste trabalho, acerca do transviamento do conhecimento filosófico e científico do homem e de sua tendência irreprimível de tratar o homem segundo a categoria do "ser-dado" (*Vorhandensein*), é obviada milagrosamente pelo filósofo, que sabe da impossibilidade da mitologia e da linguagem emergirem num povo já constituído. A investigação de Schelling divide-se em duas partes: uma, em que passa em revista e critica as teorias em voga sobre a natureza das representações mitológicas e outra em que, em vista das deficiências insanáveis de tais doutrinas, propõe a sua própria solução. O seu exame crítico é guiado invariavelmente pela constatação de que todas as soluções apresentadas pressupõem o fato de que é um povo já constituído e formado que descobre ou inventa a sua superestrutura religiosa. Schelling acredita que a maior parte das soluções mítico-religiosas descansa na falsa hipótese da existência prévia dos povos. Ainda em nossos dias, um dos mais recentes trabalhos, dedicado em grande parte ao estudo do mito, a *Antropologia filosófica* de Cassirer, reincide nesse vício apontado por Schelling. As teorias de cunho evemerista, como a apresentada por Vico, que relacionam a fabulação mitológica à memorização dos acontecimentos notáveis e heroicos da vida passada de um povo, são descartadas pela mesma razão. "Não é graças à sua história, que ele (o povo) recebe sua mitologia, mas, ao contrário, é a mitologia que determina sua história, ou antes, ela não determina mas constitui seu destino (da mesma forma que o caráter do homem constitui seu destino); ela constitui a sorte que lhe coube desde as origens. Quem contestaria que com a teodiceia dos hindus, dos gregos etc., toda sua história foi dada?".

Depois de acentuar o tremendo significado que os deuses têm para a vida de um povo, Schelling afirma que o estabelecimento de uma tal consciência religiosa não pode ser o resultado de atos individuais ou arbitrários. O erro da teoria poético-romântica do fato mítico, de caráter arbitrariamente subjetivista, é justamente o de fazer depender um acontecimento de tal alcance histórico-mundial da ação pontual e gratuita do indivíduo. "Criar uma mitologia, conferir-lhe a credibilidade e a realidade de que ela necessita, no pensamento dos homens, eis o que ultrapassa o poder de um só homem, ou de vários que associassem seus esforços nesse sentido." A teoria oposta, tão do gosto da nossa moderna sociologia e que vê nas manifestações míticas o resultado de uma produção coletiva e anônima, de uma espécie de instinto ou emanação social, incorre também, segundo Schelling, num falso pressuposto, facilmente denunciável: o de supor um povo já dado, de cujo seio deveria emergir a florescência divina. É igualmente impossível – diz o filósofo alemão – "que um povo já constituído receba uma mitologia posteriormente, seja mediante a invenção de um só homem, seja mediante uma espécie de produção coletiva, engendrada por uma sorte de instinto. Essa última eventualidade parece ainda impossível, porque não podemos conceber um povo sem mitologia". E mais adiante: "Em vão se pretende que a mitologia nasça no seio de um povo, como seu produto e sua emanação; nem por isso deixa-se de reconhecer implicitamente a existência desse povo, isto é, o fato de heleno já ser heleno e egípcio, egípcio, antes de terem recebido, de um modo ou de outro, suas representações mitológicas". E Schelling se interroga se não foram justamente as ideias religiosas respectivas dos helenos e dos egípcios que lhes outorgaram sua fisionomia étnica e cultural.

Não sendo nosso intento fazer história da filosofia, mas unicamente pôr em relevo os traços do pensamento de Schelling que se relacionam diretamente com a plasmação da nova imagem da essência do homem, podemos passar sem mais às conclusões de nosso autor.

Costumamos falar em fabulação mítica, em representações mitológicas, esquecendo-nos muitas vezes que a mitologia constitui para cada povo matéria de experiência profunda, de vida e de devotamento. A consciência de um povo é formada pelos deuses que se apossaram de seu ânimo, de tal forma que a concepção que alimenta sobre o mundo e sobre si mesmo é inteiramente determinada pela irrupção do sagrado. A luz que conforma a sua perspectiva própria, o seu particular projeto do mundo, o princípio de inteligibilidade de todas as coisas, têm seu fundamento último na abertura de seu panteão religioso. Com esse acontecimento se põe uma escala de valores, um positivo e um negativo, uma salvação e uma perdição, e, em geral, um conjunto de polaridades que tornam possível a ação historicamente relevante. Assentada essa conexão profunda entre o surgimento das nações e as manifestações da consciência religiosa, Schelling, para explicar a evolução e a multiplicidade das formações mitológicas, apresenta a teoria de um *politeísmo sucessivo*. A verdadeira essência do politeísmo estaria justamente na sucessão dos deuses e das grandes figuras divinas, e não em seu império simultâneo. O termo inicial dessa sucessão de revelações religiosas, o ponto de partida do processo teogônico consistiria, como em Böhme, num monoteísmo inicial. Entretanto, adverte Schelling que esse monoteísmo deveria ser entendido como um monoteísmo meramente relativo, seu Deus único não tolerando qualquer Deus antes de si, mas aceitando outros após ele e ao lado dele. Schelling decide-se por essa ideia de um monoteísmo relativo, que permite esclarecer não só a tremenda crise espiritual que desencadeou o politeísmo sucessivo, como a correspondente diversificação das nações e das línguas. "Disso resulta que o princípio que tinha mantido a humanidade no estado de unidade não podia ser um princípio *absoluto*, mas um princípio condenado a ser substituído por outro, posto em movimento, transformado e vencido por ele." Com essa sucessão de princípios que se apossam alternativamente da consciência, nos são dados, ao mesmo tempo, um quadro dinâmico e teogônico da vida religiosa do homem e uma hipótese da aparição sucessiva dos povos no cenário histórico. Às diferentes teodiceias correspondem os diferentes povos, essa sucessão de princípios e de representações míticas é uma ocorrência que se desenrola na consciência interna do homem, mas que entretanto a transcende, outorgando-lhe a sua determinação particular. O drama teomáquico tem, ao mesmo tempo, uma residência subjetiva e transubjetiva, pois desenrolando-se na consciência interior do homem tem no entanto sua causa nas potências teogônicas transcendentes. A consciência humana acha-se abandonada e comprometida nesse drama teogônico fundamental.

Devemos levar em conta essas ideias, se quisermos compreender a nova concepção da essência do homem que afirmamos estar nascendo no pensamento filosófico atual. A uma noção da liberdade subjetivista e restrita que se apresenta em certas correntes do existencialismo atual, se opõe uma noção mais poderosa da liberdade à qual o homem estaria adstrito. A noção da autonomia criadora amplia-se e transfere do âmbito da personalidade singular e restrita, onde sem dúvida também existiu e atua, para a dimensão ek-stática das potências teogônicas originais. "Não é com as *coisas* que o homem tem que se haver no processo metológico, mas com as *potências* que se levantam no interior da consciência e a cujas impulsões ele obedece. O processo teogônico que dá nascimento à mitologia é um processo subjetivo na medida em que desenrola na consciência e se manifesta pela formação de representações; mas as coisas e, por conseguinte, também os objetos dessas representações são as potências teogônicas *reais* e *em si*, as mesmas sob a influência das quais a consciência é primitivamente aquela-que-põe: Deus." Tanto a nossa realidade subjetiva como a correspondente realidade das coisas, tanto o que pensamos acerca de nós mesmos como o que pensamos do mundo, acha-se condicionado pela emissão de ser proveniente das potências-que-põem-Deus. O homem recebe o mundo de suas possibilidades históricas de ser, da força instituidora do processo teogônico original. "O processo mitológico nada tem a ver com os *objetos* naturais; ele se cumpre sob a ação de puras potências criadoras cuja consciência, ela mesma, é a primeira criação."

Meditando sobre o que foi realizado por essas investigações de Schelling, no tocante ao problema da natureza do homem, veremos o significado decisivo das ideias que vamos desenvolvendo. A situação do homem na escala dos entes sofre uma alteração fundamental, pois o homem deve ser compreendido ao mesmo tempo como um ente e como um ser que transcende todos os entes. Aparece-nos como ente, na medida em que o encararmos em sua condição derelicta e abandonada, em sua *geworfene Realitaet*[1], e como não-ente na medida em que ocupa a posições de emissário das potências demiúrgicas originais. O que caracteriza, entretanto, a posição filosófica de Schelling em relação a posições aparentemente análogas, é que com o despojamento de todo o ente, necessário ao acesso à dimensão ek-sistencial das potências mitopoéticas,

---

[1] "Realidade projetada".

o homem recebe uma conceituação que transcende todas as determinações geralmente admitidas. Em todas as doutrinas filosóficas correntes, a essência do homem é compreendida a partir do já dado, de um particular traçado do ente e não a partir da atividade projetante original que possibilita as diversas representações do mundo.

Antes de concluir essa sucinta exposição das ideias de Schelling referentes ao processo religioso, detenhamo-nos um momento numa passagem da *Filosofia da mitologia* em que se define a relação da arte com o processo teogônico. Como vimos, existiram correntes que procuraram explicar as manifestações míticas reportando-as ao exercício comum da fantasia poética. Como dizia Vico, as primeiras nações foram todas poetas. Schelling, depois de ter demonstrado que um fenômeno como a mitologia, caracterizado pela força coercitiva e necessária de suas representações e sentimentos, não poderia ser ocasionado pelas veleidades da fabulação poética individual, assinala entretanto as analogias entre a produtividade poética e a produtividade do processo teogônico fundamental. "Se é impossível encarar a mitologia mesmo como uma obra de arte poética, cumpre entretanto reconhecer que ela se comporta no que diz respeito às livres criações das épocas ulteriores como uma poesia original, fonte dessas criações." Assim pois, uma forma se comporta, sob certo aspecto, como a outra, isto é, não escapou a Schelling que tanto a verdadeira arte como o processo religioso original se manifestam como forças que abrem ou inauguram um mundo, que em sua função mágica e encantatória fazem surgir novas possibilidades e novas virtualidades no cenário do já dado. O motivo pelo qual Schelling não percebeu a verdadeira relação entre a atividade artística e as forças morfogenéticas da mitologia, foi sua deficiente compreensão da arte, como atividade individual e arbitrária. Tivesse ele sentido o que existe de imperioso e de necessário na criação poética, tivesse ele entrevisto na palavra poética a formulação do destino de um povo, quando o poeta em sua singularidade se perde e se transcende, arrebatado pelo que *deve ser dito*, e não haveria recuado ante a identificação da poesia com o modo de atuação das potências mitopoéticas. Essa identificação encontramo-la no ensaio de Heidegger *Hölderlin e a essência da poesia*: "Assim, a essência da poesia se acha inserida nessas leis cujo esforço é divergência e convergência e que regem os sinais dos deuses e a voz do povo. Quanto ao poeta, ele se mantém entre os primeiros – os deuses – e o segundo – o povo. Ele é um 'arrojado fora', um rejeitado nesse 'entre', entre os deuses e os homens". Apesar de Schelling não ter chegado a essa identidade original entre a poesia e a mitologia, estabeleceu de forma profunda as revelações vigentes no seio de uma cultura entre a conexão divina (incluindo-se nessa conexão os elementos de sinal contrário, isto é, o demoníaco e o abissal) e a história sucessiva de suas criações artísticas. O mundo mitológico forneceria o conjunto temático das plasmações estéticas posteriores. Sem esse *a priori* do fenômeno religioso seria impossível pensar qualquer comportamento estético, porque estaria obliterado o campo próprio da experiência do Belo. Schelling afirma nesse sentido: "Ela (a arte) terá evidentemente que postular a existência de uma poesia *original*, precedendo a arte plástica e as criações poéticas propriamente ditas, de uma poesia inventando e fornecendo a uma e às outras a matéria e o próprio tema de suas criações."

O PONTO DE VISTA HEGELIANO

Outro filósofo que, sem estar propriamente inserido na linha que vimos seguindo, contribuiu para o desenvolvimento da renovação da problemática do homem, foi Hegel. Sabemos como Hegel afirmava ter o homem acesso à sua essência particular e histórica somente através de uma figura religiosa. Com efeito, diz ele na *Filosofia da história:* "A religião, a representação de Deus, constitui o limite universal, o fundamento do povo. A religião é o lugar onde um povo se propõe a definição do que tem por verdadeiro". E mais adiante: "A religião é a consciência que um povo tem do que é, da essência do supremo. Esse saber é a essência universal. Um povo concebe Deus segundo o modo pelo qual concebe sua relação com Deus ou segundo a concebe a si mesmo; a religião é o conceito que o povo tem de si mesmo". O estilo de vida de um povo, a configuração de sua concepção do mundo e de si mesmo, enfim tudo o que compõe a cena interior de sua vida histórica, lhe é ofertado pela representação religiosa. Nesse sentido, o mito teria uma decisiva preponderância sobre o logos. Se a concepção histórico-filosófica de Hegel se tivesse restringido a essas proposições, poderia esse filósofo ser considerado um dos precursores das ideias que vamos desenvolvendo. Entretanto, se bem que Hegel acreditasse que na religião o espírito adquire a consciência absoluta de si mesmo, essa consciência na forma da religião não teria ainda atingido uma expressão adequada e definida de seu conteúdo próprio. A tese essencial de Hegel consiste na afirmação de que o Espírito, em sua forma religiosa, não representaria ainda um saber absoluto sobre si mesmo, um retorno sobre si. Segundo essas ideias, aos povos originados pelas diversas representações religiosas, deveria suceder um povo determinado exclusivamente por um saber racional de seu próprio desempenho e de suas possibilidades. Essa linha de pensamento é desenvolvida no último capítulo da *Fenomenologia do Espírito*, que trata do "saber absoluto". Aí vem dito que o cristianismo, isto é, a religião absoluta, representa de fato a plena transparência do Espírito a si mesmo, a plena posse de seu conteúdo absoluto. O retorno a si mesmo do Espírito, como religião, não teria superado ainda, no entanto, a sua forma de representação (*Vorstellung*). Há, pois, algo que ainda deve ser transcendido e incorporado, uma exterioridade última que deve ser absorvida. Como figura religiosa particular, a religião revelada ou cristianismo não constitui ainda uma identificação plena da consciência com a consciência de si. Depois de todas as figuras da consciência, representadas pelas diversas religiões históricas, o próprio movimento do Espírito estaria a exigir uma última figura em que se realizasse a superação da religião no saber puro da consciência absoluta. "Essa última figura do espírito, o espírito que tem seu conteúdo perfeito e verdadeiro, que apresenta ao mesmo tempo a forma do 'Eu' (*Selbst*) e que assim realiza seu conceito, permanecendo em seu conceito no curso dessa realização, é o *saber absoluto*; esse saber é o espírito que se sabe a si mesmo na figura do espírito, ou é o *saber conceitual*". Para Hegel a tarefa do saber absoluto é a de transportar a verdade já dada pelo cristianismo e por sua concepção do mundo e dos valores, para o plano da ciência e do saber conceitual. Além disso e concomitantemente, o saber absoluto deveria conformar uma nova era da sociedade humana. Poderíamos imaginar que esse último regime da coexistência humana, determinado exclusivamente pela autoconcepção do espírito, fosse assinalado por uma construtividade formal e vazia. Não era entretanto isso que Hegel anunciava. A atividade própria do espírito ao superar, em seu movimento evolutivo, as diversas encarnações da consciência de si, as conserva em sua memória, as interioriza como momentos ao mesmo tempo superados e preservados. Se no saber absoluto o espírito termina o movimento de seu desenvolvimento em "figuras", na forma conclusiva do espírito "seu estar-aí ultrapassado é conservado (na consciência) e esse estar-aí suprimido – o precedente, mas que acaba de renascer do saber – é o novo estar-aí, um novo mundo e uma nova figura do espírito".

Com o advento do cristianismo estaria encerrado o ciclo da revelação do divino, estando totalmente expostos o conteúdo e a profundidade da consciência de si do espírito. Em função da palavra cristã e de sua ulterior elaboração filosófica, Hegel pensa o conjunto da história e a essência do homem. O homem é conceituado, portanto, em função de uma particular descobertura do ente; de uma particular posição de valores e não em função de sua dependência ek-stática das potências promotoras da manifestação do manifestável.

A INTUIÇÃO HÖLDERLINIANA DO MUNDO

O mundo que Hegel festejava como sendo a realização plena da intimidade do Espírito afigurou-se, porém, a certos pensadores, como uma realização cultural imeritória e decepcionante. Os homens já haviam vivido tempos maiores. Entre os nostálgicos visionários de novos horizontes destaca-se a figura de Hölderlin. A sua repugnância pelo sentido então prevalecente da vida era de outra natureza da que se manifestava entre os epígonos de Hegel. A oposição de Hölderlin ao mundo de seu tempo nada tinha em comum com a dos que protestavam contra as desigualdades sociais e os absurdos econômicos. O seu protesto foi intensivo e não extensivo. Para ele, até os grandes de seu tempo eram pequenos pois ele os contemplava do patamar da epopeia e da verdadeira grandeza histórica. Contudo, Hölderlin não acreditava ser possível uma transformação intensa na vida, sem uma prévia experiência da privação e indignidade contemporâneas. A *Gottesnacht*[1] seria justamente o sentimento da carência profunda do nosso momento histórico, uma forma de negatividade que se apresentava entretanto com as características da máxima positividade, como o verdadeiro incremento do poder e da força do homem. Quem não sente que os deuses se afastaram dos homens, que o homem foi abandonado à fúria da cons-

---

[1] "Noite dos deuses".

trutividade material em consequência de um movimento do pleroma divino, não poderá compreender os grandes acontecimentos em marcha. O nosso avançar no ritmo próprio da civilização moderna tem o sentido de um contínuo afastar-se e quanto mais o homem se aprofunda na direção dos valores ora vigentes, mais se esquece de sua pertinência à ordem de valores divinos. Toda a mensagem poética de Hölderlin está determinada por uma autointuição do homem que o relaciona intimamente com a fonte original do sentimento religioso. O destino próprio do poeta se realiza, segundo Hölderlin, no transcender em vista das potências investidoras do destino dos povos. Vivendo em relação ao por-vir, transcendendo o já-dado da vida comum dos homens, o poeta deve arrostar as forças sobrecolhedoras do Destino:

> Beglückt, wer, ruhig liebend ein frommes Weib,
>
> Am eigenen Herd in rühmlicher Heimat lebt,
>
> Es leuchtet über fessem Boden
>
> Schöner dem sicheren Mann sein Himmel[2].

Em contraposição a esse quadro da vida segura e inconsciente, o poeta caracteriza os impulsos que o arrastam para um destino diferente:

> Zu mächtig ach! Ihr himmlischen Hohen zieht
>
> Ihr mich empor; bei Sturmen, am heitern Tag
>
> Fühl ich verzehrend euch in Busen
>
> Wechseln, ihr wandelnden Götterkrafte[3].

---

[2] "Bem-aventurado aquele que, amando em paz uma devota dama, vive do próprio rebanho em pátria gloriosa: sobre chão firme o céu do homem reto é mais bonito, brilha mais."

[3] "Ah, que força! Vós, alturas celestiais
me arrebatais para o alto; na tempestade e na bonança
sinto-vos crescer no peito e devorá-lo,
vós, forças divinas, sempre cambiantes."

Não é entre os homens comuns, que vivem com *kurzen, vorgemessnen Schritte*[4], que poderemos encontrar *einen Mannenwerk*[5]. Para Hölderlin todos os bens e alegrias dos homens, a terra com seus frutos e festas, fervores e comunhões, são devidos aos deuses generosos. As ocupações particulares e pacíficas não são garantidas pelo favor dos deuses. Quem, entretanto, traz aos homens a proteção divina e o lume espiritual é o poeta. As ocupações múltiplas da vida supõem uma ocupação mais original – a do poeta – que as instaura e garante em seu círculo bem medido. Somente através dessa tarefa primeira e eminente podemos compreender qual a ideia que Hölderlin alimentava acerca da essência do homem. No espírito do poeta, o Espírito universal amadurece seus pensamentos e desígnios. Transcendendo todas as tarefas e ocupações particulares, arrostando a cólera dos deuses, o poeta, como a águia que precede a tempestade, voa em direção aos *kommende Gotter*[6]. O seu coração vive envolto numa atmosfera de presságios, dividido entre a venturosa expectativa de auroras festivas e o penoso sentimento das coisas que se cumprem. O poeta vive em função das potências que convocam os homens para o cumprimento de seu destino, que imprimem um novo sentido e uma nova interpretação aos comportamentos coletivos e históricos. As coisas que o poeta anuncia e distribui entre os homens ele as recebe, por sua vez, das *Himmels kräfte*[7], do poder supremo anterior aos deuses do oriente e do ocidente que se prodiga na nominação poética. O poeta é um propiciador do destino, de tal forma que o estar-em-si-mesmo do poeta se realiza unicamente no transcender em vista das forças geradoras dos valores históricos.

---

[4] "Passos curtos, premeditados".
[5] "Uma obra humana".
[6] "Deuses vindouros".
[7] "Forças celestiais".

A CONTRIBUIÇÃO DE NIETZSCHE

Um pensamento que assinala um *tournant* decisivo na concepção do homem está contido nas ideias fundamentais de Nietzsche. Acreditamos que Nietzsche assediou por um ângulo novo o enigma do ser-homem. Apesar de Heidegger considerar que, em Nietzsche, culmina a metafísica da subjetividade, envolta no esquecimento da verdade do ser, do fundo desse esquecimento Nietzsche enunciou verdades que deveriam ter as mais profundas consequências na elaboração da nova problemática do homem.

Como sabemos, para Nietzsche a vontade do domínio, na sua forma de vontade de interpretação, projeta fora de nós um conjunto de sentidos e significados, um mundo que espelha, em última instância, as nossas valorizações, preferências e escolhas. As coisas seriam o resultado de uma interpretação imposta pela vontade criadora ao pré-mundo. "O conceito de 'coisa' foi por nós criado. A questão é saber se não poderia haver muitas outras maneiras de criar um mundo *aparente* dessa espécie, e se essa atividade que cria, reduz a lógica, ordena e falsifica, não é, ela mesma, a *realidade* mais garantida." E ainda: "Que as coisas possam ter *uma natureza em si*, independentemente da interpretação e da subjetividade, é uma *hipótese perfeitamente ociosa*; ela suporia que a *interpretação* e a *subjetividade* não são essenciais, que uma coisa destacada de todas as suas relações é ainda uma coisa".

Essas asserções fazem parte da concepção perspectivista da vida que Nietzsche defendeu e desenvolveu em mil variações. O importante, entretanto, nesse pensar perspectivista, no tocante à nova exegese do homem, surge quando o pensamento apanha em suas malhas o próprio sujeito, o próprio homem. A vontade de interpretação, ao desdobrar uma exterioridade de significados, ao pôr fora de nós um mundo, lançar-nos-ia como uma coisa interpretada no interior desse mundo. O sujeito da mesma forma que a coisa, também seria o resultado de um esboço interpretativo, de uma plasmação mais originária que a própria subjetividade individual e finita. "O nascimento das 'coisas' é inteiramente a obra daquele que representa, pensa, quer, sente. A própria noção de 'coisa', com todas as suas qualidades, o demonstra. O 'sujeito' é uma igual criação, uma coisa como as outras, uma simplificação para designar como tal a *força* que põe, inventa, pensa, diferentemente de toda *atividade* particular que consiste em pôr, inventar, pensar." Caem, portanto, sob os golpes do pensamento perspectivista e da consciência histórica, todas as possibilidades tanto de uma filosofia ingenuamente objetivista, como de uma filosofia da consciência do tipo do cartesianismo ou da fenomenologia husserliana. Essa posição documentar-se-ia no remontar transcendental às condições possibilitantes da própria consciência do sujeito histórico. Poderíamos então perguntar: se o próprio sujeito é uma *aparência* dessa aparência total que denominamos mundo e se somos o contragolpe dessa interpretação total, quem é pois o autor dessa interpretação? É a pergunta posta por Nietzsche: "Quem é, então, que interpreta? É a interpretação mesma, forma da vontade de potência, que existe (não como um "ser" mas como um *processus*, um *devir*), como paixão". Se refletirmos sobre o fato de que a linha de força do pensamento moderno ocidental se concentrou no desenvolvimento de uma filosofia do sujeito, no pensamento do *ego cogito*, poderemos aquilatar o significado revolucionário dessa mudança de perspectiva. A dissolução do sujeito tentado por Nietzsche forma ao lado da sua tentativa de superar os valores vigentes na comunidade do homem. Quando

Nietzsche afirma que o *ego* da filosofia tradicional, que o sujeito nada mais é do que uma ficção, anuncia uma perspectiva que só hoje vamos compreendendo, em seu alcance histórico-escatológico. Com essa dúvida hipertrófica e total, com essa superação das formas de apreensão estabelecidas, entra em crise todo um conceito do indivíduo e da personalidade. Nietzsche viu que existe algo mais original que o próprio sujeito humano, uma transcendência que institui e conforma as diversas versões histórico-humanas do homem. É certo que ao tentar filosofar a partir de algo mais precípuo que as representações de sujeito e de objeto foi vítima, por sua vez, da tirania do modo de pensar da metafísica da subjetividade, instituindo a vontade de potência como premissa de sua construção filosófica. O voluntarismo pluralista de Nietzsche é ainda uma forma de pensar que se desenvolve em pleno esquecimento da verdade do ser e esse alertador máximo da consciência ocidental sucumbiu a uma última hipostasiação, em sua vontade de radicalidade.

Outra sugestão que encontramos em Nietzsche e que certamente determinou poderosamente o novo sentimento do homem, e em consequência, a nova doutrina do homem sobre o homem, é a que vem expressa em forma insuperável num dos aforismos da *Gaia ciência*. É o momento em que Nietzsche, descobre "o nosso novo Infinito". Além de todos os infinitos espaciais e temporais, além do infinito das coisas e dos entes, deparamos com o infinito das perspectivas possíveis. Manifesta-se aqui uma liberdade que contém em si o germe de todos os infinitos puramente extensionais. "O Mundo, entretanto, tornou-se outra vez infinito para nós, na medida em que não podemos afastar a possibilidade de que ele *contenha um sem número de interpretações.*" Em lugar da nossa realidade circunscrita e determinada, das nossas medidas e da força impositiva das nossas maneiras de perceber e sentir, antepõe-se o espaço ilimitado dos desenvolvimentos históricos e teândricos. As nossas necessidades reais não formam mais o paradigma dos desempenhos e das paixões possíveis e historicamente realizáveis. Nesse novo infinito o possível suplanta o real e, orientando-nos para essa livre dimensão do não-real, do possível como força instituidora do mundo, acedemos a uma inteligência de nossa natureza última. O relativismo histórico que se anuncia nesses enunciados constitui uma superação da compreensão ôntica do homem, como puro *Vorhandensein*, e é um convite às ideias que atualmente vão ganhando corpo na nova problemática do homem. Evidentemente, a obra complexa de Nietzsche trouxe um sem-número de outras contribuições à nossa hodierna maneira de pensar; entretanto, para a linha que escolhemos, as sugestões apontadas se nos afiguram as de maior significado e repercussão especulativa.

A CONCEPÇÃO DO HOMEM SEGUNDO HEIDEGGER

O pensamento de Heidegger, no que respeita explicitamente ao problema da "essência" do homem, vem exposto em sua plaqueta *Carta sobre o humanismo*. Entretanto, para esclarecer as ideias ali contidas precisamos recorrer a outras obras desse pensador.

De acordo com Heidegger, a totalidade das formulações e doutrinas sobre a natureza última do homem, sobre a *humanitas* do homem, se desenvolveu a partir da precária base de um profundo esquecimento do Ser. O homem não foi pensado e compreendido nessas concepções em sua verdadeira dimensão e, portanto, as imagens que nos foram transmitidas não respeitavam a sua maior dignidade. Para Heidegger, o homem é o *vizinho do Ser*. Contudo, o pensamento filosófico e humanístico não atendia a essa relação e intimidade do homem com as potências instituidoras do Ser. O pensamento metafísico pensou o homem a partir da forma do Ente, isto é, a partir de imagens que não eram suficientemente originais e prévias. Uma verdade derivada foi tida como constituindo e esgotando o significado da *humanitas*. Uma nova inteligência do "fenômeno" humano supõe um novo remontar em direção à conexão última do homem com o fundamento de todo o Ente.

A primeira observação de Heidegger se colige na acentuação de que o pensamento filosófico ocidental, ao pretender determinar a essência do homem, o fez sempre a partir de uma determinada interpretação da natureza, da História e do Ente em geral. "Cada determinação da essência do homem que, consciente ou inconscientemente, postula uma interpretação do Ente sem uma pergunta pela verdade do Ser, é metafísica." Nessa categoria devemos incluir não só as concepções que o olham como um mero ente biológico, mas também e pelo mesmo motivo, as que o encaram como sujeito, espírito, pessoa etc. Se a essência do homem não se encerra no ser natural, por outro lado também não se esgota em qualquer outra determinação espiritual ou metafísica da sua natureza. A essência do homem transcende todas essas determinações, pondo-se como determinação ek-sistencial e transcendente. O destino da metafísica é o de não conseguir pensar o homem em sua verdadeira proveniência e em sua conexão fundamental com o Ser. Assim, a definição corrente do homem como "animal racional" é de inspiração nitidamente metafísica, construída a partir de um radical esquecimento da verdade do Ser. Quem assim procura compreender a essência do homem, não se capacita de que essa definição pressupõe já aberta uma determinada interpretação da *animalitas*, um projeto instituidor da natureza e da biologicidade e, por conseguinte, uma descriminação no seio do Ente entre a vida e o restante das coisas. Essa discriminação, portanto, supõe já inaugurada uma determinada abertura do Ente, isto é, supõe que o Ente já tenha surgido em seu ser através da iluminação-projetante do Ser. A proveniência essencial do homem, que possibilita uma compreensão da *humanitas*, localiza-se justamente nessa dimensão projetante e transcendente do Ser. Não encontramos a qualidade peculiaríssima do homem nem no domínio da *animalitas*, nem quando, a partir desse domínio, procuramos delimitá-lo posteriormente em confronto com os outros entes. O aditamento da racionalidade de nada nos serve para uma caracterização original da essência do homem, que tem a condição de sua possibilidade na iluminação projetante do Ser. "A metafísica – diz Heidegger – pensa o homem a partir da *animalitas* e não em direção à *humanitas*". Essa incapacidade da metafísica radica na impossibilidade do pensamento metafísico pensar a diferença que vai entre o Ser e o Ente. A metafísica propende sempre a reduzir e a representar o Ser pelo Ente, a substituir a abertura do Ser pelo revelado em tal abertura. A metafísica vê o Ente e o pensa, mas em pleno esquecimento das potências instituidoras da manifestação do manifestável. No *Holzwege,* Heidegger diz: "No conjunto do Ente em sua totalidade manifesta-se um lugar aberto, uma luz. Ela é, pensada a partir do Ente, mais existente do que qualquer Ente. Este centro aberto não é envolvido pelo Ente, mas o centro iluminante circunscreve como o Nada todo o Ente." Se a condição de possibilidade do Ente manifestado é encontrada nessa abertura do Ser, nesse desvelamento constitutivo da entidade do Ente, esse mesmo desvelamento arrasta consigo a obnubilação da própria descobertura. O homem mantém-se constantemente voltado para aquilo que lhe oferece o Ente revelado e para as possibilidades que lhe foram destinadas pelo Ser. Esse descenso do homem ao domínio do Ente é, entretanto, um momento essencial da própria estrutura existencial do homem. "O homem – diz Heidegger – não somente ek-siste, mas ao mesmo tempo in-siste, isto é, se enrijece naquilo que lhe oferece o Ente enquanto esse parece em si e por si manifesto." O esquecimento do Ser que ocorre no pensamento universal e que se inscreve na própria estrutura da existência. Em seu ensaio *Da essência do fundamento,* Heidegger mostrou como a liberdade ek-sistencial do homem, ao esboçar um mundo, via-se lançada e delimitada no interior desse mundo. O homem se vê constituído no interior do Ente instituído pela própria liberdade ek-sistencial. Os dois momentos, o do transcender projetante e o do remeter-se ao Ente manifestado no ato do transcender, fazem parte do mesmo processo unitário. Esse amoldar-se ao Ente revelado acompanha o próprio desvelamento do Ente e é uma sua consequência necessária. Ao surgir no interior do Ente, o homem se vê impelido cada vez mais a imergir no complexo das possibilidades oferecidas, a elaborar unicamente o Ente, desatendo à dimensão de onde proveio. A verdade do Ser é continuamente coberta e dissimulada pela verdade do ente.

A reflexão que procurou determinar a qualidade humana do homem sempre se moveu, segundo Heidegger, sob o império desse esquecimento. Podemo-nos perguntar qual a importância que poderia ter, para uma conceituação da essência do homem, esse esquecimento imemorial. Qual a relação que podemos encontrar entre a essência do homem e a verdade do Ser?

A essência do homem – diz Heidegger – é a ek-sistência; o homem é na forma da ek-sistência, e essa é um modo unicamente humano de ser. Como diz Heidegger: "Pode-se afirmar a ek-sistência somente da essência do homem, isto é, unicamente do modo de ser humano; pelo fato de que unicamente o homem, até onde podemos julgar, é abandonado ao destino da ek-sistência". Não se pode captar o que é o homem, quer colecionando suas qualidades ônticas, quer apelando para um poder interno ou subjetivo; o modo de aproximação da *humanitas* do homem consiste na visualização de sua dimensão ek-sistencial e transcendente. Como poder-se-ia compreender, entretanto, essa essência ek-sistencial do homem? Heidegger responde que o estar à luz do Ser é o ek-sistir. A ek-sistência deve ser pensada a partir da proximidade do Ser, isto é, a partir da relação ek-stática com a abertura desveladora do Ser. "A ek-sistência é, em fundamental diferença relativamente a toda existência ou *existence*, o habitar ek-stático na proximidade de Ser" (Heidegger). O pensamento do Ser cumpre-se na superação e transcendência de todo o Ente, no relacionar-se com essa Abertura que condiciona todo o ingresso no mundo (*Welteingang*). O Ser é, pois, em sua essência, Abertura, desvelamento, descobertura, iluminação projetante, fonte de inteligibilidade. Mas, por outro lado, desvelamento, transcendência significam esboço de um mundo, *Weltentwurf*, descobertura do Ente. O ser se dá continuamente como esboço de um mundo, como poder instituidor das possibilidades históricas do homem.

Esse transcender projetante do Ser manifesta-se como um poder livre, como uma liberdade que funda e institui o espaço de manifestação do Ente. Não se deve, entretanto, confundir essa liberdade individual do eu e do tu, em seu jogo dialético condicionado. É daquela liberdade original que o eu e o tu recebem o espaço de seu movimento optativo. A dimensão do Ser é justamente a dimensão desse poder livre e projetante de um mundo, dimensão onde descobrimos uma liberdade mais original que a liberdade do eu singular. "O homem não possui a liberdade como uma propriedade, mas pelo contrário, a liberdade, o *Da-sein* ek-sistente e desvelador possui o homem e isso tão originalmente que (a liberdade) apenas permite a uma humanidade engendrar a relação com o Ente em totalidade e como tal, sobre o que se funda e se desenha toda a História" (Heidegger).

Voltamos a encontrar aqui, como já havíamos acentuado ao analisar o pensamento de Schelling, a constante referência do homem a algo que o transcende e arrebata. O homem é sujeito a um Destino instituidor de sua própria realidade histórica, em relação ao qual pode se intimisar. O homem habita um domínio onde o que está em jogo é algo que supera o homem, mas que o superando, lança-o em sua situação histórica própria. Quando Heidegger, comentando e esclarecendo um fragmento de Heráclito, afirma que "o homem habita, na medida em que é homem, na proximidade do Deus", ou ainda, quando diz que "a habitação – segura – é para o homem o Aberto da presença do Deus – o estranho –", aponta justamente essa região das decisões histórico-teogônicas que conformam e determinam a essência do homem histórico. Na determinação da essência ek-sistencial do homem, acontece que não é o homem, onticamente entendido, o principal, mas sim a natureza histórica do homem pensada a partir da verdade desveladora do Ser. Nessa ordem de ideias, é subtraída ao homem qualquer iniciativa ou autodeterminação fundamental, sendo o homem lançado e abandonado em sua situação histórica particular, pelo movimento próprio da liberdade transcendente. O homem é convocado ao núcleo de suas possibilidades históricas próprias pela potência ek-statico-projetantes do Ser. Não é ele quem decide acerca do aparecimento e declínio dos mundos, do apogeu e da decadência das finalidades humanas. A história do ser opera nesse espaço superior das decisões. "Nessa proximidade (do Ser) cumpre-se a decisão de se e como os deuses se negam e permanece a Noite, e de se e como o Dia dos Deuses amanhece, se e como, com o amanhecer do Sagrado, pode começar uma nova manifestação do Deus e dos Deuses" (Heidegger).

O pensamento de Heidegger procura assim superar todo antropocentrismo, toda concepção que faz da realidade ôntica do homem o centro de promoção da História e, portanto, do próprio homem. Não é o homem que traça e determina a configuração histórica que o envolve e o destino que lhe cabe viver. Já no *Sein und Zeit,* Heidegger havia afirmado: "O 'destino coletivo' não é um conjunto de 'destinos individuais', nem tampouco o 'ser-um-com-o-outro' pode ser concebido como um agregar-se de vários sujeitos. No 'ser-um-com-o-outro' no mesmo mundo e no 'estado de resolução' (*Entschlossenheit*) diante de determinadas possibilidades já são antecipadamente traçados os destinos individuais". Vemos, portanto, como o homem é lançado (*geworfen*) em sua situação histórica particular e em suas possibilidades existenciais, pela força projetante da liberdade original. Diante dessa liberdade, o homem está na condição de um "ser atirado" (*geworfensein*). O poder ser próprio do homem é, pois, um poder ser arrojado, uma atividade que se exercita dentro de uma direção e de diretivas já prescritas. O homem, portanto, não é o Senhor do Ente (*der Herr das Seienden*), mas o pastor do Ser (*der Hirt des Seins*), isto é, aquele Ente que deve cuidar para que seja preservado o elemento do Ser. Este cuidar se dá como transcendência em relação a todo o dado e como relação ek-stática em direção à verdade do ser.

Como se manifesta, entretanto, essa força do Ser que "liberta" o homem para a sua liberdade? Como devemos entender esse projetar instituidor que outorga ao homem os cânones de sua existência histórica?

Sabemos como Heidegger não se cansa de acentuar que o instituidor do projeto não é o homem, mas o próprio Ser que agracia o homem com o seu ser. Como devemos compreender esse dom agraciador do projeto? No *Holzwege,* Heidegger afirma que esse projetar se confunde com o dizer poético. A poesia é o dizer da descobertura do Ente. No dizer poético põe-se em obra a verdade projetante do Ser. Eis porque podemos dizer que a obra da arte, cuja essência reside na poesia, funda e institui o mundo, trazendo a um povo o conceito de sua própria realidade. Assim, pois, ela não é – como diz Heidegger – "um simples ornamento que acompanharia a realidade humana, nem um mero entusiasmo passageiro, como também não é uma simples exaltação ou um passatempo. A poesia é o fundamento que suporta a história."

Não devemos entender essa abertura fundadora do ente como um ato instantâneo e a-histórico, um começo antes do qual nada haveria. O pôr-se em obra da verdade do Ser é um historializar-se, no qual o que começa já pode ter começado e onde, em toda a parte, devemos contar com uma tradição e com uma profusão de sinais anunciadores.

A manifestação da verdade do Ser, que se dá como inauguração de um mundo, se realiza na palavra e através da palavra. Evidentemente, a palavra é entendida aqui num sentido absolutamente diverso das concepções que a determinam unicamente como um sistema notacional de sons ou sinais comunicativos. Essas interpretações destituem a linguagem de sua qualidade original, arrastando-a para uma função instrumental e técnico-comunicativa. Não é a palavra assim entendida que pode constituir aquela magia encantatória do dizer, aquele dizer poético e instituidor que abre ao ente o espaço do seu manifestar-se. São justamente as ideias prevalentes sobre a essência da linguagem e de sua função cultural que nos impedem o caminho para uma compreensão radical da relação da palavra com a essência do homem. Essas teorias inspiram-se na linguagem decaída e intramundana e a transcrevem em termos da verdade do ente. Acompanhando a concepção meramente instrumental e técnica do pensamento, a palavra também foi estudada como um meio de domínio e de controle do Ente. A relação entre a linguagem e as coisas patenteou-se como uma relação intramundana entre duas classes dos Entes. Com isso se dissimulou o acontecimento original da palavra, que permite que o Ente reine e se manifeste. A palavra-instrumento não realiza, entretanto, a possibilidade íntima do dizer. A interpretação falaciosa da essência da linguagem é atribuída por Heidegger ao predomínio da metafísica da subjetividade que determinou e continua a determinar todas as nossas categorias filosóficas. "A decadência da linguagem não é o fundamento, mas sim uma das consequências do fato de que a palavra, sob o domínio da metafísica da subjetividade, foi continuamente arrancada ao seu elemento". Costumamos representar a essência da linguagem como uma circunstância simbólica, intencionalmente dirigida para um mundo de significados objetivos. A linguagem seria um dos expedientes inventados pelo eu para comunicar e assegurar seus conteúdos mentados. Heidegger entende que devemos pensar a palavra sob um ponto de vista inteiramente novo e revolucionário. "Quando, entretanto, a verdade do ser torna-se pensável pelo pensamento, a reflexão sobre a essência da palavra terá adquirido uma nova importância." Poderemos compreender, então, de que modo a palavra possa constituir a morada do ser, e de que modo pode o homem, ek-sistindo, habitar essa morada. Nessa concepção, o homem passa a ser interior à palavra, instituído em sua configuração histórica particular pela abertura projetante do dizer poético. No *Holzwege* encontramos esta afirmação: "Quando a palavra nomeia pela primeira vez o Ente, esse nomear traz o Ente à linguagem e à manifestação". É através da linguagem, do edifício invisível da palavra, que estamos expostos ao Ente revelado; a palavra é pois o jato de luz que franqueia um mundo à humanidade histórica. A linguagem assim compreendida é essencialmente poesia, isto é, palavra que nomeia os entes naquilo que eles são. Segundo essa ordem de ideia não podemos compreender a poesia a partir da linguagem, mas sim toda a linguagem a partir da atividade poética. A poesia é a linguagem primitiva de um povo. É necessário que, inversamente, a essência da linguagem seja compreendida através da essência da poesia. A obra poética, ou melhor, a linguagem original, não recebe o seu direito e a sua possibilidade do já dado; o acontecimento da verdade que se faz luz na obra poética, quando pensamos a partir do existente, parece emergir do nada. Constituindo o dizer poético uma transgressão do costumeiro e do existente, não se amolda nem se inspira nas insinuações e determinações do existente. Eis porque a obra poética, assim entendida, tem o poder de nos arrebatar em direção a um novo campo de possibilidades que não estavam inscritas na situação em que ela aparece. A verdade que se inaugura na obra pode ser deduzida do existente, nem ser por ele justificada. O existente é confutado pela obra em sua realidade exclusiva.

A linguagem na acepção primitiva e original é portanto um dizer *do* ser, a forma em que o ser continuamente se põe-em-obra. Assim, o fenômeno da palavra deve ser compreendido a partir da dimensão livre do ser e não a partir da inventividade finita do homem. A palavra transcende o homem e lhe outorga as possibilidades e o campo de ação de seu movimento histórico. Compreendemos então de que forma a poesia pode ser o fundamento que suporta a História, dando aos homens as diretivas, os valores e as perspectivas que condicionam o seu comportamento temporal. Todo o comportamento humano se mantém e se harmoniza numa abertura e num mundo esboçado e instituído pela linguagem; eis por que a linguagem é a "morada" do homem e a condição de possibilidade das possibilidades do homem histórico. A possibilidade do desvirtuamento da palavra e de sua redução a um simples meio semântico de comércio intersubjetivo deriva também, como modo deficiente, da dimensão original da linguagem. Todas as concepções que veem na linguagem unicamente a expressão de um organismo ou a manifestação de um espírito, tornam essa acepção deficiente da linguagem pelo todo da sua essência.

O projeto instituidor das possibilidades históricas que se dá no dizer poético, através do poder que manifesta e oculta, não deve ser atribuído a um desempenho do homem, compreendido como subjetividade finita. "O lançador (*das Werfende*) no projeto não é o homem, mas sim o próprio ser que envia o homem à ek-sistência do existir como sua essência." Vemos, portanto, como a linguagem é algo que acontece a partir do próprio Ser e como a essência da linguagem deve ser captada nessa correspondência do dizer com o pensamento do Ser. O pensamento do Ser é, como nos diz Heidegger no *Holzwege*, a maneira original do dizer poético, do *dictare*. Através do *dictado* do Ser vêm suscitadas as diretivas e normas que determinam as formas históricas de comportamento humano. O ditar da poesia edifica a morada do homem, expondo-o a uma determinada revelação do ente manifestado. A abertura manifestante é uma consequência da iluminação do Ser pela palavra. Nessa abertura habita o homem, aí recebendo a sua essência. A essência ek-stática do homem consiste em estar avançado em relação à verdade do Ser. Mas, como vimos, essa verdade do Ser é em sua essência desvelamento, iluminação, poesia. Elevar-se a essa dimensão livre, donde emerge o dizer poético, compendia o significado da essência ek-stática do homem. Ek-sistir é, portanto, alçar-se a essa perspectiva de uma liberdade absolutamente original.

Conclusão

As ideias já desenvolvidas permitem que estendamos, de forma ainda mais singular, o horizonte de compreensão do homem. A "história" da qual o homem faz parte não seria unicamente a história humana, mas abrangeria um âmbito e alcançaria um sentido muito maiores. Como Heidegger muito bem assinalou, a história do Ser arrasta e determina cada condição ou situação humanas. O homem é lançado, em sua forma particular de realização histórica, através de uma "destinação" ou "posição" (na acepção ativa do verbo pôr) do Ser e não mediante qualquer iniciativa ou autodeterminação histórico-humanas. A *humanitas* do homem manifesta-se, portanto, como um dom, como uma ocorrência que transcende o homem e que ao mesmo tempo o investe de seu significado essencial.

Como acentuamos anteriormente, a essência do homem consiste na ek-sistência, isto é, no poder de se manter avançado em relação a todo ente ou ainda, na capacidade de remontar ao domínio projetante do Ser. Esse relacionar-se com o Ser configura a essência humana; entretanto, o homem é um princípio derivado, algo que deve ser compreendido a partir da *gelichtete Dimension*[1] do Ser. Somente através da força iluminante do Ser abre-se um mundo e são outorgadas ao homem

---

[1] "Dimensão iluminada".

as possibilidades de seu desempenho como homem, em toda a amplidão de seu conteúdo histórico. Vemos, pois, como o homem, apesar de poder aceder pelo pensamento ao domínio constitutivo da mundanidade do mundo, se dá entretanto como um "ser atirado" e é configurado em sua realidade própria por um poder que o transcende e instaura. O homem não é um demiurgo que pode deliberar sobre a estrutura e conteúdo do mundo, mas é o ser que abandonado no cenário dos desempenhos históricos pode escolher o que já lhe foi destinado. Patenteia-se assim uma esfera de decisões, superior às decisões históricas do homem e que decide acerca da forma e do tipo dos desempenhos finitos da humanidade histórica. *Ob es und wie es erscheint (das Seieden), ob und wie der Gott und die Götter, die Geschichte und die Natur in die Lichtung des Seins hereinkommen, an-und abwesen, entscheidet nicht der Mensch. Die Ankunft des Seienden beruht im Geschick des Seins.*²

Devemos abandonar definitivamente a noção antropocêntrica da História que a determina como uma construção da subjetividade finita do homem e com o progressivo encarnarse de valores postos pelo homem. Não é dessa forma, isto é, como atuação de um sujeito finito mas omnideterminante, que Heidegger procurou caracterizar a ação resoluta e autêntica no *Sein und Zeit*. O querer autêntico não é ação demiúrgica, mas sim teúrgica. Eis como Heidegger procurou esclarecer o sentido da *Entscholossenheit*³ que é fundamental para uma compreensão das relações entre a existência humana e as potestades fundamentais da História. "A *Entscholossenheit*, como vem pensada no *Sein und Zeit*, não é a ação decidida de um sujeito, mas sim a emancipação da existência do aprisionamento do Ente, em direção à abertura (*Offenheit*) do Ser."

Devemos manter o princípio descoberto pelo idealismo que afirma ser o homem essencialmente atuação, ação (*Tun*)

---

² "Se e como o ente aparece, se e como Deus e os deuses, a natureza e a história entram na clareira do ser, presentes e ausentes, não é o homem que escolhe. A chegada do ente se dá no destino do ser."

³ "Determinação".

e que sua substância consiste em não ter "substância". A substância insubstancial do homem consiste na pura atuação de suas possibilidades. Entretanto, a ação humana ou ainda a ação que o homem é, vem a ser uma realidade condicionada, uma ação derelicta, pois supõe inaugurado previamente o cenário do seu desenrolar-se. Se devemos pensar a ação humana como um princípio derivado, como uma história dentro de uma história, como deveremos entender esse espaço maior onde se engasta o espaço humano? Podemos pensar uma história que não seja a história humana? O homem pode pensar o não-humano?

O homem, como princípio derivado e subordinado, supõe como seu fundamento um princípio original e anterior. Esse princípio se compõe das "decisões" que transcendem e envolvem o princípio humano. Como sabemos, o homem é traçado em seu próprio poder-ser por um poder que não se confunde com a iniciativa da substância finita. A abertura de um mundo é obra projetante do próprio Ser, em sua liberdade arrebatadora e transcendente. O poder projetante constitui a condição de possibilidade das possibilidades humanas e de toda condição particular do homem.

Surgiria aqui a pergunta: está o Ser incondicionalmente solidarizado e vinculado ao princípio humano? Entre os Entes que conhecemos, em nosso mundo, só o homem desfruta desse acesso à dimensão ek-stática e transcendente do Ser: só o homem está entregue a um revelado como esfera de atuações mundanais históricas. Portanto, só o homem poderia ter história no sentido já definido. Acontece porém que a descobertura do Ente que constitui a inauguração de um mundo não deve ser entendida como uma situação estática, como um fato consumado. Como diz muito bem Heidegger no *Holzwege*, "a descobertura do Ente não é uma situação unicamente dada, mas um acontecer". E, em outro trecho: "o espaço aberto no âmago do Ente, a iluminação, não pode ser compreendido como um palco fixo com a cortina continuamente aberta, no qual se desenrolaria o jogo do Ente".

O acontecimento da verdade, como traçado ou projeto do Ente é, ao mesmo tempo, revelação e ocultação, e isso em sentido dinâmico, polêmico e histórico. Às coisas e possibilidades que surgem no horizonte do manifestado correspondem outras que sucumbem e desaparecem, e isso não por pacífica sucessão, mas como trágica e extenuante luta. A posição do Ente se dá como luta; o Ser é em sua essência "litigioso" (*streitige*), e o que se manifesta está sempre dominado por uma tremenda ocultação e recusa. A essência da verdade, isto é, o desvelamento é dominado por uma recusa. Essa recusa não é, entretanto, uma falta ou privação, como se fosse a verdade um desvelamento total que pudesse eliminar todo o velado. O dizer poético que constitui o desvelamento do Ente e o acontecimento da verdade que, por outro lado, funda e institui um povo e lhe outorga a sua fisionomia particular, manifesta-se como um traçar (*Riss*, riscar, traçar) que ao mesmo tempo patenteia e oculta. A nova medida instituída pela obra de arte, as novas possibilidades franqueadas pela iluminação do ser, nascem sobre os escombros de outras formas e possibilidades históricas.

Eis porque, apesar da solidariedade preferencial do Ser pelo princípio humano na presente época do Ser, não podemos afirmar a universalidade e unicidade desse parentesco. Esse pode constituir um dos éons da história do Ser; entretanto o homem, como Ser ek-sistente in-sistente, tem a tendência de estender o presente regime de coisas, identificando, sem mais, o tempo humano com o tempo *tout court*. O que é próximo e costumeiro passa a vigorar como norma para todas as possibilidades eventuais das coisas. O princípio costumeiro e humano pode constituir muito bem um mero transe na gigantomaquia do Ser. Em outras palavras, podemos vislumbrar a hipótese de ser o homem, como diria Platão, um evento na progênie dos deuses. Antes e depois do homem, outros protagonistas poderiam e podem ocupar o cenário do tempo. Devemos transcender o tempo antropocentricamente considerado e ingressar numa série temporal mais vasta e compreensiva. "Quanto mais amplamente o homem tenha conseguido pensar o tempo (como Hesíodo), tanto mais próximo esteve desse Todo e, portanto, mais prenhe de historicidades" (Egon Vietta).

A experiência que temos do tempo e do mundo é essencialmente determinada pelo princípio humano vitorioso. Das outras épocas e idades do mundo não guardamos qualquer informação ou documento filosoficamente determinante. Através de um exemplo poderemos compreender muito bem o sentido exclusivo e prepotente da perspectiva humana: o nosso espaço se nos apresenta como uma entidade neutra e indiferente, como um receptáculo onde todas as coisas podem ter lugar. Não vemos o espaço como uma formação despótica e excludente que só dá franquia ao que lhe é pertinente. Entretanto, Fichte já havia intuído a relação existente entre o espaço e a conexão humana, vendo naquele apenas o campo de proposição das possíveis ações humanas. O espaço estaria assim intimamente vinculado à praxis humana e não seria, pois, um receptáculo indiferente, mas algo que nos diz respeito, de forma premente. A mesma opinião pode ser encontrada em Schelling, quando afirma que "a verdadeira natureza do espaço ou, mais exatamente, a verdadeira forma geradora do espaço é a força original geral à qual é devida a contração do Todo. Se essa força não existisse ou se cessasse de agir, não haveria lugar ou espaço. Por esse motivo, o espaço não pode ser indiferente; ele deve ser orgânico, tanto no conjunto como nos detalhes. Afirmar a indiferença do espaço, ou pretender que não há um em cima ou em baixo verdadeiros, nem uma direita e esquerda, nem um à frente e um atrás, equivale e ignorar os efeitos maravilhosos que essa forma ordenadora e localizadora produz nos seres orgânicos". Nessa ordem das ideias, o espaço é compreendido em função de possibilidades de atuação histórica que, por sua índole própria, implicam numa visão perspectivística e excludente das coisas. O próprio espaço é o resultado da iluminação ou abertura do Ser segundo uma dada forma. É o que nos diz Heidegger na *Carta sobre o humanismo*, quando afirma que "todo o espacial e todo o espaço-tempo existem no dimensional no qual se dá o próprio

Ser". O espaço, portanto, não é o receptáculo indiferente, mas sim a organização objetivante proposta da empresa humana.

Devemos considerar a ação humana e o tempo que lhe corresponde como um capítulo de uma ação omnicompreensiva, à qual se subordina o *epos* histórico-humano. O homem deve ser compreendido como um *situs* e não como uma forma omnicompreensiva, como uma determinação última do real. Estaríamos, pois, diante de um novo pluralismo de possibilidades históricas, em relação ao qual o pluralismo cultural e a concepção cíclica das civilizações nos apareceriam como o processo mais homogêneo. O pluralismo cultural pensou uma diferença dentro de um fundo de homogeneidade e, em última análise, a História continuou a ser visualizada *ex analogia hominis*. Evidentemente, o historicismo pluralista constituiu uma etapa importantíssima na emancipação do presunçoso provincialismo filosófico, dentro do qual o iluminismo francês encerra o conhecimento histórico. Transcendendo a imagem do "homem natural" e a imagem do tipo uniforme e racional do homem pressuposto pelos iluministas, o historicismo e a consciência histórica permitiram uma ampliação extraordinária do conhecimento das formas humanas. Entretanto, a consciência histórica não conseguiu superar imediatamente a unilateralidade inerente à sua determinação da ontologia da História, passando a compreender o tempo exclusivamente como tempo da subjetividade produtiva do sujeito. O historicismo não conseguiu inserir o homem num conjunto figurativo-histórico mais vasto. O tempo continuou a ser entendido segundo a forma clássica proposta por Hegel na *Fenomenologia do Espírito,* isto é, como a intuição ek-stática e vazia dos próprios desenvolvimentos humanos, ou ainda, como o "eu" exterior a si mesmo. "O tempo se manifesta portanto como o destino e a necessidade do Espírito que ainda não se completou em si mesmo." A dignidade superior do tempo é totalmente menoscabada nessa concepção que reduz o tempo à escala humana, esquecendo a relação do tempo com o domínio fundamental do Ser. Devemos pensar em possibilidades temporais que ultrapassem a intuição temporal onde se dão os gestos humanos e os movimentos próprios do *homo humanus*. Nietzsche havia vislumbrado algo semelhante apesar de sua perspectiva estar inquinada de elementos evolucionistas, imanentistas – quando afirmava que o homem é algo que deve ser superado e, portanto, que há mais espaço na história do que aquele ocupado pelo homem. Na etapa do homem-só-homem, na qual esse se põe como representante de si mesmo, o tempo se fecha sobre a sua figura e só admite um prolongamento que lhe seja homogêneo. Não é, entretanto, essa linha humanístico-humana que constitui a linha de força do pensamento contemporâneo; a convicção de que a era do homem, como representante de si mesmo, chegou ao seu fim vai se apropriando cada vez mais da consciência contemporânea. Com razão diz Egon Vietta em seu livro *Die selbstbehauptung des Abendlandes in Werk von T. S. Eliot*: "Não é mais o homem ou o humano que está no centro, mas sim o homem concreto como portador simbólico de uma força que domina a nossa trágica história".

Podemos nos acercar dessa mesma ordem de problemas refletindo sobre o autêntico alcance da pretensa inversão que Marx operou no pensamento de Hegel. Como sabemos, a cúpula do pensamento hegeliano se dá no saber absoluto do Espírito em que o homem, escapando a todas as alienações a que esteve sujeito, atinge a plena posse de seus poderes humanos. Até que ponto Marx realmente inverteu o pensamento hegeliano? É nossa opinião que continuou na mesma dimensão antropológica de Hegel e manteve as mesmas premissas da fenomenologia; tanto Hegel como Marx são defensores da autorrepresentação do homem e da força produtiva da substância finita; tanto Hegel como Marx defendem a tese oriunda da metafísica da subjetividade, que diz ser toda a objetividade um produto da indefinida força de manipulação do homem; tanto para Hegel como para Marx, a história do homem é a história do trabalho.

Como se deveria pensar uma autêntica inversão do idealismo hegeliano? Unicamente através de uma mudança de sinais em que o *mais* significasse o *menos* e o *menos*, o *mais*. Onde se fala em alienação deveríamos ver uma relação autêntica com as potências da história, e onde se proclama um processo no caminho da liberdade, um sucessivo alienar-se do homem na dimensão de sua autorrepresentação. A inversão do pensamento de Hegel levar-nos-ia, outra vez, à dimensão do sagrado, em relação à qual a história contemporânea, como antropofania, é um contínuo afastamento.

A antropofania que, como o humanismo, assinalou a progressiva evolução da história ocidental, constitui realmente a contrafigura de uma teocriptia que se foi acentuando paralelamente. Sob esse ponto de vista, e como já afirmara Hölderlin, o Ocidente (*das Abendland*) apresentar-se-ia como a terra da noite, como a noite dos deuses. O mundo histórico realizado durante essa noite é constituído pelos perfis e imagens oriundos da subjetividade humana, desligada do ditado divino. À força promotora da magia divina se substitui o puro "fazer sem imagem" da produtividade humana e às vezes infra-humana. Se a conexão histórica era anteriormente sustentada por uma *Imaginatio* instituidora dos grandes símbolos e formas da atuação temporal, se a cidade humana era a morada dos deuses, agora, na etapa humana e infra-humana, o destino histórico cumpre-se como construção-destrutiva.

A alienação do homem no homem foi uma possibilidade inerente à revelação cristã, marcando o trânsito da História para sua fase humana. Do ponto de vista histórico-religioso, a figura de Cristo representa aquele vértice onde se dá a humanização de Deus e a divinização do homem. A palavra de Cristo franqueou ao homem o espaço de seu movimento próprio. Antes, o mundo era ocupado pela potência opressiva e ciumenta de Deus. Cristo, como um mensageiro do divino, amigo dos homens, figura prometeica e voltada para a criatura, legitimou religiosamente o advento de uma *civitas* humana. O vínculo religioso da mensagem cristã não poderia constituir, dessa forma, um máximo de presença divina nos fatos humanos, mas constituiu desde o início a pura nostalgia da consciência infeliz e dividida. A compreensão filosófica e especulativa de nossa época supõe a franca abertura do problema da Cristologia. Encontramos na poesia de Hölderlin alguns sinais importantes que nos permitem uma nova aproximação do problema do cristianismo. Para Hölderlin, Cristo se aproximou do horizonte histórico, quando os deuses se afastavam da terra e já se anunciava a ocultação do divino:

> Nämlich, als vor einiger Zeit, uns dünket sie lange,
>
> Aufwärts stiegen sie all, welche das Leben beglückt,
>
> Als der Vater gewandt sein Angesicht von den Menschen,
>
> Und das Trauern mit Recht über der Erde begann,
>
> Als erschienen zuletzt ein stiller Genius, himmlisch
>
> Tröstend, welcher des Tags Ende verkündet'und schwand,
>
> Liess zum Zeichen, dass einst er da gewesen und wieder
>
> Käme...[4]

A palavra que esse "gênio tranquilo" trouxe aos homens foi a do sentido da infinita negatividade do homem, da desconformidade com todas as coisas e do puro momento da subjetividade. A vitória sobre o mundo é o advento da subjetividade humana ou do homem como subjetividade. Entretanto, a plena atualização desse princípio, como forma de realização humanístico-cristã, viemo-la encontrar no advento da era da máquina e da tecnologia. Eis por que tem razão Max Scheler ao constatar na mensagem cristã a condição de possibilidade do pensamento técnico-científico, como ideia da indefinida produtividade e modificabilidade do mundo objetivo.

---

[4] "Quando outrora, num tempo que tão longínquo nos parece,/ eles subiram aos céus, os deuses que animavam a vida,/ quando o Pai desviou dos homens seu olhar/ e a sombra do luto estendeu-se sobre a terra,/ um gênio tranquilo apareceu, o último de todos,/ portador de consolações celestes, anunciando o fim do Dia/ antes do seu crepúsculo, deixando-nos o sinal da sua Presença/ e de seu retorno futuro...". (NA).

A técnica, como último elo da concepção cristã do mundo e do desejo de *Selbsterlösung*[5], do homem, constitui por outro lado o aprofundar-se da noite. Heidegger precisou muito bem esse sentido de despedida do divino inerente ao prosseguimento do destino ocidental. A técnica, sentido culminante do nosso Éon, é ao mesmo tempo a organização da despedida e o nadir do divino.

Entretanto, como acenamos no início, algo já se pôs em movimento, muito acima do nosso espírito; uma nova relação com a alteridade, de forma ainda obscura e desarticulada, abre caminho através das névoas densas da crise. Os maiores gênios do nosso século, filósofos, poetas e artistas, pressentem a aproximação de um novo sentimento do divino.

---

[5] "Salvação de si".

PARTE V

TEOLOGIA E ANTI-HUMANISMO[*]

A Ernesto Grassi

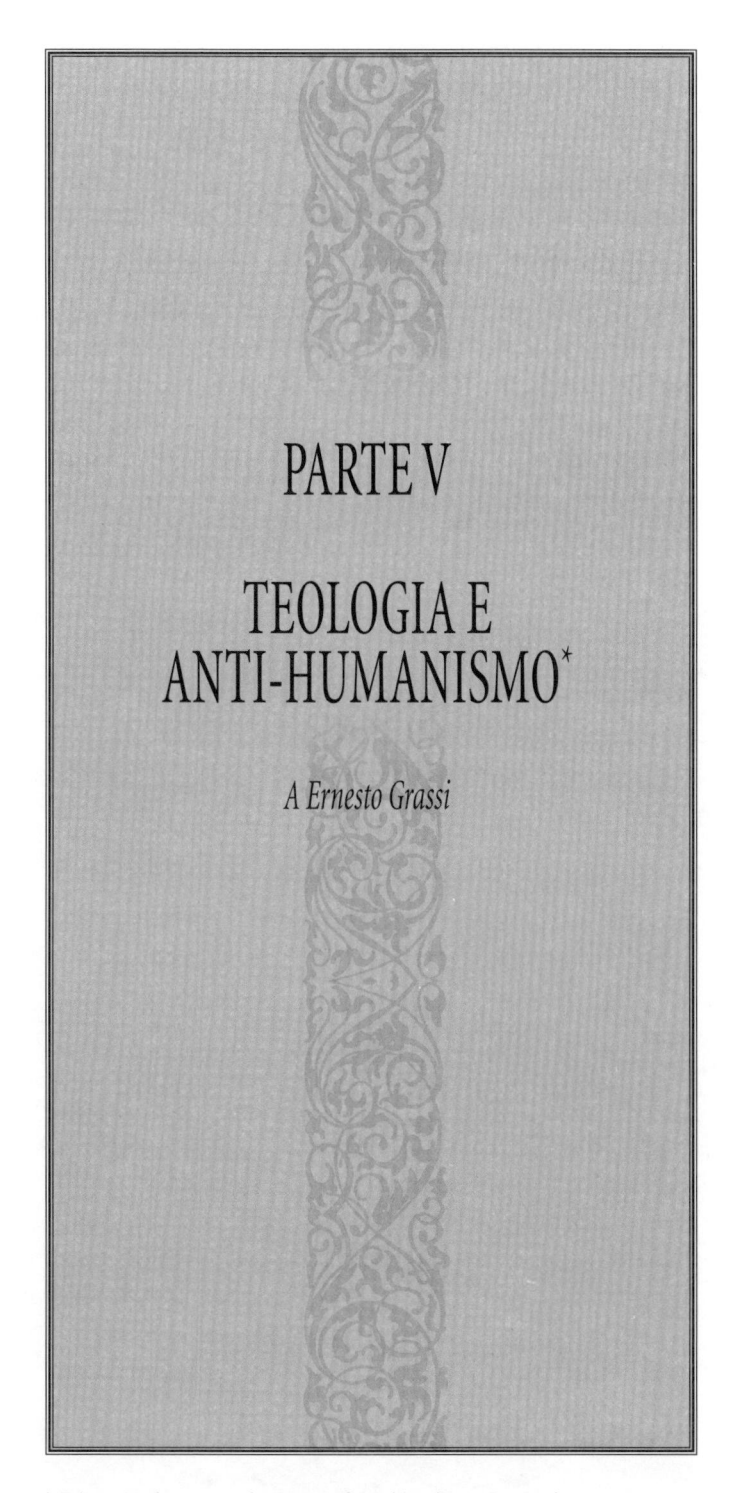

[*] O livro *Teologia e anti-humanismo* foi publicado em São Paulo, em 1953, em edição do autor, com 37 páginas. (N. O.)

Introdução

O pensamento moderno é unânime em referir o complexo das grandes conexões histórico-culturais à força plasmadora da criatura humana. "A História – diz Heimsoeth – é o cenário da realização dos projetos e das ideias humanas." Essa concepção que promove o homem a protagonista único e central da História é comum a doutrinas aparentemente contraditórias, quais sejam o marxismo e o idealismo. Ambas as doutrinas visualizam as coisas *sub specie hominis*, sendo a História compreendida como ação produtiva e particularmente como ação humana. Sob um certo ponto de vista, que esclareceremos a seguir, essa perspectiva é exata na medida em que identifica o peculiar acontecer que nos envolve com a causalidade da criatura finita. Realmente, a nossa História, ou melhor, a forma de temporalização linear que denominamos História é essencialmente História humana. Isso não implica, entretanto, que não existam outras possibilidades de temporalização do tempo, alheias à ordem histórica ou sucessiva e ao predomínio da concepção antropocêntrica das coisas. Essa eventualidade de outros processos temporais constitui em última análise a doutrina clássica das Idades ou Épocas do mundo. Essa ideia é encontrada mais recentemente não só em Vico e Schelling, como também em Bachofen e Évola e não é outra a posição com que nos defrontamos nos recentes escritos de Heidegger. Quando este último afirma que a essência do homem consiste na ek-sistência e que esta, por sua vez, consiste no habitar ek-stático na proximidade do Ser, assinala uma dependência do homem em relação a um processo transcendente-epocal. Eis por que Heidegger defende um novo humanismo em que não é mais o homem que estaria em jogo, mas a figura histórica do homem – as modalidades temporais do seu ser – em sua proveniência, a partir da potência instituidora do Ser. As possibilidades que se atuam no processo têm por sua vez sua condição de possibilidade numa "abertura" determinada pelo poder dispensatório do Ser. Isso nos leva a uma ampliação da concepção do destino histórico, abrindo mundos e horizontes que havíamos parcial ou totalmente esquecido. A afirmação do que somos e a mensuração de tudo a partir da peculiaridade do nosso espírito levou-nos a uma estranha distorção e apequenamento do vasto ciclo dos tempos. Na origem dessa uniformização do devir histórico aninha-se a concepção cristã da existência, com a ênfase peculiar que empresta ao ser-para-si do homem. Entretanto, uma compreensão diversa das coisas é encontrada em Schelling, por exemplo, em seu ensaio *A essência da liberdade humana*: "Daí resulta que essa época antiquíssima comece com a idade de ouro do mundo, da qual só restou na mente do atual gênero humano uma pálida recordação legendária, época de beatífica indecisão em que não havia bem nem mal; logo seguiu-se a época em que imperaram os deuses e os heróis, ou a época da onipotência da natureza, em que o fundamento primitivo mostrou o que podia por si mesmo. Subsequentemente, veio do mais profundo a sabedoria e o entendimento humanos: o poder de oráculos telúricos dirigia e formava a vida do homem; todas as forças divinas do fundamento primitivo imperavam na terra e repousavam com príncipes poderosos em tronos seguros."

Alterar a perspectiva hominídea que constituiu a premissa de toda a nossa filosofia da História equivaleria a lançar os fundamentos de um novo período mundial. Não se adverte, em geral, que a hegemonia histórica do homem cumpriu-se através da negação de outras formas de promoção histórico-mundiais. O nexo de possibilidades jectas que denominamos homem é, entretanto, um dos capítulos ainda em curso no drama transcendente do Ser. Desse ponto de vista, o homem não é titular de um poder próprio, não possui qualquer independência ontológica, mas sua realidade lhe é conferida pelo poder dispensador que governa as épocas do Ser. A história humana faz parte da história divina e não reciprocamente como julgavam os pensadores perdidos no esquecimento da verdade do Ser. O pensar, durante esse esquecimento, é incapaz de superar o confinamento das possibilidades humanas e de elaborar uma visão teogônica da História. Na linha de pensamento que aqui propomos, o homem, passando a fazer parte de uma sequência superior, sendo um dos elos na progênie dos deuses, apesar de poder ter existido como possibilidade antes de sua afirmação pleonástica, pertence por direito a um processo formador meta-histórico. Nesse sentido é necessário assinalar a crise que marcou a passagem da História para a sua fase enfaticamente humana. Antes desse advento, a ação humana era sempre uma ação mais que humana, obedecendo em tudo e por tudo a ditames hieráticos e sagrados. A lei divina sobrepunha-se à lei humana, a conduta coletiva subordinando-se sempre a exigências que ultrapassavam as finalidades antropocêntricas. O homem era um ponto de transição num complexo de atuações numinosas e transcendentes. O ser-para-si ciumento das potências divinas restringia qualquer expansão do direito e da expressividade da criatura finita, ocupando a totalidade do real. Não existia ainda propriamente uma criatura terrestre, pois o próprio *habitat* terráqueo não se havia ainda desenhado em sua singularidade geográfica neutra, dentro do quadro dos fenômenos. A terra, a Telus Mater, era uma potência misteriosa e sagrada como as potências do céu e do mar. E assim como existiu historicamente uma Thalassocracia, um império poseidônico do mar, assim também existiu uma geocracia, um domínio da terra geradora, com toda a sequência de formas cultuais e culturais. Eis o que

nos diz Jean Przyluski em seu livro *La grande déesse*: *Groupés autour de la Désse Mère, les peuples aux épouses fécondes sont désireux et capables de s'étendre. Si les troupeaux, les esclaves, les peuples soumis deviennent plus nombreux, c'est parce que la Déesse est puissante. C'est sa force qui enchaine les captifs, dompte les animaux, expulse des terres en friches les démons hostiles. La Désse à la guerra et à la la chasse, à la culture at à la domestication des animaux. Les dynasties lui empruntent leur puissance. Par elle se poursuit le mouvement d'unification qui engendre les royaumes et les empires.*[1]
Assim como a conduta humana se desenvolvia sempre na transitividade da oferta religiosa, assim também a terra era a hierofania de um princípio mítico-ctônico. Era uma realidade viva e divina e não um princípio geológico morto.

---

[1] "Agrupados em torno da Deusa Mãe, os povos de esposas fecundas têm o desejo e a capacidade de crescer. Se as manadas, os escravos e os submissos se tornam mais numerosos, é porque a Deusa é poderosa. É a força que prende os cativos, doma os animais, expulsa das terras ociosas os demônios hostis. A deusa está na guerra e na caça, na cultura e na domesticação dos animais. É dela que as dinastias recebem o seu poder. É por meio dela que se gera o movimento de unificação que engendra os reinos e os impérios."

O *DAS DING* DE HEIDEGGER E OUTRAS CONSIDERAÇÕES

Em seu importante ensaio *Das Ding*, publicado recentemente, Heidegger considera a Terra e o céu como elementos não divinos mas *per se stantes*[1], no grupo das forças reveladoras originais. Admite ele, na projeção ou desvelamento do Ente em sua totalidade, a concorrência de um quatérnio de componentes últimas: a Terra, o Céu, os Deuses e os Mortais. É certo que esses polos de projeção do Ente não devem ser pensados ou representados, segundo ele mesmo adverte, de acordo com o modelo do pensar científico-natural, isto é, como puro ser-dado (*Vorhandensein*). Esses momentos transcendem todo o Ente, desde que se manifestam como poderes reveladores do revelado do Ente. Cada um desses centros exorbita qualquer captação intelectualística, pois que cada um deles só existe em relação interna com os demais. A forma pela qual a Terra e o Céu se manifestam depende da "abertura" projetiva provocada pelos divinos e pelos mortais. Cada um se reflete projetivamente nos demais, de forma que unidos constituem um processo circular, uma ronda, na qual cada um espelha os restantes e se espalha nos demais. Eis

---

[1] *per se stantes*: Que subsistem por si. Trata-se de um termo aristotélico, usado como sinônimo de substância autossuficiente (persistente). (N. O.)

por que Heidegger os denomina *die einigen Vier*, os quatro únicos, acrescentando que sua essência desfalece e sucumbe quando forem representados isoladamente ou quando se procurar fundá-los um a partir do outro. "Cada um dos quatro (elementos) espelha à sua maneira a essência dos demais." A esse processo circular das potências instituidoras originais, a esse jogo de reflexos (*ereignend Spiegel Spiel*) Heidegger denomina mundo. O quatérnio acontece como um "mundar" do mundo – *das welten von Welt*.

Não podemos concordar, entretanto, com essa formulação heideggeriana do problema das origens que, de certa maneira, recorta e hipostasia no vir-a-ser das forças instituidoras certos polos não divinos e imutáveis: a Terra, o Céu, os Deuses e os Mortais, sem justificar tal descriminação. Perguntamo-nos se essas realidades não representam algo de fundado e desvelado e não um princípio desvelante. Parece-nos que esses polos, por mais que se furtem a uma captação representativa ou objetivante, são entidades descerradas por um transcender instituidor oriundo da demiurgia do Ser. Em outras palavras, a Terra, o Céu e os Mortais se prefiguram em suas possibilidades próprias, em seu dar-se variável, através de um acesso ao mundo (*Welteingang*) suscitado pela magia do Ser. Essa, pelo menos, é a doutrina que poderíamos derivar dessas ideias contidas na *Carta sobre o humanismo*: "Mundo significa nessa acepção não um Ente, ou qualquer domínio de Entes, mas sim a abertura do Ser". O mundo transcende qualquer conjunto entitativo: é o revelador e não o revelado do Ente.

Como devemos, entretanto, compreender essa abertura do Ser, essa iluminação do Ser que se identifica com o próprio mundo? Diz-nos Heidegger que essa iluminação acontece através da essência da obra de arte que é a poesia. Todas as artes particulares são formas ou espécies da poesia, no sentido amplo em que essa aqui é tomada, isto é, como processo projetivo iluminante que abre campo à manifestação do Ente. "A poesia – diz Heidegger – é o dizer da descobertura do Ente". Esse dizer não fala sobre o já existente e nomeado, mas é um dizer projetivo, um desvelamento do Ente intramundano. Todas as formas do configurar, do plasmar e do construir movem-se no já aberto da palavra poético-projetiva. Eis por que todas as formas de arte são possibilidades que emergem do tronco poético primordial. A própria linguagem, entendida muitas vezes como um mero veículo do pensamento poético, é em si mesma a primeira obra de arte. A linguagem é poesia e não unicamente um instrumento de comunicação de ideias ou conceitos. Estamos aqui numa ordem de realidades que ultrapassa a capacidade criadora do indivíduo e da força pessoal de improvisação. Assim como a linguagem não pode ter sido obra de indivíduos isolados, assim também a obra de arte – no sentido eminente que aqui se lhe atribui – é uma formação superpessoal e omnicompreensiva. Se a arte é poesia, a poesia por sua vez é mito. Não se trata aqui, portanto, da arte como expressão de vicissitudes anímico-subjetivas ou de transbordamentos líricos, mas sim da poesia como abertura de um mundo, no sentido de convocação mágica de possibilidades. Os possíveis humanos que se atuam na História, as medidas e oportunidades que se abrem à atuação relevante, têm o seu foco de irradiação no poder instituidor do dizer poético. A arte, ou melhor, a poesia como é aqui conceitualmente transcrita, se confunde com o poder mitológico que comanda as épocas do mundo. Não está subordinada portanto à fantasia subjetiva e individual, mas parece emergir de uma imaginação macroscópica e ek-stática que evolui além do indivíduo. Nesse sentido, a arte é uma instituição histórico-divina, uma emanação da *imaginatio* divina. Nessa acepção, a poesia não está envolucrada pela linguagem, sendo o dizer da linguagem uma das formas do pôr-se em obra desvelante do Ser. O dizer do Ser é poesia, mas essa poesia transcende as possíveis transições linguísticas hominídeas. Tal concepção da realidade mítica, encontramo-la esboçada em Schelling, se bem que não totalmente liberta de postulados hominídeos subjetivistas. Para Schelling, a mitologia é poesia em si mesma, protopoesia, uma ação original imaginária que condiciona todos os produtos subsequentes da arte. Através da poesia mitológica entramos em contato com um universo prototípico, com uma vida absolutamente produtiva e original, da qual fluem as inspirações de todas as atitudes e sentimentos possíveis. Eis por que a mitologia é sempre a matéria-prima e a condição de possibilidades de toda a empresa artística. Entretanto, além dessa relação do mito com a História, devemos acentuar o sentido intencional do próprio processo religioso e meta-humano. O processo mítico-teogônico, enquanto universo prototípico divino, não só provoca e sugere as formas e atuações históricas, como realiza uma vida em si e por si. O ditado do ser é essencialmente vida das figuras e potências divinas, mundo em si e por si e que, em sua eminência, é mais real do que o nosso assim chamando mundo real. A vida humana é um *minus* em relação ao *plus* da prodigiosa vida dos deuses. Essa vida transcendente e em si nos foi confiscada pela perspectiva acludente do atual período histórico. Devemos voltar a encontrar na existência transcendente e meta-humana dos poderes das figuras numinosas o ponto de partida para uma compreensão exaustiva dos processos históricos. Com Bachofen afirmamos que não é a História que explica o mito, mas sim o mito que explica a História, desde que só no domínio transcendente do mito nos são consignados os cânones permanentes de qualquer desempenho valioso.

Toda investigação religiosa atual determina esses fenômenos sob um ângulo exclusivamente humano, procurando esclarecer as relações entre o coração humano – através da oração, do sacrifício e da invocação – e as hierofanias variáveis. São poucos os que procuraram assediar o fenômeno religioso instalando-se no próprio centro do jogo mágico-instituidor, diluindo a instância humana na dramaturgia das forças mítico-cosmogônicas. Entretanto, esse jogo mágico-instituidor tira de si mesmo todas as possibilidades que se explicitam na História, advertindo-se ainda que as formas que assume o protagonista do teatro temporal depende do ciclo divino imperante. O homem, pois, é um receptor de realidade (*Wirklichkeit*), no sentido da atuação que lhe é oferecida pela exemplaridade dos modelos divinos. A magia divina como ditado do Ser é uma vida produtiva em si e por si, uma liberdade atuante que se alimenta do próprio fogo interior. O não-divino e o profano são ainda possibilidades deficientes e degradadas do processo numinoso superior. É em vista dessas ideias que não podemos coincidir com a atual concepção heideggeriana enunciada no *Das Ding*, onde são desdobrados em quatro os fatores morfogenéticos instituidores do vir-a-ser mundial. O dar-se original do Ser é, em substância, mitologia, mundo dos deuses e universo prototípico; o restante é fundado nas possibilidades suscitadas por esse oferecer proto-histórico. Como sabemos, a Terra, as Águas e os Céus, nem sempre foram tidos como expressões físicas do não-divino, mas frequentemente foram considerados como deuses plenamente recortados e poderosos e, portanto, como inclusos na série dos divinos. Afastemos, pois, a ideia de um jogo de reflexos, de um *Spiegel-spiel*, porquanto o processo teogônico não se reporta senão a si mesmo e à sua litigiosidade interna. Esse antagonismo interno à sequência meta-histórica recebeu tradicionalmente o nome de *teomaquia*, luta dos deuses e das dinastias divinas, implicando subsequentemente a ideia de um secionamento dos tempos em correspondência com o predomínio alternativo das diversas teofanias.

Os antigos sentiram a relação entre as épocas e as dinastias divinas como um elo que ligasse o condicionante ao condicionado. O mundo não só nasce sob o signo da luta, como é, em sua essência, luta, *pólemos*, *imperium*, afirmação despótica. É impossível conceber a essência epocal do tempo sem a representação conjunta de uma dominação, isto é, de um mundo de oportunidades e de formas que acontecem no acontecer. O tempo é o tempo das dominações, estruturando-se em períodos, épocas ou idades que assinalam as vicissitudes cambiantes das dominações. Conhecer uma época em sua essência é surpreender a dominação que lhe deu origem, que a sustentou e manteve e que originalmente desdobrou o leque de possibilidades que se atuaram historicamente.

Cristianismo e humanismo

Assistimos nesse momento histórico a uma rotação da especulação filosófica do plano da iniciativa subjetiva e antropocêntrica para uma nova dimensão ek-statico-transcendente, isto é, para a dimensão dos poderes projetivos desvelantes. O domínio do Ser confunde-se com essa região de iniciativas superiores, com essa vida poética em si e por si, que tem na palavra e no mito uma de suas possibilidades de revelação. Segundo Heidegger, a verdade do Ser é fundadora da verdade do Ente, na medida em que "a proveniência do Ente descansa na história do Ser". O homem não é o titular da liberdade projetante, mas sim um ente desvelado e atirado (*geworfene Seiende*) pela iluminação projetiva transcendente. O Ser nada mais é do que essa iluminação primordial ek-stática. O processo teogônico é o próprio iluminar dessa iluminação, confundindo-se a dramaturgia do Ser com a vida prototípica divina em si e por si.

Para atingirmos essa dimensão do aberto do Ser, precisamos preliminarmente superar e sacrificar todo o revelado do Ente, inclusive do Ente que somos. A graça do Ser só nos é concedida pelo abandono dos estereótipos do Ente. No avançar desse pensamento, tornamo-nos disponíveis para os poderes maiores do que o homem, e para toda a conexão de realidade abafada pelo reticulado das concepções humanístico-antropocêntricas. Através desse empreendimento especulativo executamos a rotação de perspectiva que nos leva do patamar horizontal das representações e possibilidades ideativas do homem à terra incógnita em que o mundo humano encontra a sua *ratio essendi*.

Vimos anteriormente como a forma em que se põe em obra a verdade do Ser é a forma poética. A poesia é aqui entendida – como já afirmamos – não como exercício fantástico, individual e caprichoso, como jogo verbal, mas como mitologia. Podíamos adiantar ainda que a mitologia é uma tradução histórico-humana de um processo que a transcende e determina, isto é, de um processo existente objetivamente e além da formulação menor que encontra nas tradições dos povos. Essa poesia independente e superior da vida dos deuses e dos princípios hieráticos é um processo que antecede e condiciona as formas humanas de Ser. O mito condiciona a História, abrindo e inaugurando o mundo em que ela pode se desenvolver. As potências mítico-divinas constituem o original pôr-se em obra (*ins Werk setzen*) da verdade do Ser, como constituição de um mundo. Se antes o mito e a religião eram compreendidos do homem para Deus, de baixo para cima e conceituados como projeções dos anseios humanos, agora é o homem e seu plexo de anseios que devem ser fundados a partir da verdade desvelante do Ser, isto é, através da obra de arte. "É o dizer projetante que ao configurar o dizível traz ao mundo igualmente o indizível como tal. Em tal dizer recebe um povo histórico antecipadamente o conceito de sua essência, isto é, de sua pertinência à história do mundo." É pois o dizer projetante, como mito, que funda a História, fazendo surgir o repertório de modelos e de atuações axiologicamente relevantes, que descortinam um espaço de ações históricas. Ao sacrificar a essência humana, entendida como essência fundante, nós nos predispomos a uma nova inteligência das coisas humanas e divinas e a um novo tipo de pensar – o pensar do Ser.

Tomando como ponto de partida o processo dos deuses devenientes, dos *wedende Götter*, como é possível caracterizar o advento da fase hominídea da História? O hominismo, como caráter transcendental da história presente, não seria uma consequência das religiões cristotrópicas do Deus Homem, isto é, da humanização de Deus e da decorrente deificação do homem?

Não foram poucos os pensadores que viram na inflexão cristã da vida religiosa o princípio atuante dessa revolução de perspectiva. Como diz Theodor Lessing em seu livro *Europa e Ásia*: "Goethe, e mais tarde Novalis, aplicaram ao cristianismo a designação de *teoantropofilia*, o que acarreta a verdade essencial de que o vocábulo cristão "Deus" é sinônimo de "eu" e que sob o pretexto da humildade cristã o homem não ama senão a si mesmo, rendendo culto à sua própria humanidade". Hegel não afirma coisa diversa, ao estudar o conteúdo último do mundo histórico deflagrado pelo cristianismo. A religião cristã representa a culminância de um processo de humanização do divino, com a consequência de que o extra-humano foi gradativamente banido do cenário mundial, à medida que as instituições e paixões despertadas pela revelação evangélica se apropriavam do curso das coisas. Como resultado das impulsões inerentes à mensagem cristã, o homem se constituiu como valiosidade em si e por si. A palavra do Deus Homem é uma constante promessa de que todas as coisas se submeterão à potestade espiritual do homem e ao seu cetro inviolável. A reconciliação do divino e do humano processou-se como a volta a si mesmo do homem e como a conquista das próprias virtualidades operativas, a partir das alienações das antigas figuras religiosas. A imagem espiritual do Deus Homem se sobrepôs a todos os antigos ídolos, constituindo o centro de uma nova sabedoria que instalou no mistério interior do homem a sede de toda a realidade. Se antes a existência encontrava-se ainda ligada a uma canônica sobre-humana, a um conjunto de desempenhos impregnados de sentido numinoso e trans-humano, através da revelação evangélica impuseram-se as virtudes horizontais da mansidão e da caridade. O apelo espiritual era constantemente o de incitação ao sentido de comunhão dos *adelphoi*, o elo interpessoal da caridade e da humildade passando a constituir a lei suprema de um comportamento espiritualmente relevante. No mundo pagão, entretanto, o homem era continuamente conclamado para a reprodução de modelos de virtude heroico-divinos, sendo a *aristeia* uma força que emanava de cima para baixo. A vida dos deuses confiscava continuamente o estar em si mesmo da vida, em seu sentido trivial e demasiado humano. O mito antigo era a proposição de virtudes mais que humanas. Dentro de um tal sistema de existência, não havia espaço para o afirmar-se da singularidade subjetiva e para as virtudes do homem interior. É o que nos diz Hegel nessa passagem da *Fenomenologia*: "O povo ético vive em unidade imediata com sua substância e não tem em si o princípio da pura singularidade da consciência de si". O homem, como consciência de si, não se libertou ainda da comunidade tranquila e imutável onde vivia imerso, e ainda "não aprendeu o pensamento ilimitado de seu livre eu". Apesar de tudo quanto se tem dito sobre o antropomorfismo dos deuses antigos, esses não se relacionavam com o homem espiritual, com o homem de carne e osso, mas unicamente com as comunidades nacionais e políticas. Os deuses antigos relacionavam-se com "os claros espíritos éticos dos povos conscientes de si mesmo". As figuras olímpicas não foram a alteridade projetiva dessa sociedade humana, meras imagens confeccionadas pela sua vontade de afirmação. Andaríamos mais acertadamente se aprendêssemos a compreender a história do povo grego como a fenomenização temporal de um processo mitológico. Os entes divinos não representavam, então, uma excelência ou potenciação do humano, mas, pelo contrário, o plano histórico é que representava uma contínua transcendência em direção aos valores sacrais do mundo homérico. Encontramos o enunciado poético-filosófico dessas ideias nesses impressionantes versos de Hölderlin:

Immer Gewaltiger! lebst du noch ruhest im Schatten

Deiner Berge, wie sonst; mit Jünglingsarmen umfängst du

Noch dein liebliches Land, und deiner töchter, o Vater!

Deiner inseln ist noch, der blühenden, keine verloren.[1]

---

[1] "Vives sempre mais forte e ainda descansas na sombra do teu monte, como outrora; com braços jovens ainda abraças a terra amada, tua irmã, ó pai! Tua ilha em flor ainda não secou."

Nesse poema, *Der Archipelagus*[2], é afirmada a anterioridade e a perenidade do condicionamento mítico-religioso, das grandes figuras divinas, em relação a todas formas de vida interiores a esse espaço cultural. Os deuses antigos não eram simples representações ou imagens, como quer a superficial exegese religiosa prevalecente em nossos dias. O fato dessas figuras transcenderem o estatuto finito da encarnação é que levou o pensamento moderno a ver no panteão antigo um mero fruto da imaginação poética. Isso não podia deixar de acontecer, uma vez tomadas como módulo de aferição do real as possibilidades abertas pelo hominismo e pelo seu mundo próprio. Entretanto, os nomes dos deuses antigos eram designações de uma fantasia corpórea e objetiva, de princípios extra-humanos em si e por si, que formavam um mundo autóctone e absorvente. Com o declínio da vivência religiosa pagã, quando o mundo se contraiu no esquema hominídeo e cristomorfo, o que era uma característica da pura essência do divino passou a valer como um estigma de irrealidade e ficção. A partir das medidas de realidade propostas pelo cristianismo, os *numina* antigos se revelaram como simples *nomina*. Isso se deu particularmente no ocaso do paganismo, quando emudeceram os cultos vetustos e as antigas formas se transformaram em "belos frutos destacados da árvore". Nessa perspectiva é que devemos compreender a firmação posterior de São Paulo: "Não existe qualquer ídolo no cosmo". A mensagem do Deus vivo transformará em ídolos de pedra as formas pretéritas do sagrado. Entretanto, perceber os ídolos como ídolos já era uma consequência da mudança da experiência religiosa que se processava. O mundo em que esses ídolos eram mais que ídolos havia declinado, deixando atrás de si unicamente os vestígios pétreos do seu antigo fulgor. Essa transformação é esclarecida por Heidegger ao estudar o que advém à obra de arte, quando arrancada de seu espaço essencial. Devemos ter em mente que a obra de arte como tal pertence ao domínio aberto por sua própria força descerrante. "Porque o ser obra da obra (*das Werksein des Werkes*) manifesta-se somente em tal abertura (*Eröffnung*)". Ora, quando esse mundo

---

[2] "O Arquipélago."

de relações internas entra em colapso, o que subsiste do antigo centro irradiante é um puro objeto sem vida, um tema de investigação erudita ou estética. Era justamente essa *Weltzerfall*[3], essa desmundificação, que havia ocorrido na época em que São Paulo advertiu os gentios contra qualquer ligação com os ídolos e com os demônios. Do ponto de vista representado por esse círculo de sentimentos e conceitos cristãos, as antigas divindades olímpicas e helênicas traduziram-se como emblemas de uma simples idolatria.

Qual o sentido dessa mudança? Em que direção se realizou esse movimento?

Muitos são os que afirmam que através da mensagem cristã o homem recebeu o patrimônio de suas capacidades mais autênticas. "Permanecei, pois, firmes – diz São Paulo – na liberdade com que Cristo nos tornou livres e não volvei outra vez a ser presos no jugo da servidão." Essa liberdade significou autoconsciência do homem para o seu modo de ser mais próprio, para a sua vocação latente e fundamental. Ao ser conclamado para essa liberdade, o homem renasceu para a sua forma original e para as finalidades espirituais para as quais havia sido criado. Eis por que no Evangelho recorre a ideia de um duplo nascimento, um segundo a carne e outro segundo a liberdade e o espírito. A linguagem de Cristo tornou os homens vencedores do mundo, livres em sua liberdade, superadores de toda a conexão exterior. Este o sentido da nova criatura engendrada em Cristo e participante do corpo do Filho do Homem. Só essa nova criatura receberá a herança do reino do Deus Filho, pois os servidores dos ídolos, os incréus e blasfemadores serão entregues à ira das forças celestes. O Deus que convidava os homens para o exercício dessa liberdade era um Deus feito homem, nascido segundo a carne, mas cuja ação era um testemunho dessa liberdade vencedora do mundo. Cristo não foi o primeiro Deus encarnado a aparecer na História; antes dele, toda uma série de figuras divinas havia baixado sobre a terra num destino de paixão

---

[3] "Destruição do mundo".

e sofrimento. Apesar de representar a culminância do processo de humanização do divino, Cristo pertenceu ao mesmo ciclo de impulsões teogônicas representadas por divindades como Dionísio, Átis, Mitra. Como sabemos, foi Dionísio que trouxe aos homens o conhecimento da imortalidade da alma e a forma de uma religião soteriológica. Dionísio é o deus-ponte por excelência, por ter aproximado o mundo humano do mundo divino, permitindo uma reconciliação entre esses princípios heteroclíticos. O deus trácio, porém, é ponte ainda na acepção de ter mediado a passagem para a concepção hominídeo-cristã da vida. Podemos estabelecer uma série cristotrópica, correspondente ao sucessivo manifestar-se dos deuses soteriológicos e ao correlativo humanizar-se das figuras divinas. Tem razão Eduardo Nicol ao afirmar em seu livro *A ideia do homem* que o processo de formação do homem é um processo de individuação, sendo esse processo correlativo ao da humanização dos deuses. Em Cristo, como afirma Hegel, "a natureza divina se identifica com a natureza humana e essa unidade vem dada na intuição". Antes, o divino estava disperso nas potências não humanas, nos mares, nas montanhas, nos bosques, nos céus; era excêntrico ao modo de ser representado pela consciência de nossa espécie. Agora, o divino se concentra na figura humana; só o homem é herdeiro do reino dos céus. Tudo é submetido à potência do Filho do Homem, unicamente aí brilhando a luz sobre as trevas. O cristianismo opera, como sabemos, uma dessacralização das coisas, em proveito do novo templo de Deus sobre a terra – o homem. O cristianismo descobriu o homem, legitimando a sua supremacia sobre as coisas. Os engendrados em Cristo, os revestidos do novo homem, devem expulsar de si o *exoanthropos*. Esse novo homem é a negação do antigo, é loucura e paradoxo para os que se perdem, porque "o homem animal não percebe as coisas que são do espírito de Deus, pois lhe parecem loucura; e não as pode entender porque devem ser examinadas espiritualmente". Essas coisas espirituais, essa vida interior à vida, formam de fato um novo cenário aberto aos homens, um novo mundo que era o não-ser do antigo mundo. O não-ser do mundo como mundo, eis o novo reino do Homem. Diz o Evangelho:

Deus escolheu o que não é para desfazer o que é. Uma sequência de paradoxos assinala a irrupção do Filho do Homem: a sabedoria da não sabedoria, a nobreza do não nobre, o valor do desvalor, a beleza da fealdade, o ser do não-ser, pois a palavra da cruz é loucura para os que se perdem. Essa transmutação de todos os valores assinalou uma nova configuração da potência de Deus. A sabedoria das coisas divinas transformou-se em deus como sabedoria, desde que o mistério escondido a partir da origem dos tempos se havia revelado na figura do Deus-Homem. Se antes o divino era excêntrico e excedente em relação ao homem, agora o homem seria o templo e o edifício de Deus. Então a luz dos homens se transformou no homem como luz, o homem, entendido não como ser participante da grande conexão divina do mundo, mas como entidade espiritual e desligada de tudo. Essa dimensão espiritual, essa liberdade íntima, desconhecia as distinções estabelecidas na terra, as hierarquias dos principados do mundo. A liberdade interior era a nova sede da potência de Deus. A palavra evangélica se dirige a um rebanho universal de irmãos, a uma fraternidade potencialmente infinita. As separações e distinções entre os homens, que se haviam gerado segundo princípios e tradições heterônomas, deviam se extinguir segundo o espírito. A operação fundamental do novo espírito era a caridade, princípio por excelência descendente e aproximativo. Se o dinamismo do eros grego se realizava numa ascensão vertiginosa para o perfeito, a propensão caritativa era justamente a de salvar o imperfeito, a de expandir-se horizontalmente no mundo. À caridade estava encomendada a vitória sobre o mundo, a formação da nova comunidade dos *adelphoi*. Eis por que tem razão Schelling quando vê no princípio cristão um fermento de igualação e cosmopolitismo: "Do mesmo modo pelo qual o cristianismo buscou originalmente seus adeptos entre a massa dos miseráveis e desprezados desde a sua origem manteve uma orientação por assim dizer democrática, também tratou de resguardar permanentemente esse caráter popular". De fato, a libertação do homem para si mesmo só poderia ter lugar quando se rompessem as conexões que ligavam sua existência às comunidades religiosas nacionais. Se assim não fosse, os homens continuariam a representar outro papel que o de si mesmos, como manifestações de outras concepções do mundo e de outras epifanias. A liberdade cristã veio soltar o homem dessas formas alegóricas de ser, abismando-o em si mesmo. É nesse sentido que podemos afirmar que com Cristo a verdade tomou forma humana e a substância se tornou sujeito. A História mostra-nos, entretanto, que o sentido do Deus-Homem como sabedoria, que o advento do reino hominídeo se processou sobre o fundo de um refluxo das antigas divindades. O despovoamento do céu coincidiu com a vindicação dessa nova dimensão do sagrado humano e com a pregação da verdade evangélica. A figura hominídeo-divina fechou-se sobre si mesma no mesmo instante em que agonizavam os velhos cultos, quando os homens elevaram altares ao deus desconhecido.

A glória de Deus, tendo-se manifestado finalmente no semblante do filho do Homem, isso implicava evidentemente uma homologia entre o fundo último das coisas e o modo de ser humano. "Quem vê a mim vê a meu Pai e eu e meu Pai somos uma só coisa." O conceito evangélico do divino caracterizava-se pela ideia de um Deus que não só havia revestido a aparência do humano, mantendo-se entretanto distinto dele, como representava a plena e total encarnação do divino. Em torno da personalidade do homem, em sua dimensão de interioridade, passaram a girar todas as coisas. É evidente que um tal exclusivismo do humano deveria provocar uma consequente obliteração da consciência para as formas de numinosidade extra-humanas. De fato, subsequentemente, todas as formas de culto que exorbitavam o âmbito teândrico foram combatidas como idolatrias e entenebrecimento do coração. São Paulo ergue-se contra a adoração dos reis e dos Césares, custodiadores de uma investidura divina extra-humana, e contra o culto das grandes potências míticas ou zoomorfas. Portanto, para os engendrados em Cristo, a única forma de sabedoria é o conhecimento de Deus como protoforma sagrada do humano. Esse refluxo da substância divina *in interiore homine* significou evidentemente a completa desdivinização (*Entgötterung*) das outras possibilidades de ser. O mundo passou a ser vivido como um cenário neutro, onde deveria se desenrolar o drama subjetivo espiritual da criatura finita: *Le grand Pan est mort*. Aqui está a origem da ideia de natureza tal qual a vivemos e percebemos, isto é, como um conjunto de manifestações físicas destituídas de qualquer interioridade ou animação. O homem chamou a si a totalidade do sagrado, deixando como resíduo um cenário natural unicamente suscetível de uma manipulação utilitária. Nessa determinação de conceito pós-cristão do mundo centra-se, segundo Max Scheler, a possibilidade do conhecimento analítico e fragmentador dos objetos, com a consecutiva aplicação tecnológica a todas as coisas. Quando o homem passou a significar o começo e o fim das coisas, esse novo destino projetou-se num cenário particular – a natureza –, ou, em outras palavras, o homem passou a se intuir envolto num sistema natural, à medida que adquiria a nova liberdade outorgada pelo credo em desenvolvimento. A projeção de uma natureza foi uma ocorrência que acompanhou a abertura do novo ciclo histórico-hominídeo, sendo, em última análise, a percepção exterior desse novo quadro de virtualidades. Desse espaço hominídeo foram alijadas progressivamente todas as manifestações e epifanias que contrastavam com o novo *regnum homine* e com suas formas peculiares de intuição. Nesse rol do desdenhado e negado deveríamos incluir, em primeiro lugar, os poderes ecológico-divinos do passado e o mundo em si e por si das forças celestes extra-humanas. Podemos dizer que o cristianismo significa o alienar-se do homem em si mesmo, com o consecutivo enclausuramento da criatura no labirinto das formas terrestres e naturais. A liberdade cristã, ao expulsar de si o *exoanthropos* e a conexão cósmico-mágico-divina, provocou o traçado de uma natureza como natureza. O transcender da liberdade cristã foi a própria constituição da natureza. O sistema natural como um mundo fechado de experiências, ao pôr em manifesto um certo traçado do ente, nos indispôs e ofuscou para outros desvelamentos possíveis. Eis por que podemos afirmar que a natureza, como um sistema total de representações, redunda na clausura do homem num quadro fechado de experiências. Essa clausura não se procedeu como um fato instantâneo, como o súbito surgir do "outro" natural (*andersein*), mas sim como um lento processo de "naturalização" do cosmo e de determinação de uma nova área de possibilidade mecânico-operativa. Podemos dizer que essa evolução atingiu seu pleno amadurecimento na Renascença, época apontada entre todas como representativa da afirmação plena da consciência terrestre e natural do homem. À fabulosa imagem medieval do mundo, que ainda guardava tantos ingredientes do mundo mítico e pré-cristão do passado, se substituiu a representação científico-natural e métrica das coisas, com o respectivo desdobramento de categorias interpretativas. É incompreensível para muitos espíritos esse fato paradoxal de que a revelação cristã, reputada como a declaração mais vigorosa da independência do espiritual, tenha ao mesmo tempo radicado o homem na corporalidade natural. O cristianismo pôs a natureza como natureza. Os prisioneiros de Cristo transformaram-se em prisioneiros do mundo, de um mundo cuja estrutura ainda devemos examinar. Afirma Schelling que todo o espírito do cristianismo é ação: "No cristianismo a unidade do finito e do infinito é dada na ação". É fácil verificar como o conjunto da revelação evangélica se concretizou numa série de eventos temporais religiosos, numa praxiologia sagrada que se propagou do passado para o futuro. No cristianismo, a ênfase não recai mais numa plenitude divina realizada e atemporal. O mundo transforma-se em História e, portanto, em sofrida ação e plasmação humana e divina. O dever-ser do valioso suplanta e desmerece continuamente o que existe, transformando-se a ação em ação normal. A essência cristã do homem vem definida como mediação, negatividade ou ação. Essa ideia, porém, resume o sentido da subjetividade como inexaurível força de superação ou transcendência. O homem, interpretado como negatividade ou ação, como sujeito, se eleva acima de toda imagem ou momento externo e se preserva como intocável interioridade. Essa vontade de interioridade é o princípio invisível que aniquilou e destruiu todas as formações mágico-intuitivas, substituindo-as pelas representações e esquemas de uma atuosidade interna. A negação do objeto-imagem significou o desvelamento do objeto "formado" ou "produzido" pela vontade empreendedora do espírito anelante. Com o cristianismo o mundo transformou-se em representação sem interioridade, em máquina, em possibilidade de todas as máquinas possíveis, desde que toda a interioridade refluiu para a ação do sujeito humano. O sol visível do mundo foi ofuscado pelo sol invisível do espírito. A concepção cristã do universo acarretou, em sua lógica interna, uma fantástica desolação da realidade. O homem cristão encontra as coisas no processo de sua realização histórico-ativa e quando essa realização assume, como assumiu em nossos dias, a opulência de um empreendimento universal e sobrecolhedor, então a totalidade do real é representada como simples material utilizável. A natureza é hoje em dia comumente definida como um mero plano de utilização universal, como esquema utilitário-industrial. Aqui está a origem desse lamentável aniquilamento das coisas, como resultado do pensar científico-tecnológico. Com efeito, as coisas que hoje nos cercam são simples artefatos, produtos de uma vontade técnico-construtiva e não mais as velhas coisas do passado, os grandes "celeiros de poder" de que falava Rilke.

O homem vê a sua própria atividade construtiva em todas as partes, o mundo tornou-se ação subjetivada, "fazer sem imagens". Como sabemos, para Hegel a natureza nada mais era do que a ideia em seu ser outro (*andersein*). Não teria, pois, seu ser em si mesma, mas sim em outro, e, precisamente, no ser em si e por si da Ideia. A natureza, para Hegel, representava um momento ou fase da própria Ideia. Se tivermos presente que a Ideia nada mais é do que o processo da autoconsciência do homem, isto é, o próprio homem como Ação, então veremos reafirmada, dentro dos pressupostos cristãos de Hegel, a dependência do sistema natural em relação ao conceito transcendental do homem. A natureza é autointuição histórica do homem. O *andersein* da natureza tem a sua verdade e o seu fundamento no ser-para-si da Ideia. Sendo essa ideia o próprio ato de tornar-se homem, segue-se que a natureza e o homem são as duas fases de um mesmo processo, nos dois momentos do ser-para-o-outro e do ser-para-si. O homem da concepção hominídeo-cristã deve viver numa natureza, deve secretar uma natureza, essa nada mais sendo do que a forma de sua autointuição. A essência dessa naturalização do homem não coincide, como se poderia supor, com o advento de uma época de total materialismo, se por materialismo entendermos a concepção que reduz tudo ao módulo de ser da matéria. Como mostrou Heidegger, a verdadeira essência do materialismo reside no predomínio dos esquemas construtivo-calculatórios. A vontade técnico-construtiva predominante em nossa época é essencialmente formadora de mecanismos, desde que é a *prolepseis* mecânica que desvenda uma natureza como natureza. A *caritas* cristã é a condição de possibilidade da maquinização universal. Maquinismo e cristianismo são duas expressões de um só impulso em desenvolvimento, sendo a máquina a *conditio sine qua non* da salvação da criatura cristã dentro da comunidade *adelphoi*.

A hegemonia das representações técnico-mecânicas, como estilo da circunstância humana, significou entretanto o abismar-se histórico na noite. A fúria do "fazer sem imagem", como expressão da vontade calculatória industrial, reverteu na prerrogativa da ação intelectualística e abstrata.

O domínio irresistível da consciência trabalhadora e calculatória determinou o advento da noite dos deuses. Devemos a Hölderlin a intuição dessa grande conexão histórico-teológica e a indicação de sua dialética interna:

Aber weh! Es wandelt in Nacht, es wohnt, wie im Orkus,

Ohne Göttliches unser Geschlecht. Ans eigene Treiben

Sind sie geschmiedet allein, und sich in der tosenden Werkstatt

Höret jeglicher nur und viel arbeiten die Wilden

Mit gewaltigem Arm, rastlos, doch immer und immer

Unfruchtbar, wie die Furien, bleibt die Mühe der Armen[4].

---

[4] "Mas, ai, vem a noite e fica, como no Orco, sem que nossa estirpe tenha algo do divino. No seu trabalho foi forjada solitária, e os selvagens mal se escutam na retumbante oficina, e trabalham muito, com braço forte, sem descanço e sempre e sempre com menos fruto, como as Fúrias, e a fadiga dos seus braços permanece."

Segundo o sentido íntimo dessa intuição artístico-filosófica, foi o afastar-se do divino que projetou essa ação perpetradora da noite. O surgimento do espírito como ação transformadora representou o próprio ritmo daquele refluxo das antigas hierofanias. O motor universal do processo estaria, entretanto, no movimento superior da ação divina e não na iniciativa do sujeito histórico. Essa tese redunda na afirmação de que o concretar-se da verdade humana se deu sobre o fundo dos deuses em recuo, ou, em outras palavras, que o princípio hominídeo-cristão equivale ao próprio ocultamento dos deuses. Esses deixaram, em seu recuo, a verdade residual do homem, a criatura derelicta que é em última instância a positividade de uma negação. A revelação cristã, quando pensada nessa nova perspectiva teológica, seria a revelação de uma ocultação, o sinal histórico do crepúsculo dos deuses.

Na dimensão própria do movimento teogônico, essa transição tomou o nome da série teoantropofílica, ou melhor, cristotrópica. Encontramos em Schelling a ideia de que Cristo é o último dos deuses e que depois dele seria impossível pensar numa outra epifania. O Messias que veio cumprir antigas promessas representou no cenário histórico-mundial a teose do humano. Essa mudança ocasionou o colapso dos antigos domínios e não a expansão de sua forma de manifestação. A teologia tradicional acostumou-se a uma imagem abstrata e isolado do Deus sofredor, em completa independência relativamente à vida superior da qual faz parte. Essa concepção abstrata e intelectualista de Cristo não nos permite um acesso ao seu verdadeiro papel no processo histórico-religioso.

Se o testemunho histórico nos informa que a série cristotrópica se debruçou sobre o mundo precisamente no instante em que, nas palavras de Hölderlin, *Der Vater gewand sein Augen von dem Menschen*[5], não seria temerário, mas sim especulativamente legítimo considerar essas figuras como o próprio ato do refluxo divino. A força declinante dos antigos

---

[5] "O pai virou a cara para o homem".

princípios hierocráticos suscitou a corrente "induzida" das formas soteriológicas. O vazio produzido por aquele afastamento revestiu, no processo da *Imaginatio Divina*, o aspecto da dramática cristã. Entretanto, esse novo preenchimento dos postos divinos, provocado por uma espécie de *horror vacui*, traduzia nada mais do que a própria recusa que ocorrera. Hölderlin cunhou uma expressão excelente para designar o éon que se inicia com o *plastosteos* – *Dürftiger Zeit* –, tempo de carência. Heidegger define nesses termos o sentido desses lapsos temporais: *Es ist die Zeit der entflohenen Götter, und des kommenden Gottes Das ist die dürftige Zeit, weil sie in einem gedoppelten Mangel und Nicht steht; em Nichtmehr der entflohenen Götter uns im Nocnicht des Kommenden*[6]. Nesses espaços históricos o não-ser da presença numinosa é a própria marca de sua positividade e de sua dinâmica interior. Eis por que as possibilidades que se nos defrontam nessas épocas são os momentos antifonais de uma recusa, constituídos e dominados por essa mesma recusa. Entretanto o oco dessa ausência pode assumir a forma de uma forma e o sentido de uma articulação de desempenho. A própria ausência se traduz numa presença. Podemos afirmar que a epifania cristã constituiu o documento eônico da teocriptia. A epífrase divina não se processou como um ato unilateral de abandono, deixando vagos os centros de sua supremacia. A expansão do mundo ocidental cristão assinalou o próprio ritmo de extinção e de declínio das antigas potestades. Entretanto, essa mesma vontade de expansão e de afirmação do sentido hominídeo-cristão da vida não dependeu, originariamente, de uma decisão e iniciativa da criatura finita. Como vimos, foram os deuses ausentes que suscitaram o contramovimento das forças criaturais e hominídeas. Já aludimos ao fato de que, de acordo com o nosso ponto de vista, inclusive os lapsos históricos, profanos ou antidivinos fazem parte da *vis explicativa* do processo mítico-religioso.

---

[6] É o tempo dos deuses em fuga e dos deuses por vir. Este é o tempo de carência, porquanto padece de uma dupla privação; o Não-mais dos deuses em fuga e o Não-ainda dos deuses por vir. (N. A.)

Assim como o silêncio é uma possibilidade inerente à linguagem, a inclinação hominídea da história constitui uma trégua nessa linguagem transcendente. O mundo que se configurou quando as águas poseidônicas abandonaram o cenário histórico, foi o da concepção hominídeo-cristã. Esse mundo foi traçado e projetado por este recuo. Afirmamos que através do distanciamento das figuras divinas, da *Gottesentfernung* um novo campo de realidade foi posto a descoberto. Pôr a descoberto é, como vimos nas considerações anteriores, a própria essência da obra de arte como fundação do ser, como mitologia. Devemos ter cautela, entretanto, em não entender essa iluminação fundadora do ser como discurso humano, pois se trata, em verdade, de uma vida poética em si, de uma profusão demográfico-divina. Se o ser for pensado como desvelamento poético em si, como processo transcendente, isto é, como mitologia, poderemos compreender como a própria *Gottesferne* é, por sua vez, desvelamento e mitologia. Nesse caso a força projetante provém da noite dos deuses. Há uma força mágico-instituidora da noite. Entretanto a noite dos deuses se manifestou como a luz dos homens. Algo foi possibilitado e aberto através daquela ocultação, da mesma forma que a agonia do sol nos remete ao pálido mundo lunar. O mundo cristão foi justamente o avançar da despedida e a própria promoção dessa despedida. Se o jogo mágico-instituidor, em sua natureza ek-stática, é sempre mitologia, a própria *Gottesferne* dever-se-ia manifestar como *Gottesnähe*, como revelação do sagrado. O sentido epocal do cristianismo reflete essa ambiguidade essencial, em que o deserto exânime da vida vem celebrado como a sua mais exuberante floração.

PARTE VI

SOBRE A EDUCAÇÃO, A SOCIOLOGIA E A POLÍTICA

A CRISE DO DIREITO NO MUNDO ATUAL[1]

Nas sociedades humanas em geral certos comportamentos são autorizados e permitidos, enquanto outros são expressamente vedados; as normas que estabelecem a alternância de consentimentos e inibições são as normas jurídicas. Essas normas, por sua vez, inspiram-se em certas crenças acerca do que é vantajoso para o indivíduo e a coletividade e, no fundo, dependem em tudo e por tudo da concepção da vida vigente num dado contexto social. Se passarmos de um sistema para o outro, no espaço e no tempo, veremos que as regras de conduta que regulam a transmissão dos bens, a propriedade ou o matrimônio variam parcial ou totalmente. Se vacila a crença nos valores últimos que condicionam esses imperativos de conduta, vacilam também esses próprios imperativos, contaminados pela crise dos padrões sociais em curso. É a afirmação trágica de Dostoiévski: "Se Deus não existe, tudo é permitido". Desviando o olhar da superfície dos fatos e, quais escafandristas do real, mergulhando a mente na sombria personalidade do homem atual, percebemos que a autoridade suprema de todas as normas de conduta está contestada pelo homem atual, em seu espírito de descrença. A figura modelar da vida tornando-se trôpega e problemática,

---

[1] "A Crise do Direito no Mundo Atual", São Paulo, *Diário de São Paulo*, 7 abr. 1955. (N. O.)

o sistema de garantias de atuação dessa vida vai perdendo qualquer prestígio sobre o comportamento dos indivíduos; o direito confunde-se com o não-direito e a ação justa perde qualquer fundamentação racional.

Não é apenas o direito de propriedade, como pensam os marxistas, que agoniza como cânone legal, mas sim todas as espécies de direito, inclusive o direito do operário sobre os frutos de seu trabalho. Para uma consciência social em crise é tão inválido o conceito de propriedade capitalista, como o direito socialista do trabalhador. Todos esses conceitos de propriedade e de não-propriedade dependem de um conceito do homem, de um projeto histórico de vida, de um dever-ser que exige essa ou aquela forma de produção e repartição da riqueza. Mas perguntamos: quando esse dever-ser não se mostra mais ao espírito como um axioma ineludível, o que acontece em relação ao caráter de legitimidade das exigências do direito? É o prestígio de um ideal de vida individual ou social que transmite ao direito sua fundamentação necessária. O sentimento do justo, o sentimento do direito prende-se ao que julgamos ser a nosa esfera própria de atuações, isto é, da representação que nutrimos sobre o ótimo de nossa vida. Diz-se que a justiça manda não prejudicar a ninguém. Como saberei, entretanto, se estou sendo prejudicado ou não pela atuação do outro, não possuindo previamente uma medida do meu direito, daquilo que me é devido em vista de um projeto socialmente válido de vida? A noção de prejuízo ou dano é relativa a uma representação precisa das exigências pessoais reivindicáveis segundo a lei. Fora desse conceito de uma esfera de atuação possível correspondente a cada um e em vista de um desígnio vital e histórico, não se pode sustentar qualquer conceito de ato lesivo ou injusto. Não devemos nos esquecer que mesmo o sacrifício da vida individual, a morte em holocausto aos deuses, foi considerada em certas sociedades como conduta louvável e justa. Por outro lado, o exercício do direito de propriedade que, numa sociedade individualista, não é sentida como uma conduta danosa a ninguém, é considerada pelos comunistas como um comportamento extorsivo e prejudicial aos indivíduos e à coletividade.

A crise do direito tem por consequência o sentimento do caráter abusivo e arbitrário do comportamento do outro, que se está manifestado numa arte e numa literatura da revolta, em que vem caricaturizada a conduta despótica dos detentores do poder. São as telas de Orozco sobre o festim diabólico do capitalismo escravagista ou, inversamente, as críticas da utopia socialista de um Huxley ou de um Orwell. O homem vive atualmente o drama da ilegitimidade de todos os comportamentos, de uma espécie de anemia metafísica das relações interpessoais. A falta de justificação filosófica ou religiosa socialmente válida transforma todas as pretensões do direito num ato de usurpação, de insolência e de agravo, num puro fato físico sem qualquer fundamentação para a consciência moral. Quando os pressupostos metafísicos se desvanecem na consciência humana, o jogo social se transforma numa porfia de impedimentos mútuos, numa superposição de prepotências, onde cada átomo isolado procura unicamente a sua expansão máxima.

O CREPÚSCULO DA NACIONALIDADE[1]

A impressão mais forte que emerge do conjunto da vida brasileira nesta segunda metade do século XX é aquela que deriva da existência quase exclusiva da vida privada no âmbito da nação. Os interesses egoísticos e privatísticos sobressaem de tal forma sobre a motivação universal da nação, que até o comportamento político parece ditado pela concupiscência dos grupos partidários e em vista dos proventos materiais que possam retirar do assenhoramento dos postos políticos. O átomo privado humano não se sente mais obrigado em relação aos valores cívicos da nação, encarando a sociedade civil que o envolve como uma ocasião de seu potenciamento singular e não reconhecendo qualquer impedimento, quer de ordem ética, religiosa ou de brio pessoal, na prossecução de suas finalidades afrontosas. Essa é a situação que está a provocar os mais sombrios pessimismos pela sorte do país, pois parece óbvio que uma sociedade não pode sobreviver a uma tal anarquia e dilaceramento. Temos a sensação de viver numa pátria derrotada e desolada, submetida a um saque final ao apagar as luzes. De um modo geral, podemos afirmar que assistimos a um quebrantamento de todas as instituições vigentes até hoje no país, incapazes estas últimas de suscitar

---

[1] "O Crepúsculo da Nacionalidade", São Paulo, *Diário de São Paulo*, s/d, 1955. (N. O.)

aquela homologia mínima de conduta, necessária para o bom andamento de todo social.

O que é, de fato, uma instituição senão um sistema de preceitos jurídicos que facultam à nação a realização de determinados objetivos? Se esses objetivos e valores não são mais atingidos através daquelas instituições e formas sociais, é evidente que nos defrontamos com uma perigosa distrofia social. Uma tal crise de instituições e de crenças constitui o drama que gravita sobre o nosso espírito, pedindo uma pronta superação. Um exemplo ilustrativo desta impotência do homem brasileiro no que diz respeito às instituições de interesse imediato para a nação, encontramo-lo no campo da educação e da cultura, em toda amplitude destes conceitos. Não só o ensino secundário, como também a cultura universitária são tão inoperantes e deficientes que podemos adiantar, sem medo de errar, que o país não tem Escola. Se levarmos em conta o ensinamento de Gentile que afirma só conhecer realmente uma disciplina ou ramo do saber quem os faz avançar, continuando por toda vida como um estudioso entusiasmado, então chegaremos à conclusão de que no Brasil as disciplinas científicas são ministradas em geral por pessoas inqualificadas para o seu magistério. A grande maioria dos mestres nacionais nem está possuída do sagrado entusiasmo do conhecimento nem é capaz de comunicar ao aluno o que não possui. O professor brasileiro é, em sua grande maioria, um repetidor de compêndios, e de forma alguma um pesquisador apaixonado; entretanto, é a paixão do conhecimento que continuamente o gera e estimula. Sabemos como já Platão havia condicionado a captação das ideias ao acercamento erótico do seu domínio próprio. Sem amor não há conhecimento. É justamente esse pressuposto emocional que transforma numa aventura inédita o itinerário da mente que se lança na conquista da terra incógnita. Em nosso país, o magistério não é o cenário de uma aventura espiritual, mas sim uma prebenda desejada pelo prestígio social que outorga ao seu detentor, ou, na maioria das vezes, em vista de suas perspectivas econômicas. O mestre brasileiro não se sente participe de um grande empreendimento teorético e moral, que transcenda a sua pessoa, exigindo de sua parte dedicação total e abandono desinteressado. O interesse privatístico e a vaidade pessoal também se fazem sentir nessa esfera, gerando os que veem no saber um meio de sua projeção nominal. Os resultados desse estado de coisas, todos nós conhecemos: é a vacuidade e nulidade da cultura superior do país, praticamente inexistente no plano das grandes nações.

As instituições culturais brasileiras, tal como existem, são incapazes de criar o campo de força necessário para o aprofundamento intelectual do país e para a formação de uma autêntica elite nacional. Se procurarmos vislumbrar as causas profundas dessa crise das instituições culturais, sem dúvida iremos descobri-la na ausência de qualquer coesão anímica, de qualquer força polarizadora no âmbito da nação. Não existe mais um projeto coletivo de vida, uma tarefa ou destino a cumprir, que fale profundamente aos corações, arrancando-os ao entorpecimento de sua idolatria individualista. O brasileiro, tendo deixado de viver como um ser que subordina a sua conduta a um módulo universal e nacional, é incapaz de realizar aquelas operações que supõem um estilo ético de vida. Isso se torna particularmente grave nesta fase histórica em que o país necessitaria de homens verdadeiramente proficientes e competentes para solucionar os enigmas de seu destino. O Brasil, não vivendo mais no interior de cada brasileiro como uma ideia-força, como um destino inalienável, parece tornar-se exterior a seus cidadãos e estes exteriores àquele. Essa exterioridade é que faz com que no Brasil todos pareçam estrangeiros. Sem querer levantar qualquer bandeira de xenofobia, não podemos deixar de reconhecer que a estrutura anímica do país foi incapaz de aculturar e absorver as ondas imigratórias que afluíam às suas praias. A fragmentação da psique nacional foi em grande parte a consequência da recepção maciça de imigrantes de proveniências as mais heterogêneas e em geral não suscetíveis de viver o país e seus problemas, como uma realidade urgente. Seria demais pedir a um alienígena que viesse sentir o país como uma *societas in interiore homine*, tendo ele deixado na maior parte das vezes física mas não psiquicamente a sua pátria de origem. O homem que abandona a sua pátria torna-se na outra um ser privado, uma realidade meramente empírica, subordinado a motivações exclusivamente econômicas e egocêntricas, sem qualquer abertura para o destino global da coletividade. A importação de homens é muito diversa da importação de máquinas e implementos, trazendo perigo ao país que soem passar desapercebidos. É evidente que se o país possuísse uma personalidade político-cultural suficientemente marcada, o problema que ora focalizamos não mereceria sequer ser proposto. Pensamos ser urgente discutir amplamente essa questão, do sentido privatístico da vida. O Estado e a pátria não podem ser meios para a hipertrofia do indivíduo, pois isso redundaria na subordinação do eterno ao efêmero, do substancial ao acidental. A liberdade do indivíduo, esforçando-nos por descobrir aquelas medidas pedagógicas e cívicas da integração necessária, é vazia e negativa quando não se aplica àquelas obras universais reclamadas pela comunidade em seu desenvolvimento. Não devemos confundir a noção de liberdade com as apetências do indivíduo e com a concepção hedonística que tende a elevar os próprios instintos à norma do dever-ser histórico-social. O que se deve entender por liberdade (e assim foi entendida pelos maiores filósofos) está compendiado na capacidade de dar cumprimento às obrigações transindividuais. A liberdade não é o poder de seguir os próprios caprichos e propensões hedonísticas, não é o ideal da felicidade individual, mas sim o poder de eludir as inclinações egocêntricas na realização de uma obra de valor coletivo. Esse dever-ser é algo de lançado diante de nós como um projeto, como um afazer. O afazer do dever para ser realmente um dever dizer respeito às nossas vicissitudes pessoais, mas sim aos interesses superiores da nação. O homem que leva uma vida exclusivamente privada é um ser totalmente imoral, segundo o critério que adotamos acerca da destinação do homem. Não devemos esquecer que hoje em dia, no Brasil, inclusive a vida pública é em grande parte uma vida privada, isto é, uma exploração de cargos públicos em vista de pretensões pessoais. A imoralidade da vida pública no país se confunde com a sua própria inexistência, substituída como é pelo agenciamento de grupos predatórios, denominados partidos políticos.

Devemos compreender que vida privada e vida material e materialística constituem no fundo uma só coisa, lembrando-nos de que o espírito se manifesta como a capacidade de negar as impulsões egoísticas e a tendência do lucro pessoal. Acreditamos que a dominância do sentido individualístico e da liberdade empírica seja no fundo o caráter central da própria crise, a crise que consiste na transformação da comunidade unitária da nação no puro agregado especial dos átomos empíricos. Bergson definia a matéria como o precipitado de um gesto criador que se desfaz. O colapso da liberdade criadora é que produz as formas inorgânicas e especiais do mundo material. No fundo, estas nada mais são do que um momento de inibição, algo de frustro e de negativo. O mesmo pode-se dizer de uma nação: enquanto está vivo e atuante o espírito criador, enquanto a vontade espiritual é uma só, não se manifestam os princípios letais da sociedade civil meramente econômica. Entretanto, quando sucumbe o impulso plasmador da nacionalidade, emerge o agregado empírico das individualidades e dos grupos em luta, em sua materialidade opaca. Quando a nação é esse agregado, então já não estamos diante de nada de criador e significativo historicamente, mas sim diante dos despojos abandonados pela transmigração da alma coletiva. É a antinação que se substitui à nação. Não nos devemos esquecer do fato de que uma sociedade política não é um puro estar-aí material, uma coisa. A ontologia contemporânea demonstrou como nem o homem, nem a história podem ser compreendidos dentro da categoria das coisas ou dos agregados de coisas. As coisas são presenças determinadas exclusivamente pelo aqui e pelo agora, pelo seu estar presentes, enquanto que o homem é um ser prospectivo e excêntrico, que vive lançado no *a ser* do seu ser, em seu próprio futuro. Eis porque a essência do homem é definida como *Sorge*, preocupação, isto é, como ser-antecipadamente-si-mesmo. É isso que devemos entender pela existencialidade do homem, pela prevalência do possível sobre o real, em sua estrutura. Situação semelhante ocorre quando procuramos compreender a vida de um povo. Uma nação não é uma soma de coisas, um fato geográfico preenchidos por um agregado de corpos biológicos. A vontade histórica de um povo é um fato interno, uma experiência anímica, a consciência inalienável de seus desígnios e metas históricas, que dão um sentido à sua geografia e à forma de suas instituições. O todo inespacial de seus desígnios e valores próprios é que sustenta o conjunto da vontade realizadora comum. Como em muitos outros setores em que tratamos com a vida, aqui também o todo é anterior e superior às partes, é a operação global e comum que continua e se perfaz na operação singular dos indivíduos, é o destino universal que sugere e abre campo aos destinos singulares. Quando existe essa participação unitária na realização de um projeto superpessoal, dizemos que um povo constitui uma comunidade. Numa comunidade a ação da parte é a ação do todo e a ação do todo é a ação da parte. Não existe uma vida privada e separada, mantendo relações exteriores com os outros agentes sociais. Não existe uma exterioridade das partes entre si, todos os gestos fazendo parte de um só gesto. Quando perece, entretanto, a força criadora de um povo e o seu sentido comunitário, quando a nação não é mais capaz de oferecer aos seus filhos um destino a cumprir, o que resta do sucumbir da alma coletiva é justamente a sociedade liberal e contratualística. De fato, a única relação possível entre as vontades desconexas dos indivíduos é o "acordo dos apetites". Os homens só conhecendo então as fisiologias das próprias paixões e impulsos, e as condições de compatibilidade dos apetites individuais entre si, não podem imaginar outras formas políticas que não sejam as oriundas do contratualismo. A sociedade contratual nada mais é do que a morte da comunidade, o símbolo supremo da total privação de sentido e de valor histórico. O participante de um agrupamento contratual vive em função de si mesmo e de seus apetites, só tendo finalidades pessoais e não reconhecendo juridicamente qualquer tarefa que exorbite a sua satisfação individual. A coletividade e o Estado são vistos como algo contra os quais o indivíduo deva resguardar-se, como um mal necessário e em geral como um polo de desagrado e antipatia. O convívio com os outros é preconizado em função de sua utilidade e dos benefícios decorrentes da troca de serviços e da participação dos bens da civilização. A sístole e a diástole do agregado social se identificam com as operações simétricas da produção e do consumo de utilidades materiais, desde que tudo que se relacionava com a esfera da criatividade espiritual veio a faltar com a morte da unidade anímica. O predomínio das atividades econômicas e materiais sobre o conjunto das outras possibilidades de realização do átomo empírico e a inflação da história da coletividade só existem nas irrisórias vicissitudes humanas, dando testemunho dessa inversão de valores que sobreveio ao país. A passagem do núcleo comunitário a um mero sistema individualista nunca se dá de maneira completa, pois sempre continuam vivos em determinados setores as forças vivas da vontade nacional. Falamos aqui, portanto, num mais e num menos no caminho do aniquilamento da forma compreensiva da nacionalidade. Em certas instituições que por definição se põem acima da sociedade material e individualística mantêm-se ainda vivas certas energias capazes de recuperar a sua ascendência preceptora. Quero me referir, antes de tudo, ao exército. Com isso, não quero dizer que as classes armadas estejam totalmente a salvo da mentalidade fracionadora, mas sim que por essência são mais infensas ao desenvolvimento do espírito divisionista.

Quando propomos a questão das condições necessárias para uma política de segurança nacional, devemos pensar em termos da situação atual do país, que está atravessando a mais grave de suas crises. O conceito de segurança relaciona-se com a ideia de um perigo eventual. Mas o que está em perigo? Tomemos o exemplo da França. Sabemos como esse país está dividido politicamente em duas partes, entre as facções comunistas e não-comunistas.

A noção de perigo e de segurança nacional varia totalmente quando passamos de um desses setores para outro. Vemos através deste exemplo como a definição de um estado de segurança não é um conceito unívoco, dependendo das crenças filosófico-políticas. Para um país fragmentado em classes e grupos de interesses antagônicos, isto é, para uma sociedade contratual, o único *desideratum* de garantia é o que deriva da prosperidade da classe e da política e de defesa interna e externa do bem-estar material daquele estrato social. Só pode estar ameaçado ou em perigo aquilo que se definiu como essencial dentro de um determinado programa de vida. É o todo programático que alça certas coisas à categoria de valiosas, imprescindíveis e sagradas, e outras à categoria de negligenciáveis e indiferentes. Portanto, só quando o indivíduo age em função do todo, ou é esse próprio todo agindo, que podemos falar numa política de segurança nacional. Nesse caso, a ideia da nação é proposta como pauta de todo o funcionamento intersocial, acima dos interesses divisionistas e puramente econômicos, acima das manobras tendentes a transformar a política num instrumento da vontade de poder das classes. Nesse sentido, tanto o comunismo como o liberalismo democrático são incapazes de criar as condições de garantia e de firmeza para o futuro do país, o primeiro por sua ideologia internacionalista e antinacional, e o segundo – o liberalismo capitalista – por subordinar os interesses unitários da nação aos apetites de lucro de uma certa classe. Em recente discurso, o velho político Otávio Mangabeira afirmou que o Brasil morrera na alma dos brasileiros. Isso é totalmente exato. O que, entretanto, esse político não percebe é que essa morte ocorreu justamente como resultado democrático-liberal. O contexto extenuado da vida do país não permite mais o jogo irresponsável da comédia democrática. Ninguém mais se engana em relação à verdadeira essência do regime liberal. No fundo, a democracia nada mais é do que a *camouflage* jurídica que corresponde à vontade de poder das classes dominantes. Manipulando e confeccionando a opinião pública através de seus instrumentos de coação psicológica, através da imprensa, do rádio e da propaganda, essas classes realizam o jogo eleitoral, para esconder suas verdadeiras intenções. O político ideal sonhado pelas classes dominantes é a figura do inocente útil, do homem de personalidade fraca e facilmente manejável. Quanto mais obtuso e fraco o governante, mais forte a estrutura individualística que o manobra dentro dos pressupostos do contratualismo liberal. Se o Estado é um mal necessário, é mister que o mal seja o menos atuante possível, sendo confiado a personalidades incapazes e aturdidas, sem uma vontade lúcida e decidida. O que queremos deixar claro é que em hipótese alguma podemos deixar a sorte do país – na medida em que estamos interessados pela sua segurança – entregue ao arbítrio dos comunistas ou do regime liberal burguês.

A constituição de uma força política independente dos interesses econômicos das classes é a condição *sine qua non* de qualquer empenho de sobrevivência nacional. É necessário transcender a sociedade contratual ou civil, elaborando uma vontade política da nação que dilua em seu caudal e subordine a si as relutâncias e resistências particulares. A nação e o estado constituem um fim e não um meio, na hipótese de querermos redotar a nação de um estilo ético de vida e de plenitude de propósitos que a torne um veículo da vontade de Deus. Devemos aprender a viver por algo que seja maior do que nós mesmos, transformando a nossa ação, não no estigma do efêmero e menosprezível, mas sim num símbolo das forças eternas e misteriosas. Devemos transformar a linguagem dos direitos na linguagem dos deveres, aprendendo a viver no universal e na nova liberdade que nasce do cumprimento do *ethos* comunitário. A luta pelos direitos é um sintoma da alma dos escravos, sempre atentas a se libertarem de algum grilhão e não a manifestação das almas superabundantes e livres, capazes de assumir os graves compromissos e os sacrifícios impostos pelo destino.

O SOFISMA DA DEMOCRACIA[1]

À medida que o véu que cobria a triste iconografia política do país vai se descerrando, somos colhidos por uma realidade tão confrangedora como não há exemplo em qualquer parte do mundo. As hipóteses mais inverossímeis, as atitudes mais antipatrióticas e contraditórias em relação ao bem da nação encontram acolhida neste itinerário de erros em que transviamos.

Os últimos episódios de Belém do Pará, em que se viu envolvido o ilustre representante do Exército brasileiro, general Inácio José Veríssimo, demonstram o grau de extravio e de incompreensão a que chegaram as assim denominadas elites culturais do país. O general Veríssimo, num discurso recentemente proferido, teria se manifestado a favor do voto qualificativo e de um tipo de escolha política que levasse em conta as qualidades intelectuais e hierárquicas do eleitor. Foi essa opinião, tão palmarmente oportuna diante da degradação do processo político-democrático, que deflagrou a ira dos estudantes paraenses, levando-os a gestos de provocação que, pelas represálias suscitadas por parte das classes armadas, deram origem a lamentáveis ocorrências.

Como devemos interpretar essa reação, não só dos estudantes, que ainda estão em seus anos de formação, como

---

[1] "O Sofisma da Democracia", São Paulo, *Diário de São Paulo*, s/d, 1955. (N. O.)

também de professores de Direito e de dirigentes culturalmente responsáveis que se puseram a favor de ilusões e ficções políticas tão radicalmente confutadas pela realidade do momento? Como interpretar essa vontade de ilusão e de engano que se sobrepõe à medida dos fatos e evolui em síndromes esquizofrênicas carregadas de perigos para o destino do país?

A ninguém escapa o fato de que a precária situação do país é o resultado da desordem administrativa e financeira e da falta de descortínio e de decisão política dos atuais procuradores da soberania nacional. Esses homens, entretanto, foram escolhidos pelo sistema do sufrágio universal, isto é, por aquele mecanismo cego que permite à "maioria" ditaminar sobre os homens que devem reger o Estado e a ordem política. Como não ter consciência deste paradoxo que consiste em entregar aos menos lúcidos, cultos e responsáveis intelectualmente, o direito indiscriminado de organizar através de seu voto a personalidade dirigente de uma nação? É claro que postas à margem as elucubrações utópicas de um democratismo paroxístico, o que resta da tese do sufrágio universal é unicamente o seu uso oportuno e malicioso por parte dos que se querem servir do voto cego das massas para assenhorear-se do controle político. Sabem eles muito bem da facilidade do domínio reflexiológico das massas, da imantação propagandística que faz milagres no que diz respeito à formação de uma opinião pública. Sabemos muito bem que na situação atual do país, uma marchinha popular, uma anedota, um jogo de palavras, são mais decisivos para a vitória de um candidato do que uma bagagem de serviços públicos ou um renome intelectual justamente merecido. O sufrágio universal, de arma de luta popular que era, transformou-se sub-repticiamente em técnica de controle da opinião desarmada através dos manejos inescrupulosos dos políticos profissionais, dos exploradores da economia da nação e de todos os vampiros que anemizam o corpo e a alma do Estado. Falar em sufrágio universal é pôr-se ao lado dos que fazem a sua vida através de *slogans*, de subornos, de hipnotismos e da algazarra publicitária violentadora de consciências e de vontades. É pois lamentável averiguar que estudantes de Direito, que professores universitários não se deem conta do que existe de impuro e politicamente contraproducente no sistema anárquico de escolha por eles defendido com tanto ardor. Sem dúvida, devemos atribuir esse delirante democratismo a uma falta de ponderação política e cultural que faz parte da crise brasileira. O pensamento político-fisiológico do país nunca atingiu um nível tão baixo como atualmente. As condições de vida, as dificuldades e o aturdimento geral não são propícios para a formação dos grandes espíritos e das culturas sólidas. Não existe mais aquele abandono teórico, aquela consagração de todas as energias, que sempre foi condição de desenvolvimento de qualquer tipo de vida cultural.

Neste ambiente confuso e intelectualmente irresponsável surgem as opiniões políticas, não como resultado de um sólido interesse da nação, mas como mistificação ideológica de grupos econômicos que atuam por trás dos bastidores. Podemos afirmar que o sufrágio universal é a salvação das claques que trovejam sobre o céu da nação, a serviço das quais funcionam inconscientemente os estudantes e as humildes lavadeiras.

Sociedade e transcendência[1]

Em largos círculos da inteligência contemporânea existe, como ideia feita e de curso forçado, a crença de que o bom andamento dos negócios humanos depende única e exclusivamente da competência e diligência do indivíduo social. Sociólogos como Gilberto Freyre atribuem a criação e desenvolvimento das civilizações à capacidade empreendedora e à ação dos indivíduos, à faculdade de inventar sempre novos planos e soluções para velhos problemas, afirmando assim a exclusiva causalidade do querer humano na edificação das obras culturais. É estranho como essa formulação contrasta com as ideias que os povos antigos nutriam acerca da regência dos fatos históricos. A estabilidade ou o sucesso de uma ordem política e social dependia, segundo eles, de forças que exorbitavam as faculdades humanas, de poderes benfazejos ou malfazejos que mantinham ou convulsionavam uma dada configuração histórica. O sentimento dessa dependência, dessa subordinação se expressava amplamente na consulta de oráculos, arúspices, videntes e sábios que declaravam o que já estava decidido além da órbita da vontade finita do indivíduo ou dos indivíduos. O mais interessante, entretanto, no que diz respeito à veracidade da concepção individualista de certas correntes da sociologia,

---

[1] "Sociedade e Transcendência", Diálogo, n°. 3, mar., 1956, pp. 101-102. (N. O.)

é o fato de que não se tem um exemplo sequer, empiricamente constatável, do aparecimento de uma civilização ou de uma cultura, a partir da deliberação e da vontade dos indivíduos. Nunca assistimos ao *nascimento de uma cultura* e é certo que esses nossos sociólogos e filósofos da cultura interpretam o aparecimento de uma comunidade humana à imagem e semelhança de um contrato de formação de empresa industrial ou de qualquer empreendimento intrasocial.

Para que haja ação ou interação entre indivíduos, já deve estar previamente inaugurado o teatro social de uma ação culturalmente relevante. Uma cultura é um *prius* absoluto em relação a qualquer liberdade formadora, ou em relação a qualquer criação de bens ou de instituições derivadas. Mas o que é mais grave é que essas explicações individualistas da origem dos corpos sociais colidem com as tradições e documentos imemoriais de todos os povos. Todas as sociedades conhecidas atribuem a sua origem ou fundação à obra dos deuses, à assistência de heróis e semideuses que teriam oferecido aos homens as suas leis e normas de convivência e de culto. Existe uma consciência unânime entre os povos de que as comunidades têm a sua gênese em antepassados divinos que conformaram as coisas e os homens e que criaram aquela representação diferenciada da vida. Não seriam os homens abandonados a si mesmos que teriam erigido os edifícios sociais conhecidos, mas tudo dependeria, procedendo a uma honesta aferição dos fatos históricos, da atuação de forças plasmadoras meta-humanas. Essa, aliás, é a doutrina etnológica da Escola de Frobenius, que põe na origem dos desempenhos culturais uma espécie de invasão da alma por uma "substância divina". O homem é um "receptor vazio" de desempenhos, é o ser preenchido por uma representação de um Deus ou dos Deuses, só então desenvolvendo um comportamento histórico-social. Para Frobenius, sem a assistência dos poderes numinosos, dos *numina* e dos deuses, nada se realizaria sobre a Terra.

ÓCIO VERSUS TRABALHO[1]

Ouvi inúmeras vezes de um professor da Sorbonne que por aqui andava a divisa: *Le travail c'est la liberté*. O trabalho sendo a liberdade, reciprocamente a liberdade é o trabalho. Tudo na vida se transformaria fichteanamente na elaboração de algo, na transformação ilimitada de um dado. O mestre da Sorbonne queria acentuar com sua declaração o sentido ético da atividade laboriosa do homem, em suma, a bondade, a grandeza e o alto prestígio da lei do trabalho.

Sabemos que todas as filosofias sociais, da esquerda ou da direita, marxistas ou não-marxistas, proclamam a essência ética do trabalho. O homem tornou-se homem através do trabalho, o trabalho humanizaria, formaria e educaria.

Tomando-se esses enunciados, por hipótese, como óbvios e indubitáveis, deveríamos afligir-nos diante de certas perspectivas que a evolução técnico-científica poderá acarretar para a sociedade e para o indivíduo. Referimo-nos à possibilidade de uma dissociação entre o homem e o trabalhador, passando esse segundo papel a ser desempenhado por robôs, aparelhos cibernéticos ou outros automatismos operativos. O homem expulsaria de si o trabalhador, o *homo faber* e todo o

---

[1] "Ócio *versus* Trabalho", São Paulo, *Diálogo*, n°. 6, fev., 1957, pp. 77-78. (N. O.)

aspecto produtivo e laborioso da vida, reservando-se o papel de consumidor puro. Poder-se-ia argumentar que esse estágio foi sempre a meta colimada pela mente humana, desde que o homem trabalha para não trabalhar, trabalha para o ócio. Com isso, entretanto, estaríamos negando a essência ética do trabalho, considerando-o como um momento transitivo, como uma carga ou incumbência passageira. Se defendermos um humanismo do trabalho (e toda a atmosfera ideológica e sentimental de nossos dias está nessa direção, com seus partidos trabalhistas e socialistas e suas filosofias do trabalho), não poderemos sequer admitir essa total superação da figura do trabalhador no complexo humano. Depois dessa supressão restaria unicamente a imagem do homem em férias ou do gozador vulgar, na hipótese de que não acariciássemos a miragem de uma humanidade de eruditos e letrados, eventualidade em que Nietzsche obtemperaria com o seu: "Um século de leitores e o próprio espírito teria mau cheiro".

O homem burguês e, com mais razão, as massas proletárias criaram-se a si mesmas através do trabalho com e sobre as coisas. O homem atual é um subproduto dessa ação em grande escala que perpassa toda a terra, o império do trabalho. Na lógica dessa ação, o consumo serve para a produção e não a produção para o consumo. O mundo sensível apresenta-se à consciência do homem atual não como o teatro de uma fruição gideana, ou de um desfrute prazeroso da vida, mas como um ensejo sempre renovado de uma operação ético-construtiva, como o ponto de arranque de um mundo em construção. O responsável humano desse fazer social foi abandonado na existência com essa lei única de formação da consciência. A nossa consciência não tem outros recursos de atuação no mundo, desde que sua carta de alforria traz em si o estigma da lei do trabalho. O antitrabalho é o antivalor, é a ociosidade repulsiva, a criminalidade, a irresponsabilidade e a perdição.

Como conciliar então essa tendência ético-social do Ocidente para a lei do trabalho com as ameaças inerentes à própria evolução da tecnologia no sentido de uma nova e dramática supressão do trabalho? Se o trabalhador emigrar do homem, o que restará desse homem que é um engendro do próprio trabalho?

Constitui uma perspectiva concreta e já à vista a substituição do braço humano e mesmo do controle mental das manipulações técnicas por aparelhos cibernéticos e cérebros eletrônicos. A máquina passa, cada vez mais, a constituir-se a si mesma. Poderíamos presumir que o trabalho pudesse se concentrar, então, em regiões mais espirituais, na elaboração e planejamento de esquemas formais de uma manipulação executada depois mecanicamente. Evidentemente esse trabalho técnico-científico é uma tarefa para bem poucos, para certos eleitos e não para o comum dos homens. Estes, que são milhões e milhões, seriam delegados ao ócio forçado e à obrigação do trabalho se substituiria a obrigação do ócio. Essa ocorrência já é uma das contradições que assediam, no plano das possibilidades, a nossa época. Mas a isso vem somar-se o problema cruciante do aumento vertiginoso dos níveis demográficos no mundo atual. Teríamos então que admitir, em vista desse acréscimo preocupante de seres, um novo surto do trabalho humano, para fazer frente à crescente necessidade de bens de consumo para massas incalculáveis, em constante acréscimo. O aumento dos índices populacionais viria contradizer a nossa tese da caducidade da lei do trabalho na órbita da civilização hodierna. Essa conclusão, entretanto, é meramente aparente. A nossa tese é que o trabalho humano ou feito pelo homem tornou-se menos "produtivo" que o fazer automático e que, portanto, será alijado como obsoleto. O estilo da produção, tornando-se independente da manipulação humana, representará um aumento do poder de produção, seja qual for a população da terra. A intervenção da operosidade humana, no sentido tradicional, em nada virá beneficiar um aumento de produção, nesse novo ciclo tecnológico. O trabalho humano tornar-se-á anticientífico, antieconômico e antitecnológico. É em vista desses fatos que o homem deverá contentar-se como o papel inerte e passivo de consumidor puro. Para as grandes multidões que viverão em breve sobre a terra tudo sairá pronto e acabado das grandes usinas automaticamente dirigidas e controladas. Devemos admitir essa mesma hipótese não só no que se refere ao necessário para a vida, mas também no que diz respeito ao divertimento e às outras possibilidades existenciais. O cinema já representa um prenúncio desses divertimentos pré-fabricados para as grandes massas. Mesmo no campo lúdico a iniciativa individual poderia ser prejudicial e tenderá a se atrofiar. As técnicas de controle da opinião pública e da mente coletiva convergirão na formação de um sortimento predeterminado de concepções do mundo, que serão implantadas no indivíduo e que o ajudarão a levar uma existência de aposentado *ab ovo*. Nesta altura, ter-se-ia invertido a célebre contradição denunciada por Marx no regime capitalista, dentro do qual a produção é coletiva e social, sendo entretanto a apropriação e gozo dos bens, singular e de poucos. Agora, uma multidão viveria parasitariamente, apoiada no engenho de poucos, de algumas misteriosas criaturas intelectualmente superdotadas, que agiriam por todos e teriam todos sob o seu controle absoluto.

EDUCAÇÃO E FILOSOFIA[1]

Se nas sociedades onde predomina um conceito único e indiscutível da vida e de suas finalidades, a educação confunde-se com uma gradual iniciação nas formas imemoriais da existência, nas outras, onde o destino humano abre-se num leque de caminhos alternativos e plurais, o fenômeno da educação torna-se tributário de uma tomada de posição filosófica perante as coisas. Porque educar é, no fundo, preparar a mocidade para um desenho possível da vida cultural e social. Como acentuou acertadamente Dilthey em sua pedagogia, a formação psicológica da juventude tem em vista o caráter teleológico e prospectivo do homem, visando antes de tudo despertar e incutir no educando uma série de representações e valores de interesse para o grupo social. Eis por que a educação se cumpre não só no nível noético, como, também, no nível moral-prático, isto é, como adestramento do conhecimento e da ação, tendo em vista a confecção de um tipo humano almejado pela cultura e a ela necessário. Acontece que as finalidades da ação pedagógica se encontram sempre historicamente condicionadas, sendo o espírito esse espírito particular, com esse particular escopo e essa motivação histórica, não se podendo falar numa educação do homem em geral. A diferença entretanto não é só exterior entre povo e povo, mas se dá, ainda, na ordem interna, se bem

---

1 "Educação e Filosofia". *Revista Brasileira de Filosofia*, 10(38): 244-253, abr./jun., 1960. (N. O.)

que, se pudéssemos falar de uma *societas in interiore hominis* as duas ordens seriam uma só, não se destacando o homem ontologicamente da vida social e a educação confundindo-se com uma ação da sociedade sobre si mesma, uma espécie de autofecundação social. O importante é lembrar que o ato pedagógico neste transe histórico-social por que passamos é passível de múltiplas interpretações e filiável a múltiplas concepções do homem e da história.

Que sirvam estas palavras de viático às reflexões críticas que pretendemos urdir sobre a situação pedagógica do nosso país. O Brasil encontra-se na iminência de codificar a sua vontade educacional num texto legal, a Lei de Bases e Diretrizes, da mais ampla ambição, apresentado à nação como constituindo uma verdadeira "revolução" na ordem da escola pátria. Ouçamos o que nos diz o Dr. Clemente Mariani, Ministro da Educação na época do encaminhamento do projeto, em seu discurso de apresentação:

"Instalando a Comissão de Diretrizes e Bases da Educação Nacional no dia 29 de abril de 1947, procurei situar os propósitos do Governo, ao constituí-la, muito além do alvo próximo e imediato de uma simples reforma a mais, para caracterizá-los como envolvendo o objetivo de uma verdadeira *revolução*... O regime instituído no projeto é, portanto, como eu o anunciava, sob esse e muitos outros aspectos, menos uma reforma do que uma revolução. Mas uma revolução que nos integra nas fortes e vivas tradições de que fomos arrancados pela melancólica experiência da ditadura".

É certo que essa "revolução" do ensino pátrio vem se arrastando há mais de dez anos, como muitas outras revoluções recalcadas, sem lobrigar a sua deflagração real e a sua sanção pelos poderes competentes. Seria evidentemente impossível uma análise minudente desse corpo legal nos limites deste ensaio. Felizmente uma tal análise além de impossível é desnecessária, tal o conteúdo ostensivo desse, já celebrado, documento da educação.

A Lei de Bases e Diretrizes, é oportuno e preciso que se diga finalmente, como um desabafo, é uma "revolução" no vazio ou melhor uma "revolução" vazia. Podemos atender a duas partes de sua articulação ou forma interna: a que se propõe estabelecer uma concepção total do ensino nacional, a parte mais filosófica, e a parte burocrática e de simples organização e funcionamento das instituições didáticas. Se a primeira nos confrange pelo primarismo, a desatualização filosófico-doutrinária, a falta de aprofundamento de seus enunciados, a segunda é um espelho, sem originalidade, das instituições já existentes no país. Parece que o que mais preocupou os responsáveis pelo pensamento dessa formação pedagógica, haja vista os relatórios e pareceres que acolitaram a mensagem governamental, foi o pseudoproblema da centralização ou descentralização do ensino nacional. Segundo a linha de argumentação desses augustos forjadores da lei, não se chega a perceber qual a transcendental importância para a autêntica cultura, dessa disputa sobre a unidade na variedade ou a variedade na unidade. Supõe-se que uma lei de ensino ou de promoção da cultura, por mais unificante e centralizadora que seja, não possa ou vise estabelecer um óbice ao desenvolvimento do conhecimento científico-filosófico ou de qualquer tipo de conhecimento, em qualquer rincão do país, em qualquer estado, município ou povoação. O que parece estar por trás dessa problemática da autonomia do ensino, são questões político-partidárias ou de grupos religiosos que querem para si o mais amplo espaço de autodeterminação, para uma organização própria de suas ideias pedagógicas. Não que essa liberdade almejada os levaria realmente e como expressão de uma liberdade concreta e operacional a uma nova institucionalização do ensino – forma mais ou menos anquilosada no mundo atual – ou a uma surpreendente eclosão de currículos e disciplinas originais e nunca vistos.

Assistimos aqui a mais uma manifestação desses reclamos demagógicos de uma liberdade abstrata que não emerge da autêntica produção de algo novo que exija, de fato, um novo respeito. Tanto o ensino oficial como o ensino particular cobrem no Brasil, aproximadamente, a mesma concatenação de instituições pedagógicas. Vemos, por toda a parte, o mesmo trinômio de ensino primário, secundário e superior, preenchidos por currículos semelhantes e por articulações de disciplinas coincidentes. A matéria ensinável, enquanto nos mantivermos nos quadros estritos da cultura ocidental, é uma constante não suscetível de grandes variações regionais, maxime tendo em vista a homogeneização da nossa civilização que exige aptidões, cada vez mais concordantes para um aparelhamento existencial que se afirma o mesmo, em todo o globo. Essa disputa parece tanto mais ociosa quando nasceu de mãos que acreditam e afirmam (doutrina coonestada pelo próprio ministro da Educação de então) que o fim da educação é a "redistribuição da juventude, sem entraves, pelas ocupações úteis". Por mais esdrúxula, grosseira e anticultural que seja essa "fórmula lapidar" da definição de cultura, devida ao Preceptor Maximus prof. Anísio Teixeira, devemos convir que uma educação pragmática e utilitária, cingida ao uso e aplicação de técnicas e, no máximo, à transformação da natureza, está mais a reclamar uma *uniformização* do ensino do que uma laboriosa e verbalista autonomia. A verdadeira criatividade e originalidade não se expressam na demanda, prévia e presuntiva, de um domínio de improvisação *ante rem*, de uma garantia a potencialidades aleatórias, quer se trate do ser singular, quer de personalidades coletivas. Nesse sentido é que devemos entender o enunciado hegeliano *Wesen ist was gewesen ist* – a essência de uma coisa é o que ela se tornou, ou a sua manifestação. Foi entretanto Benedetto Croce que insistiu mais assiduamente nessa identidade entre a força criadora de uma personalidade e a sua real expressão em obras e objetivações manifestas acessíveis. Não existem nesse sentido gênios potenciais, grandes homens ou pensadores frustrados ou irrealizados, mentalidades excepcionais que não deram sua mensagem por força de condições exteriores adversas. O homem que realmente concebeu uma ideia nova, um pensamento superador, ao concebê-lo pelo pensamento, comunicou-o necessariamente e o incorporou a uma linguagem objetiva. O ato do pensamento já é uma expressão, uma manifestação intersubjetiva do pensado.

Isso, como dissemos, é doutrina filosófica válida, tanto no recinto pessoal quanto no âmbito das instituições superiores da cultura, sejam escolas, academias ou universidades, e onde exista um centro criador em desenvolvimento. Se, como parece, o drama que precedeu a elaboração desse estatuto do ensino brasileiro, que ainda hoje o mantém em suspenso no laboratório legislativo, é a controvérsia da federalização ou da autonomia dos corpos didáticos, podemos inferir quanto anda transviada a imaginação ou ainda a vaidade dos responsáveis pela obra didascálica entre nós. A liberdade não se postula em normas, em ressalvas, em dispositivos ou franquias, mas se atesta na sua efetiva expressão criadora, na autonomia conquistada pelo aparecimento do novo. Centralizada ou descentralizada, a escola nacional só se destacará como obra cultural meritória se emergir de uma experiência e de uma compreensão da existência mais profunda que a que transpira desse texto que procura ser de Bases e Diretrizes da cultura nacional. Ortega y Gasset afirmou em um de seus ensaios que a pedagogia costuma andar vinte anos atrasada em relação às conquistas mais notáveis do pensamento. Compulsando o nosso presumível código de Bases e Diretrizes parece que retroagimos a mais de duzentos anos passados. Procuremos refletir um momento sobre os incisos que ventilam a doutrina filosófica da finalidade do processo pedagógico: "Título I — Dos Fins da Educação — Art.1 — A educação nacional, inspirada nos princípios de liberdade e nos ideais de solidariedade humana, tem por fim: a) a compreensão dos direitos e deveres da pessoa humana e do cidadão do Estado, bem como da família e demais grupos que compõem a comunidade; b) o respeito à dignidade e às liberdades fundamentais do homem; c) o fortalecimento da unidade nacional e da solidariedade internacional; o) o desenvolvimento integral da personalidade humana e a sua participação na obra do bem comum; e) o preparo do indivíduo e da sociedade para o domínio dos recursos científicos e tecnológicos, que lhe permitam utilizar as possibilidades e vencer as dificuldades do meio; f) a preservação e expansão do patrimônio cultural".

É fácil compreender que uma educação que realmente se inspirasse nos "princípios da liberdade", que fosse uma apoteose da liberdade, não poderia produzir nenhum resultado estável, nenhuma forma humana ou social determinada. Seria como

Cronos devorando seus próprios filhos. É o que nos declara Hegel, analisando o desenlace histórico-social da Revolução Francesa, também ela inspirada nos "princípios da liberdade". "A liberdade universal não pode produzir nem uma obra positiva nem uma operação positiva: não lhe sobra senão uma operação negativa; ela é somente a fúria da destruição". E a seguir: "A única obra e operação da liberdade universal é portanto a *morte* e, mais exatamente, uma morte sem qualquer alcance interior, que não realiza nada, porque o que é negado é um ponto vazio de conteúdo, o ponto do eu absolutamente livre". A aventura da liberdade absoluta terminou no terror porque essa liberdade é em si mesma a Morte. Para pôr um freio ao trabalho crítico corrosivo dessa liberdade incoercível, faz-se mister a subordinação da consciência a um *ethos* de vida e convívio humano. Faz-se mister uma *Bindung* dessa liberdade, justamente o que Dilthey denominava o condicionamento histórico de toda ação social. O enlace da liberdade com uma imagem prestigiosa da existência, com um desenho possível do vir a ser histórico. Essa incidência de um condicionamento no agir humano aparece, logo a seguir, naquele mesmo parágrafo que alude à liberdade, quando se reporta aos ideais de solidariedade humana. Liberdade e solidariedade parecem princípios conflitantes, e assim o pensou de fato um grande filósofo de nossos dias, Jean-Paul Sartre, ao proclamar *l'enfer c'est l'autre*. O outro surge sempre como uma pedra no caminho, um concorrente, um opositor, um rival, um fator de confinamento do nosso eu pessoal. Esses caracteres antissolidários da relação interpessoal se acentuam terrivelmente em sociedades competitivas e de êxito exclusivo como é a sociedade capitalista. Mas esse estilo de luta já se manifesta nos bancos escolares onde através de um sistema de notas, concursos, prêmios e exaltações, a juventude experimenta precocemente as contraposições e coações do mundo exterior. Esse aspecto competitivo preocupou deveras os forjadores do nosso eventual código de ensino, pois em seus pareceres avulta a ideia de uma escola não-competitiva, sem boletins, prêmios e concursos, uma escola de solidariedade. Em todo o caso seria o absurdo dos absurdos educar a mocidade para uma sociedade inexistente, não só no âmbito ocidental como também no domínio comunista onde a luta pelos cargos e posições é tão dilacerante quanto a competição capitalista.

Vemos como a palavra "liberdade" tem nesse texto mais uma função mágica emocional do que um poder significante, aquele poder avassalador que não se detém em qualquer tarefa finita. O sentido da liberdade, entretanto, que deve nortear a educação, vive em função da solidariedade humana e seria em consequência essa própria solidariedade em atuação.

É certo que a lei fala dos "ideais" de solidariedade, determinando esse conceito no sentido puramente deontológico. Hans Kelsen, estudando a *forma mentis* inerente ao processo democrático, reconheceu o seu *status* essencialmente tendencial. A sociedade democrática nunca é uma situação de igualdade de fato, um momento real da história, mas um *desideratum*, uma aspiração, uma vontade. A educação nacional tem como finalidade primacial a de ser uma educação para a democracia, uma autoprodução da democracia através da educação. Aquela liberdade caótica e selvagem que acima aparecia é agora uma força *ligada* aos *ideais* de uma ordem político-social especial e determinada, a uma aspiração de justiça e de distribuição igualitária dos elementos da vida. A noção vastíssima de cultura e desenvolvimento espiritual, comparece nesse diploma básico de nossa educação, *contraída* à linearidade dos valores de uma ordem político-social. Que o espírito da lei é esse, podemos depreender do relatório da Comissão de Estudos das Diretrizes e Bases da Educação Nacional em um dos seus itens: "O segundo objetivo é preparar o povo para o exercício dos deveres políticos inerentes ao regime democrático. A fim de que a democracia prevaleça, precisa o Estado orientar devidamente as escolas, pois, como afirmava Aristóteles, 'o que mais contribui para a estabilidade dos regimes é a adaptação da educação à forma de governo'". Se esse é o segundo objetivo, poderíamos imaginar que o primeiro consistisse, realmente, na abertura da alma do educando para as grandes formações do espírito, para um conhecimento complexivo da ciência, da técnica e da filosofia, e a real criação de uma humanidade superior em nosso país. Mas não, o objetivo número um é a "coesão nacional" e com o número três voltamos às elucubrações do Preceptor Maximus Anísio Teixeira, com a sua insulsa definição de escola como "um esforço para redistribuir os homens pelas diversas ocupações e meios de vida em que se repartem as atividades humanas." Se fôssemos seguir os ensinamentos de grande parte do pensamento ético-filosófico atual, diríamos que o texto básico da formação intelectual nacional pretende focalizar unicamente os dispositivos da vida inautêntica, do homem alienado nos seus afazeres exteriores, da vida superficial do eu exterior. O funcionamento coletivo e socializante da pessoa é a única forma que interessa ao bom-senso positivista dos legisladores e que merece os seus desvelos. Fala-se aí, sem dúvida, na "personalidade humana" e nas condições de sua plena realização e no integral desenvolvimento do indivíduo e seu ajustamento social. Contudo, a acepção significativa em que é tomada a ideia de "personalidade humana" e "desenvolvimento individual" contradiz frontalmente tudo o que se tem afirmado sobre sua fenomenologia, profunda ou aparente. Como ensinou Max Scheler, o maior tratadista da matéria, a personalidade humana afirma-se nas performances da santidade, do heroísmo e da genialidade. Em outras palavras, o desenvolvimento do homem, enquanto pessoa, consiste numa superação do estilo pacífico e burguês do curso das coisas, da mentalidade utilitária ou ocupacional da imanência intrassocial e num contrato com a transcendência. A pessoa é uma categoria espiritual e assim sendo, é uma força de comoção do pacífico estar-aí das coisas e da lógica das representações habituais. Não existem, portanto, dentro de uma doutrina da personalidade, condições favoráveis e *exteriores à sua plena realização*. A personalidade, além de uma categoria espiritual, é uma categoria trágica, dialética, para a qual, portanto, não se podem estabelecer programas prévios de seu fomento ou desenvolvimento, podendo ser as condições favoráveis as mais desfavoráveis e as desfavoráveis as mais favoráveis. Uma pedagogia da *personalidade* seria a indicada por Santo Agostinho no *De Magistro*: *Discimus non verbis foris sonantibus, sed docente intus veritate* "Aprendemos não através das palavras que soam exteriormente, mas pela verdade que ensina interiormente". Com isso queremos lembrar que o homem, em sua essência mais profunda, pode avultar e aperfeiçoar-se não só numa coexistência tranquila e pacífica, através do amor da paz e num clima de paz, mas também num vórtice de infortúnios e contratempos. Seria desnecessário ajuntar que as máximas conquistas técnico-científicas deste século, a energia atômica e os foguetes balísticos, foram fruto de uma vontade de guerra e de um desejo de destruição.

Em resumo, podemos concluir que a cultura, como atividade espiritual, não se compagina com qualquer ideário pequeno-burguês ou filantrópico, com qualquer ordem político-social coercitiva. A educação em seu grande sentido não deve ser nem uma educação para a democracia nem para o socialismo, nem para qualquer forma política. Devemos evitar a politização do ensino se não quisermos tombar nas *niaiseries* e primarismos das Bases e Diretrizes, que veem, no homem, realmente e em última instância apenas o *eleitor*.

A nossa crítica vai portanto dirigida contra essa educação ditada pelo Estado e em seu interesse, no fundo uma formação reflexológica e confinadora, tendo em vista a verdadeira fonte de vida nacional, a comunidade brasileira. O Estado é algo de sobreposto à comunidade, algo que nem sempre coincide com a vontade ideal da comunidade em desenvolvimento e que, pelo contrário, muitas vezes a afronta, amortalha e exaure. A realidade brasileira não está inscrita em seu Estado, mera criação do pensamento abstrato em aditamento à vontade de poder de determinadas classes, mas na vida criadora do povo, à procura de uma expressão autêntica de sua organização política.

Uma educação emergente das fontes comunitárias deveria deixar em aberto qualquer definição política para caminhar pelos dilatados sendeiros de uma educação ao mesmo tempo ecumênica e nacional. Uma educação que fosse simultaneamente uma apropriação do patrimônio científico, tecnológico, artístico e filosófico da civilização Ocidental e uma imersão no modo de ser pátrio, em suas tradições, crenças e expressões anímicas. Eis as principais razões pelas quais não podemos assentir com critérios finalistas impostos pela Lei de Bases e Diretrizes ao fenômeno educacional. A formação política do homem não cobre todo o campo da sua formação cultural, pois o espírito se expande pelos espaços da arte, da religião e em geral pelo aspecto festivo da existência. No que tange a educação artística e o despertar de uma sensibilidade para o belo, o nosso monograma educacional é totalmente omisso, fato aliás apontado num dos pareceres que acompanham a lei, e não obstante as declarações taxativas do Almirante Álvaro Alberto, consultor do projeto: "Pugnamos, aqui", diz o Almirante, "pelo esplendor da cultura humana naquilo que ela tem de mais nobre e de mais alto, sem ficarmos jungidos à tirania do 'complexo Tecnológico' de Patrick Gedds, e o técnico paleotécnico, seja o neotécnico de Lewis Munford". Esse enunciado do preclaro Almirante não encontrou reconhecimento no espírito da lei em questão por mais "revolucionária" que ela se tivesse proclamado. Educação não é somente adestramento científico, moral ou praxiológico, mas é também capacidade de criar e de fruir a beleza na dimensão artística. Em suas celebradas cartas, Schiller nos ensinou que o homem é maximamente ou somente homem, quando joga, quando empolgado pelo livre fazer da própria imaginação.

A imaginação, em todos os seus aspectos, em maior grau a imaginação criadora, constitui a autêntica sede da liberdade, da liberdade concreta. Nesse imortal texto pedagógico que são os discursos à Nação Alemã, ouvimos estas palavras de Fichte: "Essa faculdade de produzir mediante nossa própria atividade imagens que, em lugar de refletir simplesmente a realidade, podem ser seus modelos, é que procurará desenvolver a nova educação, antes de tudo para educar a raça". Não foi outro senão Ortega y Gasset a nos ensinar que a vida é uma faina poética, isto é, um assunto de imaginação, de superação contínua das coordenadas do já dado. Ora, a imaginação tem a sua expressão imediata no universo da arte, da música, da poesia, das artes plásticas e das festas coletivas. Esse universo da imaginação não é um sonho vão, uma ilusão, diante da verdade monolítica do real. Compulsando as obras mestras da Arte, é que nos adentramos pela verdade oculta das épocas, dos períodos históricos do coração humano e da realidade global em que vivemos. Através da obra de arte atingimos uma verdade mais profunda e compacta do que a traduzível no dizer comum, seja no dizer científico, seja no dizer do senso comum. A fantasia artística é pois uma fantasia exata, uma revelação da verdade ou dos arcanos do mundo. Em recente entrevista transcrita na *Folha de S.Paulo* o pai da bomba atômica, o físico Oppenheimer, disse entre outras coisas: "A matemática é uma linguagem. O artista, o cientista vivem à beira dos grandes mistérios da vida e do universo. Ambos procuram um equilíbrio entre o novo e o que existe. Ambos procuram pôr uma ordem no caos. É preciso que todos tenham o espírito o mais aberto possível. Todos devem evitar a especialização das atitudes." E mais adiante: "Talvez durante o Renascimento houvesse um paralelo entre as ciências e as artes. E sempre existe uma colaboração entre ambas. A ciência ajuda o artista a melhorar a qualidade do seu instrumento. A literatura, a arte, ajudam o cientista através da força da imaginação."

Na linha dessas cogitações, e elas se inspiram no opinar dos maiores gênios de nossa época e de todas as épocas, seria uma insensatez não colocar em primeiro plano, como diz Schiller, a "educação estética do homem". Como poderíamos superar o "complexo tecnológico" ou utilitário, senão instituindo uma nova educação para a beleza, em lugar dessa educação unicamente determinada pelos áridos preceitos da justiça social e da eticidade, essa coexistência puritana sem alegria, delírio ou exuberância? É entretanto do Brasil, enquanto povo ou comunidade, que emerge a força poético-criadora de nossa poesia, música ou capacidade plástica. Essa vontade fantástico-coletiva é que devemos ter em mente quando pensamos em educação, em formação da vida pela vida e em educação para uma vida original e produtiva. Contudo essa Lei de Bases e Diretrizes pensa a educação sem a arte, sem a promoção das forças imaginativas da juventude e, portanto, sem oferecer os meios de uma autointuição mais profunda do nosso destino.

A educação em modelos nacionais é uma ação coletiva que tem uma finalidade suprapessoal, isto é, a promoção e o desenvolvimento da cultura em todas as suas dimensões. A noção e a forma da "personalidade humana" a que alude a lei são um plexo de desempenhos inerentes ao grande mural da cultura, um parágrafo do espírito em desenvolvimento, e não um termo *ad quem* fixo e imutável. Foi a nossa cultura cristã ocidental que implantou a forma do eu subjetivo e individual como destinatário de bens especiais e como convergência de um esforço de aperfeiçoamento. Mas essa representação "personalizante" do homem é um "resultado", um *precipitado* de uma ação que indo além dessa forma egológica, a enriquece em seu voltar sobre si mesma. Em outras palavras, a operação de promoção do "espírito objetivo" é que indiretamente e eventualmente pode colimar uma explicitação ou plenificação do indivíduo humano. Mas o indivíduo, por sua vez, se educa e plenifica através de uma entrega a uma operação cultural universal, operação que, como vimos, obedece a um transcurso trágico e dialético. A educação, portanto, deve ser não uma ação convergente sobre o indivíduo, mas uma ação difluente sobre a grande oficina da produtividade espiritual-coletiva. Promovendo a cultura, promovemos, *ipso fato*, o protagonista individual e não vice-versa, desde que esse protagonista não é o *subjetus agens* da concepção do mundo imperante, mas sim um dos seus efeitos.

Detivemo-nos mais demoradamente na análise crítica dos princípios da lei presuntiva da educação nacional, porque esse texto se apresenta como uma lei de Bases e Diretrizes, isto é, como contendo um conceito último do ensino e da cultura. E ainda mais: como a lei se diz uma reviravolta no destino do ensino brasileiro, procuramos investigar de que bases e ideologias estava pendente essa *instauratio magna*. Os princípios contraditórios e insustentáveis que inspiram esse texto devem alertar os nossos conterrâneos para essa pseudorreforma, que além de um anódino aspecto assistencial ou benemerente, não acrescenta nada de novo à rotina da escola brasileira.

O INDIVÍDUO E A SOCIEDADE[1]

Já no campo da própria biologia o conhecimento científico veio demonstrar a total referência do corpo e das funções animais ao seu Mundo circundante. É a notável teoria do *Umwelt*[2], dos universos circundantes dos animais e do homem, elaborada pelo Barão von Uexküll. Cada ser da natureza recorta no campo da oportunidade global o seu mundo próprio, o universo que seu sistema sensorial específico pode apreender e que seu sistema muscular efetor pode controlar. A anatomia e a fisiologia do ser vivo espelham em si esse meio envolvente e esse meio é, por sua vez, correlativo às potências perceptivas efetoras do ser animal. Não existe propriamente um animal isolado e vivendo num meio homogêneo a todas as espécies. O animal vive no seu espaço e no seu tempo singular, entre as suas notas perceptivas e seus significados e configurações absolutamente peculiares. Assim como não existe a abelha sem a colmeia, podemos generalizar e afirmar que o dado é o animal-mundo, a mônada do ser e seu sistema englobante, as perspectivas sobre as coisas que nós chamamos um ser-animal.

---

[1] "O Indivíduo e a Sociedade", São Paulo, *Convivium*, vol. 2, n°. 2, mar., 1963, pp. 38-44.

[2] *Umwelt*: Literalmente, *mundo circundante*. O conceito de Uexküll será frequentemente usado por VFS, sobretudo na fase final de seu pensamento, chamada mítico-aórgica. (N. O.)

Vemos como a ideia de relação, de existência relacional veio insinuar-se também neste setor fundamental da investigação, oferecendo uma nova dimensão compensatória e de aprofundamento. O que chamamos de ser vivo é no fundo um dos termos ou polos de uma relação, de uma relação constitutiva ao seu *habitat*, não existindo independentemente de seu ser-em-seu-mundo. Evidentemente, quando falamos em mundo incluímos nesta ideia, precisamente, os outros seres vivos, além da mera paisagem geológica ou astronômica. O animal é esculpido em vista de todas as eventualidades de seu universo particular, em vista de suas presas ou botins, em vista da ronda de seus inimigos, em vista do vir-a-ser de seu cosmo relacional. Aristóteles, no seu tratado das categorias, estudando o problema das relações afirma que os termos correlativos só podem ser pensados como aparecendo simultaneamente com a existência do outro. No pensamento moderno esse tipo de existência correlativa de certas coisas ou eventualidades recebeu a designação de relação interna ou constitutiva. Os termos que desfrutam de relações "internas" são plasmados e configurados em seu ser por essa referência. Ilustrando o seu pensamento, Aristóteles alude à relação dialética entre o senhor e o escravo, que deveria posteriormente tornar-se célebre no pensamento de Hegel. Se o escravo deixa de ser escravo ou supera a sua servidão, o senhor também sucumbe em sua existência senhorial, pois o senhor só é senhor de um escravo e o escravo só é escravo de um senhor. Esses termos correlativos se configuram na reciprocidade de sua simultânea existência. Dentro da esfera própria da filosofia da existência, igualmente, o homem foi investigado em sua procedência relacional no que concerne ao mundo. O homem não é um ser *Weltlos*, sem mundo, algo que pode ser apreendido independentemente de sua inserção num contexto circundante. Existir é essencialmente um estar-no-mundo, estar exposto a um mundo, sendo realmente a nossa existência e a realidade formadora do mundo. Estes os termos que de maneira resumida aludem ao tipo de elo constitutivo de nosso ser em relação à alteridade.

Ortega y Gasset procura expor semelhante conjuntura ontológica na conhecida expressão: *Yo soy yo y mi circunstancia*. O primeiro Eu alude à nossa realidade radical que inclui o nosso eu psicológico e, ademais, as eventualidades sociomundiais. O mundo que conhecemos espelha e reflete, ademais, as nossas possibilidades de realizações. Toda percepção é uma configuração de ações possíveis (Bergson), e em geral, o ente intramundano é o beneficiário de nossa erupção entre as coisas. Reciprocamente, o nosso ser humano traz a estampa do nosso ser *instrumentificum* e da realidade social envolvente. Ser-num-mundo é ser-juntamente com-os-outros no mundo, todo existir é um coexistir. Também sob esse aspecto o homem tem uma natureza de reflexo de uma alteridade, é um reflexo da sociedade e essa existe no interior de nossa alma. *Societas in interiore hominis*. A tese da correlatividade das existências e da intuição formadora das coisas comparece na nossa vida concreta, no contexto histórico-social. O homem só é homem entre homens, havia afirmado Fichte.

O grau de avanço do conjunto social sobre o espaço próprio do indivíduo, isto é, a medida que as possibilidades do indivíduo são predeterminadas pelo todo humano constitui um problema de suma gravidade nos dias que passam. O nosso ser se esgota e define unicamente no plexo de relações concretas com o outro? Denominando "espírito social" à soma das interações grupais do indivíduo, indagaríamos: o indivíduo seria uma concreção efêmera do espírito social? Mantendo relações internas e constitutivas com os outros, sendo essencialmente um ser-com-o-outro, o indivíduo não desfrutaria de um poder inalienável em relação ao ente coletivo?

A experiência nos ensina que um grupo humano se traduz numa soma de papéis e desempenhos previamente encontráveis no meio social, constituindo a sociedade prévia ao indivíduo. Essa soma inclui não só formas de conduta e atuações-tipo de etiqueta, profissões, distinções de classe, atitudes, – mas complexamente as respostas emocionais às vicissitudes da vida, formas de pensamento e representações do mundo. Tudo isso nós recebemos ao nascer como investidura de nossa inscrição no contexto mais vasto do grupo. Através da educação, entretanto, a força promotora e formadora da solicitude social avança um passo e acaba condicionando o detalhe do tipo humano na própria intimidade da sua existência. O espírito social invade o reduto da nossa singularidade e através das formações simbólico-linguísticas nos instala na regra inelutável de uma interpretação de todas as coisas. A linguagem funciona como a força mais determinante do espírito social, como o princípio de nossa transformação num ser especificamente social. Vivemos e somos no interior de uma linguagem, encontrando em seu universo de significados as medidas de nossa autocompreensão.

Cassirer definiu o homem como o animal simbólico, de tal maneira o aparato linguístico é condicionante de qualquer apreensão e visualização dos aspectos da realidade. Heidegger, nesse campo de indagações, ensaia uma doutrina ainda mais ousada, ao afirmar que definir o homem como animal racional ou, como quer Cassirer, animal simbólico é ainda permanecer timidamente aquém da função morfogenética-projetiva da palavra. A animalidade do homem, a ideia do animal, apareceu como uma interpretação biológica nascida do conhecimento, o que já pressupõe a abertura de um campo de significados e, portanto, a existência de uma decifração linguística do real. A instância prévia é a abertura linguística na qual o homem habita e na qual existe como diálogo. Desse ponto de vista seríamos passivos e inermes desfrutadores de desempenhos emitidos pela cultura macroscópica. Seríamos um zero diante do infinito do espírito social. Qual, então, o valor e o papel do indivíduo, da vida individual, nesta paisagem filosófica na qual a pessoa singular naufraga sem remédio? Seria ainda possível intentar uma "defesa da vida individual" como reza o título de um dos livros do humanista Ernesto Grassi? Se o homem, em todo o detalhe de sua vida mental, psíquica e cordial é uma emanação do espírito coletivo, o que podemos ainda defender? Podemos, acaso, defender o que não existe, o que não é?

Justamente aqui centra-se o problema capital, o homem em seu *status* individual. O homem é algo que não é, por mais paradoxal que soe esse enunciado. A sua existência radical cifra-se em transcender tudo o que é, em estar-além-do-existente, em ser mais do que aquilo que é. Hegel definiu em certa ocasião o homem como um grande nada. Se não admitimos a existência destes focos de inquietude, de turbulência, na massa compacta do socialmente codificado, estaremos *ipso fato* condenando a liberdade e existência individual. Por isso mesmo o indivíduo deve ser uma potência antissocial, algo de imprevisível, de insano e de magnificamente criador. Uma das formas conspícuas da liberdade é e será sempre a imaginação criadora na pluralidade de suas manifestações possíveis. A imaginação constitui o grande poder emancipador de todos os confinamentos e situações opressivas, o poder que nos faz empreender grandes viagens, aventuras e desventuras na exiguidade das quatro paredes de um quarto. Assim como podemos ser coarctados em nossa liberdade, podemos também padecer em nossa imaginação e não seremos mais donos do nosso devaneio. Na medida em que pela imposição socioestatal do despotismo ou pela prepotência de um princípio ideológico oprimente nos compaginamos com uma forma existente – somos o proletariado, os camaradas ou o homem solidário – fenecemos em nossa liberdade e não gozamos mais de qualquer exuberância em relação às coisas. Vicejamos, então, vítimas do condicionamento sociológico, somos uma ilustração da sociologia do conhecimento, pois expressamos unicamente as perspectivas e conceituações próprias de nossa classe, grupo ou casta social. Somente o indivíduo, de gozo de sua liberdade individual, pode desembaraçar-se e descompaginar-se relativamente à força oclusiva das representações e ideogramas de curso forçado no âmbito social. Somente o indivíduo transcedendo-se a si mesmo e à totalidade das coisas pode instituir-se em espaço de libérrima manifestação gradativa das coisas. Existe, portanto, uma interna conexão entre liberdade individual e conhecimento, pois o autêntico conhecimento só pode constituir-se quando o indivíduo pode olhar desembaraçadamente para as alternativas representações do mundo.

Eis que a defesa da vida individual e do destino do indivíduo na sociedade assume uma importância histórico-cultural inigualável. Aparentemente somos uma simples referência e um ponto correlativo de nossa existência social, uma concreção das possibilidades do contexto global; em verdade gozamos de uma faculdade de superação, que permite referirmo-nos ao que não existe no campo da *res gesta*. George Simmel afirma justamente que na anteposição eterna entre a vida produtiva e os produtos fixados e estereotipados dessa vida coligia-se o drama fundamental da existência. A vida tende a expressar-se em formas – estilos artísticos, pensamentos, formas sociopolíticas etc. –, mas uma vez exteriorizada não se reconhece mais em suas produções e entra em luta com as formas assumidas. A exteriorização equivaleria a um estranhamento ou alienação essencial, sendo seu destino agir sempre contra si mesma, numa espécie de autoatividade. A vida, insurgindo-se contra a vida, o produzir contra seus produtos, a ação contra o agido, traduziria a índole própria da dinâmica existencial. A satisfação, descansar no atingido, a mera fruição de uma vida plena e reconciliada seriam meros momentos fugidios nesse movimento eterno. O repouso pertenceria ao movimento, ao ir-além da vida, sendo movimento mitigado, movimento de grau zero, mas ainda movimento.

A experiência demonstra-nos que, efetivamente, é dos focos convulsivos da vida individual que emana essa força da negatividade criadora. Existe em nós, enquanto indivíduos, a disposição de "dançar além de todas as coisas", de nos pormos como não-forma, como trans-forma, como fontes de originalidade absoluta. Só o indivíduo representa essa transcendência de pensar além do pensado, de querer além do querido, de sentir além do sentido. Um problema de distinta natureza e que não nos interessa particularmente ao analisar o papel do indivíduo na sociedade, é o de sondar se a liberdade individual, em sua erupção própria, não obedece, por sua vez, a uma convocação superior. Se a liberdade individual não traduz um parágrafo de uma liberdade meta-humana.

De qualquer maneira é sempre o indivíduo o destinatário desse apelo do ser, do ser compreendido radicalmente como *Offenheit*, como abertura eterna de possibilidades historiáveis no mural da história. Através da trajetória singular de uma vida e de suas operações próprias, as novas tônicas da vida debruçam-se sobre o cenário mundial. É o indivíduo que desenha sofridamente essas configurações da vida, em trágica oposição com o espírito social e suas estratificações rígidas. O imperativo da vida individual significa, portanto, um sentido de disponibilidade para a imaginação divina que governa o destino da terra. Essa imaginação põe-se em obra através da agilidade intrínseca à vida individual, através de sua inquietude, insatisfação e poder configurante. Ao personagem correlativo das concepções sociais fechadas devemos antepor o protagonista livre e aventuroso, o habitante do Aberto. Por amor à ordem, à organização, à edificação científica do complexo social podemos temer ou profligar o sentido da vida individual, o princípio de desordem próprio ao indivíduo. Pensando superar o caos individual no cosmo da forma social perfeita, estaríamos realmente estiolando as nascentes de toda alegria e entusiasmo vital, desde que como já havia admitido profundamente Espinosa, a alegria e a felicidade são os corolários legítimos de uma vida expansiva e ágil. A sociedade, como organização sistemática, como supressão da liberdade na regra objetiva do ser, é a suprema alienação e desfigurante catástrofe do homem, o confisco de sua essência genuína numa idolatria do objeto social. Como vemos, o homem não é objeto, não é coisa e como tal não pode ser tratado ou manipulado.

Contudo, qual é a natureza última de uma ideologia de Estado, do comunismo marxista, por exemplo? Qual a sua intenção profunda e sigilosa? Um tal tipo de pensamento constitui-se num conjunto de expedientes e princípios tendentes a amaciar e eclipsar a liberdade individual ou ainda a liberdade sem mais. A planificação da vida significa o confisco da liberdade, com a correlativa redução do homem a uma liberdade ou uma unidade suscetível de cálculo e previsão. A engenharia social, como toda engenharia, só pode realizar-se sobre a matéria inerte e suficientemente lábil ao manejo técnico. O preparo dessa matéria humana é obra mestra da ideologia do Estado pedagógico que forma e educa as massas para o seu destino de massa operativa. É impossível agir sobre a liberdade, sobre a pura negatividade dos centros pessoais; rebatendo, contudo, o homem para o plano de transcendências-transcendidas (Sartre), dos objetos desvalidos e desorbitados, podemos realizar então a "construção" do comunismo. Atentem para a ideia de "planta" social, de prospecção e planificação do edifício social, como a trágica condenação do homem a mero tijolo ou argamassa da ordem política em construção. A construção do socialismo se realiza unicamente pela proscrição da liberdade; é no fundo essa própria proscrição em ato e realizando-se. O que resta do homem sem liberdade é o socialismo, o ocaso final da liberdade.

Marxismo e imanência[1]

O conhecimento dos centros de força de um sistema de ideias revela-se como a única condição de uma crítica em profundidade e de uma possível contestação de sua validade final. É ocioso neste sentido estabelecer uma controvérsia acerca dos enunciados derivados e sobre longínquas consequências dos axiomas centrais e muitas vezes recônditos.

Surpreendendo as ideias irradiantes de uma cosmovisão ou de um ideário sociopolítico e pondo em relevo o seu significado positivo ou negativo, estaremos realizando um trabalho de pensamento verdadeiramente progressivo.

Trata-se de analisar, nesta ordem de investigação, o fundamento ideológico último da filosofia marxista-leninista, desentranhando, em consequência, os seus enunciados e crenças basilares.

Afirma-se comumente que o marxismo é uma doutrina que interpreta a história como luta de grupos sociais, ou que defende uma visão materialista da realidade ou ainda que desmascara as posições ideológicas prevalecentes numa época histórica, a partir de infraestruturas econômicas substantivas e determinantes. Seria ainda permitido arrolar outros

---
[1] "Marxismo e Imanência", São Paulo, *Convivium*, vol. 2, n°. 5, jun., 1963, pp. 71-79.

aspectos do pensamento de Marx, que, como aspectos, não estão em condição de informar-nos a respeito do núcleo motor de sua atitude mental. Qual a vida mestra deste edifício filosófico, que, como ideia-força, vem conformando de maneira surpreendente o teatro histórico atual?

Podemos demonstrar, com suficiente grau de verossimilhança, que toda concepção marxista do homem, da sociedade e da história, nada mais é do que um desenvolvimento do conceito de *autonomia* da razão humana, afirmada categoricamente por Immanuel Kant. Nesse postulado da autonomia dos poderes humanos, seja no campo do conhecimento, seja no campo da ação ética, é que se inspira a antropologia intrínseca do marxismo.

Devemos lembrar que Kant, na *Crítica da razão pura*, havia ensinado que, no que tange ao mundo do conhecimento, não é o intelecto que depende da forma e da natureza dos objetos, mas, sim, reciprocamente, são os objetos que dependem em tudo e por tudo da natureza e do funcionamento do intelecto humano. É a conhecida revolução copernicana de Kant, que, a exemplo da primeira, proporia também em termos metafóricos que não é a mente que gira em torno dos objetos, mas os objetos que giram em torno do aparato mental da humanidade.

O nosso conhecimento não recebe heteronomamente a sua regra e lei das coisas, mas antes conforma as coisas com plena autonomia ao seu modo de ser. As ideias de autonomia e heteronomia comparecem no horizonte filosófico, pela primeira vez, tendo daí por diante um destino conspícuo e inigualável. O próprio Kant aplicou o princípio da autonomia do espírito humano ao campo da praxis ética, mostrando que a vontade pura moral é essencialmente aquela que a si mesma prescreve as suas máximas de ação, que esboça livremente o seu dever-ser, sem qualquer intromissão de autoridades estranhas. A vontade moral humana é, enquanto virtude e fonte de virtude, a sua própria autoridade.

O homem autônomo de Kant está na origem da imagem do homem marxista, como ser absolutamente autocriador de si mesmo. O homem, que vive num mundo onde todos os objetos que o cercam são produtos da sua ação autônoma, encarna de maneira empírica esse absolutismo da praxis, como autoformação do homem por si mesmo.

O princípio da autonomia do Eu em todos os seus aspectos foi, no pensamento pós-kantiano, investigado em suas relações com a antítese, isto é, com a nêmesis da heteronomia que persegue dramaticamente o nosso espírito.

O Eu e o não-Eu de Fichte traduzem essa oposição do espírito, espírito que se conquista e se afirma em luta com a sua alienação no outro, no *heteros*, no objeto. A criatividade do Eu ou da humanidade é uma contínua superação de uma heteronomia, seja na acepção do outro da circunstância físico-natural, que deve ser assimilada pela indústria e pelo trabalho, seja na acepção das alienações oriundas das diferenças sociais que constituem também para o homem, segundo Marx, uma segunda natureza petrificada, que desfigura e espolia o núcleo humano de aspirações.

Vemos como a tese da alienação se identifica já etimologicamente com o drama da heteronomia, da subordinação ao outro, que deve ser entendida a supremacia do Objeto sobre o Sujeito ativo e autônomo. O homem que prescreve leis a si mesmo, que não recebe ou não deve receber estas leis de fora, do Outro, natural ou social, é a imagem do *homo originarius* divisado por Marx.

Por isso têm razão os que vêm no marxismo um antropocentrismo absoluto, um humanismo que encerra o homem no círculo de aço de sua própria autoatividade.

Todos os demais aspectos dessa ideologia fluem imediatamente dessa visão do homem, como um ser-para-si, que se afirma em sua ipseidade unicamente superando continuamente a queda da alteridade. Isso quer dizer o seguinte: o homem é a ação e, como ação, não é um dado, algo pronto, mas um produzir-se, um fazer-se, um negar uma alteridade, uma heteronomia: o império do Outro.

Marx estudou o desenvolvimento da ipseidade humana unicamente na forma da consciência trabalhadora, uma vez que para ele o homem se identifica com o trabalhador. Encontramos efetivamente no trabalho o modelo de uma ação ou atividade (e o que é a vida senão atividade?, afirma Marx) que nega e supera as oposições do mundo externo.

O trabalho redunda numa humanização do mundo, ou na supressão das dificuldades naturais e na subordinação do cosmo a um projeto humano. Acontece que no trabalho, como em toda a atividade produtiva, a ação se objetiva continuamente na ação realizada, a produtividade no produto econômico realizado.

A exteriorização da consciência trabalhadora se efetiva na criação de um sistema de meios e bens de consumo que se apresentariam diante dela, posteriormente, como uma muralha de objetos estranhos sobre os quais não tem direitos. O homem não é dono dos produtos do seu trabalho e, o que é ainda mais grave, o homem não é dono de sua própria atividade trabalhadora.

Na sociedade em que vivemos, o trabalho não é uma atividade autônoma, na medida em que o trabalho é prescrito e imposto por outrem, transformando-se a tarefa que deveria traduzir sua própria atividade humana, numa penalidade e num sofrimento infringido pela sociedade.

Dessa forma, o trabalho tornou-se uma forma compulsiva e heterônoma de ação, uma ação que, em vez de beneficiar o agente, nutre-se tão somente do seu suor e de suas energias. Não só ao produzir objetos o homem se sacrifica em aras do enriquecimento dos proprietários e capitalistas, mas também ao produzir-se a si mesmo enquanto trabalhador. Na verdade, o trabalho existe objetivado como uma mercadoria no mercado do trabalho. Marx vê no sistema social determinado pela propriedade privada, com suas condições próprias de trabalho assalariado, a perversão absoluta das forças produtivas humanas, que se transformam continuamente na autoalienação de suas possibilidades intrínsecas.

Como compreender essa doutrina do trabalho alienado à luz das ideias que estamos desdobrando? Como se relaciona essa doutrina com o núcleo fundamental antropológico, donde dimana toda essa sistemática filosófica?

Havíamos afirmado que a noção essencial da doutrina marxista era tributária de uma atitude mental reconduzível ao autonomismo kantiano. Só um ser determinado essencialmente como ipseidade ou como radical ser-para-si (*comme un pour-soi* – Sartre) pode chegar a desconhecer-se em sua essência ou forma e adquirir a não-forma do ser-outro, ou pode metamorfosear-se num ente alheado a si mesmo. Se, por outro lado, esse centro humano é compreendido como subjetividade, ou *pour-soi*, toda queda de seu *status* de sujeito significa um depauperamento de ser ou uma objetivação. Ser objeto ou ser passivo, receptivo e alienado significam a mesma coisa.

Esse reclamo de autoatividade, de ipseidade ativa, como fundamento do nosso ser, estende-se também à nossa falaciosa relação com Deus ou qualquer princípio superior. Projetamos uma atividade alheia à nossa, a nossa própria atividade, produzindo o Outro divino à expensas da nossa imaginação e dos nossos sentimentos. "Quanto mais de si mesmo o homem atribui a Deus, tanto menos lhe resta". A religião, como relação com o outro, é justamente uma das exemplificações do processo complexo do estranhamento do homem a si mesmo. Toda a doutrina marxista da heteronomia do homem move-se essencialmente no espaço das relações inter-humanas. Quem aliena o homem é o próprio homem. Lemos com efeito nos *Manuscritos*: "Toda autoalienação do homem, de si mesmo e da natureza, aparece na relação que ele postula entre os outros homens, ele próprio e a natureza. Assim, a autoalienação religiosa é essencialmente exemplificada na relação entre leigos e sacerdotes, ou, já que se trata de uma questão do mundo espiritual, entre leigos e um mediador. No mundo real da prática, essa autoalienação só pode ser expressa na relação real, prática, do homem com seus semelhantes. O meio através do qual a alienação ocorre é, por si mesmo, um meio prático. Graças ao trabalho alienado, por conseguinte, o homem não só produz sua relação com o objeto e o processo da produção como com homens estranhos e hostis; também produz a relação entre ele próprio e os demais homens. Tal como ele cria sua própria produção como uma perversão, uma punição, e seu próprio produto como uma perda, como um produto que não lhe pertence, assim também cria a dominação do não-produtor sobre a produção e os produtos desta. Ao alienar sua própria atividade, ele outorga ao estranho uma atividade que não é deste."[2]

A relação do homem com as forças estranhas que provocam a heteronomia da consciência se efetiva no fenômeno da estratificação social em classes. As classes recortam no espaço social círculos de dominação, de exclusivismo, de assenhoreamento do mundo, que tudo utilizam como meio de sua realização. Quando Marx advoga a supressão das classes ou a instauração do comunismo, isso redunda somente na rebelião contra a "coisificação" do homem, ou seja, contra a sua alienação em formas de atividades que não consultam a sua autonomia prática.

A autocriatividade do sujeito não se compagina absolutamente com uma estratificação da sociedade, que confisca a livre oportunidade do trabalhador numa espécie de idolatria da riqueza ou dos valores puramente objetivos. A dominação capitalista, como todas as formas anteriores de dominação social, cria um meio oprimente e limitado, no qual as classes dominadas só podem vicejar coisificando-se em *funções e tarefas,* que falsificam o fundo criador da consciência.

As classes criam uma heteronomia social recíproca entre as classes, desde que a não-realização do trabalhador enquanto homem, isto é, enquanto sujeito, constitui também uma automutilação das classes superiores ou das classes que-não-trabalham. Lembremo-nos que para Marx a essência do homem está no trabalho, como princípio de autoformação do homem

---

[2] Cf. Erich Fromm. *Conceito marxista do homem.* Rio de Janeiro, Zahar, 1962, p. 103-104. (N. A.)

e que o não-trabalhar redunda também numa forma de alienação de si.

A promoção política do comunismo se inspira, portanto, no postulado de uma forma político-social que debele para sempre as forças de estranhamento da consciência e instaure o regime das forças criadoras da liberdade.

O comunismo apresenta-se ideologicamente como a organização da subjetividade, do por-si do homem, organização na qual as realizações sociopolíticas não se interpretam mais na livre expressão das forças pessoais e humanas. Teremos assim realizado um sistema no qual o homem parece como autocriação de si próprio, a partir de sua desembaraçada e íntima liberdade. O homem, como autocriação de si mesmo, como atividade de antropogênese, exclui evidentemente qualquer relação criatural com um Deus ou ser superior. Deus é a máxima heteronomia, pois se apresenta como um princípio que nos oferece, de fora, não só a essência e a existência da vida, mas também todo o decurso das coisas.

O comunismo, desta forma, enquanto luta contra o sentido religioso-criatural não só advoga um ateísmo opcional e aleatório, mas é em sua essência um ateísmo corporificado ou prático. Como escreve Marx: "A religião não é mais que o sol ilusório, que se move em torno do homem, enquanto o homem não se move em torno de si mesmo"[3]. "A crítica da religião leva à doutrina de que o homem é para o homem o ser supremo".[4]

Na subjetividade do homem está o nosso *microteos*, que não admite outro Deus a seu lado. A superação de Deus é a própria realização do comunismo, em plena equação e exaustiva equivalência de significado.

O comunismo afirma-se como uma sociedade sem o Outro, onde só existe uma operação global da subjetividade, uma só operosidade, que olha para a frente num horizonte fechado pelas

---

[3] Cf. *Contribuição à crítica da filosofia do direito de Hegel*, p. 84. (N. A.)
[4] Cf. *Ibid.*, p. 97. (N. A.)

operações desse operar contínuo. Por isso, o comunismo é sempre construção do comunismo ou ainda um puro construir, desde que todo repouso é fixação e uma nova alienação no já feito.

O homem, como autonomia da vontade, ou como autocriação, é puro transcender sem qualquer essência ou forma, é operar que vai além do operado objetivo. Um construir subjetivo em processo é o *homem originário* de Marx, ideia central da qual podem-se inferir os traços mais marcantes da sua ideologia ou cosmovisão. A supressão do Outro, enquanto força de estranhamento e alienação, a luta contra toda alteridade, equipara o marxismo, por mais paradoxal que isso possa parecer, com o *solipsismo*. O *Ego solus Ipse*[5] é a humanidade que se cria a si mesma na solidão do cosmo e só conhece os seus próprios produtos. O protagonista solitário e solipsístico desse drama de perdição e recuperação de si, é o trabalhador ou proletário, que sem saber criou a história.

A plena consciência do trabalhador é o fechamento neste novo e surpreendente solipsismo, insuspeitado pelo próprio Berkeley, que admitia ainda um Outro divino.

Procuramos apresentar o sistema socioeconômico derivável da filosofia marxista como uma estrutura social fechada (*a closed system*), na qual todos os aspectos da vida humana são determinados pela ideia do Eu trabalhador. Tanto o mundo circunstante quanto a própria sociedade humana se apresentam como pura matéria organizável, diante de uma técnica ou engenharia absoluta. E mesmo a conformação técnico-industrial da natureza, o domínio material das coisas se propõem como uma instância da conformação ou plasmação do próprio homem, que passa a funcionar como matéria bruta da vontade absoluta do Estado.

A liberdade individual, a força incircunscritível da consciência pessoal é negligenciada e suplantada pela consciência social e pelo sentido da organização global, que pensa

---

[5] *Ego solus Ipse:* literalmente, *o eu nele mesmo.* (N. O.)

o homem exclusivamente em sua coexistência exterior e político-social. O homem, como espécie, como ser genérico constitui o termo de referência desse pensamento, que visualiza a ação humana como força superpessoal autônoma, que vai pouco a pouco adquirindo consciência de si.

Quando se afirma que o homem é ação, práxis, devemos entender uma operação complexiva e unitária, que se apresenta como gênese e ponto de apoio do seu agir. Nesse sentido o homem é criatura de si mesmo, é um ser autogenético, no sentido de que sua "humanização" é equivalente ao seu ingresso na área de *dressage* da civilização comunista. O que ainda escapa de qualquer maneira aos propósitos desta engenharia social é apreciado como território organizável e como tarefas futuras do socialismo. O diverso, o diferente, o Outro – ou, como diziam os gregos, *to héteron* – deve capitular necessariamente diante desse impulso de homogeneização do homem-espécie.

O princípio de organização é aqui entendido não como respeito a qualquer ordem orgânica preexistente, mas como a construção artificial de uma ordem, a partir de um conjunto de eventualidades puramente passivo. O organizador da organização é a própria consciência humana entendida como força manipuladora de uma matéria humana previamente amaciada e preparada. A subjetividade prática da espécie desdobra diante de si continuamente campos organizáveis ao seu módulo unitário.

O homem, enquanto subjetividade, se afirma e se exterioriza no princípio de organização socioeconômica, pois o já organizado é selo do já absorvido e domesticado pelo Eu organizador. Eis por que todos os aspectos da vida social, na ordem de ideias da filosofia socialista, devem nascer de uma mesma fonte de inspiração. Devem ser a expressão da mentalidade organizada ou planificada do homem socialista.

O marxismo, portanto, nada mais é do que um expediente de redução do heterogêneo, do diferente ao igual, do outro à consciência homogênea do homem-espécie. Em sua teimosa orientação para um sistema fechado de vida, o marxismo vai esclarecendo as figuras dos diversos aspectos da atividade social – a figura da arte socialista, da ética e do direito socialista, da vida socialista – figuras que traduzem unicamente as formas estruturais daquela unidade suprema.

Se falamos ainda numa filosofia da imanência solipsista é porque surpreendemos nesse pensamento a validade central de um movimento centrípeto de superação de qualquer alteridade. A ação autônoma da consciência trabalhadora reivindica o seu império onímodo e o reconhecimento metafísico de sua existência unilateral.

Se perguntamos a uma marxista o que existe realmente no mundo, ele logo nos dirá: o homem e os seus produtos, ou, em outras palavras, a consciência trabalhadora e suas vicissitudes de alienação e recuperação de si.

A crítica máxima e radical que podemos opor a tal irrealismo pseudorrealista é mostrar que o homem é sempre o vizinho de uma alteridade. A passagem da animalidade à humanidade é o trânsito de uma massa compacta em si mesma a uma consciência alerta e translúcida em relação ao ente. A consciência é essencialmente uma *con-versio* para as coisas, é uma radical disponibilidade.

Outra observação que podemos fazer com respeito ao marxismo é que o *trabalho,* em si mesmo, não possui qualquer vetorialidade determinada. É uma virtualidade operativa atrópica, que realmente só recebe seu sentido quando inserido no contexto maior dos valores a serem realizados pelos tipos hierárquicos da consciência. O trabalho, como módulo atrópico, se manifesta não como *ultima ratio* de uma cultura, mas, ao contrário, como item intracultural de efetivação exterior da vida. O trabalho se dá na cultura e não a cultura no trabalho. A própria eminência do sentido do trabalho é um corolário dos valores religiosos e espirituais do Ocidente, inspirados na figura de um Deus trabalhador.

DER MARXISMUS
(WALTER THEIMER)[1]

Talvez seja esse o mais recente estudo sobre o marxismo aparecido aquém da cortina de ferro. Em primeiro lugar, a circunstância de ser esse um livro de 1950 e não de 1930, por exemplo, tratando-se do marxismo, adquire uma relevância que não encontraríamos na hipótese de qualquer outro sistema de ideias. No prefácio, o autor procura sublinhar essa atualidade histórica do seu estudo: *Es ist hundert Jahre her, dass der Marximus formuliert wurde. Seither ist viel geschehen, und viel neues Wissen, viel neue Erfahrungen haben sich angesammelt.Im Lichte dieser Entwicklung wird in diesem Bande eine moderne Kritik des Marxismus versucht*[2].

Nos últimos vinte anos ocorreram, no cenário histórico mundial e, deveríamos acrescentar, no cenário filosófico-especulativo, fatos de tal importância para a vida do homem no conjunto de suas atinências, que o sistema das perspectivas de avaliação e compreensão das coisas veio a se alterar substancialmente. É evidente, por exemplo, que em contraste

---

[1] "Resenha de *Der Marxismus* (Walter Theimer)", São Paulo, *Revista Brasileira de Filosofia*, vol. 1, fasc. 3, pp. 363-365, 1950.

[2] "Faz cem anos que o marxismo foi formulado. Desde então muita coisa aconteceu, e acumularam-se muitos novos saberes e novas experiências. À luz desse desenvolvimento, o que se tenta, neste livro, é uma crítica moderna do marxismo."

com outras ideologias, se acusou de forma explícita o caráter ideológico-emocional dessa doutrina que se apresenta como uma ciência exata da ordem social.

O livro de Theimer não é um estudo exaustivo e erudito do marxismo: em suas duzentos e cinquenta páginas o autor procura desenvolver, com a máxima clareza, e com os textos fundamentais sempre presentes, o pensamento que poderá tornar-se, segundo a orientação dos próximos eventos políticos, a ortodoxia ecumênica mais inexorável que a história jamais conheceu.

Um fato muito conhecido e que Theimer mais uma vez assinala é que o materialismo dialético jamais foi exposto de forma sistemática e condensada por Marx ou por Engels. Não estamos diante de um sistema de pensamento zeloso de seus próprios fundamentos ou de um nexo de verdades que se sustentam mutuamente. Os supostos últimos das afirmações apocalípticas de Marx são meras conjeturas sobre a marcha da História, sobre o determinismo social e a interação das atividades humanas e sobre os valores que devem governar os povos. Essas hipóteses conjeturais são lançadas a esmo e sem qualquer vontade de fundamentação filosófica. Se algum mérito possui esse livro de Theimer é o de ir assinalando, com extrema felicidade, todos os *petitio principii* em que se assenta a orgulhosa concepção do pai do comunismo. Como diz Theimer: *Gibt es überhaupt einen hissorischen Determinismus? Diese Frage ist in der Debatte über den Marxismus merkwürdig selten gessellt und noch seltener bis in alle Consequenzen besprochen worden. Das bessehen eines hissorischen Determinismus wird von den Marxisten, wie von den Anhängern jeder anderen Geschichitstheorie, von vornherein stillschweigend angenommen. Es handelt sich um eine "petitio principii", die Vorwegnahme des Grundprinzips, das aber eigentlich erst zu beweisen wäre; noch ehe es bewiesen ist, wird es zur Voraussetzung der Beweisfuhrung hinsichtlich anderer Behauptungen gemacht.*[3]

---

[3] "Há um qualquer determinismo histórico? Surpreende que essa pergunta raras vezes tenha sido colocada no debate sobre o marxismo, e ainda mais que

Examinando o determinismo histórico, Theimer confessa suas próprias convicções em relação ao problema da causalidade histórica e do sentido final da História. Não acredita ele que uma observação imparcial possa descobrir na trama dos eventos históricos qualquer teleologia determinante ou qualquer determinismo arrebatador e unitário. Diz ele: *An jaden Punkt konnte es so und auch anders kommen. Immer hatten die Meschen eine oder mehrere Alternativen. In der Geschichte geschiet nur, was Menschen wollen.*[4] O marxismo, entretanto, é propenso a diminuir sempre o campo de ação da vontade humana e a acentuar a importância dos fatores objetivos. Theimer, porém, denuncia o fato de que apesar da negação aparente da intervenção da vontade individual do homem no curso dos fatos sociais, o exercício político da doutrina forçou os marxistas a admitirem um sem-número de ideias voluntaristas e a assumirem atitudes que demonstram a importância da vigilância pessoal na confecção dos fatos históricos. Segundo Theimer, é a vontade humana que confere um sentido à História, em si e por si destituída da qualquer sentido. Endossando as palavras de Theodor Lessing, segundo as quais a História seria a contínua *Sinngebung des Sinnlosen*[5], Theimer faz transparecer o seu próprio ponto de vista e sua concepção da História: *wir legen den Sinn hinein, der uns genehm ist, aber von Natur aus hat sie (die Geschichte) keinen Sinn, jedenfalls keinen, der unseren Vorstellungen über Gut und Böse, und Rückschritt entsprechen würde.*[6]

---

raramente tenham-na discutido em todas as suas conseqüências. Desde logo, a existência de um determinismo histórico não é sequer mencionada pelos marxistas e partidários de outras teorias da história. Trata-se de uma petição de princípio, de uma antecipação do princípio fundamental, o qual, a bem da verdade, antes teria de ser demonstrado. Antes de sê-lo, porém, ele já se torna pressuposto da demonstração de outras afirmações."

[4] "Em qualquer ponto pôde suceder assim ou assado. Os homens sempre tiveram mais de uma alternativa. Na história acontece apenas o que os homens querem."

[5] "Dar sentido ao sem-sentido."

[6] "Atribuímos-lhe o sentido que nos convém, mas, segundo a própria natureza, a história não tem nenhum sentido, nenhum, em todo o caso, a que nossas representações do bem e do mal e nossa retrospectiva pudessem corresponder."

Tendo em vista as novas perspectivas intelectuais que nos foram abertas pelo pensamento existencial, podemos analisar o sentido da crítica que Theimer dirige contra o marxismo, segundo um ângulo inteiramente diverso. O pensamento de Theimer se move na mesma atmosfera compreensiva do pensamento de Marx. Não é, portanto, uma crítica superadora, pois não nos faz ver as relações profundas entre o materialismo dialético e a concepção do homem moderno. O marxismo liga-se profundamente ao pensamento tecnológico que é, por sua vez, essencialmente, uma determinada descoberta do Ente, isto é, uma determinada imagem projetiva das coisas. Na nossa opinião, só através dos últimos ensaios de Heidegger e, particularmente, da *Carta sobre o humanismo*, e dos ensaios *Sobre o tempo da imagem do mundo* e *Por quê poetas?* ingressamos numa nova fase de compreensão da tecnologia e do marxismo. Entretanto, segundo a concepção heideggeriana, o voluntarismo e o subjetivismo também formam parte da mesma concepção do mundo. O movimento que tudo transforma em matéria de utilização tecnológica é o mesmo que antepõe a essa objetividade representada o Eu volitivo, como agente de um construtivismo indefinido. Marchamos para a objetivação e a contínua dessacralização do mundo, tanto pelo primeiro caminho, como pelo segundo, pois ambas são sintomas do abandono do homem às representações construtivo-tecnológicas: ambas assinalam a morte do mito que sustentou a nossa cultura. Eis por que não podemos concordar com a concepção superficial do fenômeno mítico tal como o apresenta Theimer no livro em questão. O marxismo se apresenta como um conjunto de intenções sociais, como uma ideia-força, mas nunca sob a espécie do mito, em seu significado mais autêntico e profundo.

O CONCEITO MARXISTA DO HOMEM
(ERICH FROMM)[1]

A convicção que nos fica na leitura de mais esse livro de Fromm é que a obra vale precipuamente pela segunda parte, que contém a tradução portuguesa dos *Manuscritos econômico-filosóficos* de Marx. Apoiando-se nesses escritos até há pouco tempo inéditos de Karl Marx, Fromm tenta inutilmente apresentar-nos um Marx "desconhecido", ignorado, um pensador pacificamente classificável na linha do grandes humanistas do Ocidente. "A interpretação materialista ou econômica da História feita por Marx nada tem a ver, absolutamente, com um suposto anelo materialista ou econômico considerado como o impulso mais fundamental do homem". Fromm procura indultar inexplicavelmente Marx da acusação de materialismo, mesmo tergiversando o próprio pensamento de um autor que afirmou rotundamente que a "matéria em movimento é o elemento constitutivo fundamental do universo". Perguntamos como não deve ser alinhado entre os "materialistas" um filósofo que enunciou peremptoriamente que "os homens, desenvolvendo sua produção material e seu intercâmbio material, alteram, a par disso, sua existência

---

[1] "Resenha de *O conceito marxista de homem* (Erich Fromm)", São Paulo, *Convivium*, vol. 1, n°. 7, dez., pp. 98-99, 1962.

real, seu pensamento e os produtos deste". Fromm, pretendendo combater a adulteração das ideias de Marx, acaba por adulterá-las ainda mais, em sua porfia de conferir um *status* não-positivista a um pensamento que nasceu no auge do positivismo do século passado. Marx decidiu-se indeclinavelmente pelo materialismo mais grosseiro no *Manifesto comunista*, ao declarar que a consciência é um reflexo do ser, isto é, das relações de produção, da infraestrutura econômica, e não reciprocamente. É inútil pretender encobrir esse aspecto positivístico, esdrúxulo e superado do marxismo, procurando aclimatá-lo à atmosfera filosófico-cultural deste século.

Muito interessante é advertir, também, como Fromm, ao tratar no Capítulo IV do seu livro, do conceito da natureza humana segundo Marx, procura apelar para outros pensadores – Espinosa, Goethe e mesmo Jacob Böhme – em sua ânsia de dar um pouco de substância cultural a essa súmula de insensatez que é a antropologia marxista.

Afirma Fromm que o conceito marxista do homem nasce do pensamento de Hegel; poderíamos acrescentar que nasce de Hegel, desenvolve-se em linguagem hegeliana, mas deturpa e saqueia o sistema do mestre. Dizer que o homem é primordialmente Ação – *Tat, Tathandlung* – é puro Fichte e puro Hegel, e nada de Marx, a não ser na terrível atrofia da noção da ação produtiva e criadora, nas mãos desse energúmeno do pensamento. A raiz prática do espírito, o homem como Ação, foi, como sabemos, um dos *leitmotivs* de toda a escola idealista à qual Marx imaginou opor-se quando, realmente, nem chegou a compreender seu núcleo interno. A acentuação produtiva do sujeito, o conceito de produtividade como antítese do estranhamente passivo do homem num mundo de objetos, também é de proveniência idealista.

Assim como a ideia de Ação, também o conceito de Alienação – *Entfremdung, Estäusserung* – é de extração fichteana e hegeliana e não, como afirma Fromm, de origem bíblica. Na eventualidade de querermos remontar às origens tradicionais, talvez fosse mais justo recorrer à representação ovidiana da

Metamorfose como modelo de *ander sein*, de alteração de um ser. Em nossos tempos, foi ainda Fichte que, em sua genial *Doutrina da ciência*, introduziu a ideia de uma lógica dialética e da autolimitação e autoalienação do Eu, como condição propulsiva de sua manifestação. A objetivação do Eu, a sua autoalienação se realiza às expensas da própria atividade do Eu, que se opõe a si mesmo, que se nega, para, numa negação da negação, voltar a si mesmo.

Todas essas categorias fundamentais do marxismo, que constituem o que ainda resta de filosófico em sua enunciação doutrinária, foram hauridas no ambiente especulativo declinante da Alemanha. Contudo, Marx não percebeu que a sua redução da ideia de subjetividade em subjetividade-econômica desnaturava o próprio sentido da consciência-trabalhadora. O trabalho, como forma da subjetividade, se inscreve num projeto mais amplo do que a própria subjetividade-projetiva, pois o trabalho se manifesta sempre como mediação na efetivação de uma dada teleologia.

O livro de Fromm, este – como suas demais obras –, constitui um exercício de divulgação ou popularização de ideias. De um ponto de vista técnico-filosófico, nem este ensaio de Fromm, nem o próprio marxismo oferecem qualquer maior interesse de conhecimento. Podemos afirmar que o único mérito do livro é o de nos brindar com uma primeira tradução dos *Manuscritos* que ocupam, aliás, a maior parte da publicação.

POSFÁCIOS

Antropocentrismo e Cristianismo: Anotações sobre a perspectiva de Vicente Ferreira da Silva[1]

Por Luigi Bagolini

Com grande perspicácia filológica e interpretativa Vicente Ferreira da Silva procura por caminhos diversos e, respectivamente, sob diversos aspectos em Böhme, Schelling, Hegel, Hölderlin, Nietzsche, Heidegger os elementos de uma compreensão da realidade humana que satisfaça aquelas exigências mais dramática e profundamente sentidas em nossa época. Heidegger, mais que qualquer outro, segundo nosso autor, tem o mérito de haver tornado explícitos os motivos de um novo conceito de *humanitas* em contraste com a metafísica tradicional que, basicamente, considerava o homem como um ente entre outros entes, como ser-dado, como um *Vorhandendesein*.

Também no pensamento de Fichte, Ferreira da Silva acha que o princípio de explicação genética da linguagem se traduz

---

[1] Luigi Bagolini. "Antropocentrismo e cristianismo: anotações sobre a perspectiva de Vicente Ferreira da Silva". Tradução de Celso Luiz Paulini. *Cavalo Azul*, São Paulo, nº. 5, pp. 29 a 35.

no fato pelo qual o homem é sempre considerado como um "pressuposto fixo", um já "existente" que sustém e alimenta o processo das suas manifestações através da palavra. O autor estende esta sua observação às pesquisas sobre a origem da mitologia de Freud e Cassirer, porque, não obstante todas as respectivas diferenças, tais pesquisas são uma volta às determinações psicológicas daqueles fenômenos sociais que deveriam ser a causa das formulações mitológicas. Pois bem, na raiz de uma tal atitude comum, na explicação genética da linguagem, há toda uma concepção antropocêntrica em que a história, nas suas várias determinações, é considerada como uma construção exclusivamente produzida pela subjetividade do homem – como quer que se conceba esta última e como progressiva encarnação dos valores postos unicamente pelo homem.

Há, por conseguinte, uma tendência à universalização de uma certa situação presente do homem, a conferir-lhe indevida extensão, a considerar toda a realidade em função de uma situação humana presente e, em consequência, a considerar a "tempo humano" como a tempo *tout court*.

Também o culturalismo sociológico contemporâneo, em suas mais relevantes expressões, parte do pressuposto de uma homogeneidade histórica dos ambientes sociais e culturais, em que a história continua, em última análise, sendo exclusivamente considerada como produzida pelo homem. Por outro lado o historicismo não consegue inserir o homem numa refiguração que supere os limites antropológicos. O tempo e o espaço, do ponto de vista historicista, são sempre formas da realidade humana, reduzidas simplesmente à esfera das possibilidades humanas, e nunca consideradas em função do ser, isto é, da realidade em que o homem vive, em si mesma inexaurível e irredutível em relação às possibilidades humanas. Marx, segundo Ferreira da Silva, realmente não inverteu a concepção de Hegel, pelo contrário, alargou a perspectiva hegeliana. Tanto Hegel como Marx defendem o ponto de vista de uma metafísica subjetivista, para a qual qualquer objetividade é produto da indefinida força de manipulação do homem.

Foi a revelação cristã que primeiro contribuiu, segundo Ferreira da Silva, para reduzir a história à sua mais restrita fase humana. Do ponto de vista histórico-religioso, a figura de Cristo representaria o vértice em que se realiza a humanização de Deus e a divinização do homem. Cristo, como amigo dos homens, legitimou religiosamente o advento de uma *civitas* humana. Assim, Ferreira da Silva está convicto de que a própria mensagem cristã, como afirmação do advento da subjetividade humana, tenha sido historicamente a condição de possibilidade do pensamento técnico-científico contemporâneo e, por conseguinte, da ideia de uma indefinida modificabilidade do mundo objetivo por obra da capacidade produtora e manipuladora do homem.

Passando em seguida da diagnose da antropologia e do antropocentrismo para as possibilidades de sua superação, Ferreira da Silva insiste na necessidade de instaurar e validar uma concepção do homem em função de um princípio "original" e "anterior" a toda possibilidade humana. A realidade humana não resolve em si mesma toda a realidade. O homem deve ser considerado, contra fáceis ilusões pseudocientíficas e literárias, como um episódio ou um "momento" da "gigantomaquia" do ser. Antes ou depois do homem, outros protagonistas teriam podido ou poderiam ocupar, por assim dizer, a cena do tempo.

Devemos transcender o tempo antropocentricamente considerado e entrar numa série temporal mais vasta e compreensiva. Desse ponto de vista, Ferreira da Silva quer inverter a posição hegeliana: o que é abstrato do ponto de vista hegeliano é para ele concreto, e vice-versa.

A liberdade, como liberdade do sujeito e do espírito humano como quer que se conceba, seja na sua dita particularidade, seja na sua dita universalidade, é, em última instância, o contrário daquilo que deveria ser segundo aqueles que a afirmam: é uma escravidão e uma limitação. Para superar tal limitação o homem deve sentir-se inscrito não apenas na realidade exclusivamente humana, mas na realidade "meta-humana" que o transcende e na qual está por todos os lados e em todos os sentidos implicado: não deve colocar-se contra a transcendência, isto é, contra aquilo que é inexprimível e não exaurível no âmbito das suas possibilidades.

Estamos hoje próximos do ponto crítico em que o antropocentrismo da cultura tradicional revela os sintomas mais evidentes de sua crise. O mecanicismo, a técnica, as atitudes e maneiras de ser puramente pragmáticas, ativistas e anticontemplativas do homem contemporâneo, submerso no trabalho das grandes metrópoles, o nivelamento das ideias, a perda do gosto da sinceridade e do autêntico, nos mais diversos níveis e nas mais variadas condições, são coisas nas quais, hoje, o subjetivismo antropocêntrico encontra sua exasperação concreta. Para que a personalidade humana reemerja de sua crise e reencontre sua autenticidade, é preciso que o homem assuma uma atitude que não seja de evasão frente à totalidade de tudo aquilo que é incondicionado respeito às possibilidades humanas.

O ser, como totalidade da realidade, está implicado em todas as atividades humanas, apesar de não se esgotar nelas. Essa inexauribilidade do "ser" coincide com o caráter absoluto e incondicionado do ser. Enquanto propriamente incondicionado – no tocante a toda possibilidade humana – o ser é o mistério que o homem implica em si mesmo como aquilo que o ultrapassa. Assumir uma atitude frente ao ser na sua totalidade – se não erro, interpretando o pensamento do Autor – é, portanto, assumir uma atitude frente ao mistério.

Ora, uma atitude de confronto com o mistério pode resolver-se pela lógica ou pela ciência – como quer que as consideremos – mas pode exprimir-se somente através da arte. Porém, por sua vez, a arte – conforme o Autor – é uma experiência humana cujo princípio, por assim dizer, não é exclusivamente humano. A arte é uma experiência através da qual a totalidade da realidade (que em si mesma é inexaurível, nos termos da realidade humana) se abre, por assim dizer, e revela suas inexauríveis possibilidades através da ação do homem.

"A arte é condicionada pelo ser e condiciona o homem"; através de seus símbolos e projeções de valores, os fins fundamentais, os mitos, os deuses que a realidade, por meio da experiência artística humana, suscita e projeta, são os elementos mágicos e axiológicos que constituem os significados fundamentais de cada época histórica. Apreciamos, estimamos as coisas, gozamos e sofremos, arrazoamos e nos movemos enquanto somos influenciados por tais elementos, isto é, pelos valores que condicionam nossa época histórica.

Pois bem, a crise dos valores é em certo sentido também a crise da arte. A crise do antropocentrismo moderno e contemporâneo é crise de uma concepção e práxis da vida na qual aquele que não tenha perdido toda sensibilidade se sente inautêntico. Somente a criação artística, projetando novos mitos que servem para autenticar a vida, poderá arrancar o homem da situação em que se encontra. Ferreira da Silva, assim dizendo, não pode evidentemente fundar-se sobre argumentos críticos e racionais, cuja validez seja suscetível de verificação. No seu modo de pensar está implicada, como foi sugerida, toda uma crítica do criticismo, do racionalismo, do velho e novo iluminismo, do neopositivismo e também, antes de tudo, do cristianismo. Racionalismo, criticismo, positivismo, cientificismo, o tecnicismo planificador que caracteriza a vida moderna, quer na sociedade de estrutura capitalista burguesa, quer, sob diversos aspectos, na sociedade de estrutura comunista, encontram seu fundamento precisamente na visão de vida antropocêntrica e antropológica produzida pelo cristianismo.

Desse modo a crítica de Ferreira da Silva pode parecer radical e simplificadora. Todavia, em relação a esta veemente simplificação, da qual as páginas do autor recebem força e coerência, devo repetir as objeções já muitas vezes expressas ao caro amigo nas inesquecíveis conversações paulistanas: "a realidade da mensagem cristã não é redutível aos limites exclusivos de um princípio antropocêntrico e subjetivístico". Como experiência religiosa, uma experiência verdadeiramente cristã deve por força ser escatológica. A tese de Ferreira da

Silva implica numa subavaliação do elemento escatológico no cristianismo. Pelo contrário, aquilo que realmente conta no cristianismo é o elemento escatológico, em si mesmo irredutível aos termos de uma antropologia historicista: a experiência do homem religioso volta a superar a situação histórica na qual, todavia, enquanto homem vivente, em carne e osso, é constrangido a viver. A experiência escatológica implica uma resistência ao "tempo profano" da história e uma exigência de libertação do mal que se determina no tempo histórico. Não creio que se possa negar sem nenhum preconceito, pelo menos da parte de quem se ponha no interior da experiência cristã, que a força autêntica do cristianismo é a escatologia cristã. O cristianismo combatido por Ferreira da Silva é o cristianismo mundanizado e banalizado, não o cristianismo na sua autêntica dimensão meta-histórica.

Ferreira da Silva é profundamente convincente ao revelar os aspectos banais da vida e da cultura contemporâneas, a sua diagnose é penetrante e ele argumenta bem ao reduzir os mais diversos aspectos da cultura contemporânea – do marxismo ao neopositivismo – ao denominador comum de um limitado e dogmático antropologismo. Mas, tudo isto aceito, não creio que se possa negar à religiosidade cristã o caráter de uma experiência irredutível àquele denominador comum. O mistério no cristianismo é vivido como irredutível à racionalidade histórica. Esta é a questão. A presença do mistério e a convicção da inexauribilidade da realidade divina nos termos de qualquer processo de racionalização impedem que se creia na história em seu conjunto como uma realidade humana absoluta e incondicionada. De resto, Ferreira da Silva combate toda forma de antropocentrismo porque está convicto de que a história humana está de qualquer modo condicionada por aquilo que a transcende: mas esta convicção é cristã, autenticamente cristã.

Segundo Ferreira da Silva, o antropocentrismo será superado pelas criações artísticas de novos mitos. E o homem deverá abrir-se à possibilidade destas novas criações, deixar que elas atuem e seguir o ritmo de suas mutações. Mas para que os mitos não se transformem, por sua vez, em elementos de uma nova concepção, e de uma práxis antropocêntrica, que deverá fazer o homem? Deverá, evidentemente, manter vivo em si mesmo aquele sentido da presença do mistério que lhe impedirá de crer e comportar-se como criador do mundo. Isso, em substância, é o pensamento do nosso Autor.

Mas isso, repito, é – contra a intenção do Autor – uma concreta atitude religiosa cristã, para quem entenda a religião na sua imprescindível exigência escatológica, como exigência de salvação contra aquele mal radical que consiste, entre outros, em atribuir à razão humana e à história, como totalidade dos comportamentos humanos de qualquer forma concebida, um valor absoluto, incondicionado e ilimitado.

Entre parênteses – e em minha opinião – se toda atividade do homem em carne e osso se resolvesse numa pura experiência escatológica, o homem sairia de maneira talvez inimaginável do tempo e da realidade em que vive (o homem totalmente religioso está fora do mundo histórico) .

Vice-versa, se fosse absolutamente impossível para o homem assumir uma atitude escatológica, o tempo histórico seria um absoluto incondicionado e todo antropocentrismo, combatido por Ferreira da Silva, seria absolutamente verdadeiro. Admitamos, todavia, com Ferreira da Silva, que o antropocentrismo não seja verdadeiro: disso resulta que para sair do antropocentrismo, sem por outro lado pressupor subrepticiamente o homem fora da situação histórica em que vive, é necessário recolocar o problema do nexo entre a escatologia e a história (e isto, sob outros aspectos e nos diversos níveis do discurso, da religião, da economia, da ética religiosa e da ética utilitária).

Os dois termos dessa relação se polarizam, mesmo sendo unidos e suscetíveis de prevalecer um sobre o outro; são paradoxalmente unidos entre si, embora, mesmo intrinsecamente unidos, sejam entre si distintos e heterogêneos. Em definitivo, o homem enquanto é vivente em carne e osso, está provavelmente implicado neste indivisível nexo paradoxal que intercede entre o tempo histórico e a possibilidade de resistir-lhe e superá-lo.

Se a realidade humana é existencialmente configurável nos termos de um tal paradoxo, como será possível, e que sentido poderá ter uma reflexão filosófica que coloque tal paradoxo como problema? Esta me parece a tormentosa questão que, ainda que independentemente das intenções de Ferreira da Silva, seu pensamento faz surgir.

Vicente Ferreira da Silva[1]

por Vilém Flusser

Em desafio ao destino que se abateu sobre ele, qual ave estupidamente rapina para dilacerar-lhe o corpo, representa Ferreira da Silva uma esperança para o pensamento brasileiro. O presente artigo é uma tentativa de contribuir para a apreciação de sua mensagem pelo público culto. O ensinamento ferreiriano aponta picos da especulação filosófica que são difíceis para quem, como quem escreve estas linhas, não tem a vivência imediata das premissas das quais Ferreira da Silva parte. Entretanto, o esforço de acompanhá-lo em sua subida rumo a estes picos é promissor, já que no caminho surge uma visão da paisagem da atualidade, uma visão que podemos chamar de autenticamente brasileira. Ferreira da Silva é um filósofo brasileiro, e com ele o Brasil tomará parte na discussão filosófica ocidental com voz independente. Para apreciar a sua mensagem, esqueçamos os chavões do gigante que desperta e do subdesenvolvimento a ser superado, e lancemos um olhar sobre a cena brasileira, tal como ela se apresenta no conjunto da civilização ocidental. É uma cena *sui-generis*. Uma fusão

---

[1] Vilém Flusser. "Vicente Ferreira da Silva". *Da religiosidade*: a literatura e o senso de realidade. São Paulo: Escrituras, 2002. p. 107-111.

de elementos alhures incompatíveis, que promete ser criadora de novos valores, está se processando neste país. Dessa fusão participam, com ênfase maior e menor, praticamente todos os povos europeus, um forte substrato negro que é aceito pelas elites com um mínimo de preconceitos, os povos do Extremo Oriente com parcela sempre crescente, e um leve aroma da população índia exterminada paira sobre este processo todo. O resultado é uma sociedade em formação, de caráter ostensivamente católico e latino, mas fundamentalmente influenciado pela magia africana e modulado pela estética oriental, uma sociedade faminta de realizações que articulem a nova personalidade que surge. Essas realizações começam a sair do terreno do possível e irrompem dramaticamente para dentro do território da realidade. Irrompem em forma de música, na qual o ritmo africano se casa com a tradição europeia. Irrompem em forma de pintura, na qual a brilhante cor tropical se casa com a visão estética oriental e o rigor formal europeu. Irrompem na forma da poesia e do romance, de maneira mais dificilmente analisável, já que muito mais cerebrina. E começam a irromper na forma do pensamento abstrato, pensamento este que deve servir, futuramente, de sistema de referência a todas as demais atividades criadoras. O pensamento ferreiriano é uma das fontes das quais esse sistema brota.

Exporei esse pensamento com base nos seguintes trabalhos: "Instrumentos, coisas e cultura" (*Revista Brasileira de Filosofia*), "A natureza do simbolismo" (*Revista Brasileira de Filosofia*), "Floresta Sombria" (*Diálogo*) e *Teologia e Anti-humanismo*, e com base em inúmeras discussões pessoais[2]. Parto da seguinte premissa: todo (ou praticamente todo) pensamento filosófico ocidental está viciado por um ódio fundamental à natureza. Esse ódio tem sua origem nas religiões

---

[2] Os trabalhos de VFS a que o filósofo Vilém Flusser se refere são os seguintes: Vicente Ferreira da Silva. *Instrumentos, coisas e cultura*. São Paulo: Instituto Brasileiro de Filosofia, 1958. p. 205-214. Separata da *Revista Brasileira de Filosofia*, v. VIII, fasc. II, abr./jun., 1958. _____. "A Natureza do Simbolismo". *Revista Brasileira de Filosofia*, 12(48): 427-431, out./dez. 1962. _____. "Uma Floresta Sombria", São Paulo, *Diálogo*, n°. 15, mar., pp. 3-16, 1962. _____. *Teologia e anti humanismo*. São Paulo: Revista dos Tribunais, 1953. 40 p.. (N. O.)

bíblicas e no orfismo. Estas estabelecem uma ordem espiritual, sobrenatural, em oposição violenta à natureza como conjunto de presenças divinas, isto é, em oposição violenta ao paganismo. A história do Ocidente é a realização progressiva desse ódio, é o que Nietzsche chama de "niilismo platônico". É a progressiva profanação da natureza. Em seu ódio à natureza, em seu esforço de humilhá-la, o homem ocidental se afasta dela e se opõe a ela. Assume, nesse alheamento, a posição de observador. Torna-se sujeito, cujo objeto é a natureza. A objetivação do mundo da natureza, em oposição à subjetivação do mundo sobrenatural ("espiritual") tem por consequência a transformação da natureza em conjunto de objetos definidos ou definíveis. A natureza se transforma em sistema de coisas, cada qual com seu lugar fixo. A natureza fica paralisada nesse sistema. Torna-se manipulável. As coisas da natureza, humilhadas; e enquadradas no sistema, tornam-se acessíveis ao trabalho manipulador do "espírito", desse sujeito sobrenatural da natureza. As coisas podem ser transformadas em instrumentos. Impelido pelo ódio à natureza, o homem ocidental a manipula, transformando-a em conjunto de instrumentos, em parque industrial. A história do Ocidente é a progressiva substituição das "coisas da natureza" por instrumentos que são produtos do trabalho manipulador do espírito sobrenatural. A natureza fica aniquilada. A festa pagã, fundamento de toda civilização, é uma orgia na qual o homem se confunde com a natureza. A civilização ocidental acaba com essa festa. O judaísmo, esse primeiro passo, a proíbe. O orfismo a intelectualiza. O cristianismo, essa fusão das duas tendências antipagãs, a abandona com desprezo, já que o seu reino não é desta Terra. O Cristo é a superação e a humilhação da natureza pelo Deus-Homem. O puritanismo com sua mortificação da carne é o cristianismo radicalizado. Com efeito, é nos países puritanos que surge a industrialização, essa mortificação da natureza. A industrialização é a realização radical do cristianismo. Nela o espírito-sujeito (Cristo) subjuga e aniquila a natureza. As sociedades tecnológicas, e mais especialmente a União Soviética (já que professa a tecnologia conscientemente como alvo), são tentativas da realização total do cristianismo. A próxima vitória da tecnologia será o fim da história, como Hegel e Marx preveem corretamente. A natureza totalmente profanada e subjugada não deixará margem a nenhum acontecimento novo. O homem, totalmente alienado da natureza, e tendo totalmente transformado as coisas em instrumentos, não terá mais assunto. A vida será esvaziada de aventura, de grandeza, de exuberância, do excelso. A noite cinzenta do nulismo platônico encobrirá a humanidade num eterno retorno do sempre idêntico. O céu cristão ter-se-á realizado sobre a terra.

Entretanto, o ódio fundamental do pensamento ocidental face à natureza não é uma "epifania do divino" autêntica. No pensamento ocidental não aparece o divino. O pensamento ocidental é fundamentalmente negativo, embora disfarce o seu ódio em "amor ao próximo". "Ser sujeito" não é uma forma autêntica de ser. É uma forma de negar e aniquilar o ser. É um alheamento, uma fuga. O pensamento ocidental, e, em consequência, toda a história do Ocidente, é uma fuga à natureza.

Felizmente o Brasil não é totalmente ocidental. Foi cristianizado apenas superficialmente. Elementos pagãos (no sentido ferreiriano) se conservaram. Temos, no Brasil, elementos festivos, por exemplo, o carnaval e o candomblé, nos quais o espírito não se subjetiva, mas nos quais o homem se funde com a natureza. Nessas festas pode-se readquirir a faculdade, perdida pelo Ocidente, do "pensamento simbólico". Esse pensamento não humilha a natureza, não a paralisa, não congela as coisas. Pelo contrário, libera as coisas do peso do pensamento manipulador. A natureza volta a ser uma manifestação múltipla do divino. Volta a ser presença do divino. As coisas deixam de ser fixas (conceitos), mas voltam a ser vagas, cada qual abrangendo todas as demais, voltam a ser símbolos. A terra deixa de ser aquele objeto fixo e manipulado pela geometria, para voltar a ser a deusa Gaia, de cujo colo materno, morno e escuro, surgimos, e a qual nos mantém com seu seio exuberante. A parreira deixa de ser uma planta a ser utilizada na indústria do vinho, e volta a ser encarnação de Dionísio, com seu séquito enlouquecido de bacantes, do coro trágico, volta a ser a encarnação do sentido exuberante e extático da existência. Pois este é justamente o característico do símbolo: não ser unívoco, como o é o conceito rígido, mas ser uma sinopse de muitos aspectos. A natureza, aceita como simbólica, volta a ser a própria presença, a revelação simultânea dos múltiplos aspectos do divino. No Brasil, este tipo de pensamento simbólico é novamente possível, e Ferreira da Silva nos convida a dele participar.

Quem não sentirá o atrativo desse convite? Quem não lhe sentirá a beleza e sinceridade? Quem não se sentirá tentado a acompanhar o pensador em seu avanço rumo a visões apenas vislumbradas, como seja o surgir de uma civilização nova, a superar autenticamente a tecnologia? Por certo, muitos são os argumentos que podemos mobilizar contra esta concepção do mundo em geral, do Ocidente, em particular, e mais especialmente dos elementos que perfazem o Ocidente, quais sejam o cristianismo e a tecnologia. Podemos por exemplo negar que a tecnologia seja a realização total do cristianismo, pela simples razão de que, sendo o cristianismo uma epifania autêntica, não admite realização total. Podemos argumentar que todo tipo de pensamento é negativo, e não somente o tipo ocidental, já que pensar é justamente "opor-se a algo". Podemos objetar que o pensamento simbólico advogado por Ferreira da Silva é um tipo de pensamento que terá grande dificuldade em passar pelo teste dos logicistas simbólicos, já que será desvendado como sendo "insignificativo", isto é, oco. Podemos, em breve, argumentar para salvar o intelecto em geral, e o intelecto ocidental em particular, do ataque formidável que Ferreira da Silva lhe move. Mas, fazendo isso, estaremos defendendo a tradição ocidental contra um ataque novo, um ataque brasileiro. É uma nova personalidade no cenário filosófico que se torna articulada com Ferreira da Silva. É uma voz com a qual deveremos contar no futuro. O destino estupidamente brutal não conseguirá sufocá-la.

Nota biográfica do autor

Vicente Ferreira da Silva nasceu na cidade de São Paulo, a 10 de janeiro de 1916. Fez seus estudos secundários no Colégio São Bento, ingressando a seguir na Faculdade de Direito da Universidade de São Paulo. Porém, a princípio, não o Direito, mas a Matemática é que o seduziu. Tanto que em 1933, já havia se aproximado do grande matemático italiano Fantappié, então professor em São Paulo. Torna-se logo um dos primeiros leitores dos *Principia mathematica* de Russell e Whitehead, e, com a publicação de seu primeiro livro, *Elementos de lógica matemática*, em 1940, o primeiro a introduzir a lógica matemática no Brasil. Com a vinda, em 1942, do lógico Orman Quine, da Universidade de Harvard, Vicente é convidado para ser seu assistente.

Mas o contato com a filosofia alemã promove uma guinada em seu pensamento, que o aproxima cada vez mais das reflexões de cunho existencial e conscienciológico, que tomam corpo em seu segundo livro, *Ensaios filosóficos* (1948), bem acolhido pela crítica e que, segundo José Geraldo Vieira, colocava Vicente como a maior vocação filosófica brasileira desde Farias Brito. Nesse mesmo ano, estabelece contato com o Colegio Libre de Estudios Superiores, na Argentina, que lhe inspira a criação do Colégio Livre de Estudos Superiores, em São Paulo, um dos mais importantes centros livres de conferências e (poucos lembram disso) um dos germes do futuro ISEB (Instituto Superior de Estudos Brasileiros), no Rio de Janeiro.

Pensador filosoficamente solitário, mas incansável interlocutor, Vicente não só estabelecia correspondência com pensadores brasileiros e estrangeiros das mais diversas correntes e ideologias, como promovia condições para a vinda destes a São Paulo. Dentre eles, alguns dos principais nomes do pensamento contemporâneo, como Von Rintelen, Bagolini, Grassi, Gabriel Marcel. Isso para não falar dos diálogos infinitos com intelectuais amigos, como Vilém Flusser, Eudoro de Sousa, Agostinho da Silva, Miguel Reale, Hélio Jaguaribe, Guimarães Rosa, Renato Cirell Czerna.

Paralelamente, desenvolveu uma atividade importante que o aproxima da pedagogia filosófica de Ortega y Gasset: o jornalismo. O seu debate filosófico público tinha começado a se esboçar em 1945, nos suplemento *Letras e Artes* e no jornal *A Manhã*, mas tornou-se assíduo e impetuosamente presente com os artigos filosóficos publicados na *Folha da Manhã*, no *Diário de São Paulo*, no *Jornal do Commercio* e no *Jornal de Letras*.

É eleito membro da Allgemeine Gesellschaft für Philosophie in Deutschland em 1949 e, nesse mesmo ano, representa o Brasil no Congresso de Filosofia de Mendonza, ao lado de Eugen Fink, Abbagnano, Delfim Santos, além de exercer o cargo de diretor da Divisão de Difusão Cultural da Reitoria da USP e de organizar os Seminários de Filosofia do Museu de Arte Moderna. Também é nesse ano que funda, com Miguel Reale e outros intelectuais, o Instituto Brasileiro de Filosofia e, em seguida, a *Revista Brasileira de Filosofia*.

Seu terceiro livro, *Exegese da ação*, sai em 1950, ano em que também finaliza um de seus mais importantes trabalhos, *Dialética das consciências*, onde expressa de modo definitivo sua fenomenologia da existência. Esta obra é apresentada na Faculdade de Filosofia da USP para concurso de professor, mas, sob o vão protesto de intelectuais, Vicente é impedido de concorrer ao cargo, com o aviltante pretexto de não possuir de concorrer ao cargo, com o aviltante pretexto de não possuir diploma de Filosofia. Também é desse ano *Ideias para um novo conceito do homem* e, de 1953, *Teologia e anti-humanismo*, o último livro publicado em vida.

Em 1954, colabora na organização do primeiro Congresso Internacional de Filosofia realizado no Brasil, nos quais se reúnem Paci, Julián Marías, Leopoldo Zea, e Vicente é escolhido para fazer parte do Conselho Científico da coleção Rowohlts Deutsche Enzyklopaedie, ao lado de Eliade, Guardini, Kerényi, Oppenheimer, Walter Otto, Sedlmayr, Uexküll. Nesse mesmo ano funda em São Paulo, juntamente com sua esposa, a poeta Dora Ferreira da Silva, e com Milton Vargas, a revista *Diálogo*, e onde publicou seguidamente seus ensaios mais importantes sobre filosofia da arte e da religião. A revista *Diálogo* acaba se tornando o palco de uma nova guinada de seu pensamento, que havia sido deflagrada em inícios da década de 50, mas que encontra seu vértice no ensaio Introdução à Filosofia da Mitologia. É no desenrolar dessa nova metanoia filosófica que o destino o intercepta, em um acidente automobilístico, em 1963.

Nota biográfica do organizador

Rodrigo Petronio nasceu em 1975, em São Paulo. É editor, escritor e pesquisador. Formado em Letras Clássicas e Vernáculas pela USP. Professor do curso de Criação Literária da Academia Internacional de Literatura (AIL), professor-coordenador do Centro de Estudos Cavalo Azul, fundado pela poeta Dora Ferreira da Silva, e coordenador de grupos de leitura do Instituto Fernand Braudel. Recebeu prêmios nacionais e internacionais nas categorias poesia, prosa de ficção e ensaio. Participou de encontros de escritores em instituições brasileiras, no México e em Portugal. É autor dos livros *História natural* (poemas, 2000), *Transversal do tempo* (ensaios, 2002), *Pedra de luz* (poemas, 2005) *e Assinatura do Sol* (poemas, Lisboa, 2005), e organizou o livro *Animal olhar* de António Ramos Rosa (2005). É membro do conselho editorial da revista de filosofia, cultura e literatura *Nova Águia* (Lisboa). Foi congratulado com o Prêmio Nacional ALB/Braskem de 2007, com a obra *Venho de um país selvagem* (poesia), publicada em abril de 2009.

Dados Internacionais de Catalogação na Publicação (CIP)
(Câmara Brasileira do Livro, SP, Brasil)

Silva, Vicente Ferreira da, 1916-1963
   Dialética das consciências : obras completas / Vicente Ferreira da
Silva ; organização e preparação de originais Rodrigo Petronio ; introdução
Miguel Reale ; posfácios Luigi Bagolini e Vilém Flusser. –
São Paulo : É Realizações, 2009. – (Coleção Filosofia Atual)

   ISBN 978-85-88062-75-7

   1. Filosofia 2. Filosofia – Miscelâneas I. Petronio, Rodrigo.
II. Reale, Miguel. III. Bagolini, Luigi. IV. Flusser, Vilém. V. Título. VI. Série.

09-11693   CDD-199.81

Índices para catálogo sistemático:
1. Filosofia brasileira   199.81

Este livro foi impresso pela
HRosa Gráfica e Editora para
É Realizações, em novembro
de 2009. Os tipos usados são
Minion Condensed e Adobe
Garamond Regular. O papel
do miolo é chamois bulk
dunas 90g, e da capa, curious
metallics gold leaf 300g.